T0194827

metzler kompakt

Deutschsprachige Autoren

100 Porträts

Verlag J. B. Metzler
Stuttgart · Weimar

Die in diesem Band versammelten
Autorenporträts stammen aus der dritten
Auflage des »Metzler Autoren Lexikons«
(2004). Dort befinden sich auch weiter-
führende Literaturhinweise zu jedem der
Artikel.

Bibliografische Information
Der Deutschen Bibliothek
Die Deutsche Bibliothek verzeichnet diese
Publikation in der Deutschen National-
bibliografie; detaillierte bibliografische
Daten sind im Internet über
<http://dnb.ddb.de> abrufbar.

ISBN 978-3-476-02027-7
ISBN 978-3-476-02950-8 (eBook)
DOI 10.1007/978-3-476-02950-8

© 2004 Springer-Verlag GmbH Deutschland
Ursprünglich erschienen bei J.B. Metzler'sche Verlagsbuchhandlung
und Carl Ernst Poeschel Verlag 2004 GmbH in Stuttgart

www.metzlerverlag.de
info@metzlerverlag.de

Aichinger, Ilse
Geb. 1. 11. 1921 in Wien

Ein »zartes, vielgeliebtes Wunderkind« war – so erinnert sich der Kritiker Joachim Kaiser noch 1980 – A. für die Mitglieder der legendären Gruppe 47, als sie (ab 1951) an deren Tagungen teilzunehmen begann und 1952 für die *Spiegelgeschichte* ihren Preis erhielt. Einer aus der Gruppe, der Lyriker und Hörspielautor Günter Eich, wurde A.s Mann. Von ihm, sagt sie nach seinem Tod, habe sie ein Engagement gelernt, das über das politische hinausging, »ein Engagement« gegen das ganze Dasein überhaupt«. »Ich lasse mir die Welt nicht bieten«, hat sie ein andermal gesagt und ihren Widerstand gegen politische Systeme, Macht und Machtträger (»die Gekaderten«) immer schon verstanden »nur als Teil eines größeren Widerstandes, dem die Natur nicht natürlich erscheint, für den es den Satz ›weil es so ist‹ nicht gibt«. Der so umfassend und grundsätzlich definierte Widerstand (A.s »biologische Revolte, Anarchie«) schließt ein Schreiben aus, das von einer vorgegebenen Welt und Wirklichkeit ausgeht und einem Programm oder einer Ideologie verpflichtet ist. Und zu keiner Zeit kommt für A. eines in Frage, das nicht den Widerstand in Sprache umsetzt und in ihr aufzeigt: »Sie ist, wenn sie da ist, das Engagement selbst«.

»Ich gebrauche jetzt die besseren Wörter nicht mehr«, beginnt die Titelerzählung des Bandes *Schlechte Wörter* (1976), die eine grimmig-melancholische Demonstration der poetischen Autonomie, ein Plädoyer für die definierende Sprache ist (»Definieren« grenzt an »Unterhöhlen«), für eine, die den »ausreichenden Devisen« und allen Konventionen apodiktisch entrissen wird. A. hat mehrere poetologische Texte geschrieben. Einer davon, *Meine Sprache und ich* (1978), hat den Titel abgegeben für die Taschenbuchausgabe der gesammelten Erzählungen, 1978; darin findet sich auch *Der Querbalken*, von Wolfgang Hildesheimer als Schlüsseltext der Literatur der Moderne interpretiert. Diese Texte berichten alle erzählerisch, keineswegs theoretisierend, vom schwierigen Umgang mit der Sprache und mit der Welt, die sich in ihr spiegelt.

Ihr erstes Buch, den Roman *Die größere Hoffnung* (1948), begann A. zu schreiben, um darüber zu berichten, »wie es war«. Sie hatte die Jahre des Kriegs und der Naziherrschaft in Wien verlebt und mußte als Halbjüdin (vor allem aber ihre jüdische Mutter) ständig mit der Deportation rechnen. Diese dokumentarische, historische, autobiographische Realität wird verwandelt in eine poetische. Einmal dadurch, daß A. weder den Schauplatz noch die Verfolger und die Opfer benennt. Vor allem aber durch eine kühne, expressive Bildersprache, die nicht nur mit der damals zur Wahrheitsfindung für unverzichtbar gehaltenen »Kahlschlag«-Sprache nichts gemein hat, sondern auch innerhalb von A.s übrigem Werk einzig da steht. Die Verwandlung überhöht oder schließt den realen Schrecken keineswegs aus, aber sie konfrontiert ihn radikal mit einer durch ihn nicht einzuholenden poetischen Gegenwelt. In dieser Gegenwelt lebt eine Gruppe verfolgter Kinder und Halbwüchsiger spielerisch und – buchstäblich! – spielend den Widerstand und die Verweigerung: Im Kapitel »Das große Spiel« führen sie ein Theaterstück auf; sie spielen es so intensiv, daß ein »Häscher« von der »Geheimen Polizei«, der die Kinder abholen soll, seinen Auftrag vergißt und sich in das Spiel einbeziehen läßt. Die fünfzehnjährige Ellen, die sich der Gruppe angeschlossen hat, obwohl sie »zwei falsche Großeltern« habe, kommt dabei zu der Erkenntnis, daß die »große Hoffnung« – auf ein Ausreisevisum nämlich – zu wenig ist. »Nur wer sich selbst das Visum gibt ..., (wird) frei«. Die »größere Hoffnung« aber richtet sie – während sie von einer explodierenden Granate zerrissen wird – auf eine neue Welt des Friedens und der Menschlichkeit.

A.s einziger Roman, obwohl früh in seiner Bedeutung erkannt (»die einzige Antwort von Rang, die unsere Literatur der jüngsten Vergangenheit gegeben hat« – Walter Jens), sei trotzdem bis heute »ein Buch, das geduldig auf uns wartet«, meint Peter Härtling; der Erfolg von A.s frühen Erzählungen habe einer breiten Publikumsresonanz im Wege gestanden. Von Rezeption und Umfang her bilden die Erzählungen tatsächlich das Zentrum ihres Werks. Und manche davon sind Lesebuchklassiker geworden; von den früheren neben der *Spiegelgeschichte* vor allem *Der Gefesselte*, *Die geöffnete Order*, *Das Fenstertheater*, von den späteren *Mein grüner Esel*, *Wo ich wohne* oder *Mein Vater aus Stroh*. Hingegen sind A.s Hörspiele (vier davon gesammelt im Band *Auckland*, 1969) und die Dialoge und Szenen (*Zu keiner Stunde*, 1980) kaum zur Kenntnis genommen worden; in diesen Textgattungen ist A.s Poetik des Schweigens (»Vielleicht schreibe ich, weil ich keine bessere Möglichkeit zu schweigen sehe«), der Leerräume und der ständigen Verlegung der Grenzen der Realität von Zeit und Raum besonders weit getrieben.

In A.s literarischer Entwicklung seit *Die größere Hoffnung* ist eine sprachliche und gedankliche Radikalisierung zwar unverkennbar, aber sie läßt zu keiner Zeit Teile ihres früheren Werks überholt erscheinen. Zu Recht verrät in dem 1978 erschienenen Gedichtband *Verschenkter Rat* keine chronologische Anordnung die bis zu fünfundzwanzig Jahre auseinanderliegende Entstehungszeit der Gedichte. Der andere, der nicht durch Überlieferung und Übereinkunft verstellte Blick auf die Realität ist für die frühe wie die späte Lyrik kennzeichnend. *Nachruf* ist aus diesem freien Blick heraus entstanden. Die Raum- und Zeitlosigkeit, in der die vier lakonischen Imperative gesprochen sind, vermag eine von allen Seiten (religiös, historisch, sozial und politisch) abgesicherte Weltordnung auf den Kopf zu stellen und zu zertrümmern: »Gib vom Mantel, Martin, / aber geh vom Sattel / und laß dein Schwert, wo es ist, / gib mir den ganzen«. Und der Prosatext *Schnee* (aus *Kleist, Moos, Fasane*, 1987) läßt in seinen letzten Zeilen und mittels eines verbindlichen Irrealis' die ganze Schöpfungsgeschichte neu (und humaner) beginnen: »Wenn es zur Zeit der Sintflut geschneit und nicht geregnet hätte, hätte Noah seine selbstsüchtige Arche nichts geholfen. Und das ist nur ein Beispiel«. *Kleist, Moos, Fasane* enthält Texte aus vier Jahrzehnten. An ihnen, vor allem aber an der zu A.s siebzigstem Geburtstag 1991 erschienenen (mustergültig edierten) Taschenbuch-Ausgabe der *Werke* in acht Bänden ist es nochmals zu überprüfen, wie die zu einer Klassikerin der deutschen Gegenwartsliteratur gewordene Autorin zugleich immer eine Avantgardistin geblieben ist, für die die Zeitlosigkeit, in der ihr Schreiben angesiedelt sein will, jedenfalls nicht die geringste Gemeinsamkeit aufweist mit *Zeitferne*.

Darum war es zwar eine Überraschung, hat aber durchaus seine Logik, daß A. Jahre später als Kolumnistin für die Wiener Tageszeitung *Der Standard* tätig wurde. Seit Oktober 2000 erscheint die von ihr jeden Freitag eine Kolumne: eine erste Serie unter dem Titel *Journal des Verschwindens*, die anschließenden Folgen mit den Titeln *Unglaubwürdige Reisen* und *Schattenspiele*. – Die Kolumnen des ersten halben Jahres bilden den Schwerpunkt des Bandes *Film und Verhängnis. Blitzlichter auf ein Leben* (2001). Zusammen mit anderen, weniger an die cineastische Aktualität gebundenen Gelegenheitsarbeiten (im ersten Teil des neuen Buches) offenbaren die Film-Kolumnen eine Autorin mit dem genauen Bewußtsein dafür, daß sie für ein anderes Medium arbeitet und sich nicht ausschließlich an ihre bisherigen Leser wendet, sondern beispielsweise auch an solche, die wie sie selber passionierte und kenntnisreiche Kinogänger sind. Wie A. die Gratwanderung zwischen einer neuen Zugänglichkeit und der unverwechselbar A.schen sprachlichen und gedanklichen Radikalität meistert, das ist in den einzelnen Texten des Bandes *Film und Verhängnis* ebenso wie in den seither wöchentlich publizierten Kolumnen jedesmal von neuem staunens- und bewundernswert.

Heinz F. Schafroth

Andersch, Alfred
Geb. 4. 2. 1914 in München;
gest. 21. 2. 1980 in Berzona

A. entstammt einer Generation, die zu ihrem Selbstbewußtsein gelangte, als die Weimarer Republik bereits deutliche Auflösungserscheinungen zeigte und die Nationalsozialisten ihren Herrschaftsanspruch anzumelden begannen. Diese Generation wuchs inmitten eines dramatischen kulturellen Bruchs auf zwischen einer auf die Individualität ausgerichteten bürgerlichen Welt und der neuen Ideologie der Volksgemeinschaft, die der Auffassung vom souveränen Einzelnen widersprach, ja, seine endgültige und vollständige Vernichtung meinte. Ihre Alternative bestand nicht in innerer Emigration oder Exil, sie mußte standhalten mit neuromantischem Blick zurück, mit völlig ungewisser Zukunft. Mit dem Kriegsende 1945 konnte sie nicht, wie die ganz junge Generation der Notabiturienten und Flakhelfer, bei ›Null‹ beginnen. Es blieb ihr auch nicht der Rückgriff auf den spätexpressionistischen Ästhetizismus, die sozialistisch-kommunistische Parteilichkeit, die im Exil überlebt hatte, oder den Kulturkonservatismus, der sich während des Dritten Reichs fast

unsichtbar verschanzt hatte. Diese Generation saß ideologisch, sprachlich, literarisch zwischen allen Stühlen. Dies erklärt, weshalb sie sich nach dem Ende des Zweiten Weltkriegs demokratisch engagierte, aber auch dem Existenzialismus anhing, zu politischem Fatalismus neigte und sich den hämischen Vorwurf der Besinnung auf das ›Eigentliche‹ am Menschen einhandelte.

A. ist noch inmitten wilhelminischer Verhältnisse aufgewachsen. Der streng autoritäre, rechtskonservative Vater schickt ihn auf das Wittelsbacher Gymnasium in München, das er wegen schwacher Mathematik- und Griechisch-Leistungen vorzeitig verlassen muß. Von 1928 bis 1930 absolviert er eine Buchhandelslehre; sein Lehrherr Lehmann ist wie A.s Vater Mitglied der ultrakonservativen Thulegesellschaft, die sich im Kampf gegen die Münchner Räterepublik einen Namen gemacht hat, antisemitische Propaganda betreibt und offen die NSDAP unterstützt. Im Anschluß an seine Ausbildung als Buchhändler ist A. – von 1931 bis 1933 – arbeitslos. Er betätigt sich im Kommunistischen Jugendverband und leitet dessen Organisation in Südbayern. Nach dem Reichstagsbrand am 27. Februar 1933 wird er verhaftet und ins Konzentrationslager Dachau gebracht, im Mai entlassen, im Herbst nochmals verhaftet und anschließend unter die Aufsicht der Gestapo gestellt. A. findet Arbeit als Büroangestellter, heiratet Angelika Albert, zieht nach Hamburg, weil er dort, durch die Alberts gefördert, Leiter der Werbeabteilung einer Photopapierfabrik werden kann. 1940 wird er als Bausoldat eingezogen und ist in Frankreich stationiert. Er wird für kurze Zeit aus der Wehrmacht entlassen, setzt seine 1939 in Hamburg begonnenen Schreibversuche fort – die *Kölnische Zeitung* veröffentlicht im April 1944 *Erste Ausfahrt*. A. wird erneut eingezogen und desertiert am 6. Juni 1944 in Süditalien. Er läuft zu den Amerikanern über und wird im August in die USA gebracht. Im Kriegsgefangenenlager Fort Kearney schreibt er zahlreiche Beiträge für den *Ruf*, eine Zeitschrift für die deutschen Kriegsgefangenenlager in den USA, die er 1946 zusammen mit Hans Werner Richter auf deutschem Boden neu herausgeben wird. Nach seiner Enttäuschung an der Kommunistischen Partei trägt ihn nun der Glaube an die »Vier Freiheiten« Franklin D. Roosevelts, an Religionsfreiheit, Redefreiheit, Befreiung von Not und Furcht, in deren Zeichen die Welt nach dem Sieg über Hitler-Deutschland neu geordnet werden soll.

Die Wirklichkeit nach 1945 hat sich als weitaus bescheidener und komplizierter erwiesen. Mit den Augen von Jean-Paul Sartres Orest kehrt A. in die Trümmerlandschaft Deutschlands zurück: »Blutbeschmierte Mauern, Millionen von Fliegen, ein Geruch wie von Schlächterei ... verödete Straßen, ein Gott mit dem Gesicht eines Ermordeten, terrorisierte Larven, die sich in der dunkelsten Ecke ihrer Häuser vor die Brust schlagen. Das war Deutschland.« Sein Glaube an eine Synthese von Freiheit und Sozialismus die sich nicht zuletzt in der Redaktionspolitik des *Ruf* niedergeschlagen hat, zerbricht rasch an den Gegebenheiten des zwischen der Sowjetunion und den westlichen Alliierten ausgebrochenen Kalten Kriegs. Sein Begriff des Engagements, für deutsche Ohren neu, reduziert sich für ihn auf das dem Einzelnen existentiell Mögliche, auf Literatur (*Deutsche Literatur in der Entscheidung*, 1948). Ein biographischer Grund hat bei diesem Konzept den Ausschlag gegeben, A.s Einsicht in das Versagen der Kommunistischen Partei im Widerstand gegen Hitler, gegen den Faschismus, das er später auch als eigene, persönliche Schuld, als Ausweichen vor der Entscheidung zu erkennen gegeben hat: »Ich werfe mir vor, daß ich nicht am spanischen Bürgerkrieg teilgenommen habe. Ich hatte

in einem deutschen KZ gesessen, ich war aus ihm entlassen worden, es wäre nicht schwer gewesen, über die deutsche Grenze zu gehen und in den spanischen Krieg zu ziehen. Ich habe eine feine Entschuldigung: ich bin überhaupt nicht auf die Idee gekommen ... daß ich nicht ein einzigesmal daran gedacht habe, es zu tun, ist eigentlich unentschuldbar«. Er ist von Anfang an hellwach bei den Lesungen der Gruppe 47 dabei, die für das neue literarische Selbstverständnis stehen soll, leitet von 1948 bis 1950 das »Abendstudio« des Senders Frankfurt a. M. und wirkt damit stilbildend für die nachfolgenden literarisch-essayistischen Abend- und Nachtprogramme; er propagiert in seinem Programm – wie später mit dem kritisch-progressiven »radio essay« des Senders Stuttgart von 1955 bis 1958 – nicht nur die junge deutsche Schriftstellergeneration, sondern versucht auch, seine Hörer an die infolge des nationalsozialistischen Kahlschlags weitgehend unbekannten Autoren des westlichen Auslands – amerikanische Realisten wie Hemingway und Faulkner, französische Existentialisten wie Jean-Paul Sartre und Albert Camus – heranzuführen.

1952 erscheint sein autobiographischer Bericht *Die Kirschen der Freiheit*, an dessen Anfang A. das Bild der Münchner Räterevolutionäre gestellt hat, die 1919 vor den Augen des Fünfjährigen durch die Leonrodstraße zur Erschießung geführt worden sind. An dessen Ende steht, als logischer Schlußpunkt einer stets gefährdeten Jugend in Deutschland, A.s Desertion in Etrurien, mit der er in die Arme der freiheitlichen Welt überläuft. A.s beherrschendes Thema der Flucht und der Entscheidung – seinem Buch hat er eine Sentenz André Gides vorangestellt: »Ich baue nur noch auf die Deserteure« – geht einher mit einem Literaturkonzept, bei dem sich das Engagement überraschend traditionell ausschließlich an der Intensität des Erzählerischen mißt: »Was heißt denn handeln? Ist es nur die Aktion, die mich in eine Beziehung zu anderen setzt? Heißt lesen nicht auch handeln? Oder Nachdenken? Wo beginnt der Prozeß, der zu einem Verhalten führt?«

1957 ist A.s erster Roman *Sansibar oder der letzte Grund* erschienen. Wieder steht mit der Geschichte der Rettung einer Jüdin und eines Kunstwerks, des »Lesenden Klosterschülers« von Ernst Barlach, vor dem drohenden national-sozialistischen Zugriff, das Thema der Flucht in die Freiheit im Vordergrund und spiegelt zugleich A.s eigene Aussichtslosigkeit, aber auch Unentschlossenheit während des Dritten Reichs: »Man mußte weg sein, aber man mußte irgendwohin kommen. Man durfte es nicht so machen wie Vater, der weggewollt hatte, aber immer nur ziellos auf die offene See hinausgefahren war. Wenn man kein anderes Ziel hatte als die offene See, so mußte man immer wieder zurückkehren. Erst dann ist man weg, dachte der Junge, wenn man hinter der offenen See Land erreicht«.

1958 hat sich A. nach Berzona im Tessin zurückgezogen, seinem Wohnsitz bis zum Tod. Einer der Hauptgründe für die von nun an eingenommene Distanz zur Bundesrepublik und deren Kulturbetrieb mag darin bestanden haben, daß für ihn Franklin D. Roosevelts Vision einer einigen und friedlichen Welt endgültig gescheitert war und in den militanten, reaktionären Tendenzen des neuen demokratischen Staates keine Zukunft mehr zu erkennen war. Es war aber auch eine nachgeholte Emigration, an die A. seit 1937 dachte, weil er mit einer »Halbjüdin« verheiratet war. Die ausschließliche Konzentration auf die Literatur war so nur eine logische und notwendige Konsequenz. Mit der *Roten* erschien 1960 ein Roman, bei dem das Motiv Flucht und Entscheidung nicht mehr zu tragen schien, weil es außerhalb des politischen Erfahrungsraums angesiedelt war und die private Geschichte einer Frau erzählt wird, die in Mailand von ihrem Mann flieht und in Venedig bei einem ehemaligen Spanienkämpfer endet. Es ist A.s umstrittenster Roman, der trotz der versuchten Anlehnung an Stilmittel des italienischen Neorealismus auch heute noch nicht von dem Vorwurf der Oberflächlichkeit freigesprochen ist. A. hat ihn 1972 in einer veränderten Fassung nochmals veröffentlicht. Die Verfilmung durch Helmut Käutner (1962, mit Ruth Leuwerick und Gerd Fröbe in den Hauptrollen) greift noch auf die alte Fassung zurück. Früh hatte A. das neue, alltagspolitische Thema der sich emanzipierenden Frau aufgegriffen.

In den darauffolgenden Jahren veröffentlicht A. Reiseberichte (*Wanderungen im Norden*, mit Photos von Gisela Andersch, seiner Frau seit 1950, einer Malerin), Erzählungen (*Ein Liebhaber des Halbschattens*, 1963) und gesammelte Hörspiele (*Fahrerflucht*, 1965). Mit diesen Veröffentlichungen und dem Essay-Band *Die Blindheit des Kunstwerks* (1965) ist A. beim Sichten und Sichern seiner literarischen Rollen und seines Selbstverständnisses als Schriftsteller. Während sich in diesen Jahren die Literatur in der Bundesrepublik politisiert, schweigt er. Statt dessen macht er mit seinem Roman *Efraim* (1967), der Gestalt des heimatlos gewordenen Juden deutscher Herkunft, aber mit englischem Paß, noch einmal die Fahrt durch die eigene Geschichte und verwirft mit diesem Roman die Unterordnung der Literatur unter politische Zwecke: »Ich mag das Wort Engagement nicht mehr, während das Wort Humanität für mich nichts von seinem Wert eingebüßt hat«; und: »Die Ästhetik des Widerstands ist der Widerstand der Ästhetik«. Diesen rigorosen, auf die Sprache der Literatur konzentrierten Standpunkt hat A. in einer Auseinandersetzung mit Hans Magnus Enzensberger noch einmal vertieft (*Literatur nach dem Tod der Literatur*, 1974), um sich von dem puristischen Verdacht zu befreien, er fröne im Tessin einem verräterischen Eskapismus. Zwei Jahre später hat A. mit seinem Gedicht *artikel 3(3)* eine Debatte über Radikalenerlaß, Berufsverbot und Meinungsfreiheit im demokratischen Staat ausgelöst, die den Rückzug A.s in den Elfenbeinturm der Literatur vor aller Augen widerlegt hat.

A., seit 1972 Schweizer Staatsbürger, hat 1974 mit *Winterspelt* einen letzten Roman veröffentlicht. Er greift auf eine Episode im Zweiten Weltkrieg zurück – ein deutscher Major will sein gesamtes Bataillon den Amerikanern übergeben, ein Plan, der an der bereits angelaufenen Ardennenoffensive scheitert, – und zeigt damit ein resignatives Zusammenspiel von ohnmächtiger persönlicher Integrität und der alles zerstörenden »großen Geschichte«. Kurz vor seinem Tod hat A. eine Erzählung abgeschlossen, die er seinem verstorbenen Freund Arno Schmidt – Außenseiter wie er selbst – gewidmet hat: *Vater eines Mörders* (1980). Als wolle er den erzählerischen Kreis schließen, den er beschrieben hat, geht er zurück in seine Jugend und berichtet die Geschichte einer Griechischstunde im Wittelsbacher Gymnasium in München, die vom Vater Heinrich Himmlers, der tatsächlich A.s Griechischlehrer gewesen war, abgehalten wird. Der Satz: »Es ist verdienstvoll, das Land zu loben«, wird in all der Grausamkeit durchexerziert, zu der ein autoritäres Erziehungssystem fähig ist. Der in der Schilderung dieser Unterrichtsstunde zutagetretende Mechanismus von Angst und Unterdrückung gibt eine stimmungsgeladene Antwort auf die Frage, wie es zu den Ereignissen von 1933 hatte kommen können: »Angemerkt sei nur noch, wie des Nachdenkens würdig es doch ist, daß Heinrich Himmler, – und dafür liefert meine Erinnerung den Beweis-, nicht wie der Mensch, dessen Hypnose er erlag, im Lumpenproletariat aufgewachsen ist, sondern in einer Familie aus altem, humanistisch fein gebildetem Bürgertum.

Schützt Humanismus denn vor gar nichts? Die Frage ist geeignet, einen in Verzweiflung zu stürzen«.

Bernd Lutz

Arnim, Achim von
Geb. 26. 1. 1781 in Berlin;
gest. 21. 1. 1831 in Wiepersdorf

»Von Rechts wegen sollte dieses Büchlein in jedem Hause … am Fenster, unterm Spiegel, oder wo sonst Gesang- und Kochbücher zu liegen pflegen, zu finden sein, um aufgeschlagen zu werden in jedem Augenblick der Stimmung oder Unstimmung.« Johann Wolfgang Goethe stand 1806 mit seiner Begeisterung über den gerade erschienenen ersten Band von *Des Knaben Wunderhorn* nicht allein. Diese Sammlung »alter deutscher Lieder« beeinflußte nachhaltig die Lieddichtung der deutschen Romantik und wirkte noch auf die nachfolgenden Balladendichter (Joseph Freiherr von Eichendorff, Ludwig Uhland, Eduard Mörike, Heinrich Heine, Theodor Storm). Wie kaum ein anderes Werk ist das *Wunderhorn* Ergebnis einer Freundschaft zwischen zwei Menschen, den Schriftstellern Clemens Brentano und A., die sich zum ersten Male 1801 als Studenten an der Universität Göttingen begegnen. Beide haben gleichartige künstlerische Neigungen und Interessen entwickelt, in jungen Jahren Zugang zum Kreis der Frühromantiker gefunden; aus enger Geistesverwandtschaft erwächst langanhaltende Freundschaft, die Spuren im dichterischen Werk beider Autoren hinterläßt. A., altem brandenburgischen Adel entstammend, wächst als Halbwaise bei der Großmutter in Berlin auf, da der Vater zunächst als preußischer Diplomat unterwegs ist, dann die Leitung der Berliner Oper übernimmt und sich später nur um die Bewirtschaftung des eigenen Gutes in der Uckermark kümmert. Der »trübe gepreßten Luft einer zwangvollen Kinderstube« entzieht sich A. durch die Flucht in »allerlei Gelehrsamkeit«, beschäftigt sich besonders mit deutscher und Weltgeschichte sowie aufklärerischer Philosophie, erwirbt Kenntnisse und bildet Neigungen aus, die später zur Grundlage seines erzählerischen und dramatischen Werkes werden. 1798 beginnt A. in Halle Jurisprudenz zu studieren, interessiert sich aber mehr für Naturwissenschaften und romantische Naturphilosophie. Als häufiger Gast im Hause des bekannten Komponisten Johann F. Reichardt auf dem Giebichstein trifft er mit Ludwig Tieck und anderen bekannten Autoren der Frühromantik zusammen. Als A. im Jahr 1800 nach Göttingen geht, sind ihm die Künste schon wichtiger als die Wissenschaften, arbeitet er bereits, angeregt von Goethes *Werther*, an seinem ersten Roman, *Hollins Liebesleben* (1802). Gespräche mit Goethe selbst wie mit anderen Dichtern bestärken ihn in seiner Hinwendung zur Poesie. 1802 besucht A. in Frankfurt a. M. den Freund Clemens Brentano, an dessen Schwester Bettine (der späteren romantischen Schriftstellerin Bettina von A.) ihn bald ein herzliches, dauerhaftes Verhältnis bindet, das 1811 zur Eheschließung führt. A., dessen Wesen etwas »wohltuend Beschwichtigendes« hat (Eichendorff), unternimmt mit dem lebhaften Brentano im Juni 1802 von Frankfurt a. M. aus eine Rheinfahrt, die für die schriftstellerische Arbeit der kommenden Jahre zum Schlüsselerlebnis wird. In der lebensprallen Atmosphäre eines Marktschiffes fühlen sich die beiden als »fahrende Spielmänner«, werden »im Gesange der Schiffer von tausend Anklängen der Poesie berauscht«, erliegen der Faszination des Volksliedes. A. sucht jetzt mündlich Überliefertes, sammelt Bücher und Flugschriften mit volkstümlichen Liedern, trägt auf einer großangelegten Bildungsreise, die ihn durch die Schweiz, Frankreich, England führt, weiteres Material zusammen. Nach

mehrjähriger Sammelarbeit beschließen die Freunde die Herausgabe eines »wohlfeilen Volksliederbuches«, von dem 1805 der erste Band erscheint. Mit *Des Knaben Wunderhorn* wollte A. aber weniger eine authentische Textsammlung bieten, sondern vielmehr ein »Denkmal deutschen Geistes« errichten. Stärker als Brentano neigt A. zur Neubearbeitung, dichtet Texte willkürlich um, paßt sie dem Zeitgeschmack an, um so mit »alten deutschen Liedern« ein Bollwerk aufzubauen gegen das »gewaltsame Vordringen neuer Zeit und ihrer Gesinnung«, wozu für A. besonders der Geist der Französischen Revolution gehört. Als Beitrag zur Entwicklung eines »vaterländischen« Bewußtseins sollen die gesammelten Volkslieder eine gemeinsame kulturelle Basis schaffen und damit auch politische Einigkeit ausdrücken. Anders als die Frühromantiker begeistern sich Brentano und A., die zwischen 1805 und 1808 in Heidelberg einen Zirkel gleichgesinnter Freunde und Autoren um sich scharen (Johann Joseph von Görres, Philipp Otto Runge, Eichendorff, Justinus Kerner, Ludwig Tieck), nicht aus ästhetischen, sondern aus nationalistischen Gründen für die altdeutsche Kunst und das Mittelalter. In seiner *Zeitung für Einsiedler* (als Buch: *Tröst-Einsamkeit*, 1808) bringt A., neben den zur »Heidelberger Romantik« gerechneten Autoren, altdeutsche Prosa, um über politisch Trennendes hinweg das »gemeinsam Volksmäßige« bewußt zu machen. Die nationale Gesinnung jüngerer deutscher Autoren erhält durch Napoleons Eroberungskriege in diesen Jahren Auftrieb; durch die Niederlage Preußens bei Jena und Auerstedt (1806) fühlt sich auch A. betroffen und verfaßt vaterländische Lieder für das Militär. Zu Beginn der Befreiungskriege läßt er sich 1813 sogar zum Hauptmann eines preußischen Landsturmbataillons machen. In Berlin beteiligt sich A. 1811 an der Gründung der »Christlich-Deutschen Tischgesellschaft«, einem privaten, patriotischen Gesprächskreis von Bildungsbürgern, Kaufleuten und Adligen mit unterschiedlichsten Vorstellungen über die politische Erneuerung Preußens. A. stellt zwar selbst auch die Legitimität des Geburtsadels in Frage, verklärt aber in seinen Dichtungen vergangene, hierarchisch gegliederte feudale Gesellschaftsstrukturen. Sein unvollendet gebliebener Roman *Die Kronenwächter* (1817) idealisiert einen »von Gott Begnadeten«, der »alle Deutschen zu einem großen friedlichen gemeinsamen Leben vereinigen wird«. Durch die Fülle anschaulichen historischen Materials aus dem 16. Jahrhundert wird diese ansonsten etwas »verworrene« Geschichte einer Geheimgesellschaft, welche die Krone des künftigen Kaisers schützt, zu einem der ersten bemerkenswerten deutschen historischen Romane. Seine mit zunehmendem Alter konservativer werdende Weltsicht verschließt A. aber nicht den Blick für die grundlegenden gesellschaftlichen Entwicklungen seiner Zeit. In seiner vielschichtigen Novelle *Die Majoratsherren* (1820) widerspiegeln sich gleichermaßen Untergang und Verfall einer überlebten Feudalgesellschaft wie die kritisch betrachtete Herausbildung kapitalistischer Wirtschaftsverhältnisse. Etwas resignierend wegen ausbleibender Verkaufserfolge zieht sich A. 1814 auf sein Gut nach Wiepersdorf zurück, lebt vorwiegend als Gärtner und Landwirt, schreibt daneben für Zeitungen und Unterhaltungsjournale. Mit dem *Wunderhorn* und seinen Novellensammlungen (*Der Wintergarten*, 1809; *Isabella von Ägypten, Karl des Fünften erste Jugendliebe*, 1812) hat sich A. zwar »ein Renommee unter Literaten« erworben, ist aber »im Volk ... ganz unbekannt« (Heinrich Heine) geblieben, obwohl er »so schön und golden wie weder Tieck noch Novalis« zu träumen versteht (Georg Herwegh). Mit seiner überquellenden Phantasie (die Goethe mit einem Faß vergleicht, »wo

der Böttcher vergessen hat, die Reifen fest zu schlagen, da läuft's denn auf allen Seiten heraus«) nimmt A. Bilder, Motive und Erzählweisen vorweg, die später bei anderen Autoren und in trivialisierter Form publikumswirksam werden.

Horst Heidtmann

Arnim, Bettine von
Geb. 4. 4. 1785 in Frankfurt a. M.;
gest. 20. 1. 1859 in Berlin

Den Zeitgenossen gibt ihre (wie die einen sagen) »wunderbare Natur«, ihr (so die anderen) »wunderliches Wesen« Rätsel auf; in jedem Falle aber strahlt von A. eine ungewöhnliche Faszination aus. Als Verkörperung »ganz ewig gärender Poesie«, ein »herumirrlichtelierender Kobold«, dabei ausgestattet mit »blendendem Verstand« und »grenzenloser Herzensgüte«, sorgt sie für Gesprächsstoff. Aufgrund ihrer Familiengeschichte findet die Tochter eines der wohlhabendsten Frankfurter Kaufleute von früh an Kontakt zu ästhetisch interessierten Kreisen: zunächst im Offenbacher Haus ihrer Großmutter Sophie von La Roche, einer vielgelesenen Schriftstellerin des späten 18. Jahrhunderts, wo sie nach vierjähriger Erziehung im Ursulinenkloster Fritzlar ab 1797 aufwächst; dann durch Vermittlung ihres Bruders Clemens Brentano, welchem innerhalb der romantischen Geselligkeit eine zentrale Rolle zukommt, und schließlich (von 1808 bis 1810) in München und Landshut, dem Sitz der bayerischen Landesuniversität, an der ihr Schwager Friedrich Karl von Savigny zeitweise lehrt. Schon hier machen Anekdoten über ihre »märchenhafte Erscheinung« und ihr erstaunliches Temperament, über ihre »kecken jungenhaften Manieren« und ihren »satirischen Mutwillen« die Runde, die später in verschiedenen Variationen wiederkehren: »Unter dem Tisch ist sie öfter zu finden wie drauf«, weiß man etwa zu berichten, »auf dem Stuhl niemals«. Oder: »Sie hüpfte trällernd durchs Zimmer, spielte mit einem Apfel Fangeball, voltigierte kühnlich über einen Sessel, versteckte meiner Mutter das Strickzeug, warf mich beim Tee mit Brotkügelchen und machte einen Heidenlärm«. Auch: »Sie legt sich aus ihrer Loge auf die nächste in der anderen sitzende Mannsperson und spricht: Bettina muß sich anlehnen, Bettina ist müde«. Eine andere Beobachterin sucht immer neue Umschreibungen, um sich des irritierenden Phänomens zu vergewissern: »das Sprunghafte, Wirbliche, Flatterhafte, Funkensprühende, Feuerwerkige, Explodierende, Enthusiastische, Exzentrische, Elektrisierende, Kokett-Geistreiche, Jungherzig-Frisch und Erfrischende«. Die so Charakterisierte hingegen fragt mit dem ihr von Kindheit an eigenen Selbstbewußtsein bündig: »Warum nennt man überspannt, was nicht der Gemeinheit, den gewohnten Vorurteilen sich fügt?«

Dieses »närrische« Image (wie sie es gelegentlich nennt) verhilft ihr noch zu einem willkommenen Freiraum vor der Zensur, als sie 1843 in der Schrift *Dies Buch gehört dem König* mit der gleichen »rücksichtslosen Ungeniertheit«, die sie der Konvention gegenüber an den Tag legt, die gesellschaftlichen Verhältnisse beleuchtet. »Traurig genug«, schreibt Karl Gutzkow (einer der bekanntesten Zeugen für die Zustimmung, die A. mit ihren Veröffentlichungen im Vormärz gerade bei den jungen Intellektuellen sucht und findet), »daß nur ein Weib das sagen durfte, was jeden Mann hinter Schloß und Riegel würde gebracht haben«, und »wunderbar« zugleich, »daß eine Frau, der man die ›Wunderlichkeit‹ um ihres Genies und ihrer ... Stellung willen nachsieht, aufsteht und eine Kritik ... veröffentlicht, wie sie vor ihr Tausende gedacht, aber nicht einer so resolut, so heroisch, so reformatorisch-großartig ausgesprochen hat«. In der für

A.s Stil typischen Form dialektgefärbter, metaphernreicher und assoziativ-abschweifender Betrachtungen der »Frau Rat«, Mutter des von ihr geradezu kultisch verehrten Johann Wolfgang von Goethe (die sie vor deren Tod 1808 oft besucht hatte), appelliert das *Königsbuch* an Friedrich Wilhelm IV. von Preußen. Lange in Illusionen befangen, glaubt sie ihn dazu willens und fähig, sich als Vordenker, Erzieher und Wohltäter seines zur Mündigkeit berufenen Volkes an die Spitze einer liberalen und sozialen Reformbewegung zu setzen und die in der Ära des Absolutismus »verlorenen Rechte der Menschheit« wiederherzustellen – auch für Minderheiten wie die Juden oder die aufgrund mangelnder Fürsorge der Gesellschaft straffällig Gewordenen.

Mit dem Folgeprojekt, einer großen Dokumentation der wachsenden sozialen Verelendung und ihrer Ursachen, überschreitet A. dann aber doch die Toleranzschwelle. Mitte Mai 1844 ruft sie in einigen Zeitungen dazu auf, ihr Informationsmaterial über das frühindustrielle Massenelend zuzusenden. Als knapp drei Wochen später der von preußischen Truppen innerhalb kurzer Zeit niedergeschlagene Aufstand der schlesischen Weber ausbricht, wirft ihr der Innenminister vor, »die Leute gehetzt, ihnen Hoffnungen geweckt« zu haben. »Den Hungrigen helfen wollen, heißt jetzt Aufruhr predigen«, zitiert B., die durch ihre Pflege Cholerakranker während der Epidemie von 1831 erstmals mit den frühen Berliner Elendsvierteln in Berührung gekommen war, resigniert aus einer Zuschrift: »Mein Armenbuch habe ich einstweilen abgebrochen, denn der Druck würde hier nicht gestattet werden«. (Erst 1962 erfolgt die Veröffentlichung ihrer Vorarbeiten.) Obgleich nun die Schikanen zunehmen, läßt sich (so der Mann ihrer Freundin Rahel Varnhagen) die »tapfere Frau ...«, in dieser Zeit die einzig wahrhafte und freie Stimme«, dadurch nicht einschüchtern. Ihre Abendgesellschaften bleiben Treffpunkte »demokratischer« Oppositioneller. Auch ihre Hilfe für in Not Geratene oder politisch Verfolgte setzt sie fort. Für verurteilte Revolutionäre im In- und Ausland versucht sie die Begnadigung zu erwirken. Ihre Denkschrift gegen die gewaltsame preußische Intervention von 1848 fordert für Polen das Recht auf Selbstbestimmung und »Volkssouveränität«. Vier Jahre später jedoch findet ihre Fortsetzung des *Königsbuchs (Gespräche mit Dämonen)* bereits keine Resonanz mehr.

Von 1811 bis 1831 ist B. mit Achim von Arnim verheiratet. Der Erziehung der sieben Kinder wegen und weil ihr Mann sich mehr und mehr von jener städtischen Geselligkeit absondert, die sie liebt, kehrt sie von Gut Wiepersdorf später nach Berlin zurück, wo das Paar schon während der ersten drei Ehejahre gelebt hatte. Erst mit 50 Jahren tritt sie als Schriftstellerin an die Öffentlichkeit und wird sofort berühmt. *Goethes Briefwechsel mit einem Kinde* (1835) ist die erste ihrer drei frei bearbeiteten und von eigenen Erfindungen durchsetzten Korrespondenzen (deshalb besser: Briefromane), mit denen sie am Beispiel lebensprägender Begegnungen – es folgen *Die Günderode* (1840) und *Clemens Brentanos Frühlingskranz* (1844) – in umgekehrter Chronologie ihre eigene Entwicklungsgeschichte bis zur Ehe aufarbeitet und zugleich die Ideen der Ära des romantischen Aufbruchs an die Gegenwart vermitteln will. Zugleich spiegelt sich in den Berichten über ihre Herkunft das eigene Selbstverständnis: »So wie der Großvater möcht ich sein, dem alle Menschen gleich waren, ... dem nie eine Sache gleichgültig war ...; ich glaub ..., daß man auf dem Großvater seine Weise die tiefste Philosophie erwerbe, nämlich ... die Vereinigung der tiefsten geistigen Erkenntnis mit dem tätigen Leben.« Gerade in diesem Bestreben aber liegt der anhaltende Reiz dieser temperamentvollen Frau begründet.

Hans-Rüdiger Schwab

Bachmann, Ingeborg
Geb. 25. 6. 1926 in Klagenfurt;
gest. 17. 10. 1973 in Rom

Vom schrillen Mißklang einer politischen Katastrophe wurde sie als Elfjährige geweckt. Adolf Hitler ließ Mitte März 1938 deutsche Truppen in Österreich einmarschieren und vollzog damit den Anschluß an das Deutsche Reich: »Es hat einen bestimmten Moment gegeben, der hat meine Kindheit zertrümmert. Der Einmarsch von Hitlers Truppen in Klagenfurt. Es war so etwas Entsetzliches, daß mit diesem Tag meine Erinnerung anfängt: Durch einen zu frühen Schmerz, wie ich ihn in dieser Stärke vielleicht überhaupt nicht mehr hatte ... Diese ungeheuerliche Brutalität, die spürbar war, dieses Brüllen, Singen und Marschieren – das Aufkommen meiner ersten Todesangst.« Diese Todesangst hat ihr Leben und ihr Werk gezeichnet – der Roman *Malina* von 1971 aus dem unvollendet gebliebenen Zyklus *Todesarten* und ihr qualvoller Tod bezeugen es.

Sie ist zusammen mit zwei Geschwistern im kleinbürgerlichen Haushalt eines Lehrers und späteren Hauptschuldirektors in Klagenfurt aufgewachsen, besuchte die Volksschule, das Bundesrealgymnasium, schließlich die Oberschule für Mädchen, wo sie 1944 die Matura ablegte. Im Wintersemester 1945/46 begann sie das Studium der Philosophie, das sie mit den Nebenfächern Psychologie und Germanistik 1950 in Wien abschloß, mit einer Dissertation über *Die kritische Aufnahme der Existentialphilosophie Martin Heideggers*. Zu schreiben hat sie begonnen »in einem Alter, in dem man Grimms Märchen liest«; 1948/49 werden erste Gedichte von ihr veröffentlicht. Anfang

1951 liest sie in London bei einer Veranstaltung der »Anglo-Austrian Society« aus ihren Gedichten vor, 1952 folgt die Ursendung ihres Hörspiels *Ein Geschäft mit Träumen* durch den Wiener Sender Rot/Weiß/Rot, bei dem sie inzwischen als Redakteurin angestellt ist. Noch im selben Jahr wird ihr Gedichtzyklus *Ausfahrt* veröffentlicht, erhält sie eine erste Einladung von Hans Werner Richter, während der Niendorfer Tagung der Gruppe 47 zu lesen. Inmitten einer männlichen Schriftstellergeneration, die, kaum älter, verhärtet, verzweifelt gerade den vielfältigen Schrecken und Todesgefahren des Dritten Reichs entkommen ist, haben ihre im Namen der Liebe ausgesprochenen Untergangs- und Auferstehungsvisionen – zunächst unsicher vorgetragen – einen bleibenden Eindruck hinterlassen. Hier wagte jemand, mutig und unbeirrt, wenngleich voller Zweifel, in weit ausgreifenden kosmischen, antikisierenden, biblischen Gebärden von der Verletzbarkeit und der Heilung des menschlichen Herzens zu sprechen: »Reigen – die Liebe hält manchmal/im Löschen der Augen ein,/und wir sehen in ihre eignen/erloschenen Augen hinein./ … /Wir haben die toten Augen/gesehn und vergessen nie./Die Liebe währt am längsten/und sie erkennt uns nie.« Diese Signatur der Gebrochenheit, mit der sie zurück und nach vorn blickt, trägt ihr ein Jahr später den Preis der Gruppe 47 ein, als ihr erster großer Gedichtband *Die gestundete Zeit* erscheint. Die bis dahin unerhörte Radikalität der Liebe spricht auch aus ihrem zweiten Gedichtband *Anrufung des Großen Bären*, den sie 1956 veröffentlicht. Mit der ihr eigenen Geste des Warnens und der prophetischen Vorausschau, der Beschwörung der Natur und der Liebe als dem letzten Halt des Menschen, der in »gestundeter Zeit« lebt, schreibt sie ihr eigenes Kapitel in der Lyrikgeschichte der 1950er Jahre. Als geistige Landschaft, als seelische Heimat benennt sie

den Süden, den sie erstmals 1952 mit ihrer Schwester Isolde bereist hat, als »erstgeborenes Land«, in dem ihr »Leben zufiel«; was sie daran faszinierte, war der unmerkliche, träumerische Übergang vom Topographischen zum Mythischen, der ihrer Sehnsucht nach Betäubung vollkommen entsprach. In einer Notiz zu dem Gedicht *In Apulien* (1955) hat sie dieses Übergängige bezeichnet:»Natürlich war ich in Apulien; aber *In Apulien* ist etwas anderes, löst das Land auf in Landschaft und führt sie zurück auf das Land, das gemeint ist. Es gibt wunderschöne Namen für die Ursprungsländer, die versunkenen und die erträumten, Atlantis oder Orplid … Ich bin nicht sicher, ob es noch in Apulien oder schon in Lukanien war, als ich aus dem Zugfenster sah, in einen Olivenhain, auf einen riesigen Mohnteppich, der bis an den Horizont lief. In einem solchen Moment zündet man sich eine Zigarette an, oder man drückt sich an die Waggonwand, weil einer vorbei will; vielleicht war es aber auch nicht dieser unbedachte Moment, sondern der, in dem *In Apulien* geschrieben wurde. Der Prozeß besteht aus vielen Faktoren, aus Schreiben, Denken mit einer fortschreitenden Konzentration, die wieder in Schreiben mündet.«

1952 während der Niendorfer Tagung der Gruppe 47 hat sie den gleichaltrigen Komponisten Hans Werner Henze kennengelernt und sich in ihn verliebt. Sie schreibt Opernlibretti für ihn (*Der Prinz von Homburg*, 1958; *Der junge Lord*, 1964 u. a. m.) und sucht mit ihrer Liebe zu Henze einen Ausweg aus der Verzweiflung an der Sprache, die sie bis zum gefühlsgeladenen Verstummen treibt: »daß wir mit unserer Sprache verspielt haben, weil sie kein Wort enthält, auf das es ankommt«. In ihrer an Heinrich von Kleist erinnernden Unbedingtheit des Gefühls scheitert sie an Henze, wie später, von 1958 bis 1962, an Max Frisch, der seine ebenso bedrohte wie verletzte Eitelkeit als Schriftsteller in

Montauk (1975) dokumentiert hat. Daß eine Frau nicht nur schrieb, was sie dachte und empfand, sondern damit radikal ernstzumachen suchte, war für die zünftige – selbst die schreibende – Männerwelt der 1950er und 60er Jahre offensichtlich ein Schritt, auf den sie nicht vorbereitet war.

Die B. hat seit 1953, von kurzen Unterbrechungen abgesehen (Berlin, München, Zürich), in Italien, vornehmlich in Rom, gelebt. Sie ist viel gereist, hat übersetzt, u. a. die hermetischen, vielschichtigen Gedichte von Guiseppe Ungaretti, hat das Drama *Herrschaftshaus* des Engländers Thomas Wolfe für den Hörfunk bearbeitet, Essays und Hörspiele (*Der gute Gott von Manhattan*, 1958) geschrieben. Im Wintersemester 1959/60 ist sie die erste Gastdozentin auf dem soeben geschaffenen Poetiklehrstuhl der Universität Frankfurt a. M. und hält eine Vorlesung über die Probleme zeitgenössischer Dichtung, die sie in Anlehnung an den von ihr hochgeschätzten Robert Musil in der Behauptung von »Literatur als Utopie« gipfeln läßt: »Es gilt weiterzuschreiben. Wir werden uns weiterplagen müssen mit diesem Wort Literatur und mit der Literatur, dem, was sie ist und was wir meinen, das sie sei, und der Verdruß wird noch oft groß sein über die Unverläßlichkeit unserer kritischen Instrumente, über das Netz, aus dem sie immer schlüpfen wird. Aber seien wir froh, daß sie uns zuletzt entgeht, um unsertwillen, damit sie lebendig bleibt und unser Leben sich mit dem ihren verbindet in Stunden, wo wir mit ihr den Atem tauschen.« Dieser entschlossene Appell an die Sache der Literatur erscheint zwiespältig, wenn man die Bestandsaufnahme betrachtet, welche die B. von den rückschrittlich-fortschrittlichen 1950er Jahren macht: »In der Nachgeburt der Schrecken/Sucht das Geschmeiß nach neuer Nahrung.« Es ist das lang anhaltende Entsetzen, das sie an dieser scheinbar unangebrachten Stelle wieder einholt, ein seit dem Schicksalsjahr 1938 im Zeichen der Liebe zurückgedrängter Zorn, eine bewußt kleingehaltene Trauer, die sich angesichts der Wirklichkeit, in der das Leben der B. zu leben ist, immer deutlicher mit den Momenten der Angst und des Ekels verbindet. Zwar hält sie diesem tödlichen Gefühl der Vereinzelung und Vereinsamung bis zuletzt eine utopische Entgrenzungssehnsucht und eine bisweilen klassisch-antike Feier des Irdischen entgegen: »nichts Schönres unter der Sonne/als unter der Sonne zu sein«, doch zeichnet sich mit ihrem Erzählungsband von 1961, *Das dreißigste Jahr*, ein Rückzug aus der »Utopia« des Gedichts und ein Schritt auf eine neue Menschlichkeit ab, die jenseits des »Reichs der Männer und jenseits des Reichs der Frauen« liegt. Sie hat damit eine neue, weibliche Form des Schreibens gefunden, deren Richtung zwar bis heute erahnt wird, unter anderem durch Christa Wolf, aber bei weitem nicht konsequent begangen worden ist. Hatten in der Erzählung *Unter Mördern und Irren* (1961) die Frage nach dem Sinn von Opfer und Widerstand und in der gleichnamigen Titelgeschichte des *Dreißigsten Jahrs* die Folgenlosigkeit des persönlichen Widerstands im Mittelpunkt gestanden, so war die B. jetzt noch einen Schritt weitergegangen: Ihre letzten Endes versöhnlichen, beschwichtigenden Rufe schienen aus einer anderen Welt zu kommen, waren kaum noch zu verstehen, kaum noch zu befolgen.

Danach hat die B. lange Jahre geschwiegen, es folgten Zeiten ausgedehnter Reisen und öffentlicher Ehrungen (Hörspielpreis der Kriegsblinden 1961; Georg-Büchner-Preis 1964; Großer Österreichischer Staatspreis für Literatur 1968). Nach nahezu zehn Jahren veröffentlicht sie 1971 den Roman *Malina*, mit dem sie den Zyklus *Todesarten* eröffnen will. Zwar glaubt sie in diesem im wesentlichen autobiographischen Roman noch an den Tag, »an dem werden die Menschen schwarzgoldene Augen haben, sie werden die Schönheit sehen, sie werden vom Schmutz befreit sein und von jeder Last«, aber sie rechnet auch in einem exakt-bedrängenden Seelendiagramm mit der faschistischen Vaterwelt ab, der sie entstammt und die sie noch heute lebendig glaubt: »Ich wollte zeigen, daß unsere Gesellschaft so krank ist, daß sie auch das Individuum krank macht. Man sagt, es stirbt. Doch das ist nicht wahr: Jeder von uns wird letzten Endes ermordet. Diese Wahrheit nebelt man in der Regel ein und nur bei einer Bluttat sprechen die Zeitungen davon. Das weibliche Ich meines Buches wird fortwährend in vielen ›Todesarten‹ ermordet. Doch fragt niemand, wo dieses Töten beginnt. Auch die Kriege sind in meinen Augen nur die Konsequenz dieser verborgenen Verbrechen.« Mit diesem Roman, bei dem sie sich von ihrem Vater/Geliebten in die »Größte Gaskammer der Welt« eingeschlossen fühlt, sollten als Fortsetzung des Versuchs, »sich selbst zur Sprache zu bringen«, nach dem Erzählungsband *Simultan* von 1972 *Der Fall Franza* und *Requiem für Fanny Goldmann* erscheinen. Der Tod hat diese Absicht vereitelt. Sie ist der offiziellen Version nach an den Folgen eines »Brandunfalls« gestorben. Demnach nahm sie in der Nacht auf den 26. September 1973 zunächst ein Beruhigungsmittel, dann legte sie sich mit einer brennenden Zigarette ins Bett. Sie schlief ein, Bett und Nachthemd fingen Feuer – als sie aufschreckte, war ihre Haut in großen Flächen verbrannt – jede Hilfe kam zu spät. Als hätte sie das Bezwingende,   Geheimnisvoll-Konsequente ihrer Dichtung in das eigene Sterben – auch dieses noch gestaltend – hinüberretten und damit bewahrheiten wollen, läßt sie ihren Roman *Malina* enden: »Schritte, immerzu Malinas Schritte, leiser die Schritte, leiseste Schritte. Ein Stillstehen. Kein Alarm, keine Sirenen. Es kommt niemand zu Hilfe. Der Rettungswagen nicht und

nicht die Polizei. Es ist eine sehr alte, eine sehr starke Wand, aus der niemand fallen kann, die niemand aufbrechen kann, aus der nie mehr etwas laut werden kann.«

Malina blieb der einzige Text des *Todesarten*-Projekts, der zu Lebzeiten der B. erschien. Seinen Ausgang hatte das Projekt – damit zurücklenkend auf B.s kindheitliche Erlebnisse 1938 auf den Straßen Klagenfurts – vermutlich von einem Essay Theodor W. Adornos genommen, *Was bedeutet: Aufarbeitung der Vergangenheit* (1959), der sich mit dem Nachleben des Nationalsozialismus im sozialpsychischen Haushalt der neuen demokratischen Staats- und Gesellschaftsformationen nach 1945 befaßte und skeptisch anmeldete, daß mit 1945 nicht schlagartig alles Vorbei gewesen sein könne, der »neuen« Demokratie und dem »neuen« Menschen gründlich mißtrauend. Unser »alltäglicher Faschismus«, die kleinen, verborgenen, sich tagtäglich ereignenden Verbrechen sollten im *Todesarten*-Projekt ihren erzählerischen Ort finden. Vermutlich 1962 in der Klausur ihrer Wohnung im schweizerischen Uetikon am See begonnen, sollte es sich zusammensetzen aus *Ein Ort für Zufälle* (geschrieben 1964/65), *Das Buch Franza* (1965/66), *Requiem für Fanny Goldmann* (1966), *Wienerinnen* (1967/68), den *Simultan*-Erzählungen (1967/68–72) und *Gier* (1970 ff.). Als Buchausgabe erschien der *Todesarten*-Zyklus, aus dem Nachlaß herausgegeben, erst 1995.

Bernd Lutz

Benn, Gottfried
Geb. 2.5.1886 in Mansfeld/ Westpriegnitz; gest. 7.7.1956 in Berlin

Spät, 1951 erst, ehrt man den eben noch politisch »unerwünschten Autor« mit dem Georg-Büchner-Preis, ihm verliehen, »der, streng und wahrhaftig gegen sich selbst, in kühnem Aufbruch seine

Form gegen die wandelbare Zeit setzte und ..., durch Irren und Leiden reifend, dem dichterischen Wort in Vers und Prosa eine neue Welt des Ausdrucks erschloß«, so die Urkunde. 1952 folgt das Bundesverdienstkreuz I. Klasse, postum der Große Kunstpreis des Landes Nordrhein-Westfalen. Mit den *Statischen Gedichten* (1949) hatte eine sensationelle und suggestive Rezeption begonnen, und zwar ganz unter dem Vorzeichen »Sprachmagie«, durch die der provozierende Protest seiner expressionistischen Lyrik (*Morgue*, 1912; *Söhne*, 1913; *Fleisch*, 1917) und der erkenntniskritische und analytische Rang seiner Reflexionsprosa (*Gehirne*, 1916; *Diesterweg*, 1918) sowie seiner dramatischen Skizzen (*Etappe, Ithaka, Der Vermessungsdirigent*, 1919) lange übertönt wurde. B. nannte den unverhofften Ruhm ironisch sein »Comeback« und hielt an der Einheit seines Gesamtwerks fest: »Es zieht sich doch eine Linie von: Die Krone der Schöpfung, das Schwein der Mensch bis zu dem letzten Siegel: ›im Dunkel leben, im Dunkeln tun, was wir können‹« (an F. W. Oelze, 6. 8. 1952).« Fünfzehn Jahre lang von den Nazis als Schwein, von den Kommunisten als Trottel, von den Demokraten als geistig Prostituierter, von den Emigranten als Renegat, von den Religiösen als pathologischer Nihilist öffentlich bezeichnet« (*Berliner Brief*, 1948), fiel ihm die Rückkehr in die Öffentlichkeit nicht leicht und machte es den Nachgeborenen schwer, zwischen intellektueller Faszination und ideologiekritischem Unbehagen zu unterscheiden. Dies gilt auch dort, wo B.s existentielle Rücksichtslosigkeit, seine distanzierte selbstherrliche Gestik, seine leidenschaftliche Ablehnung alles Bürgerlichen, seine Auffassung, daß das Alltägliche und dessen Gegenwelt, die der dichterischen Bildlichkeit, einander ausschließen, sein philosophisches, auf den Grund gehendes Vokabular, für eine völlig vergangene Erlebnis- und Begriffswelt gehal-

ten wird, nämlich für die »Fortsetzung des deutschen Idealismus mit anderen Mitteln« (Peter Rühmkorf). In Person, Werk und »Wirkung wider Willen« ist B. eine exemplarische Erscheinung, weniger des geschichts- und perspektivelos gewordenen Bürgertums, als vielmehr musterhaft für das Krisenbewußtsein der Moderne überhaupt. In Sellin (Neumark) als Sohn der Erzieherin Caroline B., geb. Jequier aus der romanischen Schweiz, und des preußischen Pfarrherrn Gustav B. aufgewachsen, hat er die prägende Sozialisationsphase nie verleugnet: »Gewiß habe ich die Atmosphäre meines Vaterhauses bis heute nicht verloren: in dem *Fanatismus zur Transzendenz* ... ins Artistische abgewendet, als Philosophie, als Metaphysik der Kunst« (*Dichterglaube*, 1931). Der autoritäre und orthodoxe Vater hindert ihn, der qualvoll an Krebs sterbenden Mutter beizustehen. 1922 stirbt Edith Osterloh, seine erste Frau; 1929 stürzt sich die Schauspielerin Lili Breda, mit der er befreundet ist, in den Tod; Herta von Wedemeyer, die er 1938 ehelicht, nimmt sich aus Angst vor den Russen das Leben – subtil nur zugegebene Erschütterungen. Denn die »Ereignislosigkeit« seiner biographischen Existenz spielte B. stets gegen die Weite seines »lyrischen Ich« aus. In Berlin hat er bis auf wenige Jahre sein Leben zugebracht, als abgebrochener Theologe an der Militärärztlichen Akademie (»Kälte des Denkens, Nüchternheit ... vor allem aber die tiefe Skepsis, die Stil schafft, wuchs hier«), als Psychiater an der Charité, dann als Serologe und Pathologe in Charlottenburg, ab 1917 als Facharzt für Haut- und Geschlechtskrankheiten. Im Rückblick schien ihm seine Existenz »ohne diese Wendung zu Medizin und Biologie undenkbar« (*Lebensweg eines Intellektualisten*, 1934). Eine Wende für B. wird 1932 die Berufung in die Preußische Akademie der Künste. »Die Wahl war damals eine außerordentliche Ehre«, berichtet er in *Doppelleben*, 1950.

Gedanklich der konservativen Revolution nahe und wegen seiner esoterischen Kunstauffassung (*Über die Rolle des Schriftstellers in dieser Zeit*, 1929; *Können Dichter die Welt ändern?*, 1930; *Eine Geburtstagsrede und ihre Folgen*, 1931) von den Linksintellektuellen scharf kritisiert, läßt sich B. in seiner neuen Rolle zur Legitimation der nationalsozialistischen Machtergreifung (*Der neue Staat und die Intellektuellen*, 1933) und zu groben Anwürfen gegen die »literarischen Emigranten« im Rundfunk hinreißen. Bald enttäuscht, entschließt sich B. zur »aristokratischen Form der Emigrierung« (an Ina Seidel, 12. 12. 1934), bevor er 1936 im *Völkischen Beobachter* und im *Schwarzen Korps* infam beleidigt und existenzgefährdend beschimpft wird. Wie schon während des Ersten Weltkriegs in Brüssel tut er Dienst als Militärarzt, zuletzt, von 1943 bis zur Kapitulation, in Landsberg a. d. Warthe, wo der *Roman des Phänotyp. Landsberger Fragment* (1944) entstand. Halt und anspruchsvollen Gedankenaustausch bietet ihm seit 1932 die Korrespondenz mit dem Bremer Importkaufmann Dr. Oelze, dem er bis 1956 rund 700 Briefe schickt. Im Winter 1933 war B. vom NS-Ärztebund von der Liste attestberechtigter Ärzte gestrichen worden, 1938 kamen der Ausschluß aus der Reichsschrifttumskammer und das Schreibverbot. B. war zeitlebens ein introvertierter Einzelgänger, der sich sogenannten Geselligkeiten gern entzog, schwierig im Umgang und häufig schroff. Distanz auch kennzeichnet seine Beziehung zu den Weggefährten und Freunden: Zu Klabund, den er seit der Gymnasialzeit in Frankfurt a. d. Oder kannte, zu den Bekannten aus dem »Café des Westens«, später zu Carl und Thea Sternheim, zu Paul Hindemith, mit dem er 1931 ein Oratorium (*Das Unaufhörliche*) schuf, zu Oskar Loerke in der Zeit des Terrors, zu seinem Verleger Max Niedermayer, nach 1950 auch zu Ernst Jünger, Ernst Robert Curtius,

Max Bense, Friedrich Sieburg und Max Rychner. Zu europäischem Ansehen gelangte B. am Ende doch noch: 1952 ist er deutscher Vertreter auf der »Biennale Internationale de Poésie« in Knokke (Belgien). Ein Vortrag in Marburg über *Probleme der Lyrik* (1951) wirkt auf die Generation der jungen Lyriker und in der Germanistik nachhaltig. Doch auf die Pseudokultur des Wiederaufbaus reagiert B.s späte Lyrik (*Fragmente*, 1951; *Destillationen*, 1953; *Aprèslude*, 1955) eher melancholisch. B.s Œuvre ist Konfession und Reflexion eines »späten Menschen«, des *modernen Ich* (1920), das der heteronomen Erfahrungswelt und dem Nihilismus der Denkstile noch einmal die »Form als Sein« entgegenstellt. Im Bewußtsein von Untergang und Verlust leistet er poetischen Widerstand als Lebens- und Überlebenskampf wider den Materialismus, den Wissenschaftspositivismus, den Fortschrittsoptimismus, den Kapitalismus wie den Sowjetkommunismus. Alle schriftstellerischen Möglichkeiten der Demontage und Destruktion, des Zynismus und der Lakonik hat er versucht, Pessimismus in der Nachfolge Arthur Schopenhauers als »seelisches Prinzip« und das Artistenevangelium nach Friedrich Nietzsche zu verkünden – als Denkformen intellektueller Redlichkeit. Eine *Ausdruckswelt* (1949), singulär und exklusiv gemeint, sollte die »Substanz« der abendländischen Kultur wenigstens in mystischer Partizipation oder als inneren Traumvorgang bewahren. Platonismus, Neuplatonismus, säkularisierte Restposten des Christentums, Biologismen und z. T. abenteuerliche neuro-physiologische und genetische Thesen sind das intellektuelle Äquivalent einer hinreißenden, ästhetisch versierten Montage- und Argumentationstechnik, in der B. die Assoziationsfülle der Worte und Wortfolgen freisetzt, das Zeichenpotential aus Philosophie, antiker Mythologie, Fremdsprachen, Medizin, Technik und Jargon der Gosse raffiniert verwendet. Von der »Ästhetik des Häßlichen« seiner Anfänge bis zum elegischen Altersparlando wird im Werk B.s eine strukturelle Kontinuität sichtbar. Häufig folgt der aggressiven Herausforderung durch benannte Unerträglichkeiten der Realität die Regression in künstliche Gebilde, die nicht selten Selbstdestruktion und gnadenlose Kritik dieses Rückzugsverhaltens nach sich zieht. Dies ist eine eigentümliche gestische Konstanz, die sich bei B. nicht nur im Wechsel zwischen Provokation der Öffentlichkeit und radikalem Rückzug in die autonome Einbildungskraft wiederholt, sondern als Textstruktur nachweisbar ist. Er ist der provozierte Provokateur, dessen Ausflüchte in Rausch und lustvolle Entgrenzungen oder in Form und Zucht eine den eigenen Narzißmus kränkende Wirklichkeit auszuschließen versuchen. Das Doppelleben des *Ptolemäers* (1949) steht für B.s verzweifelten Versuch, das Krisenbewußtsein der Moderne als Existenzform auszuhalten: »Wir lebten etwas anderes, als wir waren, wir schrieben etwas anderes, als wir dachten, wir dachten etwas anderes, als wir erwarteten, und was übrigbleibt, ist etwas anderes, als wir vorhatten.« Verführung durch Bilderflut, Sublimation sozialer Defekte durch Kunst ist B.s Absicht. Zeitverhaftet dagegen scheint sein Geschichts- und Kunstbegriff, der die »Phantasiewelt« des Dr. B. zuweilen auf die enge Welt der »Männerphantasien« reduziert. Die Modernität seines Werks liegt im Versuch, von den Inhalten und der Sprachfunktion zum »reinen« Ausdruck zu gelangen. Fragwürdig geblieben sind die denkerische Selbststilisierung und die notorisch verfochtene These vom »asozialen«, d.h. moralfreien »Wesen« der Kunst. Seiner Tochter Nele schrieb dieser Fanatiker des gesteigerten, des »provozierten Lebens« definitiv: »Immer wieder erlaube ich mir auf zwei Sentenzen von mir zu verweisen, die lang zurückliegen, ein

Vers: ›schweigend strömt die Äone‹, und ein Prosasatz: – ›du stehst für Reiche, nicht zu deuten und in denen es keine Siege gibt‹. Ich könnte einen dritten hinzufügen: ›es gibt Dinge, die verdienen, daß man niemanden von ihnen überzeugt.‹ So, nun hast du den schillernden G. B.« (4. 12. 1947).

Michael Stark

Bernhard, Thomas
Geb. 9. 2. 1931 in Heerlen (Holland);
gest. 12. 2. 1989 in Gmunden/
Oberösterreich

Preisgekrönt und verleumdet, verehrt und geschmäht – die anhaltend widersprüchlichen, z. T. heftigen Reaktionen auf Werk und Person B.s mag er selbst als eines jener Mißverständnisse angesehen haben, die er unter Menschen einzig für möglich hielt: »Ich spreche die Sprache, die nur ich allein verstehe, sonst niemand, wie jeder nur seine eigene Sprache versteht; und die glauben, sie verstünden, sind Dummköpfe und Scharlatane.« Die Unaufhebbarkeit des Mißverstehens als tieferer Grund und treibende Kraft seines Sprechens und Schreibens hat bei B. ihren Ursprung nicht zuletzt in der Prägung durch »zwei brauchbare Schulen natürlich: das Alleinsein, das Abgeschnittensein, das Nichtdabeisein einerseits, dann das fortgesetzte Mißtrauen andererseits«. Ihre Spur geht bis in die Kindheit und Jugendzeit zurück, deren existentiellen und zeitgeschichtlichen Hintergrund B. in seinen autobiographischen, gleichwohl seine Realitätserfahrungen mit gewollter Selbststilisierung und -inszenierung kunstvoll mischenden Erinnerungsbüchern eindrucksvoll beschrieben hat (*Die Ursache*, 1975; *Der Keller*, 1975; *Der Atem*, 1978; *Die Kälte*, 1981; *Ein Kind*, 1982).

In einem Heim für ledige Mütter, dem holländischen Klosterspital Heerlen, wird B. als unehelicher Sohn der

Tochter des österreichischen Schriftstellers Johannes Freumbichler geboren. Die ersten Monate seines Lebens muß B. in verschiedenen provisorischen Unterkünften in Rotterdam und Umgebung verbringen, weshalb sich B. später häufiger als »Kind des Meeres, nicht der Berge« bezeichnete. Nachdem B. seine frühe Kindheit im Anschluß an diesen »Meeresaufenthalt« bei den Großeltern mütterlicherseits in Wien und Seekirchen am Wallersee verbracht hat, erlebt er »die schönsten Jahre« im oberbayerischen Traunstein. Ohne daß er seinen österreichischen Vater, einen 1940 »in Frankfurt an der Oder an den Kriegswirren zugrundegegangen(en)« Tischler, je gesehen hätte, wird in dieser Zeit für B. der geliebte Großvater zur prägenden Gestalt. Gegen die Haltung der Schule und für die Kunst fördert Johannes Freumbichler, der selbst »schon in frühester Jugend dieser sogenannten Normalität entflohen war«, früh B.s musische Begabung und bemüht sich um eine vielfältige »Belehrung, die glücklich machte«. »Aber neben dem Großvater immer wieder – man ist allein« (*Drei Tage*, 1971). So auch mit dem plötzlichen eigenen Entschluß, die 1943 begonnenen Salzburger Internatsjahre abzubrechen, um u.a. eine Kaufmannslehre aufzunehmen (1947). Bei der Arbeit im feuchten Keller holt sich B. eine schwere Rippenfellentzündung und wird derart lungenkrank, daß er schon »die letzte Ölung« erhält. Doch nachdem er bereits 1949 den Tod des Großvaters als Abschluß »meine(r) erste(n) Existenz« erlebt hatte und ein Jahr darauf auch seine Mutter starb, entscheidet sich B. gegen den Tod: »ich wollte leben, und zwar mein Leben leben«. Nunmehr entdeckt B., der sein Leben in jungen Jahren später als einen »Gang durch die Hölle« charakterisierte, für sich als Form des Überlebens wie als einzig mögliche Lebensform überhaupt das Schreiben. »In der Lungenheilstätte Grafenhof begann ich, immer den Tod vor Augen, zu schreiben. Daran wurde ich vielleicht wiederhergestellt« (*Lebenslauf*, 1954). Das literarische Frühwerk der 1950er Jahre bestimmt nach Art und Umfang B.s lyrische Produktion (vgl. *Gesammelte Gedichte*, 1991). Bereits in seiner ersten Buchveröffentlichung des Gedichtbands *Auf der Erde und in der Hölle* (1957) sah C. Zuckmayer »vielleicht die größte Entdeckung, die ich in den letzten zehn Jahren in unserer Literatur gemacht habe«. Doch der Prosaautor und Dramatiker B. ließ nach der letzten Veröffentlichung von Originalgedichten (1963) seine Lyrik allenfalls als den Ausdruck seiner damaligen Gemütsverfassung gelten, bis er in den 1980er Jahren Neuauflagen und Veröffentlichungen auch bisher ungedruckter Gedichte (*Ave Vergil*, 1981) zustimmte. Auch sie bestätigen, daß B.s Gedichte bereits alle bevorzugten Themen der späteren Werke (wie Tod, Krankheit, Erkenntniszweifel, Verfall u.a.) enthalten, doch verbindet sich noch die Sinnsuche und Sprachform dieser Lyrik des primär bildhaften Ausdrucks mit einer religiös-christlichen Erfahrung und Haltung. Dies hängt weniger mit dem durchscheinenden Grundmuster der Lyrik von Georg Trakl als der intensiven Auseinandersetzung mit dem religiösmetaphysischen Konzept Blaise Pascals zusammen, in der B. die persönlichen und zeitgeschichtlichen Krisen zu verarbeiten sucht. Daher nimmt das Frühwerk, das auch die Psalmenform nicht ausschließt, seinen Ausgang von »einem ungemein starken moralischen Anspruch an Kunst und Künstlertum ..., der auf Positivität zielt« (Manfred Mixner).

Neben drei Gedichtbänden, kurzen Bühnenspielen und einer vertonten Kammeroper entstehen fünf Sätze für Ballett, Stimmen und Orchester mit dem Titel *die rosen der einöde* (1959). Zunächst arbeitet B. jedoch unmittelbar nach seiner Heilung über Vermittlung

Carl Zuckmayers als Journalist beim Salzburger *Demokratischen Volksblatt*, für das er 1952 bis 55 an die 250 Artikel schreibt. Eine »journalistische Scherbenwelt« (H. Höller), die neben regionalen Kulturberichten vor allem Gerichtsreportagen enthält, in denen B. später »ein unschätzbares Kapital (sieht). Ich glaube, da liegen die Wurzeln.« B. der bereits in der Schul- und Lehrzeit Musik- und Schauspielunterricht nahm und zunächst Opernsänger werden wollte, beginnt 1955 am »Mozarteum« in Salzburg ein Schauspiel- und Regiestudium (1955–1957). Rückblickend charakterisierte B. diese Entscheidung als »Flucht zum Menschen ...«, »damit ich mich nicht isolier'«, doch hat diese Theaterarbeit vor allem »sein Sensorium für die Stimme, das Sprechen, die ästhetischen Möglichkeiten des szenischen Raums geschärft« (H. Höller). Eine Abschlußarbeit über Brecht und Artaud hat es wohl entgegen B.s eigenen stilisierenden biographischen Auskünften zum Debütroman (1963) nicht gegeben (M. Fialik). Nach der ›mit Erfolg‹ bestandenen Bühnenreifeprüfung (1957) betätigt sich B. bereits als freier Schriftsteller. Die frühen Prosa-Skizzen, Miniaturen, Aphorismen und Kurz-Erzählungen werden aber erst dreißig Jahre später als B.s letztes Buch erscheinen (*In der Höhe. Rettungsversuch, Unsinn*, 1989).

Der eigentliche Durchbruch als Prosaautor gelingt B. 1963 mit dem Roman *Frost*. Ihm schließen sich in rascher Folge so bedeutende Prosawerke wie *Amras* (1964), *Verstörung* (1967) oder *Watten. Ein Nachlaß* (1969) an, bis mit den Romanen *Das Kalkwerk* 1970) und *Korrektur* (1975) ein vorläufiger künstlerischer Endpunkt der Prosa erreicht wird. Mit ihr hat B. »einen eigenen Tonfall in die deutsche Sprache gebracht« (W. Schmied) und wird vielfach für sie geehrt (u. a. Bremer Literaturpreis 1964, Georg-Büchner-Preis 1970). Bereits *Frost* offenbart B.s endgültigen

Bruch mit der Illusion einer möglichen heilen (zumindest heilbaren) Welt. Seine Literatur scheint nunmehr gleich der Poesie des Malers Strauch in *Frost* »immer nur aus der Mitte ihres einzigen Gedankens, der ganz ihr gehört, erfunden«. Denn im Grunde variieren seine Werke seither alle nur den einen, gleichzeitig ihre objektive Grenze bezeichnenden Gedanken der absoluten Sinnlosigkeit der menschlichen Existenz in einer restlos sinnentleerten Welt: »Wir sind (und das ist Geschichte und das ist der Geisteszustand der Geschichte): die Angst, die Körper- und Geistesangst und die Todesangst als das Schöpferische.« Der Erschütterung dieser Erfahrung sich auszuliefern und gleichzeitig ihr einen »ebenso unbedingten und rücksichtslosen Kunstwillen als Selbstbehauptungs- und Existenzwillen« (Herbert Gamper) entgegenzustellen, macht die in sich widersprüchliche Grundbewegung seiner Sprachkunstwerke aus. Ihre Protagonisten sehen sich nicht nur der Drohung einer feindlichen gesellschaftlichen Umwelt, sondern zugleich den grausamen »Vorgängen äußerer und innerer Natur« ausgeliefert – denn es ist die ganz unromantisch gedeutete »lebenslänglich unbegreifliche und unverständliche Natur, die Menschen zusammenstößt mit Gewalt, mit allen Mitteln, damit diese Menschen sich zerstören und vernichten, umbringen, zugrunde richten, auslöschen«. Dieser Naturgeschichte ausgeliefert, erscheint B.s »Geistesmenschen« einzig »der Verstand als chirurgisches Instrument« der Bewahrung persönlicher Integrität. Doch statt zur Rettung führt sie ihr künstlerisches (*Frost*) oder wissenschaftliches (*Das Kalkwerk*) Ringen um absolute Erkenntnis in die Selbstvernichtung. Diese aber entfaltet B.s Prosa als »schlimmsten Genauigkeit« (Ingeborg Bachmann), für den Kompositions- und Sprachkunst das große Erzählwerk *Auslöschung* (1986) nochmals ein überzeugendes Beispiel liefert, als historische Konsequenz einer nicht nur geistig, sondern auch wissenschaftlich und politisch »zerbröckelnden Welt« (Ingeborg Bachmann) europäischer Traditionen und Utopien. Die abgelegenen Wohnorte, verbunden mit dem Verlust menschlicher Kontakte und unterschiedlicher Formen des Wahnsinns, sind räumliche und psychosoziale Chiffren eines beziehungslosen Individualismus, der sich formal in einer gebrochenen Erzählweise (»Ich bin ein Geschichtenzerstörer«) und monologischen Sprechform virtuos aus- und darstellt.

Im stetig fortentwickelten Prosawerk zum eigentlichen Handlungsmoment geworden, bestimmt die innere Dynamik der monologisierenden Rede auch B.s Theaterstücke. Mit ihnen tritt der Prosaist B. erstmals 1970 (*Ein Fest für Boris*), seit 1975 dann vorwiegend – neben seinen autobiographischen Arbeiten – mit unverkennbar eigenem Profil auch als Dramatiker hervor.

Insbesondere für seine Salzburger Stücke (*Der Ignorant und der Wahnsinnige*, 1972; *Macht der Gewohnheit*, 1974) gilt, daß »aus der Sprache, langsam ... sich mein Drama entfaltet«. B., der seit 1955 in bewußter Distanz zum Kulturbetrieb vorwiegend in seinem »Denkkerker«, einem Vierkanthof in Ohlsdorf/Oberösterreich, lebte, liebte es, sein Theaterpublikum mit immer neuen, z.T. rüden Attacken gegen Kultur, Kirche und Politik(er) zu provozieren. Seine Dramen weisen aktuelle Bezüge zum Terrorismus (*Der Präsident*) oder zur Filbinger-Affäre (*Vor dem Ruhestand*) auf, wie B. in *Heldenplatz* (1988) u.a. zur möglichen Gefahr faschistischer Tendenzen im heutigen Österreich Stellung nahm. Doch der künstlerischen Qualität solcher Stücke kam dabei nicht immer die Lust des »eingefleischten Österreichers« (Rolf Hochhuth) an der skandalträchtigen Provokation zugute – vor allem der Provokation jenes »österreichischen Staa-

tes«, gegen dessen »Einmischung« und »Annäherung ... meine Person und meine Arbeit betreffend in aller Zukunft« der schwerkranke B. sich kurz vor seinem Tod noch in seinem Testament glaubte »verwahren« zu müssen. Er starb am 12. Februar, dem Todestag Immanuel Kants. Im Testament verbot B. jede zukünftige Veröffentlichung oder Aufführung seiner Werke in Österreich bis zum Erlöschen des Urheberrechts. Dies war nochmals ein »gelungener dramatischer Coup«, der nach B.s Tod »ein landesweites Drama juristischer Winkelzüge und moralischer Debatten auslöste, die wiederum die ganze Gesellschaft aktivierte« (G. Honegger), aber mittlerweile erfolgreich umgangen werden konnte. Entgegen allem Anschein offenbaren seine eher aktuell ausgerichteten Dramen auch, daß eingreifend-analytische »Politik ... Bernhards Sache nicht« war (M. Merschmeier). Letztlich variieren die Dramen nur die Negativität von B.s Gesellschafts-, Menschen- und Weltbild, betonen aber stärker die komischen Aspekte seines »philosophischen Lachprogramms«. Wenn sie auch nicht immer der »Monotonie einer selbstzufriedenen Kunstwelt« (Bernhard Sorg) entgehen, erscheinen sie als gleichwohl notwendiger Bestandteil von B.s Gesamtwerk mit seinen grausamen »Bücher(n) über die letzten Dinge, über die Misere des Menschen, nicht das Miserable, sondern die Verstörung, in der jeder sich befindet« (Ingeborg Bachmann).

Matthias Schmitz

Böll, Heinrich
Geb. 21. 12. 1917 in Köln;
gest. 16. 7. 1985 in Langenbroich

Auf dem Schriftstellerkongreß 1974 in Jerusalem hat B., damals Präsident des internationalen PEN, das 20. Jahrhundert ein »Jahrhundert der Vertriebenen und der Gefangenen« genannt. Vertriebenheit ist für B. die Grunderfahrung unserer Zeit, ihr vor allem sei die Universalität von Leiden und Elend zu verdanken. Der Gegensatz von Heimat und Vertriebenheit ist B.s großes Thema, das er von Werk zu Werk fortschreibt – das Fehlen regionaler, sozialer und sprachlicher Identität gilt ihm als Konstante, die historischen Ursachen des Heimatverlustes variieren. Die Topographie von B.s Prosa bleibt an seine rheinländische Herkunft gebunden, Heimat aber ist für ihn kein geographischer Begriff. Sie bildet sich durch die Existenz einer Humanität stiftenden Ordnung, die sich im praktischen Leben einer Gemeinschaft bewährt, die, wie es 1964 in den Frankfurter Vorlesungen heißt, »Nachbarschaft, Vertrauen« ermöglicht. Das Glück solcher sozialen Gebundenheit hat B. zweimal erfahren können, in Interviews weist er darauf immer wieder hin: in seiner Kindheit und Jugend und in der Zeit der ersten Nachkriegsjahre. Aus der Erinnerung daran bezieht er die psychische Energie, die Möglichkeit einer humanen Gemeinschaftsordnung auch in Zeiten zu verteidigen, in denen er sich in Deutschland wie ein Fremder fühlt: heimatlos in der eigenen Heimat. »Trostlos« ist deshalb seine Literatur nie, »aber immer untröstlich« – so B. 1966 in der Wuppertaler Rede über Die Freiheit der Kunst.

B. wird als achtes Kind des Schreinermeisters Viktor Böll und seiner zweiten Frau Maria geboren. Der Vater ist beruflich zunächst außerordentlich erfolgreich, er eröffnet ein »Atelier für kirchliche Kunst«, bezieht 1923 ein villenähnliches Haus in einem Kölner Vorort und sorgt liebevoll für die Ausbildung seiner Kinder – ein »Kafka-Erlebnis« hat B. nach eigener Aussage nie gehabt. Er charakterisiert seine Kindheit als »relativ heil«, »sehr frei und verspielt«. Die Bedrohung dieser heilen Welt wird ab dem Jahr 1930 spürbar, als die Weltwirtschaftskrise Deutschland erreicht. Vik-

tor Bölls Firma geht bankrott, die Familie muß das große Haus aufgeben und lebt danach in ständiger finanzieller Not. Die damalige Lebensform kennzeichnet B. in der Erinnerung 1976 als »proletarisch«, »eine Art Anarchismus«, »Antibürgerlichkeit«, gibt ihr damit Attribute, die er auch für die Gemeinschaftsutopien seiner Romane in Anspruch nimmt. B.s Biograph Klaus Schröter hat freilich mit Recht auf die Problematik dieses Selbstverständnisses hingewiesen, was die faktische Klassenzugehörigkeit und das soziale Verhalten der Familie zu dieser Zeit betrifft. Der Vater bezieht immerhin noch Einnahmen aus einem Mietshaus, die Kinder werden – so B. – »klassisch-katholisch« erzogen, aufs Gymnasium geschickt und mit dem Kanon bürgerlicher und zeitgenössischer katholischer Literatur vertraut gemacht. B.s Favoriten heißen nicht Bert Brecht, Kurt Tucholsky oder Heinrich Mann, sondern Friedrich Hölderlin, Heinrich von Kleist, Paul Claudel oder Gilbert Chesterton. Die damalige Lektüre Leon Bloys, der franziskanisch zwischen dem »Mangel an Notwendigem« und dem »Mangel an Überflüssigem« unterscheidet, die Teilhabe des jungen B. auch am Argwohn der Autoren des Renouveau catholique gegenüber kirchlichen Institutionen, den das Reichskonkordat 1933 zwischen dem Hitlerstaat und dem Vatikan bestätigt, werden seine Prosa später entscheidend beeinflussen, ebenso auch die Erfahrung, daß sich die Familie in den 1930er Jahren solidarisch verhält, Halt bietet und staatlichem Zugriff Widerstand leistet in einer Zeit der ökonomischen und politischen Krise. B. wird diese Erfahrung literarisch und privat – im Umgang später mit seinen eigenen Kindern – tradieren. Familienloyalität als Freiheitsform wird ein Faktor seines utopischen Denkens. B. hat das Glück, daß sowohl die Eltern wie auch die Lehrer seiner Schule antifaschistisch gesonnen sind. Ein besonders guter Schüler ist er nicht, wiederholt auch auf dem Gymnasium eine Klasse, besteht 1937 das Abitur und fängt eine Lehre als Buchhändler in Bonn an, die er im Jahr darauf abbricht. Im Sommersemester 1939 schreibt sich B. für Germanistik und klassische Philologie an der Universität Köln ein. Der Kriegsausbruch zerstört nicht nur seine Studienpläne, sondern die Heimat seiner Kindheit und Jugend, er setzt der Geborgenheit in der Familie zeitweilig ein Ende. B. leistet den Kriegsdienst in Frankreich, in der Sowjetunion, in Rumänien, Ungarn und im Rheinland. Kurz vor Kriegsende entfernt er sich unerlaubt von der Truppe und versteckt sich bei seiner Frau Annemarie, einer gebürtigen Çech aus Pilsen, Lehrerin von Beruf, die er im März 1943 geheiratet hat. Aus Angst vor Entdeckung kehrt er mit gefälschten Papieren in die Wehrmacht zurück und gerät in Kriegsgefangenschaft, aus der er im September 1945 entlassen wird. Im Oktober desselben Jahres stirbt sein erstes Kind.

Zurück in Köln geht es B. sehr elend. Zwei Jahre fast ist er unfähig, ein neues Leben zu beginnen. Seine Frau ernährt die Familie, sie gibt erst 1951/52, als die Söhne Raimund, René und Vincent geboren sind, den Schuldienst auf, arbeitet in der Folge, manchmal mit ihrem Mann, als Übersetzerin aus dem Englischen, u. a. der Werke J. David Salingers oder Patrick Whites. B. schlägt sich in diesen Jahren mit Gelegenheitsarbeiten durch und beginnt zu schreiben. Als ihm Nicolas Born und Jürgen Manthey 1977 die politische Inaktivität seiner Generation nach Kriegsende vorwerfen, antwortet er: »die Tatsache, besetzt zu sein, ... hatte natürlich etwas Befreiendes und etwas Verantwortungsloses ... Wir waren doch alle müde, wir waren krank, wir waren kaputt, jahrelang im Gefangenenlager, nicht als Entschuldigung ist das zu verstehen, sondern als realistische Feststellung der Situation.« Das Eingeständnis B.s, daß der auf-

richtigen Hoffnung auf die Möglichkeit eines selbstbestimmten Neuaufbaus der deutschen Gesellschaft das Faktum des physischen und psychischen, moralischen und politischen Bankrotts entgegenstand, und vor allem die Herrschaft der Alliierten, verdient Anerkennung; die erste Nachkriegsgeneration mußte sich, wollte sie ihren Ideen leben, aus dem Gebiet der Politik auf das der Literatur begeben. Ihre Angehörigen – neben B. u. a. Alfred Andersch, Hans Werner Richter, Wolfdietrich Schnurre oder Walter Kolbenhoff – nennen sich das »junge Deutschland«, sie grenzen sich von der ästhetizistischen Literatur der »inneren Emigranten« der Nazijahre ebenso ab wie von der Literatur der Exilierten, welchen die Erfahrung von Diktatur und Krieg fehlt. Ihr Programm ist festgehalten in der Zeitschrift *Der Ruf*, dem publizistischen Vorläufer der »Gruppe 47«, der bedeutendsten deutschen Autorenvereinigung nach 1945. Es soll dazu dienen, die Wiederkehr des Faschismus zu verhindern. Seine Hauptpunkte werden zu Invarianten von B.s Poetik: der »totale Ideologieverdacht«, die Ablehnung aller Welt- und Daseinsorientierungen, die mit dem Anspruch auf den Besitz absoluter Wahrheit auftreten, zugunsten einer Ethik des Humanen, die ihren Wert in der Praxis beweisen muß. Die Angst vor der Irrationalität der Masse, die dem Nationalsozialismus zur Herrschaft verhalf, begründet die Rückforderung der Freiheits- und Kritikrechte des Einzelnen wie auch das Elitedenken dieser skeptischen Generation: Gesellschaftlicher Fortschritt wird mit Nonkonformismus zusammengedacht. Das politische Konzept bleibt vage, einen humanen Sozialismus stellt man sich vor, Kapitalakkumulation und individueller Besitztrieb gelten als amoralisch. Das Moralische ist zugleich ein literarisches Programm, gefordert wird eine Literatur, in der Ethik und Ästhetik, wie B. es eineinhalb Jahrzehnte später in den

Frankfurter Vorlesungen, seinem theoretischen Hauptwerk, wiederholt, »kongruent« sind, eine Literatur, die engagiert, realistisch und antikalligraphisch, d.h. hier auch: einem breiten Publikum verständlich, zu sein hat. Die Zeit der »Trümmerliteratur«, die für B. so schwierige Phase der ersten Nachkriegsjahre, stellt sich für ihn in der Erinnerung doch als eine glückliche Zeit der Besitzlosigkeit, Gleichheit und Brüderlichkeit dar, in der das Wissen um die lebensnotwendigen Bedürfnisse noch allgemein ist. Mit der Währungsreform 1948 beginnt, was B. mit Erschrecken feststellt: die Rückkehr des bürgerlichen Besitzdenkens, die »Gleichschaltung« der Menschen in einer totalen Konsumgesellschaft. Daß die moralischen Forderungen der »jungen Generation« in der bundesdeutschen Gesellschaft nicht eingelöst worden sind, könnte erklären, warum B. am Konzept des *Ruf* zeit seines Schreibens festgehalten hat. Seine Literatur bewegt sich, so B. Anfang der 1960er Jahre, zwischen den Polen »Verzweiflung und Verantwortung«, weil aus Deutschland keine Heimat wird, statt sozialer Gebundenheit eine Mentalität des »Hast Du was, dann bist Du was« herrscht.

1951, mit dem Preis der Gruppe 47 für die satirische Geschichte *Die schwarzen Schafe*, beginnt B.s Aufstieg als Schriftsteller. Der Sammelband *Wanderer, kommst du nach Spa ...* ist schon 1950 erschienen, und als Erzähler von short stories, welche die Sinnlosigkeit des Krieges wie die positiven Erfahrungen von Menschlichkeit in der Kriegs- und Nachkriegszeit thematisieren, wird er in den 1950er Jahren bekannt. Die Konzeption von Familien- und Epochenromanen – der erste *Und sagte kein einziges Wort* stammt aus dem Jahr 1953; hervorzuheben sind vor allem *Billard um halbzehn* (1959), *Ansichten eines Clowns* (1963) und *Gruppenbild mit Dame* (1971) – verhilft B. dazu, in den Worten Jochen Vogts, »zu einem au-

thentischen Geschichts-Erzähler unserer Nachkriegsepoche« zu werden. Das Themenspektrum erweitert sich: Gegen die Wirtschaftswundereuphorie und die »Unfähigkeit zu trauern«, gegen die politische Restauration und die Verbindung von kirchlichem und staatlichem Machtinteresse im »Milieukatholizismus« schreibt B. an, ein »schwarzes Schaf«, ein »Nestbeschmutzer« wie die nonkonformistischen Helden seiner Romane, die private Verweigerungsformen gegen gesellschaftliche Zwänge erproben, was anfangs, wie das Beispiel des Clowns Hans Schnier zeigt, von B. nur als eine Narrenmöglichkeit gedacht wird. Wo Inhumanität herrscht, erfordert das Engagement für das Humane die Darstellung dessen, was in der bundesrepublikanischen Gesellschaft zum »Abfall« und was ihr »abfällig« geworden ist, wie B. es nennt. In *Ende einer Dienstfahrt* (1966) und *Gruppenbild mit Dame* vermittelt er die Hoffnung, daß unter der Voraussetzung der »Einigkeit der Einzelgänger« Residuen natürlicher Menschlichkeit Bestand haben könnten. Historiograph deutscher Geschichte ist B. auch als Essayist. In der Werkausgabe umfassen seine Aufsätze und Reden mehrere Bände, trotzdem ist seine Bedeutung hier noch nicht angemessen erkannt worden und vergleichbar wohl nur mit der Pier Paolo Pasolinis für die italienische Gesellschaft. Beider Zeitkritik ist urchristlich-konservativ: Die Zerstörung neutestamentlicher Werte wie Wahrheits-, Nächsten- und Friedensliebe durch den verborgenen Totalitarismus der Konsum- und Mediengesellschaft klagen sie an, ungeschützt und dem Haß der veröffentlichten Meinung ausgesetzt. B., durch sein Engagement für die sozialliberale Regierung Willy Brandts der rechten Presse schon anstößig, wird von ihr an den Pranger gestellt, als er 1972 für eine sachliche Berichterstattung der Bild-Zeitung über die Baader-Meinhof-Gruppe plädiert; im Zuge einer Terroristenfahndung durchsucht daraufhin die Polizei sogar B.s Landhaus in der Eifel. B.s Antwort auf die Bedrohung individueller Freiheit durch die Gewalt der Massenmedien und der Staatsüberwachung ist die Novelle *Die verlorene Ehre der Katharina Blum* (1974). Zur operativen Literatur der 1970er und 80er Jahre gehören auch die *Berichte zur Gesinnungslage der Nation* (1975) oder der Dokumentationsband *Bild-Bonn-Boenisch* (1984). Ungeachtet aller persönlichen Angriffe und politischer Schwarzweißmalerei, so nimmt der in der Sowjetunion beliebteste deutsche Erzähler Alexander Solschenizyn oder Lew Kopelew bei sich auf und dennoch wird ihm von der Presse mangelnde Solidarität mit den Dissidenten vorgeworfen, setzt sich B. weiterhin für Minderheiten und Außenseiter der bundesdeutschen Gesellschaft ein, für die Zigeunerstämme Sinti und Roma, für Hausbesetzer und Kernkraftgegner, für die Umweltschutz- und die Friedensbewegung.

1967 mit dem Büchner-Preis und 1972 mit dem Nobelpreis für Literatur ausgezeichnet, ist Deutschlands im In- und Ausland meistgelesener zeitgenössischer Autor in der Literaturkritik immer noch umstritten. Anachronistischen Moralismus und schlichte Positivität wirft man ihm ebenso vor wie kleinbürgerlichen Provinzialismus oder die Nichtbeherrschung der formalen Errungenschaften des modernen Romans, wobei man meist übersieht, daß der Ton des »sermo humilis« und die thematische Beschränkung auf die »Poesie des Alltags« von B. bewußt gewählt sind und er sich in der Nobelvorlesung mit Recht in eine »internationale Bewegung« einer gegenklassischen, gegenidealistischen Literatur einordnen darf, die sich für »ganze Provinzen von Gedemütigten, für menschlichen Abfall erklärten« zuständig erachtet. Ausnahmen bestätigen freilich die Regel der B.-Kritik. Folgende Sätze Theodor W. Adornos wären ein würdiger Nachruf für den Autor, es handelt sich freilich um eine Festgabe zu B.s fünfzigsten Geburtstag, und Adorno hat sie mit *Keine Würdigung* überschrieben: »Böll ist einer der erfolgreichsten deutschen Prosaschriftsteller seiner Generation, von internationalem Ruf. Er gilt zugleich, seit seinen Anfängen, als fortschrittlich ... Und er ist aktiver, praktizierender Katholik. Die Konstellation dieser nicht leicht versöhnbaren Momente hätte ihn vorbestimmt zum offiziellen deutschen Dichter, zu dem, was man repräsentativ nennt ... Mit einer in Deutschland wahrhaft beispiellosen Freiheit hat er den Stand des Ungedeckten und Einsamen dem jubelnden Einverständnis vorgezogen, das schmähliches Mißverständnis wäre ... Es hätte nur einer Geste, nur eines unmerklichen Tons sogenannter Positivität bedurft, und er wäre der poeta laureatus geworden.«

Günter Blamberger

Borchert, Wolfgang
Geb. 20. 5. 1921 in Hamburg;
gest. 20. 11. 1947 in Basel

B.s Hörspiel- und Dramenfassung von *Draußen vor der Tür*, in ganzen acht Tagen im Herbst 1946 als ein Vermächtnis der unbequemen Fragen an die deutschnationale Vätergeneration auf dem Totenbett geschrieben, führte zu einer langanhaltenden B.-Mode. Es war geradezu eine akustische Signatur der frühen Nachkriegszeit: die in den Ruinen der Trümmerzeit verhallenden letzten Fragen des Stücks, »Wo ist denn der alte Mann, der sich Gott nennt? Warum redet er denn nicht! ... Gibt denn keiner, keiner Antwort???«, trafen bei allem Anklang an Ernst Tollers *Hinkemann* und Bertolt Brechts *Trommeln in der Nacht* mit ihrem unideologischen, existentiellen Pazifismus den Nerv einer Zeit der Heimkehrer und hungernd Überlebenden. B.s eigene, traurig kurze

Biographie verlieh den allsonntäglich im Rundfunk und auf den Bühnen widerhallenden Fragen nach der Kriegsverantwortung das moralische Gewicht der reinen Stimme des Opfers; der Versuch seiner Figur Beckmann, die Verantwortung des kleinen, antifaschistischen Landsers für elf Kriegstote seinem vorgesetzten Offizier zurückzugeben, traf nicht nur die Gesinnungslage der frühen Gruppe 47 (die sich ihren Namen in dem Monat gab, als B. starb, und sich mit Alfred Andersch und Heinrich Böll sogleich auf ihn berief), er bot vielen Mitläufern »eine wunderbare, wenn auch uneingelöste Entlastung« an (Reinhard Baumgart). Wie brisant sein Pazifismus dennoch blieb und bleibt, erwies sich in den frühen 1950er Jahren der neuen Bundeswehr, als kräftig ins Dritte Reich verstrickte konservative Kritiker wie Hans Egon Holthusen das Stück als »sauren Kitsch« zu entschärfen versuchten.

Schon früh konnte es der einzige Sohn eines eher farblosen Volksschullehrers und der ihn stärker prägenden Mecklenburger Heimatschriftstellerin Hertha Borchert in der Hitlerjugend nicht mehr aushalten, auch wenn eine bündische Lagerfeuerromantik seinem frühen Hang zu Rainer Maria Rilke, Georg Trakl und existentieller Naturstimmung entgegenkam. Schon die Kleidung verriet den Bohemien und Nonkonformisten: rote Pompons statt der Krawatte, die vom Hut geschnittene Krempe, das exzentrisch geschnittene lange Haar bedeuteten in einer Zeit unterdrückter Individualität Gefahr. Die starke Mutterbindung bringt auch eine Scheu gegenüber anderen Bindungen an Frauen mit sich, ein unruhiges Wechseln der Partnerinnen, die Suche nach Verständnis bei Älteren, den Künstler in B. fördernden Frauen wie Aline Bußmann (die Freundin der Mutter, deren Mann, der Anwalt Hager, B. später erfolgreich verteidigte). Bis zum Abitur hält er nicht durch, geht zwei Jahre vor dem Abschluß als Lehrling in den Buchhandel, besucht dann heimlich die Schauspielschule Helmuth Gmelins und besteht im März 1941 die Prüfung vor der Reichstheaterkammer, gefolgt von drei glücklichen Monaten bei der Lüneburger Wanderbühne »Landesbühne Osthannover«, wo er Rollen in Volkskomödien übernimmt. Zwischen dem fünfzehnten und dem zwanzigsten Lebensjahr sind unzählige mittelmäßige Gedichte und drei Theaterstücke entstanden, so *Yorick, der Narr!* (1938), nachdem B. Gustav Gründgens als Hamlet erlebt hatte, *Granvella. Der schwarze General* (1940) und eine skurrile Komödie mit dem Titel *Käse. Die Komödie des Menschen* (1939). In der Figurengestaltung wird B.s Nietzsche-Lektüre, besonders von *Zarathustra*, deutlich. Zu B.s Gefängnisleiden und der angeborenen Leberkrankheit, die, lange nicht diagnostiziert, durch Haft und Fronteinsatz im russischen Winter 1941/1942 und den Fußmarsch von Frankfurt nach Hamburg bei Kriegsende zur unheilbaren Organschwäche wird – wäre es nicht gekommen, wenn B. nicht immer wieder Pech mit Gesinnungsschnüfflern und Denunzianten gehabt hätte, mit subalternen Vorgesetzten und übertrieben pflichttreuen nationalsozialistischen Briefkontrolleuren. Es beginnt während der Buchhandelslehre mit der merkwürdig anmutenden Beschwerde einer Kollegin, die von »Rieke-Liebe« schwärmende Ode B.s beweise Homosexualität; als sich das Opus als Hommage an Rainer Maria Rilke erweist, hat der 19jährige die erste dunkle Nacht in einem Gestapo-Keller hinter sich und wird in seiner Nazi-Verachtung bestärkt. Die vielen Briefe, die er aus Kaserne und Lazarett schrieb, wurden sämtlich geöffnet und auf Verdächtiges hin überprüft. Als er im Januar 1942 im Raum Klin-Kalinin eine Handverletzung davontrug, war eine »Schmutzige Denunziation« (Peter Rühmkorf) die Folge: B. habe sich die

Verwundung selbst beigebracht. Im Juli 1942, in Nürnberger Untersuchungshaft, wartet er bei Androhung der Todesstrafe sechs Wochen lang auf sein Verfahren. B.s innere Wandlung vom Komödianten, der von einer Laune in die andere fällt, vom exzentrischen Bürgerschreck zum ernsten, ja haßerfüllten Gegner des kruden Kommiß und Militarismus vollzieht sich in dieser Nürnberger Zelle, die er in seiner ersten gelungenen Erzählung *Die Hundeblume* (Januar 1946) festgehalten hat. Der Schluß der Erzählung ist, aus der biographischen Situation erklärlich, von außerordentlichen Bildern der Verwandlung – in einen braunen Balinesen – und des Todes beherrscht. Dieser Anklang an das pessimistisch-romantische Credo seiner expressionistischen Vorgänger erscheint in dem kurz darauf geschriebenen Stück *Draußen vor der Tür* nochmals, wenn die lebensbejahende innere Gegenstimme Beckmanns, der »Andere«, am Ende verstummt: »In einer deshumanisierten und von allem Geist verlassenen Welt tauchen bezeichnenderweise als Ideal und Glücksvorstellung nicht die Freiheit, nicht Individualität und Persönlichkeitssteigerung auf, sondern der Rückzug ins Vorzivilisierte und – schließlich – in die Schmerz- und Namenlosigkeit des Todes« (Peter Rühmkorf).

Auch wenn man B. am Ende begnadigte, dann doch wieder zu Gefängnis wegen Staatsgefährdung (aufgrund privater Protestbriefe) verurteilte und schließlich wieder, nach verkürzter Haft, der zynischen »Frontbewährung« überließ, seine Gesundheit war unrettbar erschüttert. Nach der Winterschlacht bei Toropez wurde B. mit Fußerfrierungen und Fleckfieberverdacht im Januar 1943 ins Seuchenlazarett Smolensk eingeliefert. Mitte 1943, nach scheinbarer Rekonvaleszenz in Elend (Harz), kommt B. krank vor Heimweh und nicht mehr »frontdiensttauglich« nach Hamburg und tritt in der zerstörten Stadt im »Bronzekeller« mit Chansons à la Ringelnatz auf. Nun erschienen pazifistische Gedichte wie »Brief aus Rußland« (Sept. 1943). Doch der Leidensweg wiederholt sich noch einmal; kurz vor der Abkommandierung an ein Fronttheater kommt es wegen einer Goebbels-Persiflage in der Kaserne zu erneuter Denunziation; er wird ins Gefängnis gesteckt, diesmal bis September 1944 in Berlin-Moabit, jedem der zahllosen Fliegerangriffe schutzlos ausgesetzt. Bis zu einer letzten »Frontbewährung« im Frühjahr 1945 bei Frankfurt a. M., wo die Franzosen B. gefangennehmen; er kann fliehen und wandert zu Fuß die 600 Kilometer nach Hamburg zurück; fiebernd und geschwächt muß er sich vorkommen, wie eine »Marionette« des Systems, erfüllt von einem »schönen, klaren Nihilismus«.

Noch einmal Kabarett im Herbst 1945, noch ein Versuch zur Theatergründung und Mitarbeit an Helmuth Gmelins *Nathan*-Inszenierung, dann zwingt ihn das Leberleiden endgültig ins Bett. Alle verbleibende Lebenskraft bäumt sich im Schreiben auf. *Draußen vor der Tür* begründet mit der Hörspielsendung durch Ernst Schnabel im NWDR am 13. 2. 1947 und der Uraufführung in den Hamburger Kammerspielen (mit Hans Quest als Beckmann) B.s Ruhm. Er stirbt nach einem kurzen Basler Krankenhausaufenthalt, den ihm die Verleger Henry Goverts und Carl Oprecht ermöglichten, am 20. November 1947, einen Tag vor der Uraufführung des Heimkehrer- und Antikriegsdramas. Das Stück lebt, als expressionistisches Stationendrama und »morality play«, aus der Titelmetapher: »Draußen« der heimkehrende, hungrige, bindungslose, schuldbewußte Soldat, »drinnen« die reuelosen Offiziere und Kriegsgewinnler.

Alfred Andersch hat vermutet, Ernst Schnabel bestätigt und Manfred Durzak nachgewiesen, wie rasch und virtuos sich B.s bleibende Leistung in der Kurzgeschichte an den amerikanischen Autoren der »Lost generation« und den Klassikern der Gattung, wie O. Henry, orientierte. Es entstanden exemplarische Seismogramme der Trümmerzeit mit ihrer Schuldverdrängung, ihren Hungerproblemen, dem wölfischen Überlebensdrang und der dennoch unverhofft aufblühenden Mitmenschlichkeit inmitten der Ruinen. Einen der letzten Glücksmomente erlebte B. durch den bewundernden Brief, den ihm Carl Zuckmayer wenige Tage vor dem Tod schrieb: »Die Stärke Ihrer Sachen ist, man hätte sie auch aus dem Papierkorb in irgendeinem überfüllten Bahnhofs-Wartesaal herausklauben können, sie wirken nicht wie ›Gedrucktes‹, sie begegnen uns, wie uns die Gesichter der Leute oder ihre Schatten in den zerbombten Städten begegnen.«

Volker Wehdeking

Brecht, Bertolt
Geb. 10. 2. 1898 in Augsburg;
gest. 14. 8. 1956 in Berlin (Ost)

Als B. einmal gefragt wurde, was er tun würde, wenn er einen Menschen liebte, antwortete er: »Ich mache einen Entwurf von ihm und sorge dafür, daß er ihm ähnlich wird.« Auf die erstaunte Rückfrage: »Wer? Der Entwurf?« sagte B. ruhig: »Nein, der Mensch.« Die überraschende Antwort korrespondiert mit der Überzeugung B.s, daß der Mensch noch mit dem letzten Atemzug neu beginnen könne, und mit seiner Feststellung: »in mir habt ihr einen, auf den könnt ihr nicht bauen«. Das ist kein Plädoyer für Unzuverlässigkeit, sondern für Veränderung. Die Liebe gilt nicht einem fertigen Menschen, einem »Bild«, das man sich macht, um dann enttäuscht zu sein, daß er – der Mensch – nicht hält, was er versprach (so die üblichen bürgerlichen Zweierbeziehungen). Liebe ist ein produktives Verhalten, das den Geliebten »formt«, ihn ent-

wickelt, mehr und anderes aus ihm macht, als er ist. Obwohl die Frau als Geliebte und Liebende im Werk nur eine geringe Rolle spielt, waren die vielen Liebesbeziehungen, die B. einging, ein wichtiges »Produktionsmittel«. Im Alter von 26 Jahren hatte er drei Kinder mit drei Frauen: Frank mit Paula Banholzer, Hanne mit Marianne Zoff und Stefan mit Helene Weigel, die 1930 noch die gemeinsame Tochter Barbara gebar. Ein Kind, das Ruth Berlau 1944 zur Welt brachte, starb nach wenigen Tagen. »Laßt sie wachsen, die kleinen Brechts«, war sein selbstbewußtes Motto, und Josef Losey überlieferte aus den USA: »Er aß wenig, trank wenig und fickte sehr viel.« Die Liebe zu vielen Frauen, die gemeinsame Produktion (»gegenseitiges Entwerfen«) sowie ständige Veränderungen (nicht zu bleiben, wo man ist) sind die Grundkategorien für B.s Leben und vor allem für sein Werk.

Er stamme aus den »schwarzen Wäldern« und sei von seiner Mutter in die Asphaltstädte hineingetragen worden, so hat B. seine Herkunft selbst lyrisch stilisiert (*Vom armen B.B.*). Tatsächlich lebte die Familie des Vaters in Achern (Schwarzwald), seiner Großmutter setzte B. mit der Erzählung *Die unwürdige Greisin* ein literarisches (aber nicht authentisches) Denkmal: Er projizierte die eigenen Veränderungen, seinen Übergang in die »niedere Klasse«, in seine Vorfahren und versuchte, ihnen so historische Legitimation zu geben. B. wurde in Augsburg geboren und lebte zunächst, als der Vater noch kaufmännischer Angestellter war, durchaus in kleinbürgerlichen Verhältnissen. Der Umzug in die Stiftungshäuser der Haindlschen Papierfabrik, die mit dem Aufstieg des Vaters zum Prokuristen und dann zum kaufmännischen Direktor der Fabrik verbunden war, bedeutete ein Leben in proletarischem Milieu, von dem sich allerdings der gutbürgerliche Lebensstil und die Größe der Wohnung der Familie entschieden abhoben. Der junge B. genoß die Vorzüge sehr, zumal er bald auch im eigenen Mansardenzimmer leben durfte.

Er verlebte eine gewöhnliche bürgerliche Jugend, zu der auch die ersten Schreibversuche gehören, für die das *Tagebuch No. 10* von 1913 das früheste erhaltene Zeugnis ist. Vor allem die 80 in ihm dokumentierten Gedichte zeigen, daß der 15jährige Schüler entschlossen war, das Handwerk zu erlernen, sich die verschiedensten Formen anzueignen und gerade nicht, wie sonst üblich, Dichtung als Ausdruck persönlicher Gefühle zu (miß)brauchen. Am »väterlichen Aufbruch« (1914) nimmt er literarisch teil, mit begeistert zustimmenden (sicher auf Bestellung geschriebenen) Elogen auf Kaiser, Krieg und Vaterland. Aber er verfügt auch früh schon über andere Töne, die er der B.-Clique, einem von B. dominierten Freundeskreis, – und mit der Gitarre – entwickeln werden. Man zieht bürgerschreckend durch die Straßen und versammelt sich vornehmlich in der Natur (am Lech). Im Typus des Baal, den er 1918 in seinem ersten großen Drama entwirft, erhält die antibürgerliche Einstellung B.s erste gültige Gestalt, auch wenn er ihr nur sehr bedingt entsprochen hat: der genialische Dichtertypus, der sich um die gesellschaftlichen Konventionen nicht kümmert, alle liebgewonnenen Werte negiert und seine »naturhafte« Vitalität auf Kosten der anderen radikal auslebt. Es ist die frühe Studentenzeit (1917–1924), in der er zwischen Augsburg und München hin- und herpendelt. Mit dem ebenfalls 1918 entstandenen Gedicht *Legende vom toten Soldaten* formulierte er wirksam und gültig seine Abneigung gegen den Krieg; das Gedicht soll ihn schon in den 1920er Jahren auf die schwarze Liste der Nazis gebracht haben.

Das Studium in München nahm B. nie richtig auf. Es schrieb statt dessen die wüste Seeräubergeschichte *Bargan läßt es sein*, die, 1921 publiziert, B. in

den Berliner literarischen Kreisen zum Geheimtip machte, und er schrieb seinen ersten großen Erfolg, das Drama *Trommeln in der Nacht* (1919), das ihm den Kleist-Preis (1922) einbrachte. Herbert Ihering, der als Endecker des Stückeschreibers B. gelten darf, schrieb enthusiasmiert: »Bert Brecht hat das dichterische Antlitz Deutschlands verändert.« Das Stück kritisiert das sich neu etablierende Bürgertum der Weimarer Republik: Die Bürger sichern sich ihre Anteile, über Leichen gehend. Den Menschentypus der 20er Jahre erfaßt B. in der Figur des anpasserischen Galy Gay. Das Stück *Mann ist Mann* (entstanden zwischen 1924 und 1926) plädiert für »Einverständnis«, nämlich mit den gesellschaftlichen Veränderungen, die den Menschen tiefgreifend wandelten – als Mensch, der von Technik abhängig ist und in der Massengesellschaft lebt, womit Vereinzelung, Entfremdung, Anonymität und Gesichtslosigkeit verbunden sind. Das Einverständnis bedeutet dabei keineswegs vorbehaltlose Bejahung der neuen Gegebenheiten, vielmehr kennzeichnet es das notwendige Eingehen auf die gesellschaftlichen Realitäten, damit Veränderung nicht bloße Wünschbarkeit bleibe. Die vielfach mit dem Stichwort »Behaviorismus« beschriebene Lebensphase (zwischen ca. 1924 und 1931) ist keine Zeit, in der sich B. der kapitalistischen Anpassungsideologie verpflichtet, sondern die Zeit – sie beginnt spätestens mit *Trommeln in der Nacht* –, in der B. nicht mehr bloß gegen die bürgerlichen Zwänge revoltiert, sondern ihre Faktizität und ihre prägende Macht einkalkuliert. In Geschichten (z.B. *Nordseekrabben*, 1926), Gedichten (vgl. *Das Lesebuch für Städtebewohner*, 1930) und Stücken (*Im Dickicht der Städte*, 1922) zeigt er immer wieder, daß die gesellschaftliche Entwicklung das autonome bürgerliche Individuum bereits innerhalb des Bürgertums selbst ausradiert hat. Der Mensch ist fremdbestimmt und

Mensch nur noch in der Masse; will er sich als Individuum neu gewinnen, so muß er diese Tatsache anerkennen, folglich in die Bestimmung des Individuellen aufnehmen: Das Individuum ist nicht mehr als gegeben vorauszusetzen, sondern ist Resultat des gesellschaftlichen Prozesses. Diesen Prozeß »einzuverstehen« (verstanden zu haben, bedingt anzuerkennen), ist notwendige Voraussetzung für jegliche Änderung, auch des Menschen, und hat zugleich zur Konsequenz, auf die »Massen«, das heißt in der Klassengesellschaft auf das Proletariat, als historische Kraft zu setzen.

Zu B.s Realismus gehört auch die Wahl des angemessenen Produktionsorts. München, wo er bis 1924 arbeitete, beschreiben kritischere Zeitgenossen als verspießertes großes Dorf, das auf die Dauer nur wenig zu bieten hatte. B. bereitete seine Übersiedlung nach Berlin sorgfältig vor, indem er Kontakte knüpfte und seine Stücke zur Aufführung anbot (*Trommeln in der Nacht* wurde im Dezember 1923 am Deutschen Theater gegeben, *Dickicht* hatte ein knappes Jahr später ebenda Premiere). Auch Helene Weigel, seine spätere Frau, lernte er schon 1923 kennen und lieben. B. suchte nicht die einsame Dichterexistenz, die Besinnung auf sich selbst, er benötigte vielmehr den Betrieb, den vielgescholtenen Großstadtdschungel, die Kontakte, die rasche öffentliche Bestätigung seiner Arbeit und viele Mitarbeiter. B. übertrug die (notwendige) Kollektivarbeit am Theater oder Film bereits auf die Text-Produktion selbst. Er nutzte jede Möglichkeit der Information, hörte Gesprächen geduldig zu, sie zugleich rücksichtslos ausbeutend, und beteiligte stets Freunde und Freundinnen – am wichtigsten wurden Elisabeth Hauptmann (ab 1924 bis zu B.s Tod) und Margarete Steffin´ (ab 1932 bis 1941, ihrem frühen Tod) – als direkte Mitarbeiter. Auch dies erfolgte aus der Einsicht in das veränderte

Verhältnis von Literatur und Gesellschaft. Die Zeit war vorbei, in der der einzelne – in Einsamkeit und Freiheit – noch vernünftige Werke zu produzieren vermochte. »Größere Gebäude kennen sie nicht, als solche, die ein einzelner zu bauen imstande ist«, heißt es höhnisch am Ende einer *Geschichte vom Herrn Keuner* über die *Originalität*. Von daher ließ ihn auch der Plagiatsvorwurf kalt, den Alfred Kerr nach der Uraufführung der *Dreigroschenoper* öffentlich gegen ihn erhob. Die Übernahme von Vorhandenem war B. selbstverständlich. Es ging nicht – und da folgte B. Goethe – ums Erfinden, sondern ums Finden wichtiger Themen und Stoffe. Er begründete gegen Kerr sein Plagiieren frech mit seiner »grundsätzlichen Laxheit in Fragen geistigen Eigentums«. Jede Tradition konnte so verarbeitet und im dreifachen Wortsinn Hegels »aufgehoben« (negiert, konserviert, hochgehoben) werden: mit Vorliebe die römische Antike (Horaz), Shakespeare und – in großem Umfang – die Lutherbibel.

1926 gilt als das wichtigste »Umbruchsjahr« der Biographie B.s, das sich inzwischen als legendäres Konstrukt von B.s eigner Hand herausgestellt hat. Er »studierte« angeblich *Das Kapital* von Karl Marx, als er für die Vorgänge an der Weizenbörse, die er im *Jae Fleischhacker*-Projekt dramatisieren wollte, keinerlei vernünftige Erklärung erhielt. In Wirklichkeit handelt es sich um keinen »Bruch«, sondern um das – naheliegende – Resultat seines Realismuskonzepts. B.s Werk wurde immer mehr »Zeitdichtung«, eine Dichtung, die sich mit den aktuellen Fragen der Zeit auseinandersetzte und nicht »Ausdruck der Persönlichkeit« sein wollte. Daran liegt es auch – eine weitere wichtige Eigenheit des Werks –, daß B. seine Dichtungen – für Ausgaben, bei Aufführungen u. a. – immer neu überarbeitete und »aktualisierte«. Zum Beispiel existieren vom *Galilei* drei große Fassungen, deren erste (1938) noch ganz auf die Titelfigur ausgerichtet ist, ihre »Entmachtung« und »Ausmerzung« aufgrund des Verrats der Wissenschaft. Erst mit der 2. Fassung (1944/45), die B. mit Charles Laughton im USA-Exil erarbeitet, kommt das Thema der Atombombe hinzu, während die 3. Fassung (1953) schon mit der Alltäglichkeit der Bombe rechnet und mit der Tatsache, daß die Wissenschaft wie selbstverständlich an ihrer Herstellung arbeitet. Mit der nur sporadischen Marx-Lektüre war durchaus keine »Ideologisierung« der Dichtung verbunden (und konnte es auch nicht), der «Marxismus«, den B. vor allem als Materialismus rezipierte, stellte für ihn vielmehr die beste »Methode« bereit, die gegebenen Realitäten zu erfassen. Für die marxistische »Ideologie« (für B. stets mit dem Idealismus-Verdacht verbunden) interessierte sich B. nicht, der sich bereits in den 20er Jahren – wie später auch – immer wieder entschieden gegen »Weltanschauungen« aussprach. Seine Begründung war, daß er immer wieder habe feststellen müssen, daß die Leute zwar auf ihren Anschauungen bestünden, aber durchaus nicht bereit wären, sie auch in der Praxis anzuwenden bzw. zu leben – im Gegenteil. Selbst Stücke wie Die Maßnahme – aus der »Lehrstückzeit« (1928–1931) – sind keine marxistischen Thesenstücke, sondern kunstvoll gebaute ästhetische Kollektivübungen, die der sich ausbreitenden Distribution der Massenmedien durch idiotische Unterhaltung und Einlullung des Publikums eine kommunikative Alternative gegenüberstellen wollte: Das Publikum sollte nicht einseitig »bedient« und damit ruhig gestellt (Passivität der Rezeption von Medien), sondern aktiv herausgefordert und beteiligt werden. »Über literarische Formen muß man die Realität befragen, nicht die Ästhetik, auch nicht die des Realismus«, war B.s ästhetischer Leitsatz.

Entgegen der B. von der Forschung immer wieder unterstellten »Ideologie« betonte er stets, daß Literatur und Kunst in erster Linie Spaß machen müßten und dem Publikum Genuß bereiten sollten. Der Einspruch galt lediglich den bloß vordergründigen Vergnügungen, die keine Einsichten in gesellschaftliche Verhältnisse und in menschliches Zusammenleben vermittelten. Insofern waren die späten 1920er und Anfang der 30er Jahre die Zeit, in der B. auf zwei »Schienen«, die avantgardistischste Form seines Theaters ausprägte: auf »seriöse« Weise mit den Lehrstükken, einem neuen Spieltypus, den er mit den Komponisten Kurt Weill, Paul Hindemith und Hanns Eisler entwickelte und auf der »Deutschen Kammermusik« für neue Musik in Baden-Baden 1929/1930 zu viel beachteten bis Skandale auslösenden Aufführungen brachte; auf »kulinarische« Weise mit den Opern, nämlich der Dreigroschenoper, die B. und den Komponisten Weill einen geradezu legendären Erfolg einbrachte und schnell zum Welthit aufstieg, und mit der Oper Aufstieg und Fall der Stadt Mahagonny, ebenfalls mit Weill zusammen, die vor allem für nachhaltige Skandale sorgte und Versuche politischer Zensur provozierte. Zwar hatte B. die Dreigroschenoper als Affront gegen die Gesellschaft gedacht, die ihm nun begeistert zujubelte, aber er hatte doch die ästhetischen Mittel gefunden, die der Zeit entsprachen. Der Song von Mackie Messer wurde, auch von B. mit krächzender Stimme gesungen, zum Schlager, und die Berliner Gesellschaft gab sich mit Vorliebe als Halbwelt der Nutten, Zuhälter und Gangster. Insofern objektivierte der Erfolg doch noch die Kritik des Stücks, freilich von der (besseren) Gesellschaft als kitzlig-anstößige Unterhaltung genossen: die Weimarer Republik kündigte bereits ihr Ende an (1930).

B. gehörte zu den wenigen, die aufgrund ihrer Kenntnis der politischen und wirtschaftlichen Lage dieses Ende illusionslos voraussahen, wenn nicht durch eine starke Arbeiterbewegung ein Gegengewicht geschaffen würde. Mit seinen Lehrstücken, dem Revolutionsstück nach Maxim Gorkis *Die Mutter* oder mit dem sehr genauen Milieufilm *Kuhle Wampe* (beide 1930) versuchte er entsprechend zu agitieren und die Solidarität der Arbeiter zu fördern – ohne Erfolg.

Mit der Machtübergabe an die Nazis ist seiner Arbeit jegliche Grundlage genommen; der Reichstagsbrand (27. 2. 33), den er in seiner politischen Bedeutung sofort erkennt, zwingt ihn zur sofortigen Flucht aus Deutschland, zunächst nach Prag, nach Wien und Paris und dann nach Svendborg (Dänemark), wo er mit seiner Familie und der Mitarbeiterin Margarete Steffin von 1933 bis 1939 lebt, liebt und arbeitet. B. stellt seine Produktion ganz auf den antifaschistischen Kampf ein und richtet danach Themen und Sprache seiner Werke aus, zunächst noch in der Hoffnung, damit in Deutschland die antifaschistischen Kräfte so stärken zu können, daß sie eine politische Chance fänden. Heftig bekämpft er alle – auch »linke« – Strömungen, die im Faschismus nur den »Ausbruch von Barbarei« sehen und meinen, vor ihm die »Kultur« «retten« zu müssen. 1935, auf dem internationalen Schriftstellerkongreß zur »Verteidigung der Kultur« in Paris, fordert er als einziger, endlich von den »Eigentumsverhältnissen« zu reden und zu erkennen, daß längst Menschen zu retten sind, wo immer noch von der Rettung der Kultur gehandelt wird. »Dem, der gewürgt wird, / Bleibt das Wort im Halse stecken«, hält B. Karl Kraus vor, der gemeint hatte, daß das »Wort entschlafen« sei, als »jene Welt erwachte«.

B. wußte früh, daß Hitler Krieg bedeutete. Noch in Dänemark, ehe ihn der Krieg zwang, über Finnland (1940) und die Sowjetunion nach den USA zu fliehen, beginnt er mit *Mutter Courage und ihre Kinder* (1941); das Stück führt den Krieg als (mit anderen Mitteln) fortgeführten Handel vor und zeigt – am Beispiel der Courage, die ihre drei Kinder verliert – die mit ihm verbundenen Opfer. Die »Courage«, gespielt von der Weigel, wurde später das Stück, das B.s Weltruhm begründete. Das finnische Volksstück *Herr Puntila und sein Knecht Matti* (1940), das den Typus des scheinbar liebevollen, vitalen, aber brutalen Kapitalisten entwirft, negiert die Möglichkeit der Klassenversöhnung. Mit dem *Aufstieg des Arturo Ui* (1941), schon für die USA gedacht, wollte er seinem neuen Gastland des Exils, »öfter als die Schuhe die Länder wechselnd« – im überschaubaren Gangstermilieu von Chicago – die Zusammenhänge von kapitalistischer Wirtschaft, Gangstertum und politischem Aufstieg des Faschismus demonstrieren.

B. richtete sich in den USA – er ging nach Santa Monica (Kalifornien) und versuchte sich u. a. auch als Filmeschreiber in Hollywood (z. B. schrieb B. das Drehbuch zu Fritz Langs Filmklassiker *Hangmen Also Die*, 1942) – von vornherein nicht auf Dauer ein. Er wartete vielmehr auf das Kriegsende, setzte früh auf den Sieg der Sowjets und blieb kritischer Beobachter der Emigrantenszene (besonders der des »Frankfurter Instituts für Sozialforschung« von Theodor W. Adorno und Max Horkheimer). Seine Versuche, unter den Emigranten Einigkeit über das ›andere‹ Deutschland zu erzielen und entsprechend unterstützend tätig zu werden, scheiterten an der Kollektivschuldthese. Das Kriegsende diagnostizierte er bereits als Beginn einer neuen – größeren – Konfrontation.

Die Rückkehr nach Deutschland war selbstverständlich. Dort sah B. sein Publikum, aber auch seine Heimat und sein ›Volk‹. Die Annäherung geschieht von außen, über die Schweiz. Auch der österreichische Paß – nach der Gründung der beiden deutschen Staaten erworben (1950) – ist ein Bekenntnis zur Heimat (zum ganzen Deutschland). Mit

Stücken wie *Der kaukasische Kreidekreis* (1945) plädiert er für die Übernahme des Besitzes durch das Volk – »daß da gehören soll, was da ist, denen die für es gut sind« – und mit *Die Tage der Kommune* (1948/49) für eine revolutionäre Lösung, das heißt: für ein sozialistisches Deutschland. Die Entscheidung für die DDR schien da nur folgerichtig, war aber in erster Linie dadurch bedingt, daß man B. dort die besten Arbeitsmöglichkeiten bot, was sich 1949 in der Gründung des Berliner Ensembles unter der Leitung von Helene Weigel manifestierte. B. blieb, auch wenn er einen verordneten Sozialismus immer noch als besser einschätzte als die Restauration eines stets latent mit Krieg einhergehenden Kapitalismus, einer der heftigsten Kritiker des DDR-Sozialismus, der gegen den Willen des Volkes und ohne dessen Beteiligung aufgezwungen wurde. Und ebenso gab er der deutschen Teilung auf die Dauer keine Chance: 1956 notierte er, daß Deutschland – »jeder weiß, das wird kommen. Niemand weiß, wann« – ohne Krieg wiedervereinigt werde.

Seine letzten Jahre gelten der praktischen Theaterarbeit im Berliner Ensemble, das im Theater am Schiffbauerdamm residiert, der kritischen Erledigung der Vergangenheit mit Bearbeitungen (Shakespeares, Molières, Sophokles' u. a. gegen die »Beerbung« der bürgerlichen Errungenschaften) und dem Kampf um die Erhaltung des Friedens. Sein Realismus und seine Sehnsucht nach Veränderung machten B. früh weise; mit den *Buckower Elegien* (1953) schrieb er ein «Alterswerk», vergleichbar nur mit dem *West-östlichen Divan* von Johann Wolfgang von Goethe, im Alter von nur 55 Jahren. Auf dem Totenbett diktierte er: »Schreiben Sie, daß ich unbequem war und es auch nach meinem Tod zu bleiben gedenke. Es gibt auch dann noch gewisse Möglichkeiten.« Er hat recht behalten.

Jan Knopf

Brentano, Clemens
Geb. 9. 9. 1778 in Ehrenbreitstein;
gest. 28. 7. 1842 in Aschaffenburg

»Seit fünfzehn Jahren lebt Herr Brentano entfernt von der Welt, eingeschlossen, ja eingemauert in seinen Katholizismus ... Gegen sich selbst und sein poetisches Talent hat er am meisten seine Zerstörungssucht geübt ... Sein Name ist in der letzten Zeit fast verschollen, und nur wenn die Rede von den Volksliedern ist, die er mit seinem verstorbenen Freund Achim von Arnim herausgegeben, wird er noch zuweilen genannt.« Heinrich Heines kritische Marginalie in seiner *Romantischen Schule* (1835) ruft den bereits zu Lebzeiten vergessenen Dichterkollegen in Erinnerung, von dessen umfangreichem Œuvre nurmehr noch die frühe Volksliedersammlung *Des Knaben Wunderhorn* bekannt und geschätzt geblieben ist. Die weitere Wirkungsgeschichte von B.s Werk sollte Heines Nachrede auf den verschollenen Poeten bis heute nur bewahrheiten. Die Gründe für diese Vergeßlichkeit – »die Leute haben im Leben wenig von ihm gewußt und nach dem Tode ihn kaum vermißt« (Joseph von Eichendorff) – welche die Nation dem »romantischen ihrer Dichter« (Rudolf Haym) entgegenbrachte, sind kaum in B.s übersteigertem Romantizismus, im Geschmackswandel oder in einer verschütteten Rezeptionsgeschichte zu suchen; vielmehr finden sie sich, wie von Heine vermutet, in B.s »zerrissener« Biographie. Und es ist vor allem nicht der Katholizismus, zu dem sich fast alle Romantiker bekannten, der Heines Kritik herausfordert, sondern die Zerstörungswut, mit der B. im Zeichen der Religion gegen sein poetisches Werk vorgeht und es schließlich verleugnet. Allerdings war B. in seiner katholischen Phase keineswegs als Autor »verschollen«, wie Heine vorschnell annahm, sondern er war als Erbauungsschriftsteller erfolgreicher als alle seine dichtenden Zeitgenossen; seine religiösen Schriften, teilweise anonym erschienen, erreichten hohe Auflagen und wurden in alle wichtigen europäischen Sprachen übersetzt.

Dieser Widerspruch in B.s Schaffen als Gegensatz von Poesie und Leben sollte nicht überbewertet, aber ebensowenig vorschnell harmonisiert werden: es zeigt sich vielmehr die innere Konsequenz eines enttäuschten, auf der Suche nach geistigem Rückhalt befindlichen Lebens, dessen äußere Bizarrie die Zeitgenossen immer wieder faszinierte und gleichzeitig verwirrte. »Die seltsamen Abenteuer, die seine eigene bizarre Ansicht der Welt ihm zugezogen« (Wilhelm Grimm), sie beginnen 1798, als sich der Frankfurter Kaufmannssohn nach dem Tod von Vater und Mutter der aufgedrungenen bürgerlichen Berufsausbildung entzieht; aber auch der Besuch der Universitäten in Bonn, Halle, Jena und Göttingen führt zu keinem abgeschlossenem Studium: Bergwissenschaft, Medizin und Philosophie werden nacheinander betrieben und wieder aufgegeben. In Jena, dem Zentrum der frühromantischen Bewegung, trifft B. auf seine eigentliche Bestimmung; unter dem Einfluß von Johann Gottlieb Fichte, Friedrich Wilhelm Joseph von Schelling, den beiden Schlegel, Ludwig Tieck und Ernst August Friedrich Klingemann beginnt er »eine freie poetische Existenz«; ein beträchtliches Erbe macht ihn unabhängig. Im Jenaer Kreis lernt er auch seine spätere Frau Sophie Mereau kennen, die er 1803 heiratet. Gemäß dem aufgelösten romantischen Gattungsbegriff setzt seine literarische Produktion auf verschiedenen Gebieten ein: Neben die Lyrik tritt die Literatursatire (*Gustav Wasa*, 1800) die sich hauptsächlich gegen August von Kotzebue richtet, und der »verwilderte Roman« *Godwi oder das steinerne Bild der Mutter* (1801), der in der Nachfolge des frühromantischen Bildungsromans eine verwirrende Formenvielfalt mit Witz

und Sentiment verbindet; nach dem Lustspiel *Ponce de Leon* (1804), das die Aufmerksamkeit Johann Wolfgang von Goethes findet, beginnt B. neben der im romantisch-mittelalterlichen Stil gehaltenen *Chronika eines fahrenden Schülers* (1818) mit seinem wohl ehrgeizigsten Jugendwerk, dem Versepos *Die Romanzen vom Rosenkranz* (1810) – »eine Reihe von romantischen Fabeln, in welcher sich eine schwere, alte Erbsünde mit der Entstehung des Rosenkranzes löst« –, dessen labyrintische Handlung zu keinem Abschluß kommt.

Die Übersiedlung des jungen Ehepaares nach Heidelberg mit dem Freund und »Herzbruder« Achim von Arnim in einen Kreis gleichgesinnter Schriftsteller und Gelehrter führt zu einer fruchtbaren Epoche gemeinsamer Arbeit. Aus der Begeisterung für die alte deutsche Poesie geht die berühmte Volksliedersammlung *Des Knaben Wunderhorn* (1805/08) hervor, eine Kontamination von gesammelter, umgearbeiteter und eigener, nachempfundener Lyrik, die den von den Brüdern Grimm vorgegebenen Maßstab von Kunst- und Volkspoesie überspielt. Als Pendant zu der Volksliedersammlung ist eine altdeutsche Prosasammlung geplant, deren erster und einziger Band B. 1809 vorlegt, die Neubearbeitung von Jörg Wickrams *Goldfaden*.

Der Tod seiner Frau, eine kurz danach unüberlegt geschlossene Ehe und die Auseinandersetzung mit dem Homerübersetzer Johann Heinrich Voß um die Authentizität der *Wunderhorn*-Sammlung verleiden B. Heidelberg, das er 1809 zusammen mit Arnim verläßt. Nach einem längeren Aufenthalt in Bayern trifft er in Berlin wieder mit seinem Freund zusammen. Wie in Heidelberg, bewegen sie sich in den gesellig-gelehrten Zirkeln, die sich um die neugegründete Universität gebildet hatten. In Zusammenarbeit mit den befreundeten Brüdern Grimm faßt B. verschiedene Märchenpläne: ein Zyklus von eigenen

Rheinmärchen soll neben die Bearbeitung von Giovanni Basiles neapolitanischen Märchen aus dem 17. Jahrhundert treten; ebenfalls wird die Arbeit an den *Romanzen vom Rosenkranz* wiederaufgenommen. 1811 verläßt er Berlin; nach Reisen nach Böhmen – dort entsteht das historisch-romantische Drama *Die Gründung Prags* (1812) – und Wien, wo er in den katholischen Kreisen um den Historiker Adam Müller und den Theologen Clemens Maria Hofbauer verkehrt, kehrt er 1814 wieder nach Berlin zurück. Unter dem Einfluß einer unglücklichen Liebe zu der tiefreligiösen Pfarrerstochter Luise Hensel bricht in B. eine lang angestaute Lebenskrise durch; sie stellt ihn vor die Entscheidung zwischen Ästhetizismus oder einem bewußten, religiösen Leben. 1817 legt er die Generalbeichte ab und vollzieht damit den endgültigen Bruch mit seinem poetischen Vorleben: »Mein ganzes Leben habe ich verloren, teils in Sünde, teils in falschen Bestrebungen. Meine dichterischen Bestrebungen habe ich geendet, sie haben zu sehr mit dem falschen Wege meiner Natur zusammengehangen.« Nach der Konversion zum Katholizismus sucht B. eine seinen neuen, rigorosen religiösen Vorstellungen entsprechende Aufgabe. 1819 reist er nach Dülmen, um die Visionen der stigmatisierten Nonne Anna Katharina Emmerick aufzuzeichnen. Diese selbstgewählte »Lebensaufgabe« hält ihn bis zum Tod der Nonne 1824 in Westfalen fest. Auf 16000 Folioseiten hat B. als Sekretär der Emmerick ein Material gesammelt, das er bis zu seinem Tod unter hagiographischen Gesichtspunkten bearbeitet: Er beabsichtigte, das Leben Jesu entgegen der zersetzenden Bibelkritik aus dem protestantischen Lager als historische Tatsache nach den aufgezeichneten Visionen und seinen eigenen religiösen Vorstellungen zu beschreiben: »Alles ließ den großartigen Zusammenhang ahnen, daß die heiligende Vorwelt, die entheiligende Mitwelt und die richtende Nachwelt sich fortwährend als ein historisches und zugleich allegorisches Drama nach den Motiven und der Szenenfolge des Kirchenjahres vor, in und mit ihr abspielten.« 1833 veröffentlichte er anonym *Das bittere Leiden unseres Herrn Jesu Christi*; postum erschienen *Das Leben der Heil. Jungfrau Maria* und *Das Leben unseres Herrn und Heilandes Jesu Christi* (1852/58). Alle Bücher hatten einen unglaublichen Erfolg; sie machten B. zum berühmten katholischen Erbauungsschriftsteller, dessen poetisches Werk allerdings vergessen war und das er selber als »geschminkte, duftende Toilettensünden unchristlicher Jugend« glaubte diskreditieren zu müssen. In seinen letzten Lebensjahren lebt er in München, dem »Hauptquartier der katholischen Propaganda« (Heine), im Kreis seiner Freunde und in enger Beziehung zu dem Jugendfreund Joseph Görres, beschäftigt mit der Ausarbeitung der Emmerick-Papiere. Als man ihn drängte, sein poetisches Werk in einer Auswahl herauszugeben, lehnte er dies ab: »Ich habe zu wenig eine öffentliche Basis, als daß ich ein Flora veröffentlichen könnte; ich zittere vor dem Gedanken der Öffentlichkeit und des Geschwätzes darüber.«

Karl-Heinz Habersetzer

Broch, Hermann
Geb. 1. 11. 1886 in Wien;
gest. 30. 5. 1951 in New Haven/Conn.

Was verbindet die *poetae docti* des frühen 20. Jahrhunderts miteinander, jene Gruppe wissenschaftlich und philosophisch geschulter Autoren, zu der B. gezählt wird? Nicht allein spezifische Generationserfahrungen, wie die Entstehung der künstlerischen Avantgardebewegungen oder das Auseinanderbrechen der alten Ordnungen im Ersten Weltkrieg, denn diese wurden von vielen geteilt; entscheidend ist vielmehr deren theoretische Verarbeitung, der

Versuch, eine Deutung der Epoche in der – selbst seinem Gehalt gegenüber – reflektierten Form des Romans zu geben. Dieses Bedürfnis wurde noch verstärkt, als sich in den 1920er Jahren die Philosophischen Fakultäten in ein Ensemble von Humanwissenschaften aufzulösen begannen. Da eine Gesamterkenntnis der menschlichen Existenz von den einzelwissenschaftlichen Disziplinen, auch der (neopositivistischen) Philosophie, nicht mehr zu erwarten war, konnte diese Aufgabe selbstbewußt von einer Literatur beansprucht werden, die sich von dem Pathos und dem antirationalistischen Affekt des Expressionismus gelöst hatte und unabhängig von jeder links- und rechtsintellektuellen Programmatik die Analyse der eigenen Zeit im erzählerischen Experiment verwirklichte. – Zu den hier angedeuteten Motiven seines Schreibens hat sich B. in zahlreichen Essays, Briefen und werkbegleitenden Schriften geäußert. In einem 1941 verfaßten Arbeitsprogramm, das ironisch als *Autobiographie* überschrieben ist, hat er sie zusammengefaßt: »Dies ist nur insoweit eine Autobiographie, als damit die Geschichte eines Problems erzählt wird, das zufällig mit mir gleichaltrig ist, so daß ich es – wie übrigens ein jeder aus meiner Generation, der es zu sehen gewillt gewesen war – stets vor Augen gehabt habe: es ist … das Problem des Absolutheitsverlustes, das Problem des Relativismus, für den es keine absolute Wahrheit, keinen absoluten Wert und somit auch keine absolute Ethik gibt … und dessen apokalyptische Folgen wir heute in der Realität erleben.« Der Prozeß des »Wertverlustes« hat mit dem Ersten Weltkrieg nur einen Höhepunkt, nicht seinen Abschluß erreicht. Die Gründe seiner Entstehung und die Schilderung seiner Wirkungen im menschlichen Denken und Handeln sind das Thema des dreiteiligen Romans *Die Schlafwandler*, der 1930/32 als erstes Werk B.s erscheint. Der Säkularisie-

rungsprozeß der Neuzeit wird als Zerfall der überkommenen Wertordnungen gedeutet und »personifiziert«: die Figuren der Romane dokumentieren allein durch ihr Handeln, daß sie drei Generationen angehören, in deren Abfolge der »Zerfall der Werte« seine Endphase erreicht. B. wollte mit seiner Trilogie einen literarischen Beitrag zu der geschichtsphilosophischen Debatte der 1920er Jahre leisten, in deren Zentrum das Problem der Modernisierung, die historistische Infragestellung überlieferter Normensysteme und die Möglichkeit einer wertbezogenen Geschichtsdeutung stand (Max Weber, Ernst Troeltsch u. a.). Im *Huguenau*-Roman hat er in theoretischen Exkursen die formalen Voraussetzungen seiner Geschichtsphilosophie und damit die erkenntnistheoretischen Grundlagen auch seines Erzählens erläutert. Mit wertphilosophischen Fragestellungen hat sich B. seit Beginn des Ersten Weltkrieges eingehend befaßt. Nachdem er auf Wunsch seines Vaters, eines jüdischen Textilgroßhändlers, ein Ingenieurstudium absolviert hatte (1904 bis 1907), war er als Assistenzdirektor in die väterliche Fabrik eingetreten, die er ab 1915 als Verwaltungsrat leitet. Gleichzeitig beginnt er mit einem autodidaktischen Studium der neukantianischen Philosophie und Phänomenologie, publiziert erste literaturkritische und wertphilosophische Abhandlungen (in den Zeitschriften *Brenner* und *Summa*) und verkehrt in den Literatenkreisen Wiens, wo er Franz Blei, Robert Musil und Georg Lukács kennenlernt. Allmählich zieht er sich aus dem Industriellenleben zurück und beginnt 1925 an der Universität die Fächer Mathematik und Philosophie zu studieren, vor allem bei den Vertretern des »Wiener Kreises« (Moritz Schlick, Rudolf Carnap). In die Zeit des Studiums fällt der Verkauf der Textilfabrik und die Entscheidung für die Literatur – eine mehr als nur ideelle Entscheidung, da ihm die Einkünfte aus dem verbliebenen Vermögen kein sicheres Auskommen garantieren. Nach dem finanziell geringen Erfolg der *Schlafwandler* (1931/32) verfaßt B. einen kürzeren Roman für den S. Fischer-Verlag (*Die Unbekannte Größe*, 1933), ein Drama, und mehrere Vorträge, die literaturtheoretische Themen behandeln (*James Joyce und die Gegenwart*, 1936). Die »Erkenntnisfunktion« der Dichtung und ihre »ethische Aufgabe«, die B. in seinen Essays reflektiert, bestimmen auch die Romanprojekte der 1930er Jahre, die er – nach einer Verhaftung 1938 in die Emigration gezwungen – im amerikanischen Exil wieder aufgreift. Die Unsicherheit der äußeren Lebensverhältnisse, das Engagement für verschiedene Flüchtlingskomitees (*The City of Man. A Declaration on World Democracy*, 1941), häufige Wohnungswechsel und eine wachsende Arbeitsüberlastung, von der ein umfangreicher Briefwechsel Zeugnis ablegt, unterbrechen jedoch die Kontinuität der schriftstellerischen Produktion. Unterstützung erhält B. von Freunden und akademischen Stiftungen, die auch seine Forschungen zur Massenwahntheorie für einige Zeit finanzieren. Eine literarische Darstellung massenpsychologischer Phänomene findet sich in dem Romanfragment *Die Verzauberung* (drei Fassungen des Romans entstanden zwischen 1934/35 und 1951). Im Genre des Heimatromans beschreibt B. unter Verwendung mythischer und mythenkritischer Bilder in parabelhafter Form die zerstörerische, sich bis zum Ritualmord steigernde Wirkung einer regressiv-irrationalistischen Ideologie, den Mechanismus der Macht, mit der ein einzelner die Bewohner einer Dorfgemeinschaft seinem demagogischen Einfluß unterwirft. Gehört die *Verzauberung* zum Typ des antifaschistischen, die Zeitereignisse deutenden Romans (ähnlich wie die 1950 unter dem ironischen Titel *Die Schuldlosen* veröffentlichte Novellensammlung), wendet sich die Frage nach

Schuld und Verantwortung in *Der Tod des Vergil* (1945) auf die Literatur selbst zurück, auf ihren das Handeln hemmenden Ästhetizismus, über den der sterbende Vergil, auch er ein Dichter »am Ende einer Kultur«, nachdenkt. Durch die konsequente Verwendung des inneren Monologs, archetypischer Figuren und einer lyrisch-visionären, bisweilen rhetorisch überlasteten Sprache bei einer formal strengen Komposition des gesamten Werkes, zählt der *Vergil*, wie Thomas Mann urteilte, zu den »ungewöhnlichsten und gründlichsten Experimente(n), das je mit dem flexiblen Medium des Romans unternommen wurde«.

Friedrich Vollhardt

Büchner, Georg
Geb. 17. 10. 1813 in Goddelau bei Darmstadt; gest. 19. 2. 1837 in Zürich

»Büchners Briefe lesend, muß man sich mitunter mit Gewalt erinnern, daß es nicht die eines Zeitgenossen sind« – so 1978 Volker Braun. Oder 1967, nach der Erschießung des Studenten Benno Ohnesorg, Heinrich Böll in seiner Büchner-Preis-Rede: »Die Unruhe, die Büchner stiftet, ist von überraschender Gegenwärtigkeit, sie ist da, anwesend hier im Saal. Über fünf Geschlechter hinweg springt sie einem entgegen«. B.s Modernität, seine politische wie ästhetische Aktualität hat durchaus Tradition, auch wenn dies, unter Hinweis auf eine in der Tat fulminante »Spätrezeption«, meist unbeachtet blieb: Schon 1837 ist B. für den Jungdeutschen Karl Gutzkow ein »Kind der neuen Zeit«. 1851 erklärt der demokratische Publizist Wilhelm Schulz, B.s Werke ragten »an tausend Stellen … frisch und unmittelbar« in die nachmärzlich-reaktionäre »Gegenwart« hinein. Dreißig Jahre später ist er für die deutschen Frühnaturalisten (Gerhart Hauptmann treibt einen regelrechten ›Kultus‹ mit ihm) »unser ge-

nialer Georg Büchner«, seine die »Ästhetik des Häßlichen« vorwegnehmen-
den Dichtungen werden intensiv und
auch produktiv aufgenommen. Wiederum eine Generation weiter feiert ihn der
Expressionismus als »unerreichtes Vorbild« (Julius Bab). Mit seinem in der
kurzen Frist von drei Jahren entstandenen dichterischen Werk ist B. seither
für die Weltliteratur wie für das Welttheater richtungweisend geworden, revolutionäre Demokraten erblicken im
Mitverfasser des *Hessischen Landboten*
einen Vorläufer, das Interesse auch an
seinen philosophischen und naturwissenschaftlichen Schriften hält unver-
mindert an.

Herkunft und Elternhaus plazieren B.
in das Spannungsfeld zwischen den Re-
likten der alten Feudalordnung und den
Freiheitsbestrebungen der liberalen
Epoche. Während die traditionell im
Arztberuf tätigen Vorfahren väterlicher-
seits den Geist des emanzipierten Bürgertums repräsentieren, ist er durch die
Verwandtschaft seiner Mutter eng mit
dem Absolutismus des 18. Jahrhunderts
verbunden, kennt dessen Privilegien
und Schwächen. Seit 1816 leben die B.s
in Darmstadt, wo der Vater zum Asses-
sor am Großherzoglichen Medizinalkol-
leg ernannt wird; seine Heirat mit der
Tochter eines leitenden Beamten hat ihn
in verwandtschaftliche Beziehungen zu
den tonangebenden Familien der Stadt
gebracht. Bis zum Alter von sieben Jahren erhält B. vermutlich Elementarun-
terricht durch seine Mutter, an der er
»mit liebender Verehrung« hängt (Ludwig Wilhelm Luck). Vier Jahre lang besucht er dann eine private »Erziehungs-
und Unterrichts-Anstalt«, ehe er 1825
in die Tertia des Großherzoglichen
Gymnasiums eintritt, das er bis zum
Frühjahr 1831 durchläuft und mit einem »Exemtionsschein« verläßt, in dem
ihm »gute Anlagen« und ein »klarer und
durchdringender Verstand« attestiert
werden. Als z. T. durch die Schule vermittelte, gelegentlich sich im Werk wi-

derspiegelnde Lektüre sind für diese
Zeit nachgewiesen: Homer, Aischylos,
Sophokles, Winckelmann, Bürger, Goethe (*Faust, Werther*), Schiller, Matthi-
son, Jean Paul, die Brüder Schlegel und
Platen; Tieck (*Phantasus*), Brentano
und andere »Hauptromantiker« sowie
»alle Volkspoesie, die wir auftreiben
konnten« (Friedrich Zimmermann),
daneben Byron, Calderon, Werke der
französischen Literatur und, besonders
ausgiebig, Shakespeare: v. a. *Hamlet,
Maß für Maß, Macbeth, Julius Caesar*
und die Heinrichdramen, aber auch *Der
Kaufmann von Venedig*. Aus der Gymnasialzeit sind eine Reihe von überwiegend den republikanischen Heroen-
kult in den Mittelpunkt stellende Aufsätze überliefert. Reden überliefert, Plädoyers
für patriotische Ehre und Pflicht, Kühnheit und Größe, etwa der *Helden-Tod
der vierhundert Pforzheimer* (»Solche
Männer waren es, die ... mit dem kleinen Reste des Lebens sich Unsterblichkeit erkauften«) oder eine Rechtfertigung des *Kato von Utika* (»Katos große
Seele war ganz erfüllt von einem unendlichen Gefühle für Vaterland und Freiheit, das sein ganzes Leben durchglühte
... Den Fall seines Vaterlands hätte Kato
überleben können, wenn er ein Asyl für
die andre Göttin seines Lebens, für die
Freiheit, gefunden hätte. Er fand es
nicht«). In diesen Schülerschriften erweist sich B. bereits als »Vergötterer der
Französischen Revolution« (Alexis Mu-
ston), wie sich denn auch in seinem
letztem Schulheft neben Notizen über
Hieroglyphen heimlich hingekritzelte
Verse aus dem *Großen Lied* der radikalen Gießener Burschenschaft finden
(»Auf, die Posaunen erklingen, Gräber
und Särge zerspringen, Freiheit steht
auf«). Die Auseinandersetzung mit den
deutschen Verhältnissen wird zunehmend konkreter: Diesem unter den etwa
15jährigen Gymnasiasten gegründeten
»Primanerzirkel« bietet nach dem Zeugnis des Schulfreundes Luck der »resi-
denzliche Culturboden« Anlaß und »er-

götzlichen Stoff zu allerlei kritischem und humoristischem Wetteifer in Beurtheilung der Zustände«.

Am 9. November 1831 immatrikuliert sich B. an der medizinischen Fakultät der Straßburger Académie. Der Studienort ist auf »Wunsch des Vaters« gewählt worden, weil sich hier Aneignung von französischer Lebensart und Wissenschaftsmethode (empirische Schule von Georges-Louis Duvernoy) mit bestehenden verwandtschaftlichen Relationen (Cousins und Cousinen der Mutter) verbinden. Quartier bezieht B. bei der Familie des verwitweten Pfarrers Jaéglé, mit dessen Tochter er sich im Frühjahr 1832 heimlich verlobt. Mit Ausnahme von einem dreimonatigen Ferienbesuch in Darmstadt (Sommer 1832) verbringt B. fast zwei Jahre in Straßburg. Der Aufenthalt gibt Gelegenheit, gesellschaftliche Prozesse in einem gegenüber seiner hessischen Heimat fortgeschrittenen politischen System über einen längeren Zeitraum zu verfolgen. B. erlebt in Straßburg modellhaft die wachsende Macht eines neuen »Geldaristokratismus« und ist überzeugt, damit einen Blick in Deutschlands Zukunft getan zu haben, sofern es nicht gelingt, die Interessen der »niederen Volksklassen« gegen den Egoismus der liberalen Bourgeoisie durchzusetzen. Die bis heute bekannten Zeugnisse belegen nur Teilbereiche von B.s Straßburger Aktivitäten: sie zeigen ihn als »hospes« der (politisch harmlosen) Theologenverbindung »Eugenia« und als nicht unproblematischen, »absprechend spröden« (Edouard Reuss) Begleiter auf einer mehrtägigen Vogesenwanderung, an der ebenfalls überwiegend Theologen teilnehmen. Doch selbst die »Eugenia«-Protokolle spiegeln alles andere wider als nur stille Teilhabe am fidelen Verbindungsleben: »Büchner spricht in etwas zu grellen Farben von der Verderbtheit der deutschen Regierungen«, heißt es am 24. Februar 1832, am 28. Juni verzeichnet das Protokoll

eine lebhafte Debatte über »das sittliche Bewußtseyn«, über die Strafgesetze, u. über das Unnatürliche unsers gesellschaftlichen Zustandes, besonders in Beziehung auf Reich u. Arm«, und am 5. Juli wagt sich »der so feurige u. so streng republikanisch gesinnte deutsche Patriot« – so sehen ihn seine Freunde aus dem Theologenkreis um die Brüder Stoeber – sogar an die »constitutionelle Verfassung« unter Louis Philippe, die nach B.s Ansicht »nie das Wohl u. das Glück Frankreichs befördern« werde. Mit der »in neuerer Zeit gelernt[en]« Einsicht, »daß nur das nothwendige Bedürfniß der grossen Masse Umänderungen herbeiführen kann« und »alles Bewegen und Schreien der Einzelnen« dagegen »vergebliches Thorenwerk« sei, kehrt B. im Spätsommer 1833 nach Hessen zurück. Die sich anschließenden beiden Semester an der »Pflichtuniversität« Gießen sind geprägt von den polizeilichen Verfolgungen im Anschluß an den Frankfurter Wachensturm, an dem B. »weder aus Mißbilligung, noch aus Furcht« nicht teilgenommen haben will, sondern weil er »im gegenwärtigen Zeitpunkt jede revolutionäre Bewegung als eine vergebliche Unternehmung« ansehe (April 1833 an die Familie), von den bedrückenden »politischen Verhältnissen«, nicht nur im Großherzogtum (»Das arme Volk schleppt geduldig den Karren, worauf die Fürsten und Liberalen ihre Affenkomödie spielen«; 9. 12. 1833 an August Stoeber), von einem Widerwillen gegenüber dem inzwischen verhaßten Brotstudium im »abscheulichen« Gießen (»Ich schämte mich, ein Knecht mit Knechten zu sein, einem vermoderten Fürstengeschlecht und einem kriechenden Staatsdiener-Aristokratismus zu Gefallen«; April 1834, an die Familie), und von einem heimlichen »Heimweh« nach Straßburg und der Freundin, die er Ostern 1834 ohne Wissen der Eltern besucht. Die von hier aus erfolgte Bekanntgabe seiner Verlobung löst bei seinem Vater, der mit seiner

Strenge schon früh den Keim zu B.s Opposition gelegt hat, »äußerste Erbitterung« aus.

Inzwischen hat B. den führenden Kopf der oberhessischen Opposition kennengelernt, den Butzbacher Rektor Friedrich Ludwig Weidig, und lebt, bis auf den Umgang mit dem »etwas verlotterten und verlumpten Genie« August Becker, der für Weidig als Emissär arbeitet, sehr zurückgezogen (Carl Vogt). Im Winter 1833/34 vertieft er sich in die Lektüre der französischen Revolutionsgeschichte, die ihn in der Historie einen »gräßlichen Fatalismus« walten sehen läßt, einen – oberflächlich vom Zufall beherrschten – ewigen Kampf zwischen Privilegierten und Unterdrückten, der 1789 wie 1830 zugunsten der Bourgeoisie entschieden worden war. Jede durchgreifende Revolution mußte also eine soziale sein, mußte gleichsam, wie es in einem späteren Brief an Gutzkow heißt, »von der ungebildeten und armen Klasse aufgefressen werden.« Und obwohl B. wegen der »unabwendbaren Gewalt« und der Unkontrollierbarkeit der weiteren Folgen fast zurückschreckt vor dem revolutionären Handeln, entscheidet er sich im Frühjahr 1834 für die sozialrevolutionäre Agitation: Gründung einer Darmstädter und einer Gießener Sektion der geheimen »Gesellschaft der Menschenrechte« mit strikt republikanischer und egalitärer Zielsetzung bis hin zur »Gütergemeinschaft«, Entwurf und Verbreitung des (von Weidig abgeschwächten und so betitelten) *Hessischen Landboten*: eine »eingreifende Untersuchung« (Thomas Michael Mayer, 1987), mit der B. einerseits »die Stimmung des Volks und der deutschen Revolutionärs erforschen«, andererseits zum Aufstand ermutigen will: »Soll jemals die Revolution auf eine durchgreifende Art ausgeführt werden, so kann und darf das bloß durch die große Masse des Volkes geschehen, durch deren Ueberzahl und Gewicht die Soldaten gleichsam erdrückt werden müssen. Es

handelt sich also darum, die große Masse zu gewinnen, was vor der Hand nur durch Flugschriften geschehen kann.« Verrat und erpreßte Geständnisse, aber auch Vorbehalte Weidigs und anderer führender Oppositioneller lassen B.s Konzept scheitern.

Im September 1834 kehrt B. nach Darmstadt zurück. Während er sich nach außen hin auf Druck des Vaters mit fachwissenschaftlicher Lektüre beschäftigt, beteiligt sich die von ihm geleitete Darmstädter Sektion der »Gesellschaft der Menschenrechte« an Geldsammlungen für die Anschaffung einer Druckpresse zur heimlichen Flugschriftenherstellung und, vordringlich, an Plänen zur Befreiung der politischen Gefangenen, die schon bis zur Beschaffung eines Betäubungsmittels und von Nachschlüsseln gediehen. Gleichzeitig erfolgt die Niederschrift des Revolutionsdramas *Danton's Tod*, in dem B. ein »wirklichkeitsnahes Bild« der historischen Situation (Fraktionskämpfe unter den Jakobinern), die B. in vieler Hinsicht als modellhaft erkannte, wie der »Gesellschaftstotalität« des Jahres 1794 zeichnet. Widersprüche und Konflikte werden offengelegt, »die Motive der Handelnden erscheinen zweideutig«, dem Zuschauer fällt die Entscheidung über »Recht und Unrecht« schwer (Hans-Georg Werner 1964) – kein Drama der revolutionären Begeisterung, sondern der Probleme und Grenzen einer »politischen« Revolution, welche die Gleichheit aller postuliert und die Grundlage der Ungleichheit, die bürgerlichen Eigentumsverhältnisse, unangetastet läßt: das Volk hungert weiter.

Anfang des Jahres 1835 erhält B. mehrere gerichtliche Vorladungen, denen er jedoch keine Folge leistet; einer Verhaftung kommt er durch Untertauchen zuvor, woraufhin er behördenintern »wegen Hochverrat mit Steckbriefen verfolgt« wird. Noch bevor Ende März der Frankfurter *Phönix*, an dessen Verleger J. D. Sauerländer und Feuilletonredakteur Karl Gutzkow er sich in separaten Briefen gewandt hatte, mit dem auszugsweisen Druck des Dramas beginnt, flieht B. nach Straßburg, wo er zunächst inkognito, mit den Papieren eines elsässischen Weinkellners, lebt. Die im Großherzogtum gegen ihn laufenden Ermittlungen werden mit dem 18. Juni durch einen Steckbrief in der Lokalpresse öffentlich gemacht. Der Buchdruck von *Danton's Tod*, den der *Phönix*-Redakteur Eduard Duller mit dem tendenziös-verharmlosenden Untertitel *Dramatische Bilder aus Frankreichs Schreckensherrschaft* versieht, erfolgt ohne B.s Mitwirkung, aber auch ohne behördliche Beanstandung: Umsichtig-zensorische Eingriffe Gutzkows haben das Manuskript druckfähig gemacht. Ein nachträgliches Verbot erfolgt nicht, obwohl eine pseudonyme Rezension in der Beilage der Dresdner *Abend-Zeitung* (im Zusammenhang der Fehde zwischen Wolfgang Menzel und Gutzkow) geradewegs dazu auffordert.

Im Straßburger Exil übersetzt B. für Sauerländer die Victor-Hugo-Dramen *Lucrèce Borgia* und *Marie Tudor*, Brotarbeiten, die ihm – wie der *Danton* – bescheidene 100 Gulden Honorar einbringen. B.s Übersetzungen sind drastischer, lakonischer, aber auch subtiler als das Original; das Pathos der französischen Schauerromantik wird hier auf ein Minimum reduziert. Eine »Novelle« über den Aufenthalt des Sturm-und-Drang-Dichters Jakob Michael Reinhold Lenz bei dem philanthropischen Pfarrer Johann Friedrich Oberlin im elsässischen Steintal, die Fallstudie eines künstlerischen, psychischen und damit auch sozialen Grenzgängers, in der B. durch die mitempfindende Darstellung einer schizophrenen Psychose und die am Rande formulierten Grundsätze seiner antiidealistischen Ästhetik literarisches Neuland betritt, bleibt trotz mehrfacher Ermunterungen Gutzkows unvollendet. Statt dessen wirft B. sich mit aller Gewalt in das »Studium der Philo-

sophie«: es entstehen die Schriften über Cartesius und Spinoza und Teile seiner kommentierten Auszüge aus Wilhelm Gottlieb Tennemanns *Geschichte der griechischen Philosophie.*

Als Thema seiner Dissertation wählt B. jedoch einen »naturhistorischen Gegenstand«: Für die zuerst in der Straßburger »Societé du Muséum d'histoire naturelle« vorgetragene, erst 1837 erschienene Abhandlung *Sur le système nerveux du Barbeau* wird ihm am 3. 9. 1836 von der Philosophischen Fakultät der Universität Zürich die »Doktorwürde« verliehen. Parallel dazu verfaßt B., als Wettbewerbsbeitrag zur »Preisaufgabe« des Cotta-Verlags »für das beste ein- oder zweiaktige Lustspiel«, die Komödie *Leonce und Lena*, deren »Grundstimmung« blanker »Haß« (Hans Mayer, 1946) ist, Wut über die deutschen »Verhältnisse« im System des Spätabsolutismus. Da B., der von Besuchern zu dieser Zeit als nervös-aufgeregt und erschöpft erlebt wird, den Einsendeschluß um zwei Tage verpaßt, erhält er sein Manuskript »uneröffnet« zurück.

Gewissermaßen als Gegenstück zum ›höfischen‹ Lustspiel entwirft B. ein »bürgerliches Trauerspiel« (Ludwig Büchner, 1850), in dessen Mittelpunkt – erstmals in der deutschen Literaturgeschichte – die Figur eines »pauper« steht, der Stadtsoldat Woyzeck, der im Zustand physischer wie psychischer Zerrüttung seine Geliebte ersticht. Der sozialen Tragödie liegt, »wie dem *Hessischen Landboten*, ein System zugrunde: das System der Ausbeutung, Unterdrückung und Entfremdung ... Es ist seine Armut«, die Woyzeck »rettungslos ausliefert, und es ist die bis zum Extrem gesteigerte entfremdete Arbeit, die ihn erdrückt ... Vom ›Mord durch Arbeit‹ haben wir in *Danton's Tod* nur gehört, im *Woyzeck* sehen wir ihn als dramatische Wirklichkeit« (Alfons Glück 1985). Das titellose Fragment bleibt jahrzehntelang ungedruckt und wird erst 1875 von Karl Emil Franzos (aufgrund einer Verlesung als *Wozzeck*) veröffentlicht.

Mit dem unsicheren Status eines politischen Flüchtlings versehen, siedelt B. im Oktober 1836 nach Zürich über. Von den dortigen Professoren, vor allem Lorenz Oken, gefördert und seit einer »Probevorlesung« (über Schädelnerven verschiedener Wirbeltierarten) als Privatdozent zugelassen, gibt B., vor meist nur einem einzigen Zuhörer, »zootomische Demonstrationen«. Neben den Vorbereitungen für das Sommersemester entsteht in Zürich die Fassung letzter Hand von *Leonce und Lena*; eine Weiterarbeit an *Woyzeck* ist nicht belegt. Ein viertes Drama B.s, das erstmals 1850 von seinem Bruder Ludwig erwähnt wird und den Renaissanceschriftsteller Pietro Aretino zum Mittelpunkt gehabt haben soll, ist unter Umständen nur Legende.

In dieser Phase produktivster Anstrengung fällt B. am 19. 2. 1837 einer Typhusinfektion zum Opfer. »Mit einer flüchtigen Bemerkung auf seinem Todesbette: ›Hätte ich in der Unabhängigkeit leben können, die der Reichthum gibt, so konnte etwas Rechtes aus mir werden‹ – wies er selbst auf den tieferen, auf den sozialen Grund seines frühzeitigen Todes. Aber selbst seine nächste Umgebung konnte sein baldiges Ende nicht ahnen; denn B., der Proletarier der geistigen Arbeit und das Opfer derselben, hatte sich lächelnd zu Tode gearbeitet« (Wilhelm Schulz 1851).

Jan-Christoph Hauschild

Canetti, Elias
Geb. 25. 7. 1905 in Rustschuk (Bulgarien); gest. 14. 8. 1994 in Zürich

»Mein ganzes Leben ist nichts als ein verzweifelter Versuch, die Arbeitsteilung aufzuheben und alles selbst zu bedenken, damit es sich in einem Kopf zusammenfindet und darüber wieder Eines wird.« Wenn auf einen modernen Autor der Begriff des Dichters im emphatischen Sinn noch paßt, dann auf C. Noch einmal verwirklicht sich in seinem Werk die Einheit von Denken und Schreiben, von philosophischer Universalität und künstlerischer Gestaltung. Imponierend schon die äußere Erscheinung C.s: die lebendige Offenheit; die menschliche Wärme, die von ihm ausstrahlt; nicht zuletzt die wache Neugier des Blicks, von dem man sich sofort durchschaut fühlt. Zugleich ist er – wie Susan Sontag schreibt – »auf charakteristisch unpersönliche Weise extrem mit sich selbst befaßt. Er ist ganz davon in Anspruch genommen, jemand zu sein, den er bewundern kann.« Wenn er spricht, gar vorliest – und er war ein hinreißender Rezitator seiner eigenen Werke –, dann scheint die Märchenerzählerin Scheherazade zu neuem Leben erwacht, so sehr vergißt man die Zeit. Imponierend aber auch der Ernst, die Unbedingtheit seines intellektuellen Anspruchs, die nicht nachlassende Begierde, einen Weg durch das Labyrinth des ausgehenden 20. Jahrhunderts zu finden.

C. blieb lange so gut wie unbekannt, ein unbequemer Einzelgänger gegen die Zeit, ein unnachsichtiger Kritiker der herrschenden Lügen. Erst die 1963 veranstaltete Neuausgabe seines Romans *Die Blendung* (entstanden 1930/31, erstmals erschienen 1935) brachte ihm den Durchbruch zum späten Ruhm (Nobelpreis für Literatur 1981) und das Interesse einer breiteren Leserschaft. Hauptfigur dieses Romans ist der Sinologe Kien, der in einer Art intellektueller Unzucht mit seinen Büchern gegen die Wirklichkeit anlebt (sein Urbild soll ein Wiener Sinologe gewesen sein, der den Ausbruch des Ersten Weltkriegs erst zwei Jahre danach aus einer Pekinger Zeitung erfuhr). Der weltlose, kopfstimmige Gelehrte wird von seiner Haushälterin Therese durch einen Trick – listig zieht sie sich zum Lesen Handschuhe an, das Buch legt sie auf ein

Samtkissen – geblendet und zur Ehe verführt. Mit diesem Schritt liefert Kien sich den Niederungen des Lebens aus, banal-grotesken Figuren wie dem Hausbesorger und dem Intriganten Fischerle, in deren Netzen er sich mehr und mehr verfängt. Am Ende des schonungslosen Kampfes zwischen Geist und Wirklichkeit zündet Kien schließlich seine 25 000 Bände umfassende Bibliothek an und verbrennt mit seinen Büchern – ein beklemmendes, vielstimmig erzähltes Panorama über die Entzündbarkeit der Welt, deren kollektiver, totalitärer Wahn hier in hellsichtiger Analyse vorweggenommen ist.

Für den Sohn sephardischer (spanisch-jüdischer) Eltern waren Spagnolisch und Bulgarisch, später, nach der Übersiedlung der Familie nach Manchester 1911, Englisch die ersten Sprachen, die er lernte. 1912 starb der Vater plötzlich, erst 31jährig – C. wird dieses Ereignis nie vergessen, den Tod immer als den Machthaber über das Leben hassen, ihn zum Angelpunkt und Eckpfeiler seines literarischen Werkes machen (»Mich brennt der Tod!«). Die Mutter übersiedelte mit ihren drei Kindern 1913 zuerst nach Wien, 1916 nach Zürich, 1921 nach Frankfurt a.M. Erst im Alter von acht Jahren lernte C. unter Anleitung der Mutter Deutsch – »eine spät und unter wahrhaftigen Schmerzen eingepflanzte Muttersprache«. Die magische Welt seiner frühesten Jugend, die Bizarrerie und Faszination des Balkans, schließlich die Eroberung der Wirklichkeit durch Sprache und Schrift hat er mit fesselnder Eindringlichkeit in der Autobiographie seiner Kindheit, *Die Gerettete Zunge* (1977), beschrieben. 1924 ging er nach Wien zurück, begann dort das (ungeliebte) Studium der Chemie, das er 1929 mit der Promotion abschloß. Dort lernte er auch Veza Taubner-Calderon (gest. 1963) kennen, die er 1934 heiratete. Seine Entwicklung zum Schriftsteller im Wien der 1920er Jahre, unter der der »Leibeigenschaft« des

bewunderten Satirikers Karl Kraus, schildert *Die Fackel im Ohr* (1980). Den Abschluß von C.s dreiteiligem Lebensroman bildet *Das Augenspiel* (1985), das mit dem Tod der Mutter 1937 endet. Ein geplanter Band über die englischen Jahre blieb Fragment und erschien unter dem Titel *Party im Blitz* (2003) aus dem Nachlaß. Als Schriftsteller, dies zeigen die Bände der Autobiographie, geht C. äußerst behutsam mit seinen Erinnerungen um. In seiner unstillbaren Passion sucht er den Weg zu den »in sich selbst eingebundenen Menschen«, will er »Menschen erlernen«. In ihren Stimmen und Gesten läßt er sie, ein unersättlicher Beobachter und Zuhörer, wieder auferstehen, enthüllt er seine Wahrheit ihres Lebens. Stärker noch als die Galerie berühmter Zeitgenossen, denen er begegnete, prägen sich die überscharf belichteten Gestalten des bürgerlichen Pandämoniums ein: die deformierten, von der »tobsüchtigen Bewegung des Geldes« und der Machtblindheit geknechteten Zimmerwirtinnen, Pensionäre, Hausmeister und Dienstmädchen. Es ist jene groteske Welt, der wir in der *Blendung*, in den beiden frühen – von C. selbst besonders geschätzten – Theaterstücken *Hochzeit* (1932) und *Komödie der Eitelkeit* (entstanden 1933/34) wiederbegegnen. C. bedient sich dabei, wie K. Kraus in seinem Lesedrama *Die letzten Tage der Menschheit*, der Technik des akustischen Zitats, der »akustischen Maske«, die noch die geheimsten Gedanken der Menschen enthüllt.

Zum Schlüsselerlebnis wurde für C. der Brand des Wiener Justizpalastes, den die empörte Arbeiterschaft am 15. 7. 1927 anzündete. »Die Polizei erhielt Schießbefehl, es gab neunzig Tote … Es ist das nächste zu einer Revolution, was ich am eigenen Leib erlebt habe … Ich wurde zu einem Teil der Masse, ich ging vollkommen in ihr auf, ich spürte nicht den leisesten Widerstand gegen das, was sie unternahm.« Das Geheimnis der Masse – und damit von Macht und Überleben – ließ ihn von nun an nicht mehr los, steigerte sich vielmehr durch die immer abschüssigere Fahrt der Geschichte, die Machtübernahme des Faschismus, den Zweiten Weltkrieg, den Holocaust und den Atombombenabwurf auf Hiroshima und Nagasaki zur Erkenntnis der universellen Bedrohung, in welche die Menschheit sich selbst gebracht hatte. In der das Schubkastendenken aller universitären Disziplinen verwerfenden Abhandlung *Masse und Macht* (1960), wie in den diese Arbeit begleitenden aphoristischen Aufzeichnungen *Die Provinz des Menschen* (1973), gelang es C., die Wurzeln der Gewalt zu entschleiern: Triebverdrängung und Aggressivität, Ordnung und Destruktion zeugen und stützen sich wechselseitig. Seit seiner Emigration im Herbst 1938 über Paris nach London hatte C. sich jede literarische Beschäftigung verboten, um ausschließlich an diesem Buch zu schreiben. Eingehende Studien der Anthropologie, der Ethnologie, der Sozialpsychiatrie, vor allem aber der chinesischen Philosophie und der Mythenüberlieferung der Menschheit haben es von Anfang an begleitet. Lange bevor sie Mode wurden, hat C. so die bedrängenden Themen unserer Zeit entwickelt: die Lust zum Untergang, die Zerstörung von Psyche und Umwelt, die Ausrottung der Natur. Am meisten mißverstanden wurde seine Besessenheit durch den Tod (*Die Befristeten*, 1952) – er erkennt den Tod nicht an, weil dies hieße, sich der Macht zu beugen. Im Tod verkörpert sich für ihn alles Böse, alles Übel, weil er dem Leben Grenzen setzt, weil er alle Unterschiede gleich macht. Seine Tod-Feindschaft kennzeichne ihn, so Susan Sontag, als einen unverbesserlichen, bestürzten Materialisten, aber auch als einen unerbittlichen Don Quixote: »Denn immer weiß ich zu gut, daß ich gegen den Tod gar nichts ausgerichtet habe.« Als eine archaische, selbst schon mythische Gestalt ragte C. in die Literatur der

Gegenwart – ein glänzender Schriftsteller, ein universaler Denker, dem die Menschen so wichtig sind wie die Worte. Denn der *Beruf des Dichters* (so der Titel einer programmatischen Rede, 1976) besteht für ihn in der Kraft zur Verwandlung, in der »Verantwortung für das Leben, das sich zerstört, und man soll sich nicht schämen zu sagen, daß diese Verantwortung von Erbarmen genährt ist«.

Uwe Schweikert

Celan, Paul
(d. i. Paul Antschel)
Geb. 23. 11. 1920 in Czernowitz/
Bukowina; gest. vermutlich 20. 4. 1970
in Paris

»Vielleicht darf man sagen, daß jedem Gedicht sein ›20. Jänner‹ eingeschrieben bleibt? Vielleicht ist das Neue an den Gedichten, die heute geschrieben werden, gerade dies: daß hier am deutlichsten versucht wird, solcher Daten eingedenk zu bleiben? – Aber schreiben wir uns nicht alle von solchen Daten her? Und welchen Daten schreiben wir uns zu?« Entgegen vielen ignoranten Exegeten der 1950er und 60er Jahre, die C. ob seiner vermeintlichen Esoterik und Hermetik abwechselnd lobten und tadelten, hat dieser sich für jeden, der es wissen wollte, von Beginn an von bestimmten Daten herund ihnen zugeschrieben. Das entscheidende persönliche (nicht genau zu ermittelnde) Datum ist die Ermordung seiner Mutter durch Genickschuß im Lager Michailowka östlich des Bug Ende 1942, nachdem der Vater schon Ende September des gleichen Jahres ebenfalls in diesem Lager umgekommen war. Das politische Datum, von dem diese und Millionen andere Morde sich wiederum herschreiben, ist der 20. Januar 1942, an dem von den Nazis auf der sog. Wannsee-Konferenz in Berlin die Ausrottung der Juden planmäßig organisiert wurde. Auf diesen »20. Jänner« bezog sich C. in seiner Büchnerpreis-Dankesrede vom 22. 10. 1960 (es ist das Datum, an dem Georg Büchner seinen Dichter Jakob Michael Reinhold Lenz »durchs Gebirg« gehen läßt), und auf dieses Datum bezog er sich Zeit seines Lebens. Große Teile nicht nur seiner frühen Lyrik sind eine Art imaginäres Gespräch mit der ermordeten Mutter, und in diesem Sinne kann man C. einen eminenten »Erlebnislyriker« (Sieghild Bogumil) nennen.

C. wuchs als einziges Kind jüdischer Eltern (der Vater war Makler im Brennholzhandel) in Czernowitz/Bukowina auf. Das »Buchenland« war bis 1918 Bestandteil der Habsburger-Monarchie, danach Rumäniens. Die Gemeinsprache der Gebildeten – nicht nur der Juden – war das Deutsche. Es wurde für C., wie für andere bedeutende Lyriker der Bukowina (A. Margul-Sperber, R. Ausländer, A. Kittner, M. Rosenkrantz, I. Weissglas, A. Gong) zur lebenslangen Sprache der Poesie, auch wenn man ansonsten Rumänisch sprach. Nach dem Abitur im Juni 1938 ging C. nach Tours in Frankreich, um Medizin zu studieren. Er reiste über Berlin – seine Ankunft dort fiel mit dem 10. 11. 1938 auf den Tag nach der ›Kristallnacht‹. Der Aufenthalt in Frankreich bedeutete für C. vor allem die Bekanntschaft mit der Poesie des Surrealismus, die seine eigene Lyrik (erste Gedichte schrieb er bereits als 17jähriger) dauerhaft beeinflußten. Nach Kriegsausbruch im September 1939 war für C. eine Fortsetzung des Studiums in Frankreich unmöglich geworden. Er blieb in Czernowitz und studierte jetzt Romanistik, auch noch nach dem Einzug der Roten Armee in die Stadt im Juni 1940. Der Überfall der Nazi-Wehrmacht auf die Sowjetunion im Juni 1941 brachte die rumänische Armee nach Czernowitz zurück und führte schließlich zu mehreren Deportationsschüben der Juden, deren einer im Juni 1942 auch C.s Eltern erfaßte. C.

selbst entging ihm, indem er sich versteckte. Seit 1941 hatte er in seiner Heimatstadt Zwangsarbeit leisten müssen, ab Juli 1942 war er bei einem rumänischen Straßenbau-Bataillon. Vom Tod der Eltern hörte er u. a. durch den Freund, Mitschüler und Mitpoeten Immanuel Weissglas, der, anders als C., seine Eltern ins Lager nach Transnistrien begleitet und mit ihnen überlebt hatte. Vermutlich haben Weissglas' Erzählungen (im Haus von Rose Ausländer, 1944) C.s Selbstvorwürfe, am Tod seiner Eltern mitschuldig zu sein, verstärkt. Jedenfalls hat er Motive aus Weissglas' (erst 1970 veröffentlichtem) Gedicht *Er* von 1944 für seine *Todesfuge* – das Gedicht von 1945, das ihn später weltberühmt machte – aufgegriffen, freilich keineswegs plagiiert, sondern völlig verwandelt. Inzwischen liegt C.s Frühwerk 1938–1948 – einschließlich des Bändchens für seine Geliebte Ruth Lackner (später verheiratete Kraft) von 1944 und seiner Texte in rumänischer Sprache – nahezu vollständig vor, so daß sein Ort im Kontext der literarischen Szenen von Czernowitz und Bukarest bestimmt werden kann.

Im Herbst 1944 nahm C., nachdem er seit Anfang dieses Jahres als Arzthelfer in einer Czernowitzer Klinik gearbeitet hatte, in dieser Stadt das Studium – jetzt der Anglistik – wieder auf. Im April 1945 verließ er Czernowitz, das von der Sowjetunion annektiert worden war, für immer und ging nach Bukarest, wo er als Übersetzer und Lektor tätig war. Drei erste deutsche Gedichte erschienen 1947 in der rumänischen Zeitschrift *Agora*. Auf Anraten des väterlichen Freundes Alfred Margul-Sperber änderte C. seinen Familiennamen Antschel/ Ančel anagrammatisch zu »Celan«. Für fast drei Jahre lebte er in der Bukarester Literaturszene, pflegte Kontakte zu den dortigen Surrealisten und veröffentlichte auch Gedichte in rumänischer Sprache (die *Todesfuge* erschien zuerst im Mai 1947 als *Tango-ul mortii*, als *Todes-*

tango, in einer rumänischen Zeitschrift). Im Dezember 1947 überschritt C. die rumänisch-ungarische Grenze und ging nach Wien. Hier erschien 1948 sein erster Gedichtband *Der Sand aus den Urnen* in 500 Exemplaren, den er jedoch wegen zahlreicher Druckfehler wieder zurückzog. Hier begann auch die Liebesbeziehung zu Ingeborg Bachmann. Im Juli 1948 beendete C. seine »postkakanische Existenz« (so er selbst in einem Brief) endgültig und ging nach Paris, wo er seine Studien der Germanistik und Sprachwissenschaft fortsetzte und 1950 abschloß. Ein enger Kontakt zu dem schwerkranken Yvan Goll und seiner Frau Claire entwickelte sich, der freilich nach Golls Tod 1950 zu C.s Ungunsten ausschlug: Claire Goll wurde bis zu ihrem Tod 1977 nicht müde, C. zu diffamieren und des Plagiats zu bezichtigen. Der Höhepunkt dieser Kampagne lag um 1959/60. 1952 heiratete C. die Graphikerin Gisèle Lestrange, 1955 wurde der Sohn Eric geboren. 1952 war auch das Jahr, in dem C. am Treffen der Gruppe 47 in Niendorf/Ostsee teilnahm. Seine Lesung löste ein äußerst kontroverses Echo aus; C. nahm an keiner weiteren Zusammenkunft der Gruppe 47 teil.

Seit 1959 war C. Lektor für deutsche Sprache und Literatur an der École Normale Supérieure in der Rue d'Ulm. Seine Pariser Existenz dauerte 22 Jahre – eine Zeit der scheinbaren Kontinuität, die auf neu gewonnene Heimat und Identität schließen lassen könnte. Doch so war es nicht. Der Zwiespalt zwischen seiner bukowinisch-deutschen Sprach- und Kulturherkunft und seinem »être juif«, seiner jüdischen Existenz (Bezugspunkt vor allem in dem Band *Die Niemandsrose*), war und blieb so traumatisch wie unauflöslich, zumal beide Herkünfte nicht mehr wirklich lebbar waren. So sah sich C., wie er einmal an Margul-Sperber schrieb, »als Person, also als Subjekt ›aufgehoben‹, zum Objekt pervertiert ... als ›herkunftsloser‹ Step-

penwolf zumeist, mit weithin erkennbaren jüdischen Zügen«, als den, »den es nicht gibt«. Seine Pariser Isolation war für ihn nach seinem eignen Verständnis die einzige Möglichkeit, ein seinen immer gegenwärtigen traumatischen Erfahrungen der 1940er Jahre angemessenes poetisches Werk zu schaffen. Nur hier, am entferntesten Punkt, war ihm möglich, »solcher Daten (wie des ›20. Jänner‹) eingedenk zu bleiben«, von denen die Büchnerpreis-Dankesrede spricht. C. reiste wieder und wieder nach Westdeutschland – 1958 erhielt den Bremer Literaturpreis, 1960 den Büchnerpreis –, doch die deutsche »Unfähigkeit zu trauern« schwand nicht, vielmehr begegnete sie ihm wieder und wieder und verletzte ihn tief. Eine Dichtung der Erinnerung und des Gedächtnisses als eines »scharfen Messers« entstand in den Bänden *Mohn und Gedächtnis* (1952), *Von Schwelle zu Schwelle* (1955), *Sprachgitter* (1959), *Die Niemandsrose* (1963) und *Atemwende* (1967): des Gedächtnisses an die Opfer der Geschichte in den Lagern, in den Revolutionen, in den Exilen. Doch mit zunehmender Zeitdauer wurde C. sein eigenes poetisches Konzept fragwürdig. Es ging, so merkte er, nicht mehr nur um das Problem, ob der »deutsche, der schmerzliche Reim« (*Nähe der Gräber*, 1944), ob die »eisige Mutter-Sprache« (Dieter Schlesak), die »Mördersprache« (Theo Buck) den Greueln der Zeit angemessen sei, sondern um die sprachliche Sagbarkeit des Erfahrenen schlechthin. Deutlich vom Band *Sprachgitter* an rückt die Sprache mit ihrem Eigenleben ins Zentrum von C.s Lyrik. Die Skepsis gegenüber den »Wortkadavern« (E. M. Cioran in C.s Übersetzung), dem »Metapherngestöber«, ja dem Raum pragmatisch-instrumenteller Sprachverwendung überhaupt (»die tausend Finsternisse todbringender Rede«) wurde immer unabweisbarer. »Das Namengeben hat ein Ende«, heißt es schließlich 1967. In den späteren Lyrikbänden (von einem »Verstummen« im wörtlichen Sinne kann keine Rede sein) *Fadensonnen* (1968), *Lichtzwang* (1970), *Schneepart* (1971) und *Zeitgehöft* (aus dem Nachlaß 1976) ist denn auch an die Stelle des direkten, abbildenden, »wirklichkeitsmächtigen« Sprechens ein indirektes, uneindeutiges, stockendes, stotterndes Sprechen getreten, in dem Zitate dominieren, Objekt- und Metasprache einander durchdringen und Sprachzeichen aus heterogensten Bereichen in wachsender Reduktion und Komplexität miteinander verknüpft werden. Und so wie sich C. in seiner Poesie immer mehr aus dem Raum menschlich-gesellschaftlicher Kommunikation zurückzog in menschenleere Räume des Vegetabilischen und Mineralischen, um »Lieder ... jenseits der Menschen« zu singen, so war es auch im gelebten Leben. Dem »absoluten Gedicht« (das freilich sein Engagement nie aufgab) entsprach das »absolute Exil«, dem auch ein später Besuch Israels im Herbst 1969 keine Wende mehr geben konnte. Ende April 1970 wählte C., der bedeutendste Avantgardelyriker deutscher Sprache, den Freitod in der Seine. Seither wächst, wie sein Ruhm, stetig die Auseinandersetzung um eine angemessene Auslegung seiner Gedichte. Dabei helfen u. a. zwei anspruchsvolle kritische Werkausgaben, die innerhalb weniger Jahre weit gediehen sind, wie auch die 1997 aus dem Nachlaß veröffentlichten Gedichte. Mittlerweile liegen zudem bedeutende Briefwechsel (u. a. mit Nelly Sachs, Franz Wurm, Hanne und Hermann Lenz, sowie mit der Ehefrau Gisèle) kritisch ediert vor.

Wolfgang Emmerich

Döblin, Alfred
Geb. 10. 8. 1878 in Stettin;
gest. 26. 6. 1957 in Emmendingen

»Ich führe immer zwei Leben. Das eine schlägt sich mit den Dingen herum, will hier ändern und da ändern. Es phantasiert, quält sich, erreicht nichts. Es ist wie das Feuer am feuchten Holz, qualmig und gibt kein Licht. Das andere ist wenig sichtbar. Ich gebe mich ihm wenig hin, obwohl ich weiß, es ist das wahre. Es ist merkwürdig: ich weiß das und möchte mich ihm, um es anzufachen und zu steigern, widmen. Aber ich werde immer daran verhindert. Der Qualm hüllt mich ein« (*Schicksalsreise*, 1949). Die amphibische Entschluß –, ja Entwicklungslosigkeit, dies Sowohl-als-auch wurde zum Prägestempel von Leben und Werk. D. war Arzt und Dichter, Naturwissenschaftler und Phantast, deutscher Jude und preußischer Sozialist; dem Rationalen verschworen und zugleich offen für das seelisch Labile, für Stimmungen, für das Irrationale; von politischer Passion und religiösem Eifer gleichermaßen erfüllt. Von den ersten, im Nachlaß erhaltenen Texten, die um die Jahrhundertwende entstanden, bis zu den Diktaten des Schwerkranken zieht sich die eine Konstante durch D.s Werk: das lebenslange Schwanken zwischen Aufruhr und Mystik, zwischen luzider Vergeistigung und sexueller Pathologie. Handeln oder Nichtwiderstreben, Schwimmen oder Treibenlassen – auf diese Formel hat er die widersprüchlichen Elemente in seinem ersten großen Roman *Die drei Sprünge des Wang-lun* (1915) gebracht.

Kindheit und Jugend D.s standen unter dem Bann eines Ereignisses, das er als seine »Vertreibung aus dem Paradies« bezeichnet hat: als er zehn Jahre alt war, ging der Vater, ein musisch begabter Schneider, mit einer seiner Schneidermamsells auf und davon und ließ Frau und fünf Kinder im sozialen Elend zurück. »Ich erinnere mich ungern daran«, wird der Sohn vierzig Jahre später schreiben, »es führt geradewegs zu mir.« Der Vater verkörperte für ihn das Lust –, die Mutter des Realitätsprinzip – Lebenshaltungen, zwischen denen er ständig schwankt und, von

Frauen angezogen und sie zugleich fliehend, affektiv hin- und hergetrieben ist. Die Familie als Brutstätte allen gesellschaftlichen Unheils hat er in den beiden autobiographisch grundierten Romanen *Pardon wird nicht gegeben* (1935) und *Hamlet oder Die lange Nacht nimmt ein Ende* (1956) dargestellt. Der *Hamlet*-Roman ist D.s Lehrstück über die Schuld der Väter, welche die Söhne abtragen müssen. Erst als er »der Beherrschung durch das Bürgerlich-Familiäre« entkommt, tritt Edward – die Hauptfigur, der Hamlet des Romans – in ein Leben jenseits der inneren Gefängnisse und Särge, das nicht mehr von Unfreiheit und leibhaftiger Bedrohung bestimmt ist.

Die Mutter zog mit den Kindern 1888 nach Berlin, der Stadt, deren leidenschaftlicher Liebhaber, später auch Chronist und Epiker D. bis 1933 ist. Hier hatte er in der Schule seine erste Begegnung mit dem preußischen Obrigkeitsstaat, mit dem deutschen Ordnungsdenken. Hier lernte er aber auch in der Begegnung mit Philosophie und Kunst, wie man widersteht – er las Friedrich Hölderlin und Heinrich von Kleist – »meine geistigen Paten. Ich stand mit ihnen gegen das Ruhende, gegen das Bürgerliche, Gesättigte und Mäßige« –. Er las Friedrich Nietzsche und Arthur Schopenhauer, Baruch de Spinoza und Buddha, verlor sich in der Musik Richard Wagners. Nach dem Abitur (1900) studierte er Medizin, insbesondere Neurologie und Psychiatrie, und legte 1905 in Freiburg sein Doktorexamen ab. Als Assistenzarzt praktizierte er in den Irrenanstalten Prüll bei Regensburg (von 1905 bis 1906) sowie in Berlin-Buch (von 1906 bis 1910). In diesen Jahren entstanden die ersten literarischen Arbeiten – darunter 1902/1903 der Roman *Der schwarze Vorhang*, eine psychographische Studie über Triebunterdrückung und sexuelle Befallenheit, über »die Frau als Erlöserin im Tod« (Robert Minder), sowie jene

zwölf Erzählungen, die er 1913 unter dem Titel *Die Ermordung einer Butterblume* als Buch veröffentlichte. Schon für diese Anfänge gilt, was D. später als ästhetisches Bekenntnis formulierte: »Ich legte beim Schreiben Wert darauf, nicht mit der Natur zu konkurrieren. Es war mir von vornherein klar, daß man dieser Realität gegenüberstand. Es galt, nachdem überall naturalistische Prinzipien als Forderungen verkündet wurden, dies Gegenüberstehen zu zeigen.« Mit dieser Überzeugung war D. ein Bahnbrecher des Expressionismus. Nicht zufällig, daß er, der schon lange mit Herwarth Walden befreundet war, 1910 zum Mitbegründer des Künstlerkreises »Der Sturm« wurde und bis 1915 einer der Hauptbeiträger der gleichnamigen expressionistischen Zeitschrift blieb. Sein Erzählen reflektiert die Erkenntnisse der Naturwissenschaften und die Erfahrungen der modernen Psychiatrie. Seine Schreibweise ähnelt einem »Kinostil«, der nicht langatmig und psychologisch abgesichert erzählt, sondern baut in harten, abgehackten, oftmals japsend sich überschlagenden Fügungen – ein Prinzip, das seine Parallelen in der gleichzeitig entstehenden abstrakten Malerei sowie in der atonalen Musik fand und das D. als »Futuristische Worttechnik« bezeichnet hat: »Wir wollen keine Verschönerung, keinen Schmuck, keinen Stil, nichts Äußerliches, sondern Härte, Kälte und Feuer, Weichheit, Transzendentales und Erschütterndes, ohne Packpapier.«

Als Hauptwerk dieser Ästhetik darf der Roman *Wang-lun* gelten. 1911 machte D. sich als Kassenarzt für Neurologie selbständig; 1912 heiratete er die Medizinstudentin Erna Reiss, nachdem er im Jahr zuvor Vater eines unehelichen Kindes geworden war. Durch vier Söhne (1912, 1915, 1917 und 1926 geboren) und das Menetekel seiner eigenen Jugend fühlte er sich an seine soziale Verantwortung erinnert. Er entfloh daher der »wahren Strindberg-Ehe« (Robert

Minder) nicht – trotz der Verlockung, in Yolla Niclas, die ihm später auch in die Emigration folgte, 1921 eine Seelenführerin kennengelernt zu haben, von der er sich und sein Werk verstanden fühlte. 1915 wurde er als Militärarzt eingezogen und im Elsaß stationiert. Angesichts der Realität des Krieges wandelte D., der bis dahin mit nationalistischer Propaganda und futuristischer Maschinenbegeisterung sympathisiert hatte, sich schnell zum entschiedenen Kriegsgegner und Sozialisten. Während der Weimarer Republik, zu deren repräsentativen Schriftstellern er schließlich gehörte, trat er mit Wort und Tat – als Autor, als Vorsitzender des »Schutzverbandes deutscher Schriftsteller«, seit 1928 auch als Mitglied der »Preußischen Akademie der Künste« – für den Fortbestand der Demokratie, für die Freiheit der Kunst ein. Er sprach der Kunst eine kämpferische Rolle, eine eingreifende Funktion zu. Über die halbherzige Revolution (»eine kleinbürgerliche Veranstaltung im Riesenausmaß«), über die Kompromißgesinnung der deutschen Sozialdemokratie (von 1919 bis 1921 war er Mitglied der USPD, von 1921 bis 1928 der SPD) machte er sich dennoch keine Illusionen. Seine eigene Haltung wird man zutreffend als individual-anarchistisch-linksradikalen Aktivismus umschreiben können. Trotz einer deutlichen Wendung zur Naturmystik, die sich in seinem Werk bereits anfangs der 1920er Jahre ankündigt, griff D. in der Endphase der Weimarer Republik wieder aktiv handelnd und schreibend (*Wissen und Verändern!*, 1931) in die Tagespolitik ein.

Bereits 1929 war der Roman *Berlin Alexanderplatz* erschienen – jenes Buch, das D. populär machte und bis heute sein auflagenstärkstes und meistgelesenes geblieben ist. So sehr sich diese Wertschätzung rechtfertigen läßt, so sehr verdeckt sie, daß *Berlin Alexanderplatz* den konsequenten Abschluß einer Entwicklung darstellt. Die futuristische

Epik, die nicht den Einzelnen, sondern die Masse in den Mittelpunkt stellte, hatte in dem visionären Zukunftsroman *Berge, Meere und Giganten* (1924) ihren Höhepunkt erreicht. Den »Menschen und die Art seiner Existenz« gestaltete D. erstmals in dem wenig bekannten, mit großer Sprachmusikalität geformten Vers-Epos *Manas* (1927). Daß *Berlin Alexanderplatz* dort einsetzt, wo das indische Epos endete, der ehemalige Transportarbeiter Franz Biberkopf ein ins Proletarische gewendeter Manas sei, hat D. selbst bestätigt: »Jedes Buch endet (für mich) mit einem Fragezeichen. Jedes Buch wirft am Ende einem neuen den Ball zu ... Die Frage, die mir der *Manas* zuwarf, lautete: Wie geht es einem guten Menschen in unserer Gesellschaft? Laß sehen, wie er sich verhält und wie von ihm aus unsere Existenz aussieht.« *Berlin Alexanderplatz* ist ein religiöses Lehrgedicht – mit einer realistisch erzählten und einer mythisch deutenden Handlungsebene, eine Kontrapunktik, die ihre formale Bestätigung in der Montagetechnik findet. Gezeigt wird, ähnlich Bertolt Brechts Lehrstücken, wie ein Mensch so oft gebrochen wird, bis er schließlich funktioniert.

Unmittelbar nach dem Reichstagsbrand floh D. am 2. 3. 1933 in die Schweiz. Von dort aus übersiedelte er im Sommer 1933 nach Paris. Er erhielt 1936 als einer der wenigen Emigranten die französische Staatsbürgerschaft. Nachdem er bereits 1924 auf seiner Polenreise (*Reise in Polen*, 1926) das Ostjudentum kennengelernt hatte und damit zum erstenmal in Berührung mit seinem jüdischen Erbe kam, engagierte er sich in den ersten Jahren der Emigration für die jüdische Landnahme in Übersee, die sogenannte Frejland-Bewegung (*Jüdische Erneuerung*, 1933; *Flucht und Sammlung des Judenvolks*, 1935). Das Exil hat auch ihn entwurzelt, schließlich zerbrochen. Es hat ihm die weitere Ausübung des Arztberufs unmöglich gemacht, dessen er als Korrektiv des Schreibens immer bedurfte, hat ihn, den seßhaften Großstädter, aus Berlin vertrieben, das seine Heimat war. Der Hölle Europa im Sommer 1940 gerade noch entronnen, mußte er endlich in den USA das Elend des Exils erfahren – in einem Zustand des Nichtmehrlebens und Nochnichtgestorbenseins. Keines seiner Werke wurde während dieser fünf Jahre gedruckt; auch der mehrbändige, 1937 begonnene und 1943 abgeschlossene Roman *November 1918* blieb Manuskript – ein Werk, von dem Brecht rühmend sagte, es stelle »einen neuen triumph des neuen typus eingreifender dichtung dar«.

Die 1941 vollzogene Konversion zum Katholizismus entfremdete ihn auch seinen alten Freunden und Bekannten. Vollends gerieten die Jahre nach 1945 zum Satyrspiel der Döblinschen Lebenstragödie. Als einer der ersten Exilierten kehrte im November 1945 in das vom Faschismus befreite Deutschland zurück. Als Mitarbeiter der französischen Militäradministration war er, im Rang eines Offiziers, für die literarische Zensur verantwortlich: »Gejätet wird, was den Militarismus und den Nazigeist fördern will.« Er wollte aktiv mitwirken am geistigen Wiederaufbau und an der Demokratisierung, wollte den »Realitätssinn im Land stärken«. Eine bis heute nicht wiederaufgelegte Broschüre über den Nürnberger Kriegsverbrecherprozeß (*Der Nürnberger Lehrprozeß*, 1946) kam, unter dem Pseudonym Hans Fiedeler, in einer Massenauflage an die Kioske. Der prominente Remigrant fand, trotz der Herausgabe der Zeitschrift *Das goldene Tor* (von 1946 bis 1951), trotz der Mitbegründung der Mainzer »Akademie der Wissenschaften und der Literatur«, keinen Anschluß mehr an die deutsche Literatur. Er fühlte sich verdrängt – »verurteilt, weil nämlich emigriert, zu dem Boykott des Schweigens«. Auch politisch ging er in Distanz zur bundesdeutschen Restauration, die sich seit

1949 formierte. Der bereits 1946 abgeschlossene *Hamlet*-Roman, für den sich kein westdeutscher Verleger mehr interessiert, erschien schließlich 1956 in Ostberlin. D. starb, nach langer, schwerer Krankheit, verkannt und vergessen; nicht einmal die Religion konnte ihm mehr Trost spenden angesichts des »ungeheuren abscheulichen Schutthaufens« (16. 2. 1957), zu dem Welt, Leben und Werk ihm zusammengeschrumpft waren.

Uwe Schweikert

Droste-Hülshoff, Annette von

Geb. 10. 1. 1797 auf Schloß Hülshoff bei Münster; gest. 24. 5. 1848 in Meersburg

Als der Lärm und die Wirren der 1848er Revolution auch in das stille Meersburg am Bodensee dringen, ringt auf der Burg ein schriftstellerndes Freifräulein aus Westfalen mit dem Tode, die ihr Leben und Wirken der alten Ordnung verschrieben hatte und die in den demokratischen Parolen von »Völkerfreiheit! Preßfreiheit!« nur den »allgemeinen Typhus der Demoralisation« ihrer Zeit erkennen konnte. Wenige Jahre vor hatte sie mit einer »Kriminalgeschichte« aus dem Paderbornischen – *Die Judenbuche* (1842), die einzige von ihr vollendete Prosaarbeit –, und mit einer Gedichtsammlung (1844) immerhin literarische Achtungserfolge erzielt. Ihr Tod im Mai 1848 fand nur ein sehr bescheidenes publizistisches Echo, und in den Jahren nach der unrühmlich gescheiterten Revolution war sie so gut wie vergessen. Dies änderte sich erst in den 1870er und 80er Jahren, als man sowohl im Gefolge des sich erneuernden Katholizismus als auch des westfälischen Regionalismus nach literarischen Gewährsleuten Ausschau hielt – und mit der D. als »westfälischer« bzw. »katholischer Dichterin« fündig wurde. Die daraus erwachsenen »Vereinnahmungen« der D. verstellten allerdings auf lange Zeit ein angemessenes Verständnis von Autorin und Werk. Dem 20. Jahrhundert galt die D. von Beginn an als »Deutschlands größte Dichterin«, und dieser Rang ist bis heute unbestritten.

Die literarische Entwicklung der D. ist erstaunlich: Eine adlige Gelegenheitsschriftstellerin der Biedermeierzeit, die in den überaus engen Grenzen lebte, die ihr – der unverheiratet gebliebenen »Tante Nette« – von der Familie gezogen waren, gut katholisch, »stockwestfälisch« und ein »loyales Aristokratenblut« (wie sie selber einmal schreibt), ein kurzsichtiges, stets kränkelndes und bald ältlich wirkendes Münsteraner Freifräulein, das mit ebenso metaphorisch wie gedankentiefen Gedichten und mit einer bis dato unerhört realistischen und semantisch hochkomplexen »Kriminalgeschichte« (ihrer *Judenbuche*) zur Weltliteratur vorstieß! Doch allzuoft wurde und wird hier vorschnell zum schöpferischen »Geheimnis« mystifiziert, was der literarischen Produktivität der D. an lebensgeschichtlichen und geistigen Voraussetzungen zugrunde lag.

Schon die Briefe der jungen D. zeigen eine überaus phantasiebegabte, freiheitsdurstige Frau in der konfliktreichen Auseinandersetzung mit den gesellschaftlichen Konventionen ihrer Zeit, ihres Standes und vor allem ihres Geschlechts. »Es war nicht gut mit ihr fertig zu werden«, schreibt ihr Onkel Werner von Haxthausen 1819 über sie, sie sei »eigensinnig und gebieterisch, fast männlich« und habe »mehr Verstand als Gemüt«. Eine an sich harmlose Liebesaffäre wurde dann zu einer Lebenszäsur und zum lebenslangen Trauma: Die D., eben 23 Jahre, wollte unter zwei Verehrern den zu ihr passenden wählen (statt über sich bestimmen zu lassen) und wurde durch eine Intrige bloßgestellt. Die Folge waren ein gesellschaftlicher Eklat und familiäre Sank-

tionen, unter denen das Selbstbewußtsein der jungen D. zusammenbrach und die sie sogar an Selbstmord denken ließen. Fortan gab die D. alle Emanzipationsansprüche auf, beugte sich den gesellschaftlichen Konventionen und zog sich in eine für die Biedermeierzeit typische Resignationshaltung zurück – vermutlich eine der Ursachen ihrer häufigen Erkrankungen.

Daß der Name D.s – nach einem immerhin vielversprechenden Frühwerk (*Ledwina*, Gedichte) – sich nicht im Dunkel vergessener Literaturgeschichte des 19. Jahrhunderts verlor, hat zwei Ursachen, die eng miteinander verknüpft sind. Zum einen fand die D., nach jahrelangem inneren Ringen, zu einer exemplarischen religiösen Deutung ihrer gescheiterten persönlichen Selbstverwirklichung, die sie in ihrem literarischen Werk immer wieder neu ausleuchtete und die geistesgeschichtlich in den Kontext der Restauration gehört. Im Kern geht es dabei um eine religiös begründete Absage an den Emanzipationsgedanken der Aufklärung als folgenschwerer »Wiederholung« der Ursünde der *superbia*, des Hochmutes, »sein zu wollen wie Gott«. Und zum zweiten und vielleicht wichtiger noch: Die D. fand – auf der festen Grundlage ihres »restaurativen« Weltbildes – eine Ersatzwirklichkeit für ihre längst begrabenen Jugendhoffnungen auf ein freies und selbstbestimmtes Leben: im Phantasie-Freiraum ihres literarischen Schaffens, in ihrer Kunst.

Das bekannte Gedicht »Am Turme« (1841) belegt in prägnanter Metaphorik (dem heimlich im Winde gelösten Haar), wie klar der Dichterin selbst dieser Zusammenhang von biographischer Resignation und poetischem Ersatzleben war. Auch das nicht minder bedeutende Gedicht »Das Spiegelbild« (1842) führt eindrucksvoll vor Augen, wie genau sich die D. im »Spiegel« ihres Werkes reflektiert und welch gestochen scharfes Bild der eigenen Seelendynamik, des Widerstreites zwischen ihrem bewußten Ich und unbewußten Wünschen und Trieben, sie dabei gewinnt: »Es ist gewiss, du bist nicht ich / Ein fremdes Dasein ... / Voll Kräfte, die mir nicht bewusst / Voll fremden Leides, fremder Lust / Gnade mir Gott, wenn in der Brust / Mir schlummernd deine Seele ruht!« Zu solch lyrischer Kraft und poetischer Produktivität wie in den hier genannten Gedichten oder etwa auch in ihren *Heidebildern* bedurfte es bei der D. aber immer auch des Anstoßes durch einen literarischen Mentor. Und ihr wichtigster war zweifellos Levin Schücking, der von Oktober 1841 bis Ostern 1842 Bibliothekar auf der Meersburg ist. Um diese »Dichterliebe« sind viele Legenden gewoben worden. Legt man die Briefe der D. zugrunde, so erhält man das ebenso authentische wie menschlich ergreifende Bild einer erst langsam erwachenden, dann immer dringlicheren Liebe des schon älteren Fräuleins zu einem schriftstellerisch ambitionierten (innerlich aber weit distanzierteren) jungen Mann, und das Bild einer Liebe, die für die D. nur unter dem Tarnmantel der Freundschaft und der mütterlicher Zuwendung gelebt werden konnte: »Mich dünkt«, schreibt sie z. B. am 5. 5. 1842 an Levin, »könnte ich dich alle Tage nur zwey Minuten sehen – o Gott, nur ein Augenblick – dann würde ich jetzt singen dass die Lachse aus dem Bodensee sprängen, und die Möwen sich mir auf die Schulter setzten!« Schücking drängte die D. auch, ihre *Judenbuche* zum Abschluß zu bringen. In der Geschichte von der verfehlten Selbstverwirklichung des Friedrich Mergel, seiner Schuld und seiner grausigen Sühne mag die D. ein weiteres Mal ihre biographischen Versagungen, ihre Emanzipationswünsche und ihr Schuldbewußtsein literarisch projiziert haben. Vor allem aber gelang es ihr hier, ihren Detailrealismus und ihren psychologischen Scharfblick mit religiöser Allegorik zu einer spannungsreichen Synthese zu verschmelzen, die bis auf den heutigen Tag den Leser in ihren Bann zieht.

Ihre späten Lebensjahre sah die D. – trotz vielfacher Krankheit und familiärer Einengung – im Zeichen der »Gnade«, wie dies am schönsten vielleicht ihr Gedicht »Mondesaufgang« (1844) bekundet. Erst durch ihre literarische Produktivität (die hier in der Mond-Metapher gespiegelt ist) konnte sie sich seelisch entspannen, und das ihr daraus erwachsene dichterische Selbstbewußtsein hat die D. Frieden schließen lassen mit sich selbst und ihre letzten Jahre in ein »mildes Licht« getaucht: »O Mond, du bist mir wie ein später Freund / Der seine Jugend dem Verarmten eint / Um seine sterbenden Erinnerungen / Des Lebens sanften Widerschein geschlungen / ... Bist, was dem kranken Sänger sein Gedicht / Ein fremdes, aber o! ein mildes Licht.«

Ronald Schneider

Dürrenmatt, Friedrich
Geb. 5. 1. 1921 in Konolfingen bei Bern;
gest. 14. 12. 1990 Neuchâtel

Er habe überhaupt »keine Biographie«, behauptet er hartnäckig: »ich schreibe nicht, damit Sie auf mich schließen, sondern damit Sie auf die Welt schließen«. In der Tat scheint D. den Standort seines Landes auch zu seinem persönlichen Platz gemacht zu haben: neutral, aus der Distanz beobachtend, und, wie er selbst einmal sagte, »hinter dem Mond«. Ab 1952 wohnt D. in Neuchâtel, hoch über dem See, zunächst in einem Haus, dann schon bald in zwei stattlichen Eigenheimen mit Swimmingpool; alles gut bewacht von zwei mächtigen, aber harmlosen Hunden. Von da aus verfolgt er kritisch das Weltgeschehen, das für ihn auch das gesamte kosmische Geschehen einschließt, und schleudert sporadisch seine einfallsreichen, aber stets bösen Beschimpfungen in Form von Theaterstücken, Romanen, Hörspielen und Erzählungen unter die Leute, um sie aus ihrem Alltag aufzuschrecken: ein militanter Neutralist. Sein Werk sucht nicht den Ausdruck der Persönlichkeit, insofern ergibt sich aus ihm tatsächlich keine Biographie; sein Werk versucht vielmehr, der vor sich hinwurstelnden Welt den Spiegel vorzuhalten, und zwar den der grotesken Verzerrung, um sie so kenntlich zu machen, nämlich als eine nicht wahrgenommene Chance. Um diese Thematik kreist sein Gesamtwerk. Die Astronomie, eines seiner wichtigsten Hobbys, beweist nur, daß der Kosmos aus lauter Katastrophen besteht: als Supernovae verglühen die Sonnen, die Materie verschwindet in den schwarzen Löchern des Alls, das Leben ist nur ein vorübergehender Zufall. Und wenn schon der Kosmos nur aus Chaos besteht, vermag D. nicht einzusehen, warum die Menschen mit ihrer schönen Erde nicht behutsamer umgehen, warum sie nicht, wie der Engel, der nach Babylon kommt, den blauen Planeten als die große Ausnahme, als das Kleinod unter den kosmischen Wüsteneien erkennen und annehmen. Statt dessen versuchen sie immer wieder und immer erfolgloser, die Welt zu verbessern, zu verändern. Aber irgendein läppischer Zufall macht alles menschliche Planen zunichte und die Planenden zu (komischen) Narren, und am Ende jagt doch nur eine Katastrophe die andere, oder dramaturgisch mit D.s Werk gesagt: folgt eine schlimmstmögliche Wendung der anderen.

Zweifellos steht das Frühwerk, das Gesamtwerk bestimmend, unter dem Eindruck der gerade vergangenen faschistischen Barbarei als ›Ergebnis‹ einer sich human und zivilisiert dünkenden Kulturnation. Und diese hinterließ nichts anderes als die Atombombe, die nun endgültig für den globalen Kollaps sorgen kann. Mit ihr sind für D. die »Geschichten« der einzelnen Länder, der einzelnen Menschen vorbei. Die Atombombe läßt niemanden mehr aus; die ehemalige Geschichte der Vaterländer wird zur Weltgeschichte (an sich), wie es *Die Physiker* (1961) vorführen. »Was alle angeht, können nur alle lösen«, lautet der bekannte Satz, den D. diesem Stück beigab. Deshalb spielen fast alle Stücke D.s auch im globalen Rahmen und mit kosmischen Ausblicken; sei es der *Meteor* (1964/65), der in Gestalt eines rüpelhaften, gottlästernden Nobelpreisträgers der Literatur einfällt und durch seine Auferstehung zum ewigen Leben das Leben um sich vernichtet, oder sei es die »Weltparabel« in *Porträt eines Planeten* (1967), das die Weltgeschichte mitleidlos als Schlachthaus »entlarvt«, mit dem Fazit: »hops geht sie ohnehin«, die Erde, weil ihr kosmisches Ende schon vorprogrammiert ist. Sein Fazit war: Wenn wir nur überleben können, indem der Status quo erhalten bleibt, ist jeder Versuch, an ihm noch etwas ändern oder gar ›die Welt‹ verbessern zu wollen, heller Wahnsinn und nur die Vorbereitung der nächsten schlimmstmöglichen Wendung, die Übernahme des Weltlaufs durch Irre, wie etwa durch die groteske Figur der Mathilde von Zahnd in den *Physikern*. Der Zusammenbruch der DDR und das sich vor D.s Tod abzeichnende Ende der Sowjetunion konnten ihn in seiner Überzeugung nicht erschüttern. Im Gegenteil meinte er in einem seiner letzten Interviews: Die Weltlage sei viel grotesker, als er sie sich in seinen Werken habe ausdenken können, die Wirklichkeit führe ein unüberbietbares Schmierentheater auf. So bleiben auch seine letzten Buchpublikationen, voran *Die Stoffe* (I–III, 1981; IV–IX, 1990), von der Ost-West-Konfrontation bestimmt, wenn sie nicht ohnehin in kosmische Dimensionen ausbrechen und weiterhin die Macht des Zufalls beschwören. D. forderte als (einzig möglichen) Gegenpol den »mutigen Menschen«, der die Welt aushält, wie sie ist. Er will nur noch im »Kleinen« wir-

ken, wie der König Augias in der Komö-
die *Herkules und der Stall des Augias* (als
Hörspiel 1954, als Drama 1962), der auf
dem Mist, der die Welt bedeutet, einen
Garten »Eden« für sich selbst angelegt
hat, indem er den Mist als Humus nutzt.
Der mutige Mensch geht freilich im
Spätwerk D.s immer mehr verloren und
wird durch bitterböses Gelächter, das
Mensch und Weltlauf gilt, ersetzt.

Daß D. das Leben eines »mutigen
Menschen« gelebt hat, darf angenommen werden, zumal es nach entbeh-
rungsreichen Anfängen ein gutes Leben
geworden war, abgerungen einer Welt,
die D. verachtet hat (das ist das Paradoxon seines Lebens). Nach literarischen
und philosophischen Studien in Bern
und Zürich ab 1945, wo er nur die
Literaturwissenschaft hassen lernt und
sich zum Hobby-Philosophen ausbildet
(Søren Kierkegaard, Arthur Schopenhauer, Friedrich Nietzsche), wagt er sich
schnell auf den Literaturmarkt, um
Geld zu verdienen. Die geschickte Verbindung von Trivialgenres, philosophi-
schem Tiefsinn, der manchmal auch
recht flach ist, und Einfallsreichtum
bringt rasch den Durchbruch, der mit
seinem wohl besten Stück, *Der Besuch
der alten Dame*, bereits 1955 zum Weltruhm führt. Von da an ist D. ein Mythos, dessen bewußte Herausforderun-
gen immer neu für Schlagzeilen sorgen,
aber auch zu zahlreichen Preisen und
Ehrungen führen: u. a. dem Schillerpreis
der Stadt Mannheim 1959, dem Großen
Literaturpreis des Kantons Bern 1969,
der Buber-Rosenzweig-Medaille 1977
und Ehrendoktoraten der Temple University, Philadelphia 1969, der Universität Nizza, der Hebräischen Universität
Jerusalem 1977. Durch sie fühlt er sich
freilich nicht belästigt, wie der Literat
seiner Komödie *Der Meteor*, Wolfgang
Schwitter: »Ein Schriftsteller, den unsere
heutige Gesellschaft an den Busen
drückt, ist für alle Zeiten korrumpiert«.
D. verhindert die Korruption durch
sporadisch erneuerten Invektiven gegen

Kollegen und vor allem Kritiker, die er
inzwischen in seinen Werken selbst ab-
kanzelt (so z. B. in der *Dichterdämme-
rung* von 1980, in der sich Joachim
Kaiser, Marcel Reich-Ranicki, Hellmuth
Karasek etc. wiederfinden können). Er
nannte 1970 Hans Habes Kritik an Harry Buckwitz, der am Züricher Schauspielhaus arbeitete, eine »Schweinerei«
und den Autor selbst einen »einzigen
Faschisten«, was prompt zu einer Ver-
leumdungsklage durch Habe führte.
Oder er hielt öffentlich – 1980 in einem
Interview mit dem *Playboy* – Carl Zuckmayers Werk für »Scheiße«, Günter
Grass für »zu wenig intelligent, um so
dicke Bücher zu schreiben«, Max Frisch
für einen »Autor der Fehlleistungen«
und 1985 – in einem *Stern*-Interview –
Adolf Muschg für besonders langweilig.
Aber seine Skandale sind stets Skandale,
die sein Werk betreffen, nie seine Person, und sie sind immer so inszeniert,
daß D., dessen letzte Werke nur noch
mäßigen Erfolg hatten, wieder in Erinnerung gerät: ein böser Autor, der aus
der Schweizer Distanz schoß und es sich
ansonsten gut sein ließ; trotz Diabetes
und zweier Herzinfarkte bleibt er zeitlebens ein gewaltiger Rotweintrinker,
guter Esser – sein bester Freund war der
Hotelier und Koch Hans Liechti – und
selbst ein guter Koch. »Die Kochkunst,
richtig ausgebildet, ist die einzige Fähigkeit des Menschen, von der sich nur
Gutes sagen läßt, und darf poetisch
nicht mißbraucht werden«. Beim Essen
und Trinken verstand der Autor, der nur
Komödien schrieb, keinen Spaß.

D. stammt aus protestantischem
Pfarrhaus, das prägend wird für die
immer wieder antönende religiöse Thematik seines Werks (das Leben und die
Erde als »Gnade«, die verkannt wird).
Er heiratet 1947, in Zeiten wirtschaft-
licher Unsicherheit, die Schauspielerin
Lotti Geißler, mit der er drei Kinder hat.
Gelegenheitsarbeiten im Kabarett prägen die späteren Komödien; den Griff
zum Trivialgenre (Kriminalromane,

Anlage der Stückfiguren als Comics – z.B. die »alte Dame«) erzwingt der notwendige Gelderwerb. Der frühe Erfolg macht den Rückzug möglich. In Zeiten, als alle sich engagieren (ab 1967), arbeitet D. am Theater (erst Basel 1968/1969, dann Zürich 1970). Danach zieht er sich wieder enttäuscht zurück: er hält jedes Engagement für verfehlt. 1981 läßt er sich – zum Anlaß seines 60. Geburtstags – mit einer 30-bändigen Werkausgabe als Klassiker ehren. 1982 stirbt die geliebte Frau Lotti; 1985 heiratet er die Filmemacherin Charlotte Kerr, die einen Vierstunden-Film über ihn (das heißt über seine Rollen) gedreht hatte (außer in die Eß- und Trinkkultur gibt es keine privaten Einblicke). Seine Komödientheorie ist auch das Fazit seines Lebens. Es wäre schauerlich, Kunst und Leben miteinander zu verwechseln (wie der Herr Traps in der *Panne*, 1956), in einer Zeit, in der Kreons Sekretäre den Fall Antigone erledigen, kann es kein verantwortliches und verantwortungsbewußtes Handeln im Großen mehr geben. Wer es dennoch versucht, macht sich zum Narren. Welt und Leben sind, gerade wenn sie sich tragisch ernstnehmen, eine Komödie: zum Totlachen.

Jan Knopf

Eich, Günter
Geb. 1. 2. 1907 in Lebus an der Oder; gest. 20. 12. 1972 in Salzburg

»Günter Eich ist ein Meister der Tarnung« (Walter Jens), »ein Dichter, einer der wenigen, die das hohe Wort zu Recht tragen« (Karl Korn), »ein stiller Anarchist« (Peter Bichsel). E. gilt als einer der bedeutendsten deutschen Lyriker der Nachkriegszeit und als Schöpfer des poetischen Hörspiels. Sein Werk ist nicht umfangreich: ein halbes Dutzend Gedichtbände, knapp dreißig Hörspiele, zwei Marionettenspiele, zwei schmale Prosabände, ein paar Kurzgeschichten, wenige Miszellen: Das ist die

Ausbeute einer mehr als vierzigjährigen schriftstellerischen Tätigkeit. Das ist gleichzeitig ein Hinweis auf das Charakteristische seiner Arbeit. Zeitlebens ging es ihm nicht um das Beschreiben der Welt, sondern um die Erfahrung der Wirklichkeit durch die Poesie. Er war nicht eloquent, er schilderte nicht bildhaft, wortreich, sondern lakonisch, knapp, verschwiegen. »Ich bin Schriftsteller, das ist nicht nur ein Beruf, sondern die Entscheidung, die Welt als Sprache zu sehen .... Ich schreibe Gedichte, um mich in der Wirklichkeit zu orientieren. Ich betrachte sie als trigonometrische Punkte oder als Bojen, die in einer unbekannten Fläche den Kurs markieren. Erst durch das Schreiben erlangen für mich die Dinge Wirklichkeit. Sie ist nicht meine Voraussetzung, sondern mein Ziel. Ich muß sie erst herstellen.«

Dieses Bekenntnis trug E. 1956 vor, als er sich das einzige Mal in seinem Leben in eine poetologische Diskussion einließ. Spätere Fragen nach den Impulsen für seine Arbeit beantwortete er mit dem für einen Schriftsteller immerhin verblüffenden Satz: »Eigentlich schreibe ich, weil ich gar nicht schreiben kann« – der Bitte nach einer Interpretation eigener Texte begegnete er: »Ich lehne es immer und überall ab, mich zu mir und meinen Sachen zu äußern.« E. hatte eine auffallende Scheu, ja Scham, über sich selbst, seine Biographie, seine Dichtung zu sprechen. Und wenn er es dennoch tat, dann lakonisch, distanziert, auf äußere Daten reduziert. Er stellte mehr Fragen, als daß er Antworten parat gehabt hätte.

Mit elf Jahren zog E. mit seiner Familie aus dem ländlichen Oderbruch nach Berlin. 1925 begann er, dort Volkswirtschaft und Sinologie zu studieren, in Paris setzte er diese Studien fort. Die ausgefallene Fächerkombination erklärte er mit dem Hinweis, daß er ein Studium gewählt habe, das keine gesellschaftliche Nützlichkeit erkennen lasse. Offensichtlich wollte schon der junge E. seine Tätigkeit der leichten Verwertbarkeit entziehen. Dieses Bestreben sollte sich als Konstante durch sein gesamtes Werk ziehen: »Seid unnütz«, fordert er seine Zeitgenossen in dem berühmten Hörspiel *Träume* (1950) auf; und: »Späne sind mir wichtiger als das Brett«, formuliert er 1968 in seinen *Maulwürfen*.

Mit 21 Jahren veröffentlicht E. unter dem Pseudonym Erich Günter erste Gedichte in der von Willi Fehse und Klaus Mann herausgegebenen *Anthologie jüngster Lyrik*. Es sind spätexpressionistische, naturmagische Gedichte, die auf einen empfindsamen, melancholischen Autor schließen lassen: »O ich bin von der Zeit angefressen und bin in gleicher Langeweile vom zehnten bis zum achtzigsten Jahre«, so schrieb E. 1928. Danach hat man von dem Lyriker E. nichts mehr gehört. Er taucht erst 1945 wieder auf.

Sein Studium gibt E. 1932 ohne Abschluß auf; er beschließt, Berufsschriftsteller zu werden. Er arbeitet für den Berliner Rundfunk, gemeinsam mit Martin Raschke verfaßt er die *Monatsbilder der Königswusterhäuser Landboten*, Kalendergeschichten und Hörfeatures, Umarbeitungen von literarischen Vorlagen, Spiele, die offenbar harmlos waren und ihn mit dem neuen Medium vertraut machten, auch wenn sie keinen eigenständigen literarischen Rang geltend machen können. Den Krieg überlebt E. als Soldat. Auch über diese Zeit hat er öffentlich geschwiegen. Er gerät in amerikanische Gefangenschaft. Und hier in Sinzig am Rhein, zwischen Stacheldraht und Latrine, schreibt er wieder Gedichte, Verse von verzweifelter Ironie, erniedrigter Menschlichkeit ohne jede Larmoyanz. Gedichte, die offenbar so sehr den Nerv der Sensiblen ihrer Zeit trafen, daß sie eine Gattung begründeten, die sogenannte »Kahlschlagpoesie«. Das berühmteste Gedicht aus dieser Zeit heißt *Inventur*: »Dies ist mei-

ne Mütze/dies ist mein Mantel hier mein Rasierzeug / im Beutel aus Leinen/ Konservenbüchse: / Mein Teller, mein Becher / ich hab' in das Weißblech / den Namen geritzt.« Durch die Kargheit seiner nur noch aufzählenden Sprache wurde dieses Gedicht zum Inbegriff für dichterischen Neubeginn und Sprachreinigung nach 1945.

Aus der historischen Distanz der 1980er Jahre wird eine andere Charakteristik E.s bereits hier deutlich: In den Gedichten aus der Gefangenschaft, die 1948 in dem Band *Abgelegene Gehöfte* erscheinen, experimentiert E. mit den verschiedensten poetischen Formen, er schreibt Prosagedichte wie Volksliedverse, er benutzt literarische Vorlagen, die an Heinrich Heine und Friedrich Hölderlin erinnern, und füllt sie mit neuen, erlebten Inhalten; ironisch verknüpft er romantische, lyrische Versatzstücke – »es flüstert verworren der Rhein« – mit seiner verlausten, unappetitlichen Realität: »Über stinkendem Graben / Papier voll Blut und Urin / umschwirrt von funkelnden Fliegen / hocke ich in den Knien / .../ Irr mir im Ohre schallen / Verse von Hölderlin / In schneeiger Reinheit spiegeln / Wolken sich im Urin.« Dieses Auseinanderbrechen von Zusammenhängen als Prinzip, dieses Neuverknüpfen von Unerwartetem und Disparatem wird E. vor allem in seinen späten Prosa-Texten, den *Maulwürfen*, wieder aufnehmen und damit in neue poetische Bereiche vordringen. Nach seiner Entlassung aus der amerikanischen Kriegsgefangenschaft widmet er sich neben den Gedichten vor allem dem Hörspiel. Die Erstsendung seiner *Träume* wird zur »Geburtsstunde des poetischen Hörspiels« (Heinz Schwitzke). Jeweils zum Ende der vier Träume appelliert der Autor an seine Hörer: »Nein, schlaft nicht, während die Ordner der Welt geschäftig sind! Seid mißtrauisch gegen ihre Macht, die sie vorgeben für euch erwerben zu müssen! Wacht darüber, daß eure Herzen nicht leer sind, wenn mit der Leere eurer Herzen gerechnet wird! Tut das Unnütze, singt Lieder, die man aus eurem Mund nicht erwartet! Seid unbequem, seid Sand, nicht das Öl im Getriebe der Welt!«

Die Erfahrungen des Dritten Reichs sind noch frisch, und Dichter wie E. warnen eindringlich davor, sie zu verdrängen. Karl Korn urteilte damals: »Traumdeutung ist Günter Eichs Gedicht, und man kann zu seinem Ruhme wohl nicht mehr sagen, als daß er unser aller Träume dichtet.« Gemeint waren wohl vor allem die kollektiven Alpträume. E.s Hörspiele beginnen harmlos, in alltäglichen Situationen. Im Laufe der Handlung aber geht die Sicherheit verloren, eine ungeahnte Wirklichkeit überlagert die sichtbare Realität. Die Hörspiele verlassen die eingeübten Pfade, verunsichern, wollen aufmerksam, wachsam stimmen, Mißtrauen erwecken gegen die scheinbare Sicherheit der wahrnehmbaren Gegenwart. Es ist eine Zeit, in der E. gegen die Erkenntnis der »verwalteten Welt« (Korn) den totalen Ideologieverdacht anmeldet, in der er jeder Meinung mißtraut, jeden Standpunkt als Möglichkeit von Machtmißbrauch ablehnt. Gegen Ende seines Lebens hat E. die Unmittelbarkeit, das Pathos seiner berühmten Verse nicht mehr gemocht. An den Inhalten aber hat er stets festgehalten: er fühlte sich verantwortlich: »Alles was geschieht, geht dich an.«

Er wollte seine Arbeit als Herausforderung der Macht und der Mächtigen verstanden wissen: »Wenn unsere Arbeit nicht als Kritik verstanden werden kann, als Gegnerschaft und Widerstand, als unbequeme Frage und als Herausforderung der Macht, dann schreiben wir umsonst.« Er wehrt sich gegen alle Institutionen, auch gegen die Natur: »Nachrichten, die für mich bestimmt sind / weitergetrommelt von Regen zu Regen – von Schiefer- zu Ziegeldach / eingeschleppt wie eine Krankheit / Schmuggelgut, dem überbracht / der es nicht haben will / … / Bestürzt vernehme ich / die Botschaften der Verzweiflung / die Botschaften der Armut / und die Botschaften des Vorwurfs / Es kränkt mich, daß sie an mich gerichtet sind / denn ich fühle mich ohne Schuld« (*Botschaften des Regens*, 1955).

Zwischen 1955 und 1968 liegt eine Phase, in der E. an den Rand des Verstummens geriet. 1962 war er nach Japan gereist. Die Steingärten, Meditationsstätten der berühmten Tempel wurden für den abendlandmüden deutschen Dichter zur existentiellen Erfahrung des Ganz-Anderen, des Sprachlosen. Er war an einem schöpferischen Endpunkt angelangt. Seine Gedichte, Einzeiler häufig, konzentrierte, komplizierte Aphorismen betrauern das Vergebliche der »bösen Hoffnung«. Sie erschienen in dem Band *Anlässe und Steingärten* (1966). Es wurde still um E., der 1953 die Schriftstellerin Ilse Aichinger geheiratet hatte und nun mit ihr und den Kindern Clemens und Miriam in Groß-Gmain bei Salzburg abgeschieden lebte. Er war berühmt. Man hatte ihm schon 1950 den ersten Preis der Gruppe 47 verliehen, er war Träger des Hörspielpreises der Kriegsblinden und nahm 1959 den Georg-Büchner-Preis der Deutschen Akademie für Sprache und Dichtung entgegen. Endlich, 1967, sorgt er noch einmal für literarischen Wirbel. Auf der letzten Tagung der Gruppe 47, zu deren Gründungsmitgliedern er ja zählte, trug er seine neuen, irritierenden Prosatexte vor, die er *Maulwürfe* nannte, Tiere, mit denen er sich listig vergleichen wollte. E. reflektiert Literatur in seiner Literatur, er montiert Heterogenes, Aphorismen und Banalitäten, Redewendungen, Nonsens, Sprachklischees und politische Slogans. Eine anarchische Literatur, ein Anarchist in der Literatur. »Wäre ich kein negativer Schriftsteller, möchte ich ein negativer Tischler sein. Die Arbeit ist nicht weniger geworden, seitdem der liebe Valentin den Hobel hingelegt hat. Staatsmänner haben ihn übernommen. Aber es lebe die Anarchie! Mit diesem Hochruf gehe ich in die nächste Runde. Späne sind mir wichtiger als das Brett.« 1970 erscheint der zweite Band *Ein Tibeter in meinem Büro. 49 Maulwürfe.* Schließlich veröffentlicht E. einen letzten schmalen Gedichtband, *Nach Seumes Papieren* (1972), und ein Hörspiel, *Zeit und Kartoffeln* (1973). E. ist schwer krank. Er wird immer dünner, filigraner. Der Mann, der das Mitleiden, das Mitfühlen, die Mitverantwortung ins Zentrum seiner literarischen Arbeit gestellt hatte, litt jahrelang sichtbar dem Tode zu. Walter Jens übermittelt ein letztes Gespräch mit dem Freund aus dem November 1971: »Wir sprachen über seine Gedichte, da hielt er plötzlich inne und fragte: Findet ihr nicht auch, daß sie immer trauriger werden? Immer kürzer, immer trauriger? Im Grunde sei er des Schreibens längst leid; was zu sagen sei, sei jetzt gesagt«.

Susanne Müller-Hanpft/Red.

Eichendorff, Joseph von

Geb. 10. 3. 1788 auf Schloß Lubowitz bei Ratibor/Oberschlesien;
gest. 26. 11. 1857 in Neiße

»Es ist ein wunderbares Lied in dem Waldesrauschen unserer heimatlichen Berge; wo du auch seist, es findet dich doch einmal wieder, und wärs durchs offene Fenster im Traume, keinen Dichter noch ließ seine Heimat los.« E. selbst sah in seiner Heimatverbundenheit den Schlüssel zu seinem Werk. Die Erfahrung heimatlicher Natur, die er in Worte fassen und besingen will, wird zum auslösenden Moment dichterischen Schaffens. Nicht nur seine Wanderlieder und Naturgedichte gelten schlesischen Bergen und Wäldern, auch in der zur Zeit der Französischen Revolution angesiedelten Erzählung *Das Schloß Dürande* (1837) orientiert er sich bei der Be-

schreibung der Provence, in der unterhaltungsbetonten Liebesgeschichte *Die Entführung* (1839) bei der Gestaltung der Loire-Gegend am Vorbild schlesischer Landschaften. In abwechslungsreicher Mittelgebirgslandschaft, auf einem Schloß über der Oder wächst E. als Sohn eines preußischen Offiziers und reichen Landedelmanns geborgen und sorgenfrei heran, ohne von der 1789 mit dem Sturm auf die Bastille begonnenen Zeit politischen Umbruchs und bürgerlich-revolutionärer Bewegungen etwas zu spüren. Das fromme, katholische Elternhaus legt in ihm die Grundlagen für einen unerschütterlichen christlichen Glauben, aus dem er Zeit seines Lebens Kraft schöpfen wird. Nach dem Studium der Rechtswissenschaft (u. a. in Heidelberg, wo er mit Achim von Arnim und Clemens Brentano zusammentrifft) absolviert E. mit Auszeichnung das Examen in Wien; nachdem er sich als Patriot an den Befreiungskriegen gegen Napoleon beteiligt hat, geht er in den Verwaltungsdienst, wird Schulrat in Danzig und 1831 schließlich Regierungsrat im Berliner Kulturministerium. E. kommt seinen Beamtenpflichten korrekt nach, fühlt sich aber mehr zum Dichter berufen, sucht der Gleichförmigkeit des Dienstes durch eine Flucht in die Poesie zu entkommen. Durch das Elternhaus und seine Hofmeister ist E. früh an die Literatur herangeführt worden; als Zehnjähriger schreibt er ein erstes, in der Römerzeit angesiedeltes Trauerspiel, als Student und als Beamter sucht er den engen Kontakt zu den romantischen Schriftstellerkollegen. Der Wunsch nach Ausbruch aus dem Alltag, die Sehnsucht nach der Ferne, der Rückzug in eine harmonische Natur artikulieren sich bereits in den frühen Gedichten, mit denen E. das Lebensgefühl des zeitgenössischen Publikums trifft: »Ach wer da mitreisen könnte – In der prächtigen Sommernacht.« Viele seiner Wanderlieder werden wie echte Volkslieder aufgenommen (*Wem Gott will rechte Gunst erweisen*). Formale Neuerungen zeichnen die Lyrik, die neben Johann Wolfgang Goethe erkennbar Matthias Claudius zum Vorbild hat, nicht aus, statt dessen geht es E. um Empfindungsreichtum: »Die Poesie liegt in einer fortwährend begeisterten Anschauung der Welt und der menschlichen Dinge.« Mit seinen die Heimat verklärenden Bildern, Landschaften, Figuren, Stimmungen wird E. zum typischen Vertreter der deutschen Romantik: Ritter und Einsiedler, Waldmädchen und Wanderburschen, Liebe vor besonnten Bergen und Burgen, Waldeinsamkeit im Abendrot. Da E. zudem über einen »ausgeprägten Sinn für Melodik und Rhythmus« verfügt, gehören Texte von ihm bis heute zu den am häufigsten vertonten deutschen Liedern (*In einem kühlen Grunde*).

Stärker als durch seine lyrischen versucht der junge E. durch seine Prosadichtungen aus der Gegenwart mit »ihren tausend verdrießlichen und eigentlich für alle Welt unersprießlichen Geschäften« zu fliehen. So sind die frühen Novellen (*Zauberei im Herbste*, 1808/09; *Das Marmorbild*, 1819) noch stark durch märchenhafte und phantastische Elemente geprägt. In seiner wichtigsten Novelle, *Aus dem Leben eines Taugenichts* (1826), wird die reale Welt idyllisch überzeichnet. In diesem meistgelesenen, prototypischen romantischen Text steht der seinen Stimmungen folgende Mensch im Mittelpunkt, der ziellos Wandernde, der nach »Gottes Wundern« und seinem Glück Suchende, der auf Schönheit und nicht auf Nutzen bedacht ist. Durch idyllische Bilder einer harmonischen Einheit von Mensch und Natur kritisiert E. als Humanist eine philisterhafte, von zweckorientiertem Handeln bestimmte Welt. Die späten Dichtungen offenbaren jedoch zunehmend eine konservative Weltsicht. In der Lyrik verliert sich die Fröhlichkeit des Sänger- und Wanderlebens, balladenhafte Romanzen, religiö-se, manchmal melancholische Gedichte folgen; in den *Zeitliedern* erweist sich E. als eher grollender Beobachter seiner Zeit, der in Satiren mit revolutionären Ereignissen und Bestrebungen scharf zu Gericht geht (*Auch ich war in Arkadien*, 1834; *Libertas und ihre Freier*, 1849/64). Als E. 1844 auf eigenen Wunsch aus dem Staatsdienst ausscheidet, ist der Höhepunkt seines literarischen Schaffens längst überschritten, doch mit Dichtungen, die ihm selbst und seinen Lesern »einen Spaziergang in amtsfreien Stunden ins Freie hinaus« bieten, bleibt er einer der volkstümlichsten Autoren seiner Epoche, der, bei aller Betonung des Subjektiven, doch Angst behielt vor dem Aufgehen im Irrationalen: »Du sollst mich nicht fangen, duftschwere Zaubernacht.«

Horst Heidtmann

Enzensberger, Hans Magnus
Geb. 11. 11. 1929 in Kaufbeuren

»Endlich, endlich ist unter uns der zornige junge Mann erschienen«, rief Alfred Andersch nach der Lektüre des ersten Gedichtbandes von E. aus. Das Klischee vom »zornigen jungen Mann« sollte zu einem Markenzeichen eines Autors werden, der sich gegen jede literarische und politische Festlegung wehrt. Die Einschätzung Anderschs, E. habe mit *verteidigung der wölfe* (1957) etwas geschrieben, »was es in Deutschland seit Brecht nicht mehr gegeben hat: das große politische Gedicht«, trifft durchaus zu. In Metaphorik und Sprachspiel zunächst noch an Gottfried Benn anknüpfend, beziehen sich E.s Gedichte (es folgen *landessprache*, 1960; *blindenschrift*, 1964) zunehmend auf politische Sachverhalte, in der dialektischen Argumentation und den syntaktischen Techniken des Verkürzens, Schachtelns und Fügens Brecht ähnlich. Im restaurativen Klima der 1950er Jahre ist die Literaturkritik tief verschreckt von der politischen Präsenz dieser Gedichte. Hans Egon Holthusen nennt E. einen »Bürgerschreck«, »rabiaten Randalierer« und »schäumenden Haßprediger«.

Bevor E. als Lyriker in Erscheinung trat, promovierte er 1955 mit einer Untersuchung zu Clemens Brentanos Poetik. Seine Kindheit verbrachte E. in Nürnberg, nach dem Krieg besuchte er die Oberschule in Nördlingen; von 1949 bis 1954 studierte er in Erlangen, Hamburg, Freiburg/Br. und Paris Literaturwissenschaften, Sprachen und Philosophie. Bei der Redaktion Radio-Essay (Alfred Andersch) in Stuttgart erntete er zwischen 1955 und 1957 als Kritiker erste Lorbeeren: Für den Rundfunk verfaßte er Beiträge, die später als Aufsatzsammlungen Furore machten. In seinem Essay *Die Sprache des »Spiegel«* untersucht E. »Moral und Masche eines deutschen Nachrichtenmagazins«. Typisch für diesen streitbaren Autor ist, daß er die *Spiegel*-Analysen – wenn auch der brisantesten Stellen beraubt – in eben jener Zeitschrift abdrucken ließ. Sein Interesse gilt (in Anlehnung und Weiterentwicklung von Theodor W. Adornos Begriff der »Kulturindustrie«) den Vorgängen in der »Bewußtseinsindustrie«, die nicht nur traditionell künstlerisch-kulturelle, sondern auch Bereiche des Tourismus, der Mode usw. umfaßt. Der Essayband *Einzelheiten* (1962), in dem sich auch E.s grundlegende Darstellung zum Zusammenhang von »Poesie und Politik« findet, gilt als wichtigste theoretische Arbeit des Autors. Wie sein romantisches Vorbild Clemens Brentano ist auch E. »polyglott, gewandt, ein poeta doctus par excellence, nicht ohne modische Attitüde« (Hans Schwab-Felisch), er beherrscht sieben Sprachen nahezu perfekt, übersetzte und edierte Autoren wie César Vallejo, Pablo Neruda oder William Carlos Williams. Bis auf den großen Roman hat er alle literarischen

Genres erfolgreich erprobt. Das schöpferische Interesse des Autors verschiebt sich zur Mitte der 1960er Jahre weiter von der Literatur zur Politik; er ist damit nicht nur Weggefährte, sondern auch Vorreiter und Prophet einer Politisierung, wie sie mit der Studentenbewegung, den anti-amerikanischen Protesten gegen den Vietnam-Krieg usw. zum Ausdruck kommt. Sein Essayband mit dem bezeichnenden Titel *Politik und Verbrechen* (1964) beschäftigt sich denn auch – ebenso analytisch wie politisch, juristisch und militärisch beschlagen – mit der Grauzone einer menschenfeindlichen, verbrecherischen Politik. Mit Gründung seiner Zeitschrift *Kursbuch* (1965) läßt sich E. in West-Berlin nieder, widmet sich ganz der politischen Publizistik sowie der Herausgabe politischer Recherchen. Das programmatisch offene *Kursbuch* verlagert, parallel zur Radikalisierung der jungen Generation vor allem an den Universitäten, seinen Schwerpunkt immer weiter von der Literatur zur Politik; es avanciert dabei zur wichtigsten Zeitschrift der Neuen Linken. Heft 15/1968 gewinnt Berühmtheit durch die Proklamierung des »Tods der Literatur« (Walter Boehlich), der bürgerlichen, wohlgemerkt. Von einem Cuba-Aufenthalt (1968/69) bringt E. das Dokumentar-Theaterstück *Das Verhör von Habana* (1970) mit. E.s Rolle besteht darin, Tonbandmaterial über die Schweinebucht-Invasion von 1962 zu montieren, zu übersetzen, auszuwählen.

Die Spannweite seiner Werke ist groß: Prägen dieses Stück die Agitprop-Ziele der Neuen Linken, so sind E.s Neuübersetzung und Nachdichtung von Molières *Der Menschenfeind* (1979), das vom Diderot-Stück *Ist es gut? Ist es böse?* angeregte Spiel *Der Menschenfreund* (1984) sowie *Delirium. Ein Dichter-Spektakel* (1994) und *Voltaires Neffe. Eine Fälschung in Diderots Manier* (1997) im traditionell-harmlosen Konversationston gehalten. Auch das Schauspiel

Die Tochter der Luft (1992) ist kein originäres Bühnenstück E.s, sondern eine von der konventionellen Rhetorik befreite Neuübersetzung des gleichnamigen Calderon-Stückes. Zur Überraschung des Publikums veröffentlicht E., der im *Kursbuch* der Literatur die gesellschaftliche Notwendigkeit absprach und ihr Harmlosigkeit bescheinigte, 1971 einen Lyrikband *(Gedichte 1955–1970)*, der neben alten auch dreißig neue Gedichte präsentiert. Lakonisch und bissig nimmt er darin Abschied von den Illusionen der »Kulturrevolution« der späten 1960er Jahre. Sind diese Gedichte noch von der einfachen Sprechweise des Agitprop gekennzeichnet, so kehrt E. mit der Balladendichtung *Mausoleum* (1975), dem Versepos vom *Untergang der Titanic* (1978) und dem Gedichtband *Die Furien des Verschwindens* (1980) nach langen Jahren der politisch-intentionalen Literatur und Publizistik zu den leisen Tönen literarischer Mitteilungsformen zurück. Auch hier erweist sich das literarische Gespür des Autors als trendsetzend und vorausschauend. Denn die apokalyptischen Visionen und die ästhetische Lust am Untergang, die sich in den 1980er Jahren in der Öffentlichkeit verbreiten, nimmt E. gerade in der *Titanic*-Dichtung ironisch vorweg. Seit 1974 fungiert er nur noch als Mitarbeiter des *Kursbuchs*. Nunmehr in München lebend, gründet er 1980 die auf ein arriviert-linkes Publikum zielende Zeitschrift *TransAtlantik*. Auch dieses Blatt kündet – mit Hochglanzästhetik und dem ständigen »Journal des Luxus und der Moden« – vom kommenden »Zeitgeist« einer Phase des modischen Schicks und der Entpolitisierung eines großen Teils der ehemals kritischen Intelligenz. Den Beobachter dieses »literarisch Reisenden«, der stets auf der Suche nach Neuem ist, wundert es nicht, daß E. dieses politisch allzu seichte Projekt schnell wieder aufgab, um sich einem neuen zuzuwenden: Der *Anderen Bibliothek*, in der er seit Januar 1985 seine Lieblingsbücher der Weltliteratur herausgibt, manche literarische Entdeckungen macht und Autoren-Karrieren (z. B. von W. G. Sebald, Christoph Ransmayr und Irene Dische) fördert. Die von E. in den *Politischen Brosamen* (1982) vorherrschende Essay-Struktur, die aus subjektiver Perspektive vorgibt, sich an Details abzuarbeiten und doch das allgemeine Ganze im Blick hat, wird mit *Ach Europa!* (1987) und *Mittelmaß und Wahn* (1988) zur Meisterschaft (und Masche) gebracht. In den *Wahrnehmungen aus sieben Ländern* und *Gesammelten Zerstreuungen* (so die Untertitel) wird das Erzählte aber allzu häufig zur anekdotischen Geschichte alltäglicher Beobachtungen. Mit seinen Essaybänden und politischen Einwürfen *Die Große Wanderung* (1992), *Aussichten auf den Bürgerkrieg* (1993), *Zickzack* (1997) sowie *Nomaden im Regal* (2003) kehrt E. endgültig vom zornigen Aufklärer zum ironischen Romantiker früher Jahre zurück. *Der Zorn altert, die Ironie ist unsterblich*, heißt denn auch treffend ein zum 70. Geburtstag des Autors herauskommender Gratulationsband. In seinen Gedichtbänden *Zukunftsmusik* (1991), *Kiosk* (1995), *Leichter als Luft* (1999) und *Die Geschichte der Wolken* (2003) meditiert E. über symptomatische Einzelheiten und ökologische Perspektiven der global vernetzten Welt, thematisiert er das Dichten selbst, verweigert er sich jedem programmatischen Statement. Im vorgerückten Alter noch einmal Vater geworden, interessiert er sich auch zunehmend für pädagogisch unkorrekte und unkonventionelle Kinderbücher *(Esterhazy. Eine Hasengeschichte*, 1993; *Der Zahlenteufel. Ein Kopfkissenbuch für alle, die Angst vor der Mathematik haben*, 1997; *Wo warst du, Robert?*, 1998, sowie unter dem Pseudonym Andreas Thalmayr *Lyrik nervt!*, 2004) und für interdisziplinäre Seitenblicke zwischen Poesie und Prosa *(Die Elixiere der Wissenschaft*, 2002). Zu den unzähligen Würdigungen eines schillernden Œuvres zählen der Büchner-Preis (1963), der Heinrich-Böll-Preis (1985), der Heinrich-Heine-Preis (1998), der Ludwig-Börne-Preis (2002) sowie der »Premio Pasolini« für Poesie (1982) und die Ernennung zum Mitglied des Ordens »Pour le mérite« (2000).

Frank Dietschreit

Fontane, Theodor
Geb. 30. 12. 1819 in Neuruppin;
gest. 20. 9. 1898 in Berlin

Es gab ein geflügeltes Wort unter Theaterleuten, das F. immer wieder zitierte und das ihm zum Trostsatz wurde: »Um neun ist alles aus.« Um neun Uhr abends ging am 20. September 1898 das »künstlerisch abgerundete« Leben F.s zu Ende. – »Man fährt bei solch autobiographischer Arbeit entweder, wie Lübke es tut, in einem offenen Wagen durch eine freie, weit sich dehnende Landschaft, oder man fährt umgekehrt durch eine Reihe langer Tunnels mit intermittierenden Ausblicken auf im Licht aufleuchtende Einzelpunkte.« So F. in einer Besprechung der *Lebenserinnerungen* seines Freundes, des Kunsthistorikers Wilhelm Lübke. Eine freie, weit sich dehnende Landschaft finden wir bei F. erst in den letzten zwei Jahrzehnten, nach dem Erscheinen seines ersten Romans *Vor dem Sturm* (1878). Das Konzept dazu trug er überlange in sich herum, und keine Unterbrechungen durch andere Aufgaben konnten ihm die Überzeugung nehmen, daß dieser Roman geschrieben werden würde, »weil ich diese Arbeit als ein eigentlichstes Stück Leben von mir ansehe.« Die Kriegsbücher hielten ihn auf, aber sie waren ihm »keine Herzenssache«. »Wird das Buch (*Der Deutsche Krieg von 1866*) geschrieben – gut, wird es nicht geschrieben – auch gut; es geht der Welt dadurch von meinem Eigensten, von meiner Natur ... nichts verloren; der Roman aber darf nicht ungeschrieben bleiben. Die Welt würde es freilich verschmerzen können, aber ich nicht. So liegt die Sache. Ich möchte das Kriegsbuch schreiben, weil der Roman ... doch unter allen Umständen geschrieben würde« (an Wilhelm Hertz, 11. 8. 1866). *Vor dem Sturm* war der Beginn für den Romancier, den Heinrich Mann als den Begründer des modernen deutschen Romans bezeichnete und den er als seinen und seines Bruders Vorgänger ansah.

Es gab genügend »lange Tunnel« im Leben F.s. Zuerst den wirklich so genannten »Tunnel über der Spree«, den Berliner literarischen Sonntagsverein, dem sich F., durch Bernhard von Lepel, 1844 anschloß. »Ein Tunnel ist kein Loch, er ist ein Durchgang«, meinte ein Mitglied, eine Verbindung also, die zu einem Ziel führt. Hier in diesem Berliner »Tunnel« wurde F., der mit seiner Balladendichtung dem herrschenden Geschmack entgegenkam, eine Anerkennung zuteil wie kein zweites Mal, so sehr er sich sein Leben lang danach sehnte. »Dort machte man einen kleinen Gott aus mir«, schrieb er fünfzig Jahre später. Dieser Balladenruhm gründete sich vor allem auf seine altenglischen und schottischen Balladen, die auch vielfach vertont wurden. Er ist F. zeit seines Lebens geblieben, später zu seinem Leidwesen, weil er auf Kosten seiner Romane ging. Und doch: Im Alter (mehrere seiner Romane waren schon erschienen) kehrte er noch einmal »zu den Göttern oder Hämmeln« seiner Jugend zurück, so daß er »mit fünfundsechzig wieder bei fünfundzwanzig ... angelangt« ist: »Die Schlange, die sich in den Schwanz beißt, der Ring, der sich schließt« (an Emilie Zöllner, 18. 8. 1885). Aber es ist kein Zurückgehen etwa auf die alte Heldenballade; jetzt dringt die zeitgenössische Wirklichkeit in die Ballade ein, und neue Töne werden hörbar, und mit der Spruchdichtung seines Alters findet F.

einen neuen, ihm gemäßen Ausdruck lyrischer Empfindung. Der »Tunnel über der Spree« legte für F. auch das Fundament seiner Freundschaften, von denen viele bis in sein Alter erhalten blieben und denen er im Tunnelkapitel seiner Autobiographie *Von Zwanzig bis Dreißig* (1898) viele Seiten widmet.

Vom Berliner »Tunnel über der Spree« war der Weg nicht weit zum Londoner Tunnel unter der Themse, dem technischen Wunder jener Zeit und Symbol des Fortschritts. »Seit Jahren blickt' ich auf England wie die Juden in Ägypten auf Kanaan«, schrieb der Vierundzwanzigjährige in das Tagebuch seiner ersten Englandreise (1844), und in der Tat wurde ihm England das gelobte Land. Der zweiwöchigen Reise nach London folgten acht Jahre später ein halbjähriger Aufenthalt dort und dem wieder ein noch längerer von 1855 bis 1858. Hier war er nun, um »jenes eine große Kapitel England« zu studieren. Er hatte die politische Notwendigkeit eines solchen Studiums seiner Dienststelle, der Zentralstelle für Preßangelegenheiten, nachdrücklich ans Herz gelegt und sich als den jungen Deutschen, »der Lust, ja die Begeisterung zu diesem Studium hat«, dringend zur Berücksichtigung empfohlen. Die Jahre dort waren nicht leicht und seine Arbeit als Korrespondent aufreibend. Und doch wurde England für seine Entwicklung in persönlicher und literarischer Hinsicht von ausschlaggebender Bedeutung. Immer hatte F. unter seiner kümmerlichen Schulbildung gelitten, denn schon mit sechzehn Jahren hieß es, den väterlichen Beruf des Apothekers zu erlernen. In diese vier Lehrjahre von 1836 bis 1840 fallen F.s dichterische Anfänge. Erst in der Weltstadt London wurde ihm die Möglichkeit gegeben, seinen Horizont zu erweitern und sich zu entfalten. In *Meine Kinderjahre* (1894) gedenkt er daher dankbar seines Vaters, der ihm zu dem zweiten Aufenthalt in London verholfen hatte, der dann den dritten nach

sich zog: »Und so fügte sich's denn, daß er, der in guten Tagen, in diesem und jenem, wohl manches versäumt hatte, schließlich doch der Begründer des bescheidenen Glückes wurde, das dieses Leben für mich hatte.«

Von der Schottlandreise (1858) führte den gebürtigen Neuruppiner, den Märker hugenottischer Abstammung, der Weg zur literarischen Erfassung der Heimat: Die Arbeit an den *Wanderungen durch die Mark Brandenburg* (von 1862 bis 1882) schloß sich unmittelbar an seine Bücher über England und Schottland an. Zweck dieses Werks war es, die Schauplätze, auf denen sich das politische Leben Preußens und der Mark abgesponnen hatte, »auf denen die Träger eben dieses politischen Lebens tätig waren«, zu beleben und die »Lokalität« wie die Prinzessin im Märchen zu erlösen. Wandernd, plaudernd, reisenovellistisch ging er vor. Als »historische Landschaft« charakterisierte ein Rezensent dieses Werk, das in unserer Gegenwart erneute Bedeutung erlangt hat.

Die *Wanderungen* entstanden aus innerem Bedürfnis und stellten sich als folgerichtige schriftstellerische Entwicklung dar. Anders stand es mit den Kriegsberichten, die auf äußere Anstöße hin entstanden: die drei Bismarckschen Kriege von 1864, 1866 und 1870/71. Eine ungeheure Fleißarbeit am Schreibtisch und Reisen auf die Kriegsschauplätze waren nötig. Recherchieren kann gefährlich sein: Der als Spion verdächtigte Dichter wurde vor dem Denkmal der Jungfrau von Orléans in Domremy am 5. Oktober 1870 gefangen genommen. Mehrere Wochen saß F. auf der Isle d'Oléron gefangen. »Oh, Jeanne d'Arc! il faut que je paye cher pour vous«, schreibt er von dort an seine Frau. Wir lesen darüber in *Kriegsgefangen. Erlebtes 1870* (1871). Über ein Jahrzehnt hat F. an den Kriegsbüchern gearbeitet. Anerkennung haben sie ihm nicht gebracht, nur Enttäuschung. Erst jetzt wird ihnen eine positivere Einschätzung zuteil. Das Ende dieser Arbeit fiel in das Krisenjahr 1876, in dem F. noch einmal seiner Frau Emilie zuliebe den Versuch machte, sein Leben wirtschaftlich abzusichern. Im März 1876 wird er zum Ersten Sekretär der Königlichen Akademie der Künste in Berlin berufen. Ende Mai bittet er bereits wieder um seine Entlassung. Schon die berufliche Bindung in den 1850er Jahren war für ihn oft unerquicklich gewesen. Die zehn Jahre als Korrespondent des englischen Artikels in der konservativ-preußischen *Kreuzzeitung* (von 1860 bis 1870) waren erträglich, weil man ihm genug Zeit für seine *Wanderungen* ließ; aber auch diese Stellung gab er auf, um einen lockeren Vertrag mit der *Vossischen Zeitung* zu schließen, für die er fast zwanzig Jahre lang Theaterrezensionen schrieb, eine Arbeit, die seinem kritischen Blick entgegenkam. Der erneute Versuch, eine feste Anstellung zu erlangen, das Interludium einer Sekretariatsstelle an der Königlichen Akademie der Künste (1876), endete mit Demütigungen und allseitiger Verstimmung. Er war schließlich froh, seinen Kopf aus »dieser dreimal geknoteten Sekretärschlinge herausgezogen zu haben« und wählte für den Rest seines Lebens, trotz »Abgrund und Gefahren«, die freie Schriftstellerexistenz: »Mir ist die Freiheit Nachtigall, den andern Leuten das Gehalt« (an Mathilde von Rohr, 17. 6. 1876). Die beiden letzten Jahrzehnte seines Lebens verliefen ebenmäßig, mit Ausnahme einer mehrmonatigen, schweren psychischen Krise (1892). In der Zurückgezogenheit seines Arbeitszimmers entstanden nach dem Erscheinen von *Vor dem Sturm* (1878) hintereinander seine Romane und Novellen. Zu den Höhepunkten gehören *Irrungen, Wirrungen* (1888), *Unwiederbringlich* (1892), *Frau Jenny Treibel* (1893), *Effi Briest* (1895) und *Der Stechlin* (1899). Die Entwicklung Berlins zur Weltstadt löste seine schöpferischen Energien aus. Äußere Unterbrechungen boten die Sommerfrischen, die durch die Begegnung mit neuen Menschen stimulierend wirkten: »Ich betrachte das Leben, und ganz besonders das Gesellschaftliche darin, wie ein Theaterstück und folge jeder Szene mit einem künstlerischen Interesse wie von meinem Parkettplatz No. 23 aus« (an Georg Friedlaender, 5. 7. 1886). Ein solcher zweiter Parkettplatz wurde ihm vor allem Krummhübel in der Nähe seines Schmiedeberger Altersfreundes Georg Friedlaender. Dem geselligen Beisammensein schloß sich ein lebhafter Briefwechsel an, und diese uns erhaltenen Briefe F.s stellen eine reiche Quelle für die letzten fünfzehn Jahre seines Lebens dar. Sie spiegeln vor allem seine immer kritischer werdenden Anschauungen über die Entwicklung in Preußen-Deutschland wieder. Auch hier schließt sich ein Kreis. Seit dem Briefwechsel mit dem Jugendfreund Bernhard von Lepel, aus dem das politische Engagement des jungen F. in den Revolutionsjahren 1848/49 deutlich hervorgeht, haben wir nur selten solche Töne gehört, wie in diesen letzten zwei Jahrzehnten. Eine lebhafte Auseinandersetzung mit seiner Zeit charakterisiert den jungen wie den alten F. Alles geht ein in sein Romanwerk, das, wie Heinrich Mann schreibt, »das gültige, bleibende Dokument einer Gesellschaft, eines Zeitalters« wurde. Hier in seinen Romanen zeigt sich F.s Kritik an der Gesellschaft seiner Zeit subtiler als in seinen Briefen durch die Dialektik seiner Gespräche. Das Plaudern, der Dialog beherrscht seine Romane und verleiht ihnen ihren besonderen Reiz. Aus dem »strengen Zeitgenossen« wird der »versöhnliche Dichter« (Richard Brinkmann).

F. war von einer nervösen Labilität und stark von Stimmungen abhängig. Durchdrungen von einem starken Selbstbewußtsein, war er in hohem Grade empfindlich; »Empfindling« nannte er sich selbst einmal. Jahrzehntelang stand er unter wirtschaftlichem Druck. Immer wieder raffte er sich auf, »das Leben zu zwingen«. Seine Romane verraten jedoch wenig von den Spannungen seines Wesens und Lebens, die ein weiser Humor verdeckt. Sie sind, wie Hans-Heinrich Reuter sagt, »das harmonische Ergebnis einer glücklich bewältigten Synthese von Lebensanschauung und Kunstverstand. »Das Endresultat«, schreibt F., sein Leben überblickend, »ist immer eine Art dankbares Staunen … Es ist alles leidlich geglückt, und man hat ein mehr als nach einer Seite hin bevorzugtes und, namentlich im kleinen, künstlerisch abgerundetes Leben geführt, aber, zurückblickend, komme ich mir doch vor wie der *Reiter über den Bodensee* in dem gleichnamigen Schwabschen Gedicht, und ein leises Grauen packt einen noch nachträglich«, schrieb er am 23. August 1891 an seine Frau.

Charlotte Jolles/Red.

Frisch, Max
Geb. 15.5.1911 in Zürich; gest. am 4.4.1991 in Zürich

An einer Stelle der Erzählung *Montauk* (1975), in der er ausschließlich biographische Fakten verarbeitet, äußert sich F. auf folgende Weise über sein Verhältnis zu Frauen: »Ich erfinde für jede Partnerin eine andere Not mit mir. Zum Beispiel, daß sie die Stärkere ist oder daß ich der Stärkere bin. Sie selbst verhalten sich danach, jedenfalls in meiner Gegenwart … Ob es mich peinigt oder beseligt, was ich um die geliebte Frau herum erfinde, ist gleichgültig; es muß nur überzeugen. Es sind nicht die Frauen, die mich hinters Licht führen; das tue ich selber.« Dergleichen mag mancher mißbilligen: Fehlt es F. an Lebensernst, gibt er sich als Spieler auf der Klaviatur fremder Existenzen aus, auch auf der seines eigenen Inneren? Jedenfalls zeigt sich hier eine komplizierte

Persönlichkeit. Ein Mensch mit dem Bedürfnis nach Ich-Veränderung und Daseinsvariation im Leben wie auch durch die bloße Erfindung tritt uns entgegen, und wer sich schon einmal mit ihm beschäftigt hat, wird fragen, ob sich in dieser psychischen Disposition der Grund für seinen unruhigen Lebensgang, sein Verlangen nach beruflichem Wandel, seine stets neue Darstellung des menschlichen Fluchttriebs findet. Hängen Leben und Werk so eng zusammen? Machte F. einerseits aus seiner Existenz Dichtung, bilden seine poetischen Werke andererseits das Porträt seiner Biographie?

Den Roman *Stiller* (1954), der seinem Autor nach und nach den Durchbruch als Erzähler brachte, läßt F. mit dem Satz »Ich bin nicht Stiller« beginnen: Ein Mensch kann sich mit seiner Vergangenheit nicht identifizieren und will daher auch äußerlich als ein anderer erscheinen. Der Roman *Mein Name sei Gantenbein* (1964) gibt bereits durch seinen Titel zu verstehen, daß nicht von Fakten, sondern von Vorstellungen die Rede ist: Ein Ich erzählt nicht von seinem wirklichen Leben, sondern von seinen Lebensmöglichkeiten, die allesamt unrealisiert bleiben, aber in ihrem Zusammenspiel ahnen lassen, was es mit dem redenden Ich auf sich haben könnte. Wer ist dieser Erzähler? Eine erfundene Figur oder der Autor selber? – Das ist nicht zu entscheiden, wir erfahren buchstäblich nichts von der Identität dieses Erzähler-Ichs. Drei Jahre später erschien das Theaterstück *Biografie: Ein Spiel* (1967), in dem der Protagonist sogar Gelegenheit erhält, seine Vergangenheit zu verändern, sich über alle Lebensfakten hinwegzusetzen und sich in dieser Welt neu und anders zu etablieren. Schon in seinem ersten Theaterstück *Santa Cruz* (geschrieben 1944, uraufgeführt 1947) begegnen wir der Konstellation, daß zwei Männer jeweils von dem Leben träumen, das der andere führt: »Solange ich lebe«, sagt der eine über den anderen, »begleitet ihn meine Sehnsucht ... Ich möchte ihn noch einmal kennenlernen, ihn, der mein anderes Leben führt.« Abermals gefragt: Kommt hier die oft beschworene Identitätsproblematik des modernen Menschen zum Ausdruck oder lediglich des problematischen Individuums Max F.? – In *Montauk* lesen wir den Satz: »My greatest fear: Repitition«. Das klingt nun wahrhaftig wie ein persönliches Bekenntnis. Doch selbst in diesem Fall kann man nicht sicher sein, daß es sich nicht doch um pure Literatur handelt, denn wir haben die (allerdings nicht ganz wörtliche) Übersetzung eines Satzes aus *Stiller* vor uns: »Meine Angst: die Wiederholung –!«

Es läßt sich wohl tatsächlich nicht leugnen, daß bei F. Lebensgang und intellektuelle Entwicklung, Werkgeschichte und persönliche Daseinserfahrung eng miteinander verknüpft waren. Kaum häufiger als bei anderen Autoren lassen sich biographische Fakten als Textdetails wiederfinden – wenn man von *Montauk* absieht. Aber klarer als bei den meisten Dichtern läßt sich zeigen, daß die Lebensgeschichte in derselben persönlichen Disposition fundiert war wie die Entwicklung des poetischen Werks. F.s beruflicher Werdegang, der ihn über die Matura zum Germanistik-Studium (1931 bis 1933), von dessen vorzeitiger Beendigung zum Journalismus, von dort zum Zweitstudium als Architekt (1936 bis 1941), schließlich zum Angestellten und endlich zum selbständigen Architekten (1942) führte, bevor der Dichter 1954 das eigene Büro aufgab und es mit dem freien Schriftstellerleben versuchte, weist ebenso auf ein Bedürfnis nach Verwandlung hin wie der häufige Ortswechsel. In Zürich geboren und dort zunächst wohnhaft, kaufte F. später eine Wohnung in Berlin, dann auch eine in Zürich; in Berzona baute er ein Haus, nachdem er von 1960 bis 1965 in Rom gelebt hatte, wohnte jedoch nicht nur dort, sondern auch in Zürich, später häufig in New York, wo er ebenfalls eine Wohnung erwarb. Die meisten Ortswechsel markierten innere Krisen und deren Lösungen. Seit 1942 mit Constanze von Meyenburg, einer Kollegin, verheiratet, trennte er sich von seiner Frau 1954, zur Zeit der Auflösung des Architektenbüros, und zog nach Männedorf bei Zürich. Es war zudem das Jahr, in dem *Stiller* erschien. 1959 lebte F. in Zürich mit Ingeborg Bachmann zusammen, dann wieder getrennt: erst die Übersiedlung nach Rom brachte eine vorübergehende Beruhigung in diese verzehrende Beziehung. Als 1964 *Mein Name sei Gantenbein* erschien, ließen sich die Spuren dieses Erlebnisses wohl noch erkennen, aber das Erlebnis selbst war bewältigt. F. lebte inzwischen mit Marianne Oellers, die er 1968 heiratete und für die er das Haus in Berzona (Tessin) baute: »Jetzt möchte ich ein Haus haben mit Dir«, heißt es in *Montauk*, jenem Werk, das am Ende dieser Beziehung steht und in dem von diesem Ende die Rede ist. Dabei konfrontiert F. seine Vergangenheit, gerade auch die wesentlichen Begegnungen, mit der Wochenendbeziehung zu einer Verlagsmitarbeiterin namens Alice Locke-Carey, die in der Erzählung Lynn genannt wird; allein, aus hieraus ergab sich, gänzlich unvermutet, eine Lebensveränderung: Nach vielen Jahren sah F. die junge Mitarbeitern wieder und lebte fortan längere Zeit mit ihr zusammen. Manchmal, so will es scheinen, nimmt nicht nur die Biographie auf die Poesie, sondern – umgekehrt – auch das Werk auf das Leben seines Verfassers Einfluß.

Dabei hatte F. schon 1937 einen ernsthaften Versuch unternommen, sein Leben aus dem Zusammenhang mit der Literatur zu lösen. Wiewohl er zu diesem Zeitpunkt außer einigen Kurzgeschichten mit dem Roman *Jürg Reinhart* (1934) und der Erzählung *Antwort aus der Stille* (1937) bereits zwei umfänglichere Prosaarbeiten vorgelegt hatte, glaubte er nicht an sein literarisches Talent: »Mit 25 Jahren war ich fertig mit der Schriftstellerei: Ich wußte, daß es mir im letzten Grund nicht reicht, und verbrannte alles Papier, das beschriebene und das leere dazu, fertig mit falschen Hoffnungen.« Solches Mißtrauen hatte zur Folge, daß F. zunächst nichts Poetisches produzierte, sondern ein Tagebuch. Die *Blätter aus dem Brotsack* (1940) bilden die Aufzeichnungen eines vom Krieg verschonten eidgenössischen Soldaten. Diese Form hat nachgewirkt. 1950 erschien das *Tagebuch 1946–1949*, ein allerdings schon als literarisch zu klassifizierender Text, der keineswegs nur Zeit- und Lebensbeobachtungen, sondern auch Reflexionen und poetische Passagen bündelt. Und das 1972 publizierte *Tagebuch 1966–1971* besitzt eine noch weitaus artistischere Form. F. montiert vier in unterschiedlichen Schrifttypen gesetzte Textarten miteinander: Nachrichten, persönliche, literarische und fiktive Aufzeichnungen. Dergleichen war das Ergebnis der längst wieder aufgenommenen, rein poetischen Produktion.

Sieht man von dem an *Jürg Reinhart* anknüpfenden Roman *J'adore ce qui me brûle oder Die Schwierigen* (1943) ab, so versuchte es F. nach der literarischen Selbstverbrennung zunächst mit dem Theater. In rascher Folge erschienen und wurden aufgeführt *Nun singen sie wieder* (1945), *Die Chinesische Mauer* (1947), *Als der Krieg zu Ende war* (1949), *Graf Öderland* (1951), Dramen, in denen F. sein Augenmerk erstmals auf gesellschaftliche Tatbestände richtete. Dies ist – wenn auch nicht allein – dem Einfluß Bertolt Brechts zuzuschreiben, mit dem F. seit dem Herbst 1947 in engem Kontakt stand. Die dramaturgischen Wirkungen dieser Begegnung machten sich jedoch erst später bemerkbar, in den nachgerade zur Pflichtlektüre für deutsche Schüler avancierten Stücken *Biedermann und die Brandstifter* (1958) und *Andorra* (1961). Nichts

hat F.s Erfolg bei Lesern und Käufern von Büchern und bei jenen, die literarische Preise zu vergeben haben, so befördert wie diese beiden Stücke.

Dabei wurde F. schon vorher von der Kritik höchst wohlwollend behandelt und mit Preisen reichlich geehrt. Außer dem Nobelpreis, für den er wohl alljährlich vorgeschlagen wurde, fehlt kaum ein wichtiger Preis oder eine große Ehrung. Unter ihnen findet man den Charles-Veillon-Preis (für *Homo faber*, 1957) ebenso wie den Georg-Büchner-Preis (1958), den Schillerpreis des Landes Baden-Württemberg (1965) ebenso wie den Friedenspreis des deutschen Buchhandels (1976), zum Dr. h. c. ernannte ihn das Philipps-Universität Marburg bereits 1962, und 1982 tat die City University New York dasselbe. In den 1960er Jahren der wohl prominenteste Autor deutscher Sprache, ist F. danach stärker in den Hintergrund getreten. Sein spätes Drama *Triptychon* (1978) wurde – auch wegen entsprechender Bestimmungen des Autors – kaum aufgeführt. Seine gesellschaftskritische Stimme, die sich noch 1971 in *Wilhelm Tell für die Schule* und 1974 im *Dienstbüchlein* artikulierte und in der Schweiz auf bieder-zornige Ablehnung stieß, erhob sich kaum noch, und die beiden Erzählungen *Der Mensch erscheint im Holozän* (1979) und *Blaubart* (1982) fanden nicht jene Resonanz, auf die Arbeiten des Autors F. früher zählen konnten. Allerdings wurde *Blaubart* 1983 von Krzystof Zanussi verfilmt. Gegen Ende des Streifens findet sich ein Gag, den der Regisseur zwar von Hitchcock entliehen hat, der aber gut auf F. paßt, auf den Dichter also, dessen Leben seine Kunst und dessen Kunst sein Leben prägte: Für einen Augenblick kann man F. leibhaftig im Publikum des Blaubart-Prozesses sehen. So wurde denn der Dichter schließlich zu einem Kunstelement seines eigenen Werkes. Dergleichen belegt wohl noch deutlicher als die Verleihung des Heine-Preises durch die

Stadt Düsseldorf im Jahre 1989, daß F. am Ende seines Lebens zu einem Klassiker geworden ist.

Jürgen H. Petersen

George, Stefan
Geb. 12. 7. 1868 in Rüdesheim;
gest. 4. 12. 1933 in Minusio bei Locarno

Zu Lebzeiten war G. wie weiland Richard Wagner eine umstrittene Größe: den Verehrern standen die Gegner unversöhnlich gegenüber, Neutralität schien es nicht zu geben. Den Jüngern galt er als eine der genialsten Figuren abendländischer Kultur, als eine »antike Natur«. »Nur George hat heute den lebendigen Willen und die menschliche Wesenheit, die zuletzt in Goethe und Napoleon noch einmal Fleisch geworden, die in Hölderlin und Nietzsche zuletzt als körperlose Flamme gen Himmel schlug und verglühte« – so feiert 1920 der anerkannte Literarhistoriker Friedrich Gundolf den Dichter. Diametral entgegengesetzt ist das Urteil Franz Werfels, das die christlich-religiösen Einwände versammelt. In seinem monumentalen Roman *Stern der Ungeborenen* (1946), der eine Bilanz abendländischer Kulturleistungen zieht, steht G.s Name »für alle von Herrschsucht berstenden Kalligraphen, die anstatt in Sack und Asche, mit stark geschweiften Röcken, gebauschten Krawatten und falschen Danteköpfen einherwandeln und ihre Schultern und Hüften drehn, wobei sie einen kranken Lustknaben öffentlich zum Heiland machen und die blecherne Geistesarmut in kostbaren Gefäßen umherreichen, während die von ihnen Verführten den rohesten und blutigsten aller Teufel schließlich ins Garn gehn«. Auch moderne Würdigungen stehen nicht jenseits der Parteien Haß und Hader. Und das, obwohl es seit den 1930er Jahren um G. gänzlich still wurde, sein Werk auch nach 1945 ohne Resonanz blieb.

Stefan Anton G. war der Sohn eines Weingutsbesitzers und Gastwirts. Aber sein Sinn strebte nach Höherem: Nach dem Besuch des Darmstädter Gymnasiums und dem kurzzeitigen Studium der Romanistik, Anglistik, Germanistik, Philosophie und Kunstgeschichte in Berlin erkannte er seine höhere Bestimmung und verzichtete, da das elterliche Vermögen ihm dies erlaubte, bewußt auf die Ausübung eines Brotberufs. Sein ganzes Leben war ausschließlich der Dichtung und dem »Umdichten« fremdsprachiger Lyrik geweiht, wozu seine Sprachbegabung ihn prädestinierte. Er soll außer Griechisch und Latein, Französisch und Englisch, Italienisch, Spanisch, Holländisch, Dänisch, Norwegisch und Polnisch beherrscht haben. Aus den meisten dieser Sprachen liegen Übersetzungen vor, deren künstlerische Geschlossenheit ihresgleichen sucht. Außer im Elternhaus wohnte G., der ein unstetes Reiseleben führte, bei Freunden, die er aus Altersgenossen, später aus der jüngeren Generation systematisch um sich scharte. Bevorzugte Wohnorte waren München, Bingen, Berlin, Heidelberg, Basel, Würzburg und Marburg.

In G.s Gestalt kulminiert der Wille einer ästhetischen Lebensgestaltung, die konsequent zur Verabsolutierung des Künstlerideals führt. Auf der Suche nach geeigneten Dichterkollegen begegnete G. dem jungen Hugo von Hofmannsthal, der sich freilich nach einer stürmischen Freundschaft vom besitzergreifenden Kollegen distanzierte. Das Scheitern der Verbindung ist einigermaßen symptomatisch; G. konnte nur zweitrangige Genies um sich versammeln; die größeren brauchten zur Entfaltung ihrer Eigenart keinen Schulmeister. Hochgestylter Dichteranspruch und pädagogisches Streben sind bei G. zeitweise so eng miteinander verknüpft, daß seine eigene Dichtung geradezu Lehrbuchcharakter annimmt – freilich nicht den eines Schulbuchs für jedermann, sondern einer Bibel für Eingeweihte. Denn exklusiv wollte G. sein, bis zur totalen Abschirmung gegen die kulturlose Außenwelt, was bereits die konsequente Kleinschreibung und die neugeschaffene Schrifttype indizieren. Hatte G. anfangs nur die Erneuerung der Literatur auf seine Fahnen geschrieben, so weitete er später diesen Anspruch auf die Kultur, die Gesellschaft, den Staat und sogar die Religion aus. In der zweiten Hälfte des 19. Jahrhunderts hatte das etwas wässrig-klassizistische Ideal des Münchner Kreises um Emanuel Geibel und Paul Heyse dominiert; von ihnen und vom vulgären Naturalismus distanzierte sich G. mit Verve. Sätze wie: »In der dichtung ist jeder der noch von der sucht ergriffen ist etwas ›sagen‹ etwas wirken zu wollen nicht einmal wert in den vorhof der kunst einzutreten« und: »Den wert der dichtung entscheidet nicht der sinn sondern die form«, bilden den Kern seiner aus dem französischen Symbolismus (Stéphane Mallarmé, Paul Verlaine, Charles Baudelaire) übernommenen Kunstdoktrin des »l'art pour l'art« (»Kunst um der Kunst willen«). Bezeichnend für seinen Kunstwillen ist die Partialität, mit der er sich ihre Themen und Stoffe aneignete: alles Häßliche (wovon sich bei Baudelaire vieles findet) wurde rigoros ausgeschieden; Aufnahme fand nur das Sittlich-Schöne, das geistig-seelische Erhebung gewährte.

Geistiges Haupterlebnis des jungen G. war neben der Beziehung zu den Symbolisten der Einfluß Friedrich Nietzsches. Persönliche Begegnungen spielten im Grunde eine untergeordnete Rolle; mit Frauen hatte er, nach einer mißglückten Beziehung zu Ida Coblenz, die bald darauf aparterweise seinen poetischen Intimfeind Richard Dehmel heiratete, nichts mehr im Sinn; geistigen Kontakt mit ebenbürtigen Männern vermochte er wegen seiner wachsenden Herrschsucht nicht pflegen. Die Briefwechsel und die Zeugnisse seines Krei-

ses zeigen auf erschreckende Weise, daß nicht nur die Jüngeren, sondern auch die Gleichaltrigen sich dem Anspruch des Dichters nahezu willenlos unterordneten. Für sie alle galt er als der unfehlbare »Meister«. Gespräche gab es im Grunde nie, die Jünger führten nur seine Anordnungen aus. Wer sich seinem Willen nicht beugte, wurde aus Kreis und Freundschaft verbannt. Dieses Schicksal traf denn auch mit vorhersehbarer Konsequenz die etwas selbständigeren Geister, die Literaturwissenschaftler Friedrich Gundolf (dessen Lebensgefährtin G. nicht zusagte) und Max Kommerell – beide ursprünglich besonders treue Anhänger. Unzweifelhaft prägte G.s Dichtertum ein homoerotisches Moment. Exemplarisch und geradezu tragisch-skurril kommt dieses Erleben in seiner Begegnung mit dem Knaben Maximilian Kronberger zum Ausdruck, in dem er zunächst ein säkulares poetisches Genie zu entdecken glaubte und ihn als moderne Antinous-Figur verherrlichte, ihn jedoch, nach seinem frühen Tod, nachgerade zur religiösen Kultfigur stilisierte. Die blinde Anhängerschar machte diese Farce erst gebenst mit: Kronberger erhielt in einer Art Neuauflage der antiken Apotheose den Götternamen »Maximin« und die poetische Unsterblichkeit in G.s Gedichtbuch *Der siebente Ring* (1907; Veröffentlichung 1909). G. selbst verstand sich vorderhand als Prophet des toten Gottes Maximin; spätere Altersweisheit ließ ihn von dieser Abstrusität jedoch Abstand nehmen.

Wie stark der Wille sein dichterisches Schaffen prägte, zeigen die frühen, noch weitgehend epigonalen Werke (*Die Fibel*, 1901). G. ist ausschließlich Lyriker, weil er nur im lyrischen Ausdruck seine esoterische Sprachkunst verwirklichen konnte. Am Beginn selbständiger Produktion stehen die drei Bücher *Hymnen* (1890), *Pilgerfahrten* (1891) und *Algabal* (1892); die Welt des heidnischen Kaisers Heliogabal dokumentiert den Absolutheitsanspruch des Dichter-Schöpfers. Die nächste Sammlung *Die Bücher der Hirten- und Preisgedichte, der Sagen und Sänge und der Hängenden Gärten* (1895) führen die bukolisch-hymnische Thematik weiter; als Gipfel dieser erlesenen Filigrankunst muß das 1897 erschienene Werk *Das Jahr der Seele* gelten, das G.s reinste Naturgedichte enthält, obgleich seinen Parklandschaften immer etwas Gewaltsames anhaftet: Einzelwahrnehmungen erscheinen ins künstlerische Gebilde gehämmert und mit symbolischem Sinn aufgeladen. Zunehmend macht sich in G.s lyrischem Werk eine konstruktive Tendenz bemerkbar. Wirken bereits die einzelnen Gedichte wie sorgfältig abgewogene Klang- und Reimkörper, so sind die Gedichtsammlungen selbst von streng symmetrischer Architektur. Das Buch *Der Teppich des Lebens und die Lieder von Traum und Tod mit einem Vorspiel* (1899) besteht aus zwei mal 24 in Zweiergruppen angeordneten Gedichten, jedes Gedicht hat 4 Strophen mit vier Versen. Hier kündigt sich die definitive Wendung des Nur-Ästhetikers zum Lehrmeister an, der Dichtung nur noch als Mittel zum Zweck erkennt. Zunehmend treten politische und historische Themen in den Vordergrund; Zeitkritik im Gefolge Nietzsches nimmt im monumentalen Gedichtbuch *Der siebente Ring* (1907) einen beträchtlichen Rang und Platz ein. G. spielte sich nun als dantesker Richter der (wilhelminischen) Gegenwart auf: was nicht in sein konservativ-hieratisches Weltbild paßte, wurde schlankweg verworfen und mit maßlosen Schmähungen bedacht. *Der Stern des Bundes* (1914) galt als Gesetzbuch der Bewegung: in den 100 Sprüchen, die sich auf drei Bücher zu je 30 Gedichten, einem Eingang mit 9 Gedichten und einem Schlußchor verteilen, wird Reinheit zum obersten Gebot und zwar in recht äußerlichem Sinn – Frauen, Demokraten und Fremdrassige hatten im Geheimklub nichts zu su-

chen. Alltagsprobleme waren den erlauchten Mitgliedern zu gewöhnlich; man beschäftigte sich lieber mit epochalen Genies. Ein Sproß dieser biographisch-elitären Geisteshaltung ist die Geschichtsschreibung des George-Kreises, der sich immerhin einige hagiographische Meisterwerke verdanken, etwa *Friedrich II.* von Ernst Kantorowicz, *Napoleon* von Berthold Vallentin, *Goethe* von Friedrich Gundolf, *Wagner und Nietzsche* und *Platon* von Kurt Hildebrandt, *Nietzsche. Versuch einer Mythologie* von Ernst Bertram – allesamt Monumentalwerke, die historische Entwicklungen getreu der Devise »große Männer machen Geschichte« in heroisch frisierter Weise darstellen. Maßgebliches Organ von G.s »Kunstlehre« waren die 1892 gegründeten *Blätter für die Kunst*, die bis 1919 in 12 Folgen erschienen, und das zwischen 1910 und 1912 publizierte *Jahrbuch für die geistige Bewegung*. Über sie gewann G. zeitweilig großen Einfluß auf die deutsche Geisteswissenschaft, zumal zahlreiche Georgeaner den Beruf des Hochschullehrers ergriffen.

Das letzte Gedichtbuch, das ältere und neuere Stücke zusammenfaßt, heißt nicht zufällig *Das neue Reich* (1928). Merkwürdigerweise erscheint G.s Anspruch hier zurückgeschraubt: so finden sich neben hellsichtiger Zeitdiagnose *(Der Krieg)* wieder rein lyrische Gebilde von geradezu schlichter Zartheit, die wie eine Rücknahme der früheren Position anmuten. Unverkennbar ist Resignation ein Wesenszug der letzten Jahre des Dichters. Lehnte er früher Dichterehrungen als Ausdruck des verabscheuten Literaturbetriebs prinzipiell ab, so erteilte er Kultusminister Rust, der ihm einen »Ehrenposten« in der deutschen Dichterakademie anbot, auch aus politischen Gründen eine Absage. Seine Ausreise aus Deutschland im Jahr 1933 kann jedoch nicht als Emigration gewertet werden.

G. hat sich als »Ahnherr jeder nationalen Bewegung« verstanden. Seine Haltung gegenüber dem neuen Regime schwankt zwischen Zustimmung und Distanz. Am 19. September 1933 äußerte er gegenüber Edith Landmann, es sei doch immerhin das erste Mal, daß seine (politischen) Auffassungen ihm »von aussen wiederklängen«. Edith Landmanns Hinweis auf die Brutalität des nationalsozialistischen Vorgehens verharmloste er, »im Politischen gingen halt die Dinge anders«. Ähnlich wie bei Ernst Jünger ist seine Distanz weniger Ausdruck der politischen als der aristokratischen Gesinnung: auch wenn er am Nationalsozialismus positive Züge entdeckte, dessen Vertreter waren ihm zu vulgär. Die anfängliche Vereinnahmung seines Werkes und das Faktum, daß viele seiner Anhänger zum nationalsozialistischen Regime umschwenkten, dokumentiert immerhin die Verwandtschaft von ästhetischem Führerkult und politischem Faschismus.

Die Nachwelt teilt sich, wie immer bei polarisierenden Geistern, in die Gruppe der glühenden Anhänger und die Gruppe der erbitterten Gegner. Die Ansicht der dritten, eher unbeteiligten Gruppe manifestiert sich in Bert Brechts nonchalantem Urteil von 1928: »Ich selber wende gegen die Dichtungen Georges nicht ein, daß sie leer erscheinen: ich habe nichts gegen Leere. Aber ihre Form ist zu selbstgefällig. Seine Ansichten scheinen mir belanglos und zufällig, lediglich originell. Er hat wohl einen Haufen von Büchern in sich hineingelesen, die nur gut eingebunden sind, und mit Leuten verkehrt, die von Renten leben. So bietet er den Anblick eines Müßiggängers, statt den vielleicht erstrebten eines Schauenden«.

Gunter E. Grimm

Goethe, Johann Wolfgang
Geb. 28. 8. 1749 in Frankfurt a. M.;
gest. 22. 3. 1832 in Weimar

Ein Werk hat G. hinterlassen, das, obgleich mittlerweile wohlbekannt, doch niemals als solches benannt worden ist: sein Leben. Wie keine andere bedeutende Figur der Weltgeschichte hat G. – von seinen mittleren Jahren an – jeden Augenblick seines Daseins in Briefen, Tagebüchern, Notizen, in Gesprächen, die zur Niederschrift schon vorherbestimmt waren, aufbewahrt. Dieses »Leben« hätte bloßes Kunstwerk werden können, wenn es dem Dichter gelungen wäre, es ganz und gar selbst aufzuschreiben. Tausend Zufälle jedoch mußten ihm, wie jedem, in den Arm fallen, um ihn davon abzuhalten, und so konnte er, bedauernd und stolz zugleich, nur die »Bruchstücke einer großen Konfession« selbst und bereits als literarisches Werk der Nachwelt überliefern: *Dichtung und Wahrheit* von 1811/12 ein, die *Italienische Reise* (1816/17) und *Die Campagne in Frankreich* (1822).

In *Dichtung und Wahrheit* begleitet die günstigste Konstellation der Gestirne die Geburt des Kindes: am 28. August 1749 geleiten es die Jungfrau, Jupiter und Venus mit freundlichen Blicken in die Welt, Saturn und Mars »verhielten sich gleichgültig«. Von da an hatte auch im wirklichen Leben den Abergläubischen ein freundliches Dreigestirn umgeben: eine bewundernde Schwester, Cornelia, ein verantwortungsbewußter Vater, Johann Caspar und eine liebevolle Mutter, Catharina Elisabeth. Das Haus am Hirschgraben in Frankfurt a. M., in dem G. Kindheit und Jugend verbrachte, war wohlhabend und gesellig. Der Vater, durch eine beträchtliche Geldsumme zum Kaiserlichen Rat ohne große Dienstgeschäfte avanciert, richtete seine Energie vor allem auf sein Haus und auf die Erziehung des Sohns. Der Knabe lernte viele Sprachen und ihre Literaturen kennen:

Griechisch, Latein, Hebräisch, Französisch, Englisch, Italienisch. Vor der väterlichen Disziplin konnte er in die freundliche Atmosphäre von Mutter und Schwester entweichen. Gegen die Strenge des Vaters erprobte der Knabe im Schutz der Frauen die Macht seiner Phantasie, aus der Askese befreiten sich so doch immer wieder Sinnlichkeit und Lust. In diesem Milieu wuchs in G. der gebildete Dichter heran, der neue Erfahrungen der Wirklichkeit stets einer gelehrten Tradition anzuvertrauen vermochte.

Zunächst folgte G. dem Wunsch und Rat des Vaters und begann die Ausbildung für einen Brotberuf. 1765 bezog er als Student der Rechte die Universität Leipzig und schloß dieses Studium in Straßburg 1771 mit der Lizentiatenwürde ab. Eine juristische Praxis in Frankfurt a.M. mißglückte; G. ging im Mai 1772 als Referendar ans Reichskammergericht nach Wetzlar, von wo er im September schon wieder schied, um sein berufliches Glück noch einmal in Frankfurt a.M. zu versuchen; dort schloß er eine bald wieder aufgelöste Verlobung mit der reichen Kaufmannstochter Lili Schönemann. Diese freudlosen Stationen des Berufslebens nehmen mit der Begegnung mit dem achtzehnjährigen Erbprinzen von Weimar, Carl August, im September 1775 nur scheinbar ein Ende. Mit dem berühmten *Werther*-Dichter führte nämlich Carl August G. gleichzeitig auch als Verwaltungsbeamten in Weimar ein: Bald wurde er dort Legationsrat im Großen Consilium, besorgte die Rekrutierung von Soldaten, war Mitglied der Wegebaukommission und förderte den Bergbau in Ilmenau. Nicht mit der Ankunft in Weimar also, sondern erst mit der Flucht von dort nach Italien läßt G. den vom Vater verordneten Beruf des Juristen hinter sich.

Schon in Leipzig freilich war G. dem trockenen Studium der Rechte ausgewichen und hatte sich den musischen Figuren der damaligen Weltstadt, vor allem dem Akademiedirektor Friedrich Oeser angeschlossen, der ihn mit den Schriften Johann Joachim Winckelmanns vertraut machte. Mehr als die Liebelei mit der Wirtstochter Anna Katharina Schönkopf mag ihn der Zuspruch des Freundes Ernst Behrisch zu den Annette-Liedern (1767) im anakreontischen Stil angeregt haben; andererseits konnte ihn die harte Kritik, die sein Lehrer Gellert an seiner Poesie übte, auch wieder in eine heftige schöpferische Krise stürzen.

Eine schwere Krankheit brachte den Neunzehnjährigen an seinem Geburtstag wieder nach Hause zurück. Am Krankenbett betreute ihn Susanna von Klettenberg, eine Freundin seiner Mutter, die den Herrnhutern nahestand und den labilen Jüngling zu religiösen Erfahrungen zu bewegen suchte. Seiner Pflegerin hat G. ein nicht gerade schmeichelhaftes Denkmal in den *Bekenntnissen einer schönen Seele* im 6. Buch von *Wilhelm Meisters Lehrjahren* (1795) gesetzt. Es zeigt – wie auch die frühen Romane, *Die Leiden des jungen Werther* (1774) und *Wilhelm Meisters theatralische Sendung* (1777), jene erste, zum größten Teil verworfene Fassung der *Lehrjahre* –, daß G. psychologisch scharf beobachtete: Angebliche Gnadenerfahrungen und Liebesdramen nimmt er als das Material, aus dem Charaktere zu bilden sind.

Dennoch hat G. mit dem *Werther*, dessen biographischer Anlaß, die kurze Liebe zu Charlotte Buff in Wetzlar, schon für die Mitwelt so leicht auszumachen war, einen Topos des bürgerlichen Literaturverständnisses begründet, dessen bevorzugter Gegenstand er selbst und seine Poesie denn auch geblieben sind: den des unmittelbaren Zusammenhangs von Erleben und Literatur, vor allem von Poesie und Liebe. Mehr noch als der Prosaschriftsteller scheint der Lyriker der Liebesgeschichten bedurft zu haben, um dichten zu können. Das Kapitel »G. und die Frauen« eröffnet die Liebeslyrik, die ausdrücklich an Friederike Brion gerichtet ist, die Pfarrerstochter aus Sesenheim, die G. bei seinem Aufenthalt in Straßburg 1770 kennenlernte; Minna Herzliebs Name ist als Wortspiel im Sonetten-Zyklus von 1808/09 wiederzufinden; auch soll sie den Dichter zur Figur der Ottilie in den *Wahlverwandtschaften* (1809) angeregt haben; Marianne von Willemer hat durch eine fast geheime Leidenschaft und Anteilnahme den Zyklus des *West-östlichen Divans* inspiriert; die siebzehnjährige Ulrike von Levetzow, die der Zweiundsiebzigjährige mit einem Heiratsantrag umwarb, gab ihm die Töne der *Trilogie der Leidenschaften* ein.

Nun waren aber die sogenannten Liebeserlebnisse G.s eher gedämpft und für ein so langes Leben durchaus auch in ihrer Häufigkeit normal. Im Verhältnis zur Menge der Werke, die jedenfalls ohne die Inspiration durch eine weibliche Muse entstanden, ist der Anteil der an Freundinnen und Geliebte gerichteten Poesie gering. Einer einzigen Frau in G.s Leben wurde bislang der Titel der Muse verweigert: Christiane Vulpius, die er nach der Italienreise in sein Haus nahm und 1806 nach der Schlacht von Jena, die auch Weimar in Mitleidenschaft gezogen hatte, heiratete. Ihre Existenz hat aber so gut wie jede andere ihren Niederschlag in der Dichtung gefunden: in den *Römischen Elegien* (1788–90), in *Alexis und Dora* und vor allem im Thema eines zyklischen Wachstums und Vergehens in der *Metamorphose der Pflanzen* (1790). Die Nachwelt, die an G.s Liebesleben so großen Anteil nahm, hat freilich recht, die fernen Geliebten gegenüber dieser Frau, mit der er einen Hausstand gründete, auszuzeichnen. Alle anderen hat G. selbst in jener Distanz gehalten, in der Musen immer zu bleiben haben. Selbst Charlotte von Stein, mit deren Hilfe er im ersten Weimarer Jahrzehnt

seine Poesie und sein Leben neu einrichtete, hatte von sich aus durch Stand, Ehe und Sprödigkeit eine Unnahbarkeit, die der poetischen Inspiration förderlich war.

Letztlich bleiben die Anregungen von Freunden so gut wie die aus der Dichtung der Vergangenheit und Gegenwart die eigentlichen poetischen Quellen G. s. In den vorweimarer Jahren nahm er eine Fülle von Anregungen auf, vor allem geriet er in Straßburg unter den Einfluß Johann Gottfried Herders, der ihn die deutsche Vergangenheit, das Straßburger Münster, das »Originalgenie« Shakespeare begreifen lehrte und dessen Sammlungen von Volksgut mehr denn die Liebe zu Friederike Brion den Volksliedton seiner frühen Lyrik prägten.

Nach einer Rheinreise zu den Brüdern Friedrich Heinrich und Johann Georg Jacobi (1774) unternahm G. 1775 die erste Schweizer Reise mit den beiden Grafen Christian und Friedrich Leopold Stolberg zu Johann Kaspar Lavater und in der Erinnerung an Jean Jacques Rousseau. Diese bewegliche Existenz endete durch das Dazwischentreten des Weimarer Erbprinzen Carl August. Am 7. 11. 1775 traf G. in Weimar ein, das durch die Herzoginmutter Anna Amalia bereits zum »Musenhof« geworden und dessen glänzender Stern Christoph Martin Wieland als Prinzenerzieher war.

Das erste Weimarer Jahrzehnt ist das Jahrzehnt der Fragmente. Die Schwierigkeit, sich dem Hofleben anzupassen, bestimmte G.s Existenz auch als Dichter. Da er neben seinen Amtsgeschäften das Liebhabertheater leitete, entstand eine Anzahl kleinerer Dramen und Singspiele, mit denen er die Hofgesellschaft an ihren Fest- und Geburtstagen unterhielt. Freilich schuf G., der immer Kleines neben Großem, eine Menge von Gelegenheitsdichtung neben genialen Plänen herlief, gleichzeitig den *Egmont* (1790), den *Tasso* (1788) und die Prosafassung der *Iphigenie*, die er selbst in der Rolle der Orest zusammen mit Corona Schröter als Iphigenie 1779 aufs Liebhabertheater brachte.

Die Freundschaft zu Herzog Carl August bewährte sich ein Leben lang, doch gewann nach einer kurzen ersten Zeit des jugendlichen Übermuts G. die nötige Distanz zu ihm, die er als pädagogische Aufgabe definierte: Fürstliche Willkür wollte er zu aufgeklärter Regierung verändern.

In dieser sittlichen Aufgabe realisierte sich ein hervorstechender Wesenszug G.s: die Angst vor Unruhe und Leidenschaftlichkeit. Die Geste der Beschwichtigung wurde später zur geheimrätlichen Steifheit, die fast alle Besucher an ihm beobachteten, viele beklagten. Dieser Animosität gegen Unruhe unterwarf er sich denn auch selbst in dem nie mehr wieder aufgehobenen Entschluß, seinen Sitz im engen Kreis von Weimar zu nehmen, den er lediglich durch Reisen in die Schweiz, nach Italien und in die böhmischen Bäder unterbrach. Die aristokratische Distanz zur Hofdame Charlotte von Stein unterstützte seine Selbsterziehung. An äußeren Ereignissen ist also die so oft und so breit erzählte Biographie G.s arm; sie hat gar nichts von jener Exzentrizität, die der normale Leser von einem großen Künstler erwartet. Figuren, deren Biographie in der Tat, wie G. meinte, die krankhaften Züge des Genies zeigten, wie Jakob Michael Reinhold Lenz, Friedrich Hölderlin, Heinrich von Kleist, hat er aus seinem Leben denn auch ausgewiesen.

Der jugendliche Übermut, in dem auch der Herzog G. noch kennengelernt hatte, legte sich in Weimar schnell. Zum ersten Mal flüchtet G. 1777 aus dem Treiben des Hofes, als er, statt mit auf die Jagd zu gehen, eine einsame Reise in den Harz unternahm – eine Flucht, welche die nach Italien präludiert. Die Gedichte *Über allen Gipfeln ist Ruh'* und *Harzreise im Winter*, die auf dieser Wanderung entstanden, beweisen, daß G. der unterschiedlichsten lyrischen Töne fähig ist: der stimmungsvollen Erlebnis-

dichtung wie der symbolisch dunklen Oden- und Hymnendichtung. Während andere Dichter ganz auf einen eigenen Ton festgelegt sind: Friedrich Schiller, Friedrich Hölderlin, Clemens Brentano, Johann Peter Hebel, verfügt G. – und nicht nur in seiner Lyrik – über viele poetische Stile und Haltungen. Universalität war ihm in der Dichtung in der Tat natürlich und unbewußt; bewußt hingegen schien er sie sich aufzuerlegen in anderen Bereichen der Kultur, vor allem in den Naturwissenschaften. Ohnehin mag es als Zeichen gelesen werden, daß er sich in der einsamen Gegend des Harzes den Gesteinstudien hingab: die naturwissenschaftlichen Forschungen behalten ein Leben lang den Charakter des Eigenbrötlerischen; der Auseinandersetzung mit anderen Gelehrten wich G. eher aus.

Auch die Arbeitsweise, die sich G. in Weimar angewöhnt hatte, diente der Taktik, Unmittelbarkeit aus seinem Schaffen zu verbannen. Im Laufe seines Lebens hat er eine Schar von Hilfskräften, wenig bekannten Schreibern, bekannteren Sekretären und Mitarbeitern wie Riemer, Johann Peter Eckermann, den Kanzler von Müller um sich versammelt, die seine Dichtungen korrigierten, seine Werke herausgaben, seine Archive ordneten und seine Gespräche aufschrieben. Noch vor dem Aufbruch nach Italien plante der Verleger Göschen die erste Gesamtausgabe von G.s Werken, und auch dieses Unternehmen bedeutet einen Einschnitt in der Arbeitsweise des Dichters, indem er von nun an immer im Blick auf die publizistische Verwertung seiner Werke lebte, sich mit ihrer Umarbeitung und Neufassung plagte, kurz: der Plan, die Selbstkontrolle, die Organisation, die gezielte Produktion für die mitlebende Öffentlichkeit und die Nachwelt entstehen als Haltung im ersten Weimarer Jahrzehnt und beherrschen von da an immer mehr G.s Existenz.

Als G. 1786 – am Geburtstag des

Herzogs – nach Italien aufbrach, erhoffte er sich im Land der Antike eine Wiedergeburt aus der Enge von Amt, Gesellschaft und Selbstverpflichtung. Die *Italienische Reise*, jene überarbeiteten Briefe aus Italien an Charlotte von Stein, zeigt einen ungemein gutwilligen, aber mit einem nicht allzu sensiblen Auge begabten Adepten Winckelmanns auf der Wallfahrt ins Ursprungsland der Kunst, der auf den Wegen von Rom nach Neapel, Sizilien und zurück stets fleißig an der Fertigstellung seiner Werke, des *Egmont*, des *Tasso*, der in Verse zu fassenden *Iphigenie*, für die erste Werkausgabe arbeitete, und, nach unendlichen Mühen im Zeichenunterricht bei Philipp Hackert und in der Umgebung der Malerfreunde Wilhelm Tischbein und Angelika Kaufmann, erst jetzt einsah, daß er zum Dichter und keinesfalls zum Maler bestimmt sei. Da es ihm also versagt war, Landschaft und Kunst auf dem Papier festzuhalten und sich zu vergegenwärtigen, entschloß er sich, die Kunst als Reliquie zu verehren: statt eines malenden Originalgenies wurde er zum Kunstsammler, statt des Künstlers zum Kunsthistoriker. Immer wenn bei G. die musische und intellektuelle Begabung versagte, ersetzte er sie durch Fleiß. In seinem späteren Leben konnte er daher die zahlreichen Besucher in seinem geräumigen Palais am Frauenplan nicht nur durch jene ersten Einkäufe aus Italien, die monumentalen Gipskopien von Jupiter und Juno, beeindrucken, sondern auch durch reichhaltige Sammlungen antiker Münzen, Gemmen, von Kupferstichen und Majoliken, Gesteinen und Pflanzen; das Haus des gebildeten Dichters war zum Museum geworden.

Noch enger also begann er, als er 1789 von Italien zurückkehrte, seine Kreise zu ziehen, indem er sich vom beweglichen Gesellschafter und Liebhaber zum seßhaften Hausherrn und endlich, 1806, zum Ehemann entwickelte, zum Weltmann in seinen vier Wänden.

Der Bruch mit Charlotte von Stein, möglicherweise von G. unbewußt heraufbeschworen, jedenfalls ausdrücklich von der Freundin ausgesprochen, bedeutete die Begründung des Hausstandes mit Christiane Vulpius, die erst in des Herzogs Jägerhaus, dann am Frauenplan die Wirtschaft führte, durch die auch, wie Charlotte von Stein fand, G. dick und sinnlich wurde. Jedenfalls beginnen allmählich die Empfänge bei G. mit den Tafelfreuden und der Betrachtung seiner Sammlungen. Nachdem er sich so eingezogen hatte, verwundert es auch nicht, wenn die Emphase der ersten Italienreise nicht zu wiederholen war. Als er Anna Amalia nach Venedig begleitete, entstanden in den *Venezianischen Epigrammen* (1796) so mißgelaunte wie amüsierende Satiren.

Von den Regierungsaufgaben blieben G. die Aufsicht über das Theater und über die wissenschaftlichen Anstalten in Jena. In diesem Zusammenhang entstanden der *Versuch die Metamorphose der Pflanze zu erklären* (1790) und die Versuche über die Farbenlehre, die ihn insgesamt 43 Jahre seines Lebens beschäftigten und die vor allem ein uneinsichtiger Kampf gegen Isaac Newton begleitete und inspirierte. Das Ergebnis der naturwissenschaftlichen Experimente zielte bei G. daraufhin, die Gesetze der Natur einem anthropologischen Konzept zu unterwerfen und jede Unruhe aus der Natur zu verbannen. Vor allem der Ausbruch der Französischen Revolution, deren politische Tendenz G. nie akzeptierte, beeinflußte die naturwissenschaftlichen Arbeiten: die Metamorphose, die allmähliche, nicht gewaltsame Entwicklung aller Variationen aus einem Urphänomen, einer Urpflanze, wurde der Gewaltsamkeit jeglicher Revolution entgegengesetzt.

Nachdem G. den Herzog auf den Kriegsschauplatz bei Valmy begleitet hatte, ein Erlebnis, das in der *Campagne in Frankreich* (1822) festgehalten wurde, nahm er sich des aktuellen Themas der

Revolution halbherzig in den Dramen *Der Großkophta* (1792) und *Der Bürgergeneral* (1793) an, bis es endlich im Epos *Hermann und Dorothea* (1797) den fernen Horizont bildete, vor dem sich die edle Einfalt der Antike in den Figuren der Moderne nur um so vorbildlicher verwirklichen konnte. Auch in den *Unterhaltungen deutscher Ausgewanderten* (1795) ersetzt die Revolution die Katastrophe, die bei Boccaccio, an dessen *Decamerone* die Novellensammlung erinnert, die Pest ist. Erst die Begegnung mit Napoleon 1808 beim Fürstentag in Erfurt versöhnte G. mit den Folgen der Revolution, da er sie hier von einer »dämonischen« Macht in Ordnung gehalten sah.

Den Versuch, den Roman *Wilhelm Meister* weiterzuführen, der mit der Skizze des 7. Buchs beim Aufbruch nach Italien liegen geblieben war, scheiterte zunächst, bis die anregende Freundschaft mit Friedrich Schiller begann. Die beiden Dichter, in gewisser Weise Konkurrenten, konnten sich einander am ehesten nähern durch ein Gespräch über die Urpflanze nach einem Vortrag in Jena. Schiller erhob in einem werbenden Geburtstagsbrief 1794 G. zum antikischen Dichter in nachantiker Zeit und bestätigte ihm damit die Idee einer Wiedergeburt der Poesie, wie sie G. schon in Italien entworfen hatte. Schiller kam G. außerdem als Theaterdichter gelegen, mit dessen großen Dramen er das Weimarer Theater der 1790er Jahre zum führenden in Deutschland machte. Obgleich Theaterdirektor, schrieb G. von nun an kaum mehr Dramen. Als letztes Werk dieser Gattung wurde 1803 die *Natürliche Tochter* aufgeführt, ohne daß allerdings die nie endende Arbeit am *Faust* aufhörte. Ohnehin aber meinte G., nur ein gewaltsamer, krankhafter Zustand bringe Tragödien hervor, und so hatte er denn auch seine Dramenfiguren eher als Melancholiker, denn als tragische Helden gebildet. Nun überließ er Schiller das Feld der Tragödie und

schuf sich so die Möglichkeit, den Roman *Wilhelm Meisters Lehrjahre* (1796) zu vollenden.

Das Dokument dieser Dichterfreundschaft ist der Briefwechsel, den G. 1828/29 herausgab, und in dem er sich, wie auch in so manchem anderen, etwa dem mit Carl Friedrich Zelter, als der berühmte, aber wenig hingebungsvolle Freund erwies. Die Briefe der nachitalienischen Zeit zeigen G. als den Herrscher, der Geschenke der Geselligkeit entgegennimmt, ohne mehr dafür zu geben als die Aura seiner Anwesenheit.

Auratisch nämlich war G. in den 1790er Jahren durch die frühen Jenaer Romantiker geworden: sie haben ihn zum klassischen Autor der Zeit stilisiert, indem sie vor allem die *Lehrjahre* als den romantischen Roman der Ironie zu ihrem Gründungsbuch machten. Aus dem Bewußtsein, das höchste Maß deutscher Literatur zu repräsentieren, bildeten Schiller und G. eine Partei und zettelten mit den *Xenien* (1797), satirischen Distichen auf den Literaturbetrieb, einen unfeinen Literaturkrieg an.

G. jedenfalls konnte ein reservierter Zeitgenosse bleiben, denn die eigentlichen ständigen Begleiter seines Lebens waren zwei literarische Figuren, Wilhelm Meister und Faust. Mit der Publikation der *Lehrjahre* (1795/96) und von *Faust I* (1808) verließen sie ihn nicht. Erst kurz vor seinem Tode, mit *Wilhelm Meisters Wanderjahren* (1821 und 1829) und *Faust II*, der 1831 für die postume Veröffentlichung versiegelt wurde, ließ seine Phantasie von den Gestalten ab. In Wilhelm Meister schuf er den glücklichen Finder, in Faust den ewigen Sucher – ein solch klares Gesicht zumindest zeigen die Figuren bei allem Wandel, den sie in den fünfzig Jahren ihrer Entstehung durchmachten: als Helden eines psychologischen, eines Bildungs- und schließlich utopischen Romans, beziehungsweise eines Volksstücks, eines Sturm-und-Drang-Dramas und allegorischen Zeitstücks.

Nach Schillers Tod 1805 verlor Weimar seine gesellschaftliche Bedeutung, sieht man von der Attraktion ab, die G. selbst war. Herder und Anna Amalia starben, die Romantiker zogen, vor allem wegen der Vertreibung des »Atheisten« Johann Gottlieb Fichte, die G. zu verhindern gesucht hatte, vom nahen Jena weg. G. suchte immer häufiger die Bäder auf, Teplitz, Karlsbad, Marienbad, wo er eine internationale Gesellschaft genoß. Seiner Umgebung zeigte er sich sowohl als Papst wie als Kauz. Jedenfalls stehen den von Eckermann überlieferten Weisheiten, die ex cathedra gesprochen sind, die polternden Satiren und derben Witze gegenüber, mit denen sich in J. D. Falks *Erinnerungen* und des Kanzler Müllers *Unterhaltungen* ein lebensfroher, temperamentvoller, übermütiger Dichter vorstellt.

Wäre G.s Denken so marmorn gewesen, wie es Eckermann charakterisierte, so hätte er nicht mehr, wie er es doch bis zuletzt tat, auf alle Strömungen seiner Zeit mit poetischen Versuchen antworten können. Freilich ist der alte G. von großer Eigenart, ja Eigenwilligkeit und Schrulligkeit, und dennoch möchte man ihn geradezu einen modischen Dichter nennen: keine poetische Tendenz der Zeit, in der er sich nicht geübt hätte! Was er in seiner Jugend mit allen Möglichkeiten der vergangenen Literatur machte: der Anakreontik, der Elegie, der französischen Tragödie – sie ausprobieren, um sie fortzuentwickeln; das unternahm er nun mit der Literatur der Zukunft, um sie festzuhalten: er schrieb die *Novelle* (1828) als die neue Form einer quasi-mündlichen Zeitschriftenpublikation und das *Märchen* (1795), wobei er als Titel bewußt nur die Gattungsbezeichnung wählte, wohl wissend, daß in diesen Formen der Stil ein Spiel und kein wesentlicher Inhalt mehr sein konnte. G. machte sich jedoch auch zum historistischen Dichter, der, angeregt durch die Freundschaft mit den Sammlern Boisserée, mittelalterliche Bilder, Madonnen und allerlei Aberglaube in seinem Roman *Die Wahlverwandtschaften* (1809) und in der Erzählung *Joseph II* in den *Wanderjahren* unterbrachte; die Mythenforschung der Romantik fand hier ebenfalls ihren Niederschlag; an der romantischen »Sonettenwut« beteiligte er sich durch den Zyklus *Sonette* (1808/09), den er wiederum nur mit dem Gattungstitel versah; und schließlich schuf er im *West-östlichen Divan* (1814/15) eines seiner großen Alterswerke im Stil der neuen orientalischen Mode. Hier haben ihn Stil, Haltung und Motivik der Poesie des persischen Dichters Hafis zu ganz unbürgerlich losen Liebesszenen und zur Darstellung einer Knabenliebe angeregt. Mit den Schenkenliedern jedenfalls hat G. der deutschen Lyrik eine Heiterkeit gerettet, wie sie das ganze 19. Jahrhundert hindurch in dieser Gattung nicht mehr erlaubt sein sollte. Mit diesen in vielfachem Sinne trunkenen Liedern, die geradezu an die anakreontischen Anfänge G.s erinnern, endet das Werk eines großen Lyrikers, das ganz zuletzt nach dem Tod des lebenslangen Freundes Carl August 1828 in der melancholischen Seligkeit der *Dornburger Gedichte* ausklingt.

Die letzten Arbeiten am *Faust* schuf ein verlassener Dichter, nachdem auch Charlotte von Stein und 1830 in Rom selbst der Sohn gestorben war, der vom Vater das Trinken gelernt und ihm so treu gedient hatte, wie keine andere Hilfskraft sonst. Die Anekdoten von G.s Tod am 22. 3. 1832 versuchen, die unendlich weiten Horizonte seiner Poesie zu fassen: ob er als Letztes nun sagte: »Mehr Licht« oder, zu seiner Schwiegertochter Ottilie: »Reich mir dein Patschhändchen« – das Nebeneinander dieser geflügelten Worte zeigt nur, daß dem Dichter im Leben wie im Tode der erhabene wie der scherzhafte Ton leicht von den Lippen ging.

Hannelore Schlaffer

Gottfried von Straßburg
Um 1200

Tristan und Isolde ist das einzige epische Werk G.s. Sein Name wird dort allerdings nicht genannt. Vielleicht soll der Buchstabe G am Beginn des strophischen Prologs auf den Verfasser hindeuten, vielleicht ist G aber auch als Abkürzung für die Standesbezeichnung »Graf« vor dem im Akrostichon gebildeten Namen Dietrich zu verstehen, einem mutmaßlichen Gönner. Der Name des Autors ist nur durch spätere mittelhochdeutsche Dichter überliefert, z.B. durch den späthöfischen Epiker Rudolf von Ems, der ihn neben Hartmann von Aue und Wolfram von Eschenbach als sein Vorbild preist, so wie später auch Konrad von Stoffeln in seinem Artusroman (*Gauriel*). Konrad von Würzburg apostrophiert ihn als Autorität in Minnefragen. Außerdem nennen ihn die Fortsetzer seines unvollendet gebliebenen Werkes, Ulrich von Türheim (vor 1240) und Heinrich von Freiberg (um 1300).

Von den Lebensdaten dieses Dichters ist nichts bekannt; offen ist auch die Bedeutung des Beinamens »von Straßburg«: Herkunfts- oder Wirkungsort? Die Große Heidelberger Liederhandschrift überliefert unter G.s Namen nicht nur 81 lyrische Strophen, sondern auch eine u. U. kennzeichnende Miniatur: Sie zeigt das typisierte Bild vermutlich des Dichters in einem Kreis von Zuhörern, die er zu unterrichten scheint, eine Doppeltafel in Händen. In der Bildüberschrift wird er demgemäß (wie auch in anderen mittelalterlichen Zeugnissen) als »meister« (d.i. magister) tituliert. Auf Vertrautheit mit den Artes weist die rhetorische Gelehrsamkeit hin, welche G. in seinem Roman ausbreitet; von Gelehrtheit zeugt auch die kunstvoll ausgesponnene Allegorie der Minnegrotte (ein idealisierter »lieblicher Ort«, an welchem die Liebenden zeitweilig Zuflucht finden). Literarische Bildung beweist G. zudem in der literaturkritischen Übersicht über die Dichter seiner Zeit, die erste ihrer Art in mittelalterlicher volkssprachlicher Dichtung. Daß G. diesen Exkurs anstelle einer ausführlichen Schilderung der Schwertleite des Helden einschiebt, verrät überdies einiges über seine kritische Stellung zur damaligen Rittergesellschaft. – Im Prolog umreißt G. sein ästhetisch-ideologisches Programm: Die mit Nachdruck herausgestellte Minneauffassung als Erfahrung von »liep unde leit« verbindet ihn mit der Ideologie der »Hohen Minne« eines Reinmar. Für sein Werk erwartet er eine esoterische Gemeinde der »edelen herzen«, welche die Geschichte der Verbindung Tristans mit der von ihm für seinen Oheim Marke geworbenen Frau in seiner Sicht akzeptiert. Denn G. stellt die überkommene Fabel in neue Sinndimensionen, indem er die Magie des Minnetrankes rationalisiert oder allegorisiert: Der Minnetrank bleibt dabei auch für neuzeitliche Interpreten in einem verwirrenden Schwebezustand zwischen Zaubermittel und Symbol für eine naturgegebene Verbindung der beiden Protagonisten, die durch ihre Singularität füreinander bestimmt sind.

G. schreibt einen klassischer Klarheit verpflichteten, in Vers und Sprachduktus eleganten Stil. Ausdrücklich rühmt er den stilverwandten Hartmann von Aue, polemisiert dagegen gegen den dunklen metaphorischen Stil, wie ihn sein großer Antipode Wolfram pflegt, allerdings ohne diesen zu nennen, so wie auch Wolfram in seinen Werken, in denen er auf andere zeitgenössische Dichter allenthalben Bezug nimmt, G. nirgends erwähnt. Auch in der Personengestaltung, bes. im Ritterbild, setzt sich G. markant von dem Wolframs ab: Tristan wird als hochgebildeter, in allen Sparten höfischer Kultur versierter Hofmann vorgeführt, der eher beiläufig auch in Waffenkämpfen brilliert und selbst die List als Mittel der Auseinandersetzung nicht verschmäht, in eklatantem Gegensatz zur ethisch fundierten Kämpfernatur Parzivals. – Die Resonanz für G.s Werk blieb schon im Mittelalter, soweit die handschriftliche Überlieferung (27 Handschriften) als Zeugnis gelten kann, weit hinter Wolframs Werken zurück (*Parzival* 84 Handschriften). Auch in der neuzeitlichen Forschung hat G.s Epos nicht dasselbe Interesse gefunden, nachdem schon der Begründer der germanistischen Textkritik, Karl Lachmann, an der »weichlichen, unsittlichen Erzählung« Anstoß genommen hatte. – Die Gedichte, welche in den drei grundlegenden Minnesanghandschriften (A, B, C) unter G. tradiert sind, wurden ihm von der germanistischen Textkritik alle »abgesprochen«; dafür wird ihm meist ein unter dem Namen Ulrichs von Lichtenstein überliefertes Gedicht *Vom gläsernen Glück* zugelegt, da Rudolf von Ems einen Spruch dieses Titels als Werk G.s rühmt. Trotz aller Einwände in der früheren Forschung behauptet G. heute seinen Platz unter den Klassikern der mittelhochdeutschen Blütezeit.

Günther Schweikle/Red.

Grabbe, Christian Dietrich

Geb. 11. 12. 1801 in Detmold;
gest. 12. 9. 1836 in Detmold

»Wie Plato den Diogenes sehr treffend einen wahnsinnigen Sokrates nannte, so könnte man unsern Grabbe leider mit doppeltem Recht einen betrunkenen Shakespeare nennen.« Heinrich Heines Vergleich charakterisiert treffend die innere Zerrissenheit der Dichterbiographie. Das Leben des Dramatikers G. glich einer »lebendigen Anomalie«, einer »Natur in Trümmern: von Granit und Porphyr«, wie Karl Immermann, der Freund in den letzten Lebensjahren, das paradoxe Erscheinungsbild des Detmolder »Olympiers« in seinem Nachruf zeichnet. G. begriff sich selbst als eine Zwischenexistenz, Abbild der politischen Zerrissenheit seiner Zeit. Der ständige Rückschritt der Metternichschen Restauration stellt G. in seinen Dramen immer wieder vor die Frage, ob die Geschichte überhaupt Sinn und Entwicklung kennt oder nicht. Die Erfahrung des Scheiterns hochfliegender Pläne an der eigenen provinziellen Beschränkung wird zur biographischen Signatur. Das Zerbrechen eines einheitlichen Stilwillens mit dem Ende der Kunstperiode und die Zweifel am Idealismus als einem tragenden poetischen Prinzip bilden den Ausgangspunkt seiner Geschichtsdramen (*Herzog Theodor von Gothland*, 1819; *Marius und Sulla*, 1823; *Napoleon*, 1831; *Die Hermannschlacht*, 1835). In seinen Protagonisten finden sich autobiographische Züge, etwa die Stilisierung des handelnden Individuums als einsame, tragisch-heroische Figur. Aber das Charisma des Weltenlenkers fällt G.s Faszination am Schrecken, am gewaltsamen Untergang zum Opfer. Die Verzweiflung über eine fehlgeschlagene Sinngebung der Geschichte und das Erkennen der Realität als eine ad absurdum geführte Theodizee erklären den zynisch-sarkastischen Grundton seiner Werke. Ludwig Tieck wies in einem Brief von 1822 auf die bereits im *Gothland*, G.s erstem dramatischen Versuch, vorhandene Ambivalenz hin, die in späteren Stücken noch augenscheinlicher werden sollte: »Ihr Werk hat mich angezogen, sehr interessiert, abgestoßen, erschreckt und meine große Theilnahme für den Autor gewonnen.« Die zwiespältige Welterfahrung bleibt das lebenslange Trauma des »Schnapslumpen Grabbe«, wie ihn die kleinbürgerlichen Spießer in der Enge der kleinen Residenzstadt Detmold hinter vorgehaltener Hand nannten. »Eben dadurch, daß Ihr Werk so gräßlich ist, zerstört es allen Glauben an sich«, heißt es noch in dem Brief Tiecks, dessen Urteil G. sehr am Herzen lag. Das Lustspiel *Scherz, Satire, Ironie und tiefere*

Bedeutung (1822) ist wesentlich auf G.s Rezeption der romantischen Literatursatire, vor allem der Stücke Tiecks zurückzuführen. In diese Zeit fällt auch die intensive Beschäftigung mit William Shakespeare, die den unter Zeitgenossen heftig umstrittenen Aufsatz über die *Shakespearo-Manie* (1827) zur Folge hatte. Darin erklärt G. die Grundzüge seines ästhetischen Programms; er polemisiert gegen eine epigonale Aneignung und Vergötterung des englischen Dramatikers und hält das Prinzip eines nationalen Dramas, wie er es bei Friedrich Schiller entdeckt zu haben glaubte, dagegen. G. trifft mit seiner Polemik die Epigonen und Trivialliteraten seiner Zeit, die als nachromantische Schwärmer und poetische Belletristen in seinen Augen den beispielhaften Rang von Shakespeare abwerteten. Aber auch der ästhetische Anspruch des ›Jungen Deutschland‹ (dem Kern des literarischen Vormärz), radikal von der Literatur weg zum Leben hinzuführen, wird durch G.s zynisch-melancholische Diktion entlarvt. Damit aber ist auch die biographische Diskrepanz formuliert, die G. in seiner Provinzialität von den Höhentraumata der ›wahren Olympier‹, der Klassiker in Weimar, trennte. Als einziger Repräsentant dieses großbürgerlichen »discours extraordinaire« verblieb Ludwig Tieck als romantisch-ironischer Sachwalter der Shakespeareschen Komödientradition. Im Vormärz jedoch schrieb man andere Verse auf die dramatischen Fahnen: die politische Emanzipation sollte nicht nur Forderung, also ›ästhetische‹ Utopie bleiben, sondern wollte bewirkt, erfahren und realisiert werden. »Wahre Kunst, wahres Leben; Modernismus, Kunst und Kommerz, Literatur und Revolution für ein besseres Leben«. G. war ästhetisch und biographisch Vorbild und Warnung zugleich. Sein Ahnenkult jedoch verbot ihm die »Grabschändung« seines Ahnherrn Shakespeare.

G.s Versuche, während der Jahre des Jurastudiums in Leipzig und Berlin (1820 bis 1823) nicht nur Anschluß an die literarisch bedeutsamen Kreise seiner Zeit zu gewinnen, sondern möglichst auch eine seinen künstlerischen Ambitionen entsprechende Wirkungsmöglichkeit am Theater zu finden, haben trotz seiner schauspielerischen Qualitäten keinen Erfolg. Der Druck des ersten Bandes seiner dramatischen Werke (1827) fällt zeitlich mit der Anstellung als Hilfsauditeur in Detmold zusammen. Fortan bleibt G. in seiner Geburtsstadt, deren Mauern er nur zu zwei kurzen Aufenthalten in Frankfurt bei seinem Verleger Kettembeil und Düsseldorf bei Immermann verlassen hat. Der Widerstand gegen eine ihn vereinnahmende kleinbürgerlich-ärmliche Existenz als Militärgerichtsbeamter fällt in eine literarisch sehr produktive Phase. 1829 erscheint das einzige, zu seinen Lebzeiten aufgeführte Drama *Don Juan und Faust*, zu dem Albert Lortzing eine Bühnenmusik komponierte. G.s Bemühen, trotz seiner chronischen Trunksucht ein bürgerlichen Maßstäben angemessenes Leben zu führen, scheitert ebenso, wie die 1833 geschlossene Ehe mit der um zehn Jahre älteren Louise Clostermeier, die noch kurz vor seinem Tod den Antrag auf Scheidung einreichte. Der »unglückliche und geniale Dichter G.«, wie ihn seine wenigen Freunde nannten, ist in die Schar der sogenannten »Gescheiterten« einzureihen, sein Name wird im gleichen Atemzug mit Georg Büchner, Heinrich von Kleist, Jakob Michael Reinhold Lenz, Frank Wedekind, Georg Heym genannt: Die Reihe ließe sich beliebig fortsetzen; überall nahm er etwas auf, viele beeinflußte er wesentlich in ihrem Schaffen (vgl. Hanns Johst: *Der Einsame*, 1917). Seine Dramen und Theaterkritiken bilden immer noch eine beständige Irritation in der heutigen Diskussion um Dramen- und Theatertheorie, seine Person bildet den Hintergrund von Romanen (z. B. Thomas Valentin, *G.s letzter Sommer*, Ein Roman, 1980). Das »absurde Theater« der Nachkriegszeit sah in G. einen seiner Stammväter, und auch das epische Theater im Sinne Bertolt Brechts hat in G. einen Vorläufer unter anderen. Selbst die Nationalsozialisten glaubten, G.s Werk als völkisch-germanisches Heldenepos verstehen zu können. Dies jedoch dürfte zu den tragischen Irrtümern der Wirkungsgeschichte zu rechnen sein und unterstreicht nur mehr den widersprüchlichen Fragmentcharakter seines Werkes.

Thomas Schneider

Grass, Günter
Geb. 16. 10. 1927 in Danzig

»Als ich zweiunddreißig Jahre alt war, wurde ich berühmt. Seitdem beherbergen wir den Ruhm als Untermieter. Er steht überall rum, ist lästig und nur mit Mühe zu umgehen ... Ein manchmal aufgeblasener, dann abgeschlaffter Flegel. Besucher, die glauben, mich zu meinen, blicken sich nach ihm um. – Nur weil er so faul und meinen Schreibtisch belagernd unnütz ist, habe ich ihn in die Politik mitgenommen und als Begrüßgustav beschäftigt: das kann er. Überall wird er ernst genommen, auch von meinen Gegnern und Feinden. Dick ist er geworden. Schon beginnt er, sich selbst zu zitieren ... Er läßt sich gerne fotografieren, fälscht meisterlich meine Unterschrift und liest, was ich kaum anlese: Rezensionen.« Es war das Erscheinen der *Blechtrommel* 1959, das das Leben ihres Autors so drastisch veränderte, wie er 13 Jahre später beschreibt. Über Nacht wurde G. aufgrund eines einzigen Buches zu einer nationalen, bald auch zu einer internationalen Berühmtheit. Der Welterfolg der Schlöndorffschen Verfilmung von 1979 zementierte diese zentrale Bedeutung der *Blechtrommel* für die weltweite Reputation von G. noch. G. hat diese Fixierung auf seinen

Erstling sowenig gefallen wie Johann Wolfgang Goethe oder Thomas Mann – eine gewisse Berechtigung hatte sie schon, steckte der Autor in der *Blechtrommel* doch den epischen Raum für seine Hauptwerke bis hin zur *Rättin* von 1986 ab – Danzig und die Kaschubei –, erprobte er das Erzählmittel, das bis zum einstweilen letzten Roman dominiert: Ein erzählendes, reflektierendes Ich versichert sich schreibend seiner Vergangenheit – im *Butt* (1977) bis zur Steinzeit –, seiner Gegenwart und, vor allem in der *Rättin*, seiner Zukunft.

Auch das bevorzugte Milieu ist in der *Blechtrommel* schon voll präsent, die »kleinbürgerlichen Verhältnisse«, in denen G. »selbst ... aufgewachsen« ist: 1927 wurde er als Sohn eines Kolonialwarenhändlers in Danzig-Langfuhr geboren, besuchte das Gymnasium, bis die Einberufung als Luftwaffenhelfer und später als Panzerschütze den Schulbesuch beendete. Nach dem Krieg studierte er nach kurzer Tätigkeit im Kalibergbau und einem Steinmetzpraktikum in Düsseldorf (1949 bis 1952) und Berlin (1953 bis 1956) Graphik und Bildhauerei, daneben erschienen erste Gedichte und Kurzprosa. Auch später, als er längst Schriftsteller im Hauptberuf war, kehrte er in Vorbereitungsphasen epischer Großwerke wie *Butt* und *Rättin* immer wieder zu Graphik und Bildhauerei als seinem erlernten Beruf zurück. In Berlin heiratete G. 1954 die Schweizer Ballettstudentin Anna Schwarz und zog mit ihr 1956 zum Abschluß ihrer Ausbildung nach Paris, wo er die Hauptarbeit am *Blechtrommel*-Manuskript leistete. 1958 diente eine erste Polenreise, der viele weitere folgten, letzten Recherchen. 1960 kehrte das Ehepaar mit den 1957 geborenen Zwillingen nach Berlin zurück, wo 1961 und 1965 zwei weitere Kinder geboren wurden. Seine Erfahrungen in Kindheit und Jugend bilden aber nicht nur den Erlebnishintergrund der *Blechtrommel* und ihrer Erweiterung bis 1963 zur

Danziger Trilogie, sie sind auch das zentrale Motiv seines politischen Engagements in den 1960er Jahren: Als Jugendlicher hatte er seine eigene Verführbarkeit erlebt, hatte er den totalen Krieg begrüßt und an die Gerechtigkeit der deutschen Sache geglaubt – geblieben war ihm ein untilgbares Schuldgefühl und die Angst vor allen Ideologien. Die Angriffe auf den Emigranten Brandt, den Kanzlerkandidaten der SPD und Regierenden Bürgermeister von G.' neuer Heimat im Jahr des Mauerbaus führten zum ersten politischen Engagement im Jahre 1961, dem in den folgenden Wahlkämpfen von 1965, 1969 und 1972 ein für einen deutschen Schriftsteller beispielloser Einsatz folgte: In eigener Regie und auf eigene Kosten führte er 1965 über fünfzig, später jeweils weit über einhundert Wahlveranstaltungen für die SPD in der Bundesrepublik durch – gegen die »Restauration«, für mehr Demokratie, soziale Gerechtigkeit, für eine Aussöhnung mit Polen und Israel. Die antiideologische Konstante blieb, die Angriffsrichtung verschob sich: G., der praktische Erfahrungen nur mit rechten Ideologien hatte, sah sich ab 1967 einer militanten Neuen Linken gegenüber, was vor allem den Wahlkampf von 1969 prägte. Hatte G. sein schriftstellerisches Werk und sein politisches Handeln bis jetzt säuberlich getrennt – verbunden waren sie durch den eingangs genannten »Ruhm«, der auch »Gegner und Feinde« ihn ernst nehmen läßt – so vermischt sich in dieser Phase beides: Von *Die Plebejer proben den Aufstand* (1966) über *örtlich betäubt* (1969) bis zu *Aus dem Tagebuch einer Schnecke* (1972) sind die dichterischen Werke stark von den gleichzeitigen politischen Auseinandersetzungen geprägt.

Nach 1972 zog sich G. aus der Öffentlichkeit zurück – wortwörtlich an einen Zweitwohnsitz in Wewelsfleth in Holstein. Private Gründe – das Scheitern der ersten Ehe, eine neue Beziehung, die Geburt eines Kindes – und die intensive Arbeit am *Butt* wirkten zusammen. 1978 wurde die erste Ehe geschieden, 1979 heiratete G. die Organistin Ute Grunert, die er im *Butt* (1977), in *Kopfgeburten* (1979) und *Die Rättin* (1986) porträtiert. Das optimistische Eintreten für Demokratie und soziale Gerechtigkeit in den 1960er und frühen 70er Jahren wich zu Beginn des achten Jahrzehnts einer tiefen Skepsis: Bereits *Der Butt* gestaltete das Ende aller positiven Zukunftsperspektiven, das bloße »Fortwursteln« im völlig unzulänglichen »Krisenmanagement« angesichts von Kriegen, wachsendem Elend in der Dritten Welt und globaler Umweltzerstörung. Drei Werke der 1980er Jahre sind diesen Themen gewidmet: In *Die Rättin* gestaltet Grass in Anlehnung an biblische und apokryphe Apokalypsen das Ende des Äons des Menschen, der an seiner Aggressivität gegenüber seinesgleichen und der gesamten Schöpfung scheitert, und den Anbruch des Äons der Ratten, die zur Solidarität fähig sind. *Zunge zeigen* (1988) berichtet vom Indien-Aufenthalt 1986/87 in einem Essay und einem Motive des Essays verknappenden Langgedicht; Elendsszenen, angesichts deren es Grass die Sprache verschlägt, werden in Zeichnungen festgehalten. *Totes Holz* (1990) bietet in Reproduktionen großformatiger Kohlezeichnungen Bilder vom Kriegsschauplatz Wald, vor denen der Schreiber G. nahezu verstummt.

In *Zunge zeigen* ist die Grundidee des Romans *Ein weites Feld* (1995) bereits angelegt: Schon auf dem Flug nach Indien liest G. ein Vorabexemplar von Joachim Schädlichs Roman *Tallhover* (1986), der Biographie eines Polizeispitzels von der Metternich-Zeit bis zur frühen DDR. Mit dessen Tod ist G. nicht einverstanden und will das dann Autor schreiben – die Tallhovers sind unsterblich. Ute G. hat ›Fontane‹ mit auf die Reise genommen – aus der Metonymie wird eine Gestalt, der »Unsterbliche« (Thomas Mann über Fontane), der sie nach Indien begleitet hat. Seit 1986 wartet das symbiotisch verbundene Paar auf seine epische Wiederbelebung, die dann 1989/90 mit Mauerfall und Wiedervereinung erfolgt. Tallhover mutiert zum Stasi-Offizier Hoftaller, und Fontane lebt in der Gestalt des Fontane-Kenners Theo Wuttke als IM wieder auf. Beider Gedächtnis reicht bis zum Vormärz zurück, und mit diesen eineinhalb Jahrhunderten Geschichtsperspektive erleben beide die DDR und ihr Ende und machen so das Werk zum intertextuell komplex komponierten historischen Roman über den Arbeiter- und Bauernstaat und seinen jähen Fall aus der Sicht der Verlierer. Einer seit *Katz und Maus* erprobten Schreibpraxis folgend, schiebt G. jedoch zwischen die Großwerke *Rättin* und *Ein weites Feld* eine kürzere Erzählung *Unkenrufe* (1992): Ein mit G.-Biographica ausgestatteter Erzähler rekonstruiert aufgrund von Archivalien die Geschichte eines polnisch-deutschen ›Versöhnungsfriedhofs‹ in Gdansk, wobei gerade der glänzende Erfolg des Unternehmens den gut gemeinten Ansatz kommerzialisiert und korrumpiert und damit letztlich scheitern läßt. Zugleich dient G. das archivalische Erzählen als Etüde für *Ein weites Feld*, das von einem Kollektiv – »Wir vom Archiv«, i. e. das nie genannte »Fontane-Archiv« – erzählt wird.

Die katastrophale Aufnahme von *Ein weites Feld* in den Medien verletzte den Autor tief und nachhaltig; er flüchtete sich in seinen erlernten Beruf und wandte sich dem Aquarellieren zu. Daraus erwuchs ein den Jahreszeiten folgender Zyklus von Aquarellen aus der nächsten Umgebung in Behlendorf, Dänemark und Portugal, wobei den Blättern jeweils mit dem Pinsel notierte haikuähnliche Kurzverse eingeschrieben sind (*Fundsachen für Nichtleser*, 1997). Zugleich erweist sich der Bildband als Keimzelle für ein neues Großprojekt,

aus dem Tagebuch wird ein Jahresbuch, ein ›Centannone‹: *Mein Jahrhundert* (1999), wie G. es zu drei Vierteln selbst erlebt hat und zu einem Viertel aus Erzählungen Älterer kennt, bildet den Rahmen für einhundert Berichte wechselnder Ich-Erzähler, und der Anfang ist jeweils in eine für das Jahr und den Text sprechende aquarellierte Ikone eingedruckt. Viel Beifall fand das streng nach Wendepunkten komponierte Werk *Im Krebsgang. Eine Novelle* (2002), in dem die größte Schiffskatastrophe aller Zeiten, die Versenkung der mit Flüchtlingen überladenen »Wilhelm Gustloff« 1945, vom Leben ihres Namenspatrons bis zur heutigen Neonazi-Szene unter Einbeziehung aller Möglichkeiten des Internet erzählt wird. »Vergegenkunft«, G.s Erzählzeit seit den *Kopfgeburten*, wird hier erzielt, indem der Erzähler »nach Art der Krebse ... den Rückwärtsgang seitlich ausscherend« vortäuscht, »doch ziemlich schnell« vorankommt. Die Erzählung schließt pessimistisch mit einem veritablen ›Krebs‹ wie aus einer Fuge: »Das hört nicht auf. Nie hört das auf.«

1999 krönte nach vielen hohen nationalen wie internationalen Auszeichnungen der Nobelpreis für Literatur G.s Lebenswerk, »weil er in munterschwarzen Fabeln das vergessene Gesicht der Geschichte gezeichnet hat«.

Volker Neuhaus

Grillparzer, Franz

Geb. 15. 1. 1791 in Wien;
gest. 21. 1. 1872 in Wien

In G.s Erzählung *Der arme Spielmann* (1847) begegnet der Leser dem musikalischen Dilettanten Jakob, der sich selbst als Künstler überfordert, in der Praxis kläglich scheitert und mit seinem »Höllenkonzert« die Ohren der Zuhörer foltert. Dies ist kein Zufall, weitere Unzulänglichkeiten treten zutage: Ist Jakob einmal erotisch erregt, kommt es zu einem Kuß – aber durch eine Glasscheibe. Oder er zieht einen Kreidestrich durch das Zimmer, das er gemeinsam mit zwei Handwerksgesellen bewohnt, um zwischen seiner sauberen, über jeden Verdacht erhabenen Welt und der Unordentlichkeit seiner Zimmergenossen deutlich zu trennen – G. rechnet in dieser autobiographischen Studie grotesk-stilisierend und klinischkalt mit seinen eigenen Schwächen ab. Über Seiten hinweg dokumentiert er in dieser Erzählung die Auswirkungen der politischen Verhältnisse im Vormärz, dann wiederum demonstriert er mit seiner Erzähltechnik den Übergang von der klassischen Novelle zur realistischen Schilderung.

Seine Tagebücher lassen ihn als einen Autor erkennen, in dem sich die Bewußtseinslage der Vormärzautoren – zwischen Hypochondrie und Verzweiflung schwankend – exemplarisch spiegelt. G. war zwischen 1832 und 1856 Direktor des Hofkammerarchivs – »habe die Archivdirektorsstelle erhalten und so des Menschen Sohn um dreißig Silberlinge verkauft« – und wurde durch die Ansprüche »von oben« und die eigenen Nöte in unlösbare Konflikte getrieben, die schließlich zur Desorientierung, zur Selbstisolation des Dichters führten. Noch die mitteilsam-sarkastischen Selbstanalysen des Vereinsamten in seinen Tagebüchern stehen in krassem Gegensatz zu seinem tief unglücklichen Bewußtsein. Den geschichtlichen Hintergrund dafür bildet der rapide Verfall der königlich-kaiserlichen Monarchie, die einst das Zentrum der Welt dargestellt hatte. Deren offizielle Ideologie wurde als ›kategorischer Traditionalismus‹ bezeichnet. Die Auffassungen des Wiener Hofs von Politik, Gesellschaft und Geschichte spiegelt eine Äußerung des einflußreichen Hofrates und Zensors Friedrich Gentz wider, die der Grazer Historiker Julius Schneller überliefert hat: »Die Aufklärung habe seit dreißig Jahren nur Arges ... gebracht.

Jedes Weiterschreiten führe an den Abgrund. Er selbst denke wie Fürst Metternich, und Fürst Metternich erkenne bestimmt, daß die josefinische Epoche ein Wahnsinn sei. Auch das allmähliche und von oben begünstigte Streben nach den neuen Zeitformen sei revolutionär. Man müsse unbedingt festhalten an dem Geschichtlichgewordenen, nicht an dem rein Ausgedachten. Herkommen und Glaube bildeten die wahre Grundlage für Haus, Kirche und Staat.« Durch das raffinierte System von Überwachung, Zensur und Bespitzelung wurde die Friedhofsruhe der Metternich-Ära zum Alptraum vieler österreichischer Autoren. G. verpflichtete dagegen die Herrschaft in seinen Habsburger-Dramen auf die Prinzipien einer wohltätigen, überpersonalen, sakralen Konstitution, und er attackierte die Degeneration des Herrscherhauses (*Alpenszene*, 1838) oder den Machiavellismus Klemenz Wenzels von Metternich: »Der Falsch und Wahr nach seinem Sinne bog,/Zuerst die andern, dann sich selbst belog,-Vom Schelm zum Toren ward bei grauem Haupte,/Weil er zuletzt die eignen Lügen glaubte.« Joseph Roth konnte deshalb in seinem Essay von 1937 G. als den einzigen »konservativen Revolutionär Österreichs« bezeichnen, der von rechts opponierte und den Staat von oben gefährdet sah. Ambivalent sind G.s Beurteilungen der Revolution von 1848: Zuerst pflichtete er der bürgerlichen Befreiung bei; als er aber wahrnahm, daß daraus auch der nationale Separatismus seine Legitimation bezog, wehrte er entschieden ab, denn er sah den Staat dadurch endgültig vom Zerfall bedroht. Solche Widersprüchlichkeit wird bei einem Autor verständlich, der am Habsburgertum festhalten wollte, dessen Repräsentanten aber keineswegs mehr die ideellen Werte verkörperten, die er damit verband.

Als 20jähriger schon hat G. in seinem Tagebuch den desolaten psychischen Zustand festgehalten: »Ich kann nicht länger mehr so fort leben! Dauert dieses unerträgliche, lauwarme Hinschleppen noch länger, so werd' ich ein Opfer meiner Verhältnisse. Dieses schlappe geistertötende Einerlei, dieses immerwährende Zweifeln an meinem eigenen Werte, dieses Sehnen meines Herzens nach Nahrung, ohne je befriedigt zu werden; ich kann es nicht mehr aushalten«. 1820, als gereifter Mann, klagt er in seinem Tagebuch über den »ewigen Wechsel der Empfindungen«, den er durch sein reizbares Wesen verursacht sieht, und in seiner *Selbstbiographie* von 1853, die neben der Erzählung vom *Armen Spielmann* den besten Zugang zu seinem Wesen eröffnet, spricht er von dem Unsteten und »Fließenden«, das ihn ausmacht: »In mir nämlich leben zwei völlig abgesonderte Wesen. Ein Dichter von der übergreifendsten, ja sich überstürzenden Phantasie und ein Verstandesmensch der kältesten und zähesten Art«. Bei G. treffen eine deutliche Veranlagung zur Labilität und die Anforderungen, die das königlich-kaiserliche Beamtentum an ihn stellt, in einem unauflösbaren Widerspruch zusammen. Der tieferliegende Grund dafür mag in einer mißglückten Ablösung von der Mutter liegen, die eine stabile Identitätsbildung verhinderte. Überflutungsängste, ozeanische Gefühle, ein »zerstörendes Verstäuben ins Unermeßliche« – so ein Tagebucheintrag von 1819 – spannen G. auf die tägliche Folter. Nicht zufällig endet der *Arme Spielmann* mit einer Überschwemmung, bricht am Ende des *Bruderzwists in Habsburg*, eines seiner späten Stücke (ersch. 1872), das Chaos des 30jährigen Kriegs herein, während die *Jüdin von Toledo*, ebenfalls in den 1850er Jahren vollendet (ersch. 1872), mit einer verwüsteten Hadeslandschaft schließt. Dämme und Grenzen rücken deshalb bei G. in das Zentrum seiner dichterischen Gestaltung: ethisch als der Gedanke des Maßes, politisch als Bewahrung des restaurativen status quo, ästhetisch als – wenngleich gebrochene – Betonung der Individualität, die noch klassizistisch konturiert wird: Geschlossene Bezirke, Kloster, Tempel, Burg, Turm bilden visuelle Zeichen und Räume, die den Gestalten seiner Dramen als Zufluchtsorte dienen und in denen sie sich selbst vor den von außen drohenden Gefahren bewahren können.

Dagegen lösen Grenzüberschreitungen die Handlung seiner Dramen aus: Rustan in *Traum ein Leben* (1834) ist ein Grenzgänger zwischen Traum und Wirklichkeit; in *Libussa* (uraufgef. 1874) steht die Gründung Prags – Prag bedeutet Schwelle – im Mittelpunkt der Handlung.

G.s eminenter Gelehrsamkeit und polyglotter Begabung steht eine relativ gleichförmige äußere Biographie entgegen: eine königlich-kaiserliche Beamtenlaufbahn mit allen Peinlichkeiten und Segnungen, einige ausgedehnte Reisen nach Deutschland, England, Frankreich, Griechenland und die Türkei – das war die Beweglichkeit, die G.s Leben aufzuweisen hatte. Er blieb unverheiratet, war »ewig verlobt« mit Kathi Fröhlich – zuletzt lebte er mit den vier Schwestern Fröhlich in einem Haushalt zusammen. Der Freitod der Mutter und eines Bruders gehörten zu den einschneidenden persönlichen Erlebnissen, an denen er lange Zeit litt. Als 1838 seine philosophische Komödie *Weh dem, der lügt!* beim Wiener Publikum durchfiel, zog er sich grollend – und für den Rest seines Lebens – von der literarischen Szene zurück. Erst in hohem Alter kamen öffentliche Ehrungen auf ihn zu, als es längst zu spät war. Dabei war die Wiener Kultur der Jahrhundertmitte, die den Schnittpunkt der unterschiedlichsten Traditionen bildete, ohne sein auf Integration bedachtes, zuletzt aber verzweifeltes künstlerisches Talent nicht denkbar. Für den wesentlich späteren Hugo von Hofmannsthal war G. »eine repräsentative Figur«, weil in dessen dramatischen Dichtungen

Elemente der antiken Literatur, der spanischen Barocktragödie, des Wiener Volkstheaters und der Weimarer Klassik zu einer einzigartigen Synthese zusammengefunden haben. Nahezu jedes einzelne Drama G.s gehört einer anderen Gattung an – der Schicksalstragödie, dem Künstlerdrama, dem Besserungsstück, dem Geschichtsdrama, dem Traumspiel, der Liebestragödie –, jedes wiederholt aufgrund des von G. mitgetragenen ästhetischen Historismus die gesamte in Europa bekannte Gattungsgeschichte und erprobt zugleich neue Ausdrucksmöglichkeiten.

G.s Schaffen bewegt ein grundlegender Dualismus von zeitenthobenem Ordnungsdenken und geschichtlicher Veränderung. Der Widerspruch von ewiger Seinsordnung, die im Rückgriff auf die spanische Barockscholastik verstanden wird, und der entstehenden neuzeitlichen Subjektivität reißt eine Kluft auf, die G. nur scheinbar und tragisch schließen kann. Er betreibt keine geschichtsblinde Restauration, sondern deutet – schon völlig unter den Bedingungen der Moderne stehend – deren Problematik an. In dieser widersprüchlichen Verschränkung liegt die Besonderheit seiner Dichtung. Seine Dramen sind Zeugnis des Habsburger Mythos, gehören aber gleichzeitig zur Vorgeschichte der Moderne.

Helmut Bachmaier

Grimm, Jacob
Geb. 4. 1. 1785 in Hanau;
gest. 20. 9. 1863 in Berlin

Grimm, Wilhelm
Geb. 24. 2. 1786 in Hanau;
gest. 16. 12. 1859 in Berlin

Eigentlich möchten sie nichts weiter sein als »in stiller Zurückgezogenheit« lebende Gelehrte – jedenfalls behaupten sie dies verdächtig oft. Wenn es aber darauf ankommt, scheuen sie keineswegs den öffentlichen Konflikt. Dann zählen sie zu jenen »Männern, die auch der Gewalt gegenüber ein Gewissen haben«, und sind bereit, dafür geradezustehen. Im Unterschied zu der »Bequemlichkeit« und »Unterwürfigkeit« ihrer meisten Kollegen legen sie Wert auf die Einheit von Gesinnung und Tat: »Die Welt« sei zwar »voll von Männern, die das Rechte denken und lehren, sobald sie aber handeln sollen, von Zweifel und Kleinmut angefochten werden«. Als der neue König von Hannover 1837 die von seinem Vorgänger im Einvernehmen mit den Landständen verkündete Verfassung aufhebt, befinden sich die Brüder G. unter den (lediglich) sieben Göttinger Professoren, die gegen diese »willkürliche Gewaltmaßregel« das »gegründete Recht des Widerspruchs« geltend zu machen wagen, da der Monarch ein ordentlich verabschiedetes Gesetz nicht »einseitig umstürzen« dürfe.

Sechs Wochen später unterzeichnet Ernst August II., der auf eben jene »unumschränkte Herrschaft« pocht, deren »Zeit« für J. G. spätestens mit der Pariser Julirevolution von 1830 »vorüber« ist, die Entlassungsurkunden: »Nach den heiligen von der göttlichen Vorsehung Uns aufgelegten Pflichten können Wir Männern, welche von solchen Grundsätzen beseelt sind, die Verwaltung des ihnen verliehenen Lehramtes unmöglich länger gestatten, indem Wir sonst mit Recht besorgen müßten, daß dadurch die Grundlagen der Staaten nach und nach gänzlich untergraben würden«. J. G., der die Protestation redigiert hatte, muß gar innerhalb von drei Tagen sein Hoheitsgebiet verlassen. Die Affäre um die »Göttinger Sieben« erregt in ganz Deutschland Aufsehen und führt »in weiten Kreisen« zur Solidarisierung mit den Verbannten.

Wie J. G. in der wenig später erschienenen Schrift *Über meine Entlassung* ausführt, gründet der »Widerstand« der Brüder nicht zuletzt in ihrem Amtsverständnis. Vor dem Anspruch der Geschichte und der kritischen Erwartung der Studenten erscheint ihnen der Rückzug des Professors in die akademische Selbstgenügsamkeit unzulässig: »Da kann auch nicht hinterm Berge gehalten werden mit freier Lehre über das Wesen, die Bedingungen und die Folgen einer beglückenden Regierung«. Dies gilt zumal angesichts der gesellschaftlichen Dimension ihres eigenen Faches: »Lehrer der Philologie haben den lebendigen Einfluß freier oder gestörter Volksentwicklung auf den Gang der Poesie und sogar den innersten Haushalt der Sprache unmittelbar darzulegen«.

J. und W. G. sind die wichtigsten Pioniere der bei ihnen nie nationalistisch verengten, sondern auf ein »geschwisterliches« Verhältnis der Völker untereinander bezogenen »deutschen Wissenschaft«, als die sie der ältere der Brüder auf der ersten Germanistenversammlung 1846 in Frankfurt a. M. bezeichnet, zu deren Vorsitzendem er gewählt wird. »Fast alle« ihre »Bestrebungen« richten sich auf die »Erforschung unserer älteren Sprache, Dichtkunst und Rechtsverfassung entweder unmittelbar oder beziehen sich doch mittelbar darauf«. Sie führen damit eine Anregung der »neueren romantischen Dichter« weiter, von denen sie besonders Achim von Arnim eng verbunden bleiben, dessen *Sämtliche Werke* W. G. ab 1839 herausgibt. Die Parallelität ihrer Anfänge zur französischen Besatzung ist kein Zufall: »Das Drückende jener Zeiten überwinden half ... der Eifer, womit die altdeutschen Studien getrieben wurden; allein man suchte nicht bloß in der Vergangenheit einen Trost, auch die Hoffnung war natürlich, daß diese Richtung zu der Rückkehr einer anderen Zeit etwas beitragen könne«, da, wie J. G. seinen Bruder ergänzt, »die Denkmäler und Überreste unserer Vorzeit in alle Beziehungen des Vaterlandes einzugreifen scheinen«. Programmatisch heißt es in der Einleitung zu ihrer Zeitschrift *Altdeutsche Wälder* (1813/16): »Wir erkennen eine über alles leuchtende Gewalt der Gegenwart an, welcher die Vorzeit dienen soll«. Auf sämtliche ihrer (von zahllosen Aufsätzen ergänzten) Bücher trifft daher zu, was J. G. in der Widmung zu seiner 1848 erschienenen *Geschichte der deutschen Sprache* behauptet – die er merkwürdigerweise »für seine beste ... hält«: es sind »durch und durch politische« Arbeiten.

Während »nach Deutschlands Befreiung« die ihr »vorher abgewandte öffentliche Meinung« für die Germanistik empfänglich und günstig zu werden beginnt, fürchten die Regierungen die darin fortwirkenden liberalen und nationalstaatlichen Energien der antinapoleonischen Kriege. Wie andere Vertreter jener Wissenschaft, welche zur »festeren Einigung unseres gemeinsamen Vaterlands« beitragen will und an »die alte Freiheit des Volks« erinnert, führt diese Ausrichtung auch J. G. schließlich in das Parlament der Paulskirche. Als Monarchist ein Gegner »aller republikanischen Gelüste«, beantragt er dort gleichwohl, den »Begriff von Freiheit ... an die Spitze unserer Grundrechte zu stellen« und den »rechtlichen Unterschied zwischen Adeligen, Bürgerlichen und Bauern« abzuschaffen. Enttäuscht über die Zwistigkeiten der Debatten und ihre Unergiebigkeit vertauscht er allerdings bereits im Oktober des Revolutionsjahrs 1848 den seinem Bemühen um gesellschaftlichen Ausgleich gemäßen Ehrenplatz im Mittelgang der ersten Reihe des Plenums wieder mit seinen Büchern.

Die Brüder G. haben einen gemeinsamen Lebenslauf: »So nahm uns in den langsam schleichenden Schuljahren *ein* Bett auf und *ein* Stübchen, da saßen wir an einem und demselben Tisch arbeitend, hernach in der Studienzeit zwei Betten und zwei Tische in derselben Stube, im späteren Leben noch immer zwei Arbeitstische in dem nämlichen

Zimmer, endlich bis zuletzt in zwei Zimmern nebeneinander, immer unter *einem* Dach in gänzlicher unangefochten und ungestört beibehaltener Gemeinschaft unsrer Habe«. Ihr Vater, seit 1791 Amtmann in Steinau bei Schlüchtern, stirbt schon fünf Jahre später. Da »das Vermögen der Mutter schmal« ist, kommen die Brüder 1798 zu einer Kasseler Tante in Kost und besuchen das dortige Lyzeum. Nach dem väterlichen Vorbild und unter dem Zwang, eine rasche Anstellung zu finden, studieren sie Jura in Marburg. Während W. G. im folgenden Jahr die Staatsprüfung ablegt, begleitet J. Anfang 1805, kurz vor seinem Abschluß, ihren Lehrer Friedrich Karl von Savigny, den Begründer der Historischen Rechtsschule, nach Paris, um ihm bei seinen literarischen Arbeiten zu helfen. In die Heimat zurückgekehrt, erhält er »mit genauer Not ... endlich den Akzeß beim Sekretariat des (hessischen) Kriegskollegiums« und wird, nach einem »kummervollen Jahr«, in dem er »keinen Pfennig bezogen hatte«, 1808, mit Beginn der französischen Herrschaft, Verwalter der Privatbibliothek König Jérôme Bonapartes von Westfalen in Kassel, wenig später auch Beisitzer im Staatsrat. Die großzügig bemessene Freizeit verwendet er »fast unverkümmert auf das Studium der altdeutschen Literatur und Sprache«. Die gemeinsame volkskundliche Sammeltätigkeit dieser Jahre findet ihren Niederschlag in einer unveröffentlichten Anthologie internationaler Volkslieder, vor allem aber in den *Kinder- und Hausmärchen* (1812/15) – die W. G., dessen Überarbeitungen diese epochemachende Ausgabe ihren einheitlichen Ton ganz überwiegend verdankt, ab der stark veränderten zweiten Auflage allein betreut – sowie in den weit weniger erfolgreichen *Deutschen Sagen* (1816/18).

Nach der Rückkehr des Kurfürsten bewirbt sich J. G. Ende 1813 um eine Stelle im diplomatischen Dienst. Als hessischer Legationssekretär reist er während der beiden folgenden Jahre zweimal in kulturpolitischer Mission nach Paris und nimmt, mit wachsender Verstimmung, am Wiener Kongreß teil. « Die ruhigste, arbeitsamste und vielleicht auch die fruchtbarste Zeit« ihres Lebens beginnt, als ihr »liebster Wunsch« eines »gemeinschaftlichen Amts« in Erfüllung geht. Im April 1816 wird J. G. als »zweiter Bibliothekar«, dem auch »das Zensorische größtenteils« obliegt, in Kassel angestellt, wo W. schon zwei Jahre lang tätig ist. »Von Kindesbeinen an« mit »eisernem Fleiße« ausgestattet, legt er, dessen »Freude und Heiterkeit«, anders als bei dem weniger robusten und geselligeren Bruder, »in der Arbeit selbst« besteht, hier den Grundstock zu seiner großen Rekonstruktion des Volksgeistes aus der Trias von Sprache, Recht und Religion. Der *Deutschen Grammatik* (1819/37) – mit der er, so Heinrich Heine, auf dem Gebiet der »Sprachwissenschaft« als einzelner »mehr geleistet« habe als die »ganze französische Akademie seit Richelieu« – folgen die *Deutschen Rechtsaltertümer* (1828), danach die *Deutsche Mythologie* (1835). W. G., der später vornehmlich kritische Editionen mittelhochdeutscher Texte besorgt, vollendet während dieser Jahre das »Hauptwerk seines Lebens«: *Die deutsche Heldensage* (1829). Da ihnen die erstmals erhoffte, »mäßige und gerechte Gehaltszulage verweigert« und damit »weitere Aussicht auf künftige Beförderung abgeschnitten wird«, folgen sie dem im Herbst 1829 ergangenen Ruf nach Göttingen.

Auf Initiative Friedrich Wilhelms IV. von Preußen (bei dem sich einflußreiche Freunde dafür verwenden), kehren sie nach ihrer Entlassung 1841 in Berlin wieder an die Universität zurück. Vier Jahre nach dem Bruder, 1852, verzichtet auch W. G. auf seinen Lehrauftrag, um sich ebenfalls noch einmal ganz auf die Forschung zu konzentrieren, auf die nach »langen Vorbereitungen und Zurüstungen« endlich in Angriff genommene »umfassendste Arbeit ihres Lebens«: das *Deutsche Wörterbuch*, welches für sie ein Dokument der sprachlichen Kontinuität und Einheit des Volkes sein soll, dessen politische Einigung mißglückt war. 1854 erscheint der erste, programmatische Band dieses »Werks von unermeßlichem Umfang«, hinter dem die Brüder im Alter, wie W.s Frau findet, zu »verschimmeln« drohen. Fast einhundert Jahre nach J.s Tod, der noch bis zum Buchstaben F vordringt, wird es vorläufig fertiggestellt.

Hans-Rüdiger Schwab

Grimmelshausen, Hans Jacob Christoph von

Geb. 1621 (oder 1622) in Gelnhausen; gest. 17. 8. 1676 in Renchen/Baden

In der Vorrede zum *Satyrischen Pilgram* (1666/67), G.s erster Veröffentlichung, fragt Momus, der personifizierte literarische Neid, was denn »von einem solchen Kerl wie der Author ist / zu hoffen« sei. Man wisse ja wohl, »daß Er selbst nichts studirt, gelernet noch erfahren: sondern so bald er kaum das ABC begriffen hatt / in Krieg kommen / im zehenjährigen Alter ein rotziger Musquedirer worden / auch allwo in demselben liderlichen Leben ohne gute disciplin und Unterweisungen wie ein anderer grober Schlingel / unwissender Esel / Ignorant und Idioth, Bernheuterisch uffgewachsen« sei. Gewiß, der Autor widerspricht sich selber mit dieser überlegten Verwendung des alten Bescheidenheitstopos, der ja gerade auf seine Bildung, seine Kenntnis literarischer Techniken und Überlieferungen verweist. Andererseits steckt in diesem Stück satirischer Selbstkritik ein Problem, das G. wohl zu schaffen gemacht hat: Seine Biographie trennen Welten vom typischen Lebenslauf eines humanistischen Gelehrtendichters, der auf Grund seiner akademischen Ausbildung einen privilegierten Platz in der Gesellschaft beanspruchen konnte. Allerdings ist es schwierig, die ersten zwanzig Lebensjahre G.s zu rekonstruieren, da es an dokumentarischem Material fehlt. Man muß sich daher, methodisch durchaus fragwürdig, mit Rückschlüssen aus der Biographie von G.s Romanhelden Simplicius Simplicissimus behelfen, die autobiographische Züge aufzuweisen scheint.

G. wurde im hessischen Gelnhausen, einer lutherischen Reichsstadt, geboren und wuchs bei seinem Großvater auf, dem Bäcker Melchior Christoph, der sich nicht mehr »von Grimmelshausen« nannte. Zunächst besuchte G. wohl sechs oder sieben Jahre lang die Lateinschule in Gelnhausen, doch im September 1634 wurde die Stadt von kaiserlichen Truppen geplündert und zerstört, und die Bevölkerung floh in die von Schweden und Hessen besetzte Festung Hanau. Das war für G. das Ende seiner formalen Ausbildung. Von da an bestimmte der Krieg sein Leben. Er scheint nach einigem Hin und Her im kaiserlichen Heer gedient zu haben, war von 1637 bis 1638 in Westfalen stationiert und gelangte schließlich an den Oberrhein. Er wurde Regimentsschreiber des schauenburgischen Regiments in Offenburg – Schriftstücke von seiner Hand sind ab 1644 überliefert –, kurz vor Kriegsende nahm er noch einmal, als Regimentssekretär, an einem Feldzug in Bayern teil. Nach seiner Rückkehr heiratete der inzwischen zum Katholizismus übergetretene G. am 30. 8. 1649 Catharina Henninger, die Tochter eines angesehenen Zaberner Bürgers und späteren Ratsherrn. Im selben Jahr trat er in den Dienst seines früheren Offenburger Kommandanten und seiner Familie und bekleidete bis 1660 die Stelle eines »Schaffners« in Gaisbach bei Oberkirch (Ortenau), d. h. er war Vermögensverwalter, Wirtschafts- und Rechnungsführer der Freiherrn von

Schauenburg. Anschließend, von 1662 bis 1665, versah er eine ähnliche Verwalterstelle auf der nahegelegenen Ullenburg. In den beiden nächsten Jahren betrieb er dann eine Wirtschaft in Gaisbach (»Zum Silbernen Stern«), bis es ihm 1667 mit der erfolgreichen Bewerbung um die Schultheißenstelle im benachbarten Renchen endgültig gelang, die Existenz seiner vielköpfigen Familie – zehn Kinder wurden zwischen 1650 und 1669 geboren – zu sichern.

Die erhaltenen Dokumente geben keine Antwort auf die Frage, wie sich Vita und Werk vereinbaren lassen; wie, wo und wann G. Gelegenheit und Zeit fand, sich die umfangreichen Kenntnisse anzueignen, von denen seine Schriften zeugen; wie der Abstand zwischen einem tätigen bürgerlichen Leben in eher untergeordneten Verwaltungspositionen und dem großen Epiker und souveränen Satiriker zu überbrücken wäre.

Mit Ausnahme zweier bereits 1666 erschienenen Schriften wurde die gesamte literarische Produktion G.s während seiner Renchener Zeit veröffentlicht. Thema der satirisch-realistischen Romane und Erzählungen ist immer wieder der Krieg. *Der Abentheurliche Simplicissimus Teutsch* (1668; auf dem Titelblatt vordatiert auf 1669, um eine längere Aktualität zu gewährleisten) und die sich anschließende *Continuatio … Oder Der Schluß desselben* (1669), fiktive Autobiographie in der Tradition des spanischen Pikaroromans, weiten die »Beschreibung deß Lebens eines seltzamen Vaganten« aus zur grellen Schilderung einer heillosen Welt, der Welt des Dreißigjährigen Krieges, deren Verderbnis vor dem Hintergrund der christlichen Lehre und verschiedener innerweltlicher Utopien nur um so deutlicher wird. In engem thematischen und teilweise auch personellen Zusammenhang mit dem *Simplicissimus* stehen vier weitere Romane und Erzählungen, die der Autor selbst als Teile seines großen Romans bezeichnet: *Courasche*

(1670), *Der seltzame Springinsfeld* (1670), *Das wunderbarliche Vogel-Nest* (2 Teile, 1672 und 1675). Den Gegenpol zu diesem satirischen »Romanzyklus« bilden die erbaulichen Romane *Dietwalt und Amelinde* (1670) und *Proximus und Lympida* (1672), mit denen G. an seinen frühen Josephsroman anknüpft (*Histori vom Keuschen Joseph in Egypten*, 1666) und Erzählweisen und Motive des höfischen Romans mit Legendenhaft-Erbaulichem verbindet. Das erzählerische Werk wird ergänzt durch Kalenderschriften (*Ewig-währender Calender*, 1670) und eine Reihe von satirischen Traktaten, die zum einen auf ältere Motive zurückgreifen (*Verkehrte Welt*, 1672), zum andern auch zu aktuellen Fragen der Absolutismus- und Staatsräsondiskussion Stellung nehmen (*Zweyköpffiger Ratio Status*, 1670; *Rathstübel Plutonis Oder Kunst reich zu werden*, 1672). Nur »ein geringer Dorfschultes«, wie Quirin Moscherosch, Pfarrer in einem Nachbarort, 1674 schreibt, »aber ein Dauß Eß, u. homo Satyricus in folio«: ein Teufelskerl und Satiriker von großem Format.

Volker Meid

Gryphius, Andreas
Geb. 2. 10. 1616 in Glogau;
gest. 16. 7. 1664 in Glogau

»Der Autor über seinen Geburts-Tag den 29. Septembr. des MDCXVI Jahres«, so lautet die Überschrift eines Sonetts von G. Das Datum ist falsch, der Autor entscheidet sich bewußt gegen die historische und für eine symbolische Wahrheit. Er wählt den Tag als Geburtstag, »An dehm der Engel-Printz den Teuffel triumphirt«, den Tag des Erzengels Michael: Zeichen dafür, daß er sein Leben unter dem besonderen Schutz Christi und seiner »Engel Schar« sieht – und ein Hinweis darauf, daß man im 17. Jahrhundert ein besonderes Verhältnis zur historischen Wahrheit hatte.

G. wurde, und das ist die historische Wahrheit, am 2. Oktober 1616 in Glogau geboren. Der Dreißigjährige Krieg und die damit verbundenen konfessionellen Konflikte prägten seine Jugend. Sein Vater, ein protestantischer Geistlicher, kam auf ungeklärte Weise ums Leben, als Friedrich V. von der Pfalz, der »Winterkönig«, 1621 auf der Flucht durch Glogau zog; das evangelische Gymnasium, das G. seit 1621 besuchte und an dem sein Stiefvater Michael Eder lehrte, wurde im Zuge der Rekatholisierungspolitik Wiens 1628 geschlossen. Erst 1632 konnte G., dessen Mutter inzwischen ebenfalls gestorben war, wieder eine Schule, das Gymnasium in Fraustadt, besuchen. Den Beginn einer besseren Zeit bedeuten die anschließenden Jahre in Danzig (1634 bis 1636) und auf dem Gut des angesehenen Rechtsgelehrten Georg Schönborner in der Nähe von Fraustadt (1636 bis 1638). In Danzig vermittelten ihm die Lehrer des Akademischen Gymnasiums auch den Zugang zur neueren deutschen Dichtung – zwei lateinische Herodes-Epen hatte er schon 1634 und 1635 veröffentlicht –, und Georg Schönborner verlieh 1637 seinem Hauslehrer kraft seiner Rechte als Kaiserlicher Pfalzgraf Adelstitel und Magisterwürde und krönte ihn zum Poeten.

Inzwischen waren nämlich G.' erste deutsche Gedichte, die sogenannten *Lissaer Sonette* (1637) erschienen. Sie enthalten bereits einige seiner bekanntesten Texte und nehmen auch schon das Thema auf, das kennzeichnend für sein gesamtes Werk werden sollte: »Ich seh' wohin ich seh / nur Eitelkeit auff Erden.«

Das gute Verhältnis zur Familie Schönborner führte dazu, daß G. die beiden Söhne zum Studium an die calvinistische Universität Leiden begleiten durfte, beliebter Studienort für protestantische Schlesier. G. nutzte die Zeit in Leiden (1638 bis 1644) zu intensiven Studien, wobei seine besonderen Interessen der Staatslehre und den modernen Naturwissenschaften galten. Zugleich wuchs sein dichterisches Werk: 1639 erschienen die *Son- undt Feyrtags-Sonnete*, die den sonntäglich zur Vorlesung kommenden Evangelienabschnitten folgen, 1643 das erste Buch der Sonette (in dem auch – überarbeitet – die Lissaer Sonette aufgingen), Oden und Epigramme. Entscheidend für seine späteren dramatischen Versuche war die Begegnung mit den Werken des holländischen Dramatikers Joost van den Vondel, die häufig im neuen Amsterdamer Schauspielhaus gegeben wurden. Die folgende Reise (1644 bis 1646) durch Frankreich und Italien brachte ihn nicht nur zu den wichtigsten Sehenswürdigkeiten – ihnen gelten einige Sonette –, sie führte auch zu neuen wissenschaftlichen und literarischen Kontakten und zur Erweiterung seiner Kenntnis des europäischen Theaters: Pierre Corneille in Paris, die Oper und die Commedia dell'arte in Venedig.

Über Straßburg – hier vollendete er sein erstes Trauerspiel *Leo Armenius* – kehrte er 1647 nach Schlesien zurück, erhielt ehrenvolle Berufungen an mehrere Universitäten, lehnte jedoch ab und trat statt dessen 1650 das Amt eines Syndikus in Glogau an. Damit war er Rechtsberater der Landstände in einer Zeit, in der die Habsburger die Gegenreformation in Schlesien weiter voranzutreiben suchten. Im Zusammenhang mit der Abwehr dieser Bestrebungen steht die von G. herausgegebene Dokumentensammlung *Glogauisches Fürstenthumbs Landes Privilegia* (1653).

Das stetige Wachsen seines literarischen Werkes zeigen die Sammelausgaben von 1650 (*Teutsche Reim-Gedichte*, nicht autorisiert), 1657 (*Deutsche Gedichte / Erster Theil*) und 1663 (*Freuden und Trauer-Spiele auch Oden und Sonnete*). Vieles war freilich schon früher, vor seinem Amtsantritt in Glogau, entstanden. Das gilt nicht zuletzt für das dramatische Werk, mit dem G. das deutschsprachige Kunstdrama begründet. In seinem ersten Trauerspiel *Leo Armenius* (1650) spricht er von der Absicht, »die vergänglichkeit menschlicher sachen in gegenwertigem / und etlich folgenden Trauerspielen vorzustellen«. Diesem Programm sind die folgenden Stücke verpflichtet – *Catharina von Georgien* (1657), *Cardenio und Celinde* (1657), *Carolus Stuardus* (1657, Neufassung 1663), *Papinianus* (1659) –, wenn auch die aktuelle politische Bedeutung gerade der Märtyrerstücke nicht zu übersehen ist: Catharina von Georgien stirbt für »Gott und Ehr und Land«, Papinianus widersetzt sich standhaft dem kaiserlichen Ansinnen, Unrecht zu rechtfertigen, und das aktuelle »Trauer-Spil« um Karl I. (hingerichtet am 30. 1. 1649) vertritt ganz im lutherischen Sinn das göttliche Recht der Könige.

Daß es an der herrschenden Ordnung nichts zu rütteln gibt, lehren auch die Lustspiele *Horribilicribrifax* (1657) und *Peter Squentz* (1658): Wer den ihm angemessenen Platz in der gesellschaftlichen Hierarchie verkennt, wirkt komisch. Die Lustspiele, das opernhafte Festspiel *Majuma* (1657) und ein aktweise wechselndes Mischspiel (*Verliebtes Gespenste. Die gelibte Dornrose*, 1660), sind allerdings eher seltene Ausflüge des tiefsinnigen Melancholikers ins Heitere. Schwerwiegender – auch für eine Interpretation der Lyrik und der Trauerspiele – scheinen die großenteils postumen Veröffentlichungen von Werken geistlichen Inhalts: Übersetzungen von Erbauungsbüchern des Engländers Richard Baker (1663, 1687), Bearbeitungen von Kirchenliedern Josua Stegmanns (*Himmel Steigente Hertzens-Seufftzer*, 1665) und die eigenen *Dissertationes Funebres, Oder Leich-Abdanckungen* (1666). Es sind Werke, die zu seinem Vorhaben zurückführen, »die vergänglichkeit menschlicher sachen« vorzustellen, um so den Blick für das, »was ewig« ist, zu schärfen.

Volker Meid

Handke, Peter
Geb. 6. 12. 1942 in Griffen/Kärnten

Wie kaum ein zweiter Autor der Gegenwart ist H. in der literaturkritischen Auseinandersetzung der Anlass von vorbehaltloser Bewunderung wie auch von aggressiver Polemik: Man hebt seinen Mut zu Poesie und Individualismus ebenso hervor wie die sprachliche Genauigkeit in der Wiedergabe von Beobachtetem; auf der anderen Seite stehen Vorwürfe der Realitätsferne, des falschen Pathos und narzißtischer Selbstinszenierung.

H. wurde 1942 in bäuerlich-proletarischen Verhältnissen geboren; die Erfahrungen von Kindheit und Jugend im Berlin der Nachkriegszeit und im ländlichen Kärnten haben Eingang in das stark autobiographisch geprägte Werk gefunden. Bereits die Schulzeit vermittelte grundlegende sprachliche Erfahrungen: »Sollte ich ein Erlebnis beschreiben, so schrieb ich nicht über das Erlebnis, wie ich es gehabt hatte, sondern das Erlebnis veränderte sich dadurch, dass ich darüber schrieb, oder es entstand oft erst beim Schreiben des Aufsatzes darüber, bis ich schließlich an einem schönen Sommertag nicht den schönen Sommertag, sondern den Aufsatz über den schönen Sommertag erlebte« (*Ein autobiographischer Essay*, 1967). 1961 begann H. ein Jurastudium in Graz, wo er sich der Künstlergruppe »Forum Stadtpark« anschloss. Der Veröffentlichung kürzerer Prosatexte folgte eine Mitarbeit beim Rundfunk, für den H. Feuilletons und Buchbesprechungen verfasste. H.s erster Roman, *Die Hornissen*, erschien 1966; diese Publikation veranlasste ihn zur Aufgabe des Studiums und zur Entscheidung für eine freie schriftstellerische Existenz. Anknüpfend an die frühe Erfahrung der Wirklichkeitskonstitution durch Sprache thematisiert *Die Hornissen* das Problem des Erzählens als ein Wechselverhältnis von Inhalt und Form. Auch

H.s frühe Stücke, wie *Publikumsbeschimpfung* (1966) und *Kaspar* (1968), beleuchten die Ordnungs- und Zerstörungsfunktion der Sprache; *Kaspar* stellt ein Subjekt vor, das Sprache erleidet und gebraucht und erst in diesem Doppelspiel ein Selbstbewußtsein ausbildet, das freilich nur ein vermitteltes und von immer neu aufbrechender Nicht-Identität gezeichnetes sein kann.

H., inzwischen in die Bundesrepublik übergesiedelt, gelangte zu einiger Publizität, als er 1966 auf der Tagung der »Gruppe 47« in Princeton der zeitgenössischen Literatur »Beschreibungsimpotenz« vorwarf. In programmatischen Essays (*Die Literatur ist romantisch*, 1966; *Ich bin ein Bewohner des Elfenbeinturms*, 1967) formulierte er seine eigene Position: Literatur ist für ihn ein Mittel, sich »über sich selber, wenn nicht klar, so doch klarer zu werden«. An ein literarisches Werk stellt H. den Anspruch, es solle noch nicht bewußte Möglichkeiten der Wirklichkeit aufzeigen und zur Destruktion konventionalisierter Bedeutungen beitragen, ein Anspruch, den um Realismus bemühte Beschreibungsliteratur nicht einlösen könne. Ebenso bestreitet H. der sog. »engagierten Literatur« den Kunstcharakter: der literarische Gebrauch der Sprache verweise nicht auf die außersprachliche Realität, sondern sei notwendig selbstreflexiv.

Die unter dem Titel *Die Innenwelt der Außenwelt der Innenwelt* (1969) versammelten lyrischen Texte versuchen, H.s theoretischen Einsichten Rechnung zu tragen, und erweisen das Wechselverhältnis von Innen und Außen als sprachlich bedingt. Mit der 1970 erschienenen Erzählung *Die Angst des Tormanns beim Elfmeter*, 1971 von Wim Wenders verfilmt, wird die einmal angeschlagene Thematik weitergeführt. Der Text protokolliert die Wahrnehmung eines aus den stabilen Bedeutungsbeziehungen von Innen und Außen, Zeichen und Bezeichnetem herausgetretenen Bewußtseins.

H., der auch Hörspiele und Filmbücher (berühmt geworden *Der Himmel über Berlin*, Regie: Wim Wenders [1987]) schrieb, lebte 1969/70 in Paris. Die Rückkehr in die Bundesrepublik leitete eine Werkphase ein, die durch die Erzählungen *Der kurze Brief zum langen Abschied* (1972) und *Die Stunde der wahren Empfindung* (1975) markiert ist. Das Attribut »Innerlichkeit«, mit dem H., 1973 Büchner-Preis-Träger, besonders seit den 1970er Jahren belegt worden ist, bezeichnet eine entschlossene Suche nach dem Ich, dem im Rückzug aus der vereinbarten Welt auch die Vereinbarungen des Bewußtseins ungültig werden und dem nurmehr das Ideal eines unverstellten Blicks auf die Welt, gedacht als Erfahrung des authentischen Ichs, bleibt. Momente der Epiphanie, Erfahrungen erkennenden Außersichseins im *Kurzen Brief* verdichten sich in der *Stunde der wahren Empfindung* zum Glücksprogramm eines befreienden Sichverlierens und -wiederfindens. Nur scheinbar lenkt H. mit der Erzählung *Wunschloses Unglück* (1972), die das Leben seiner Mutter beschreibt, von den das eigene Ich betreffenden Fragen ab, findet er doch in der Figur der Mutter die Spuren seiner selbst.

Die Suche nach Unmittelbarkeit wird im Journal *Das Gewicht der Welt* (1977) fortgesetzt; Wahrheit, Schönheit, Universalität und Natur sind denn auch die Koordinaten seiner neuen Ästhetik, wie H. in der Kafka-Preis-Rede 1979 ausführt. Seit den 1980er Jahren trat H. auch verstärkt als Übersetzer hervor (Emmanuel Bove, Francis Ponge u. a.)

Die Wende zur Positivität wird noch einmal in der Tetralogie *Langsame Heimkehr* (*Langsame Heimkehr*, 1979; *Die Lehre der Sainte-Victoire*, 1980; *Kindergeschichte*, 1981; *Über die Dörfer*, 1981) erzählt, die von den Aufzeichnungen der *Geschichte des Bleistifts* (1982) begleitet wird. Sie dokumentiert auch die Heimkehr des Autors H., der nach einer zweiten Zeit in Paris und mehreren USA-Aufenthalten 1979 nach Österreich zurückkehrte. Das artikulierte »Bedürfnis nach Heil«, entworfen als mystischer Augenblick, in dem Selbstverlust und Selbstfindung in der Erfahrung neuer Sinnhaftigkeit zusammenfallen, findet seine Antwort in einer zunehmend mythisierten Natur. Als ewige Schrift wird sie in der Schau – daher die Betonung des Visuellen in H.s späteren Texten – zum Ursprung der Kunst. Der 1983 erschienene Roman *Der Chinese des Schmerzes* setzt als Ursprungsort des Erzählens das Bild der »Schwelle« ein, das Übergang und Trennung zugleich ist. Seit der Mitte der 1980er Jahre rücken H.s Arbeiten die Materialität des Schreibens selbst in den Mittelpunkt. Dies gilt insbesondere für *Die Wiederholung* (1986) und das »Märchen« *Die Abwesenheit* (1987), die als Allegorien des Schreibens gelesen werden können. In einem ausführlichen Gespräch mit Herbert Gamper, erschienen 1987 unter dem Titel *Aber ich lebe nur von den Zwischenräumen*, gibt H. Auskunft über sein neues, an Buchstabe und Schrift orientiertes poetologisches Selbstverständnis. Mit den drei »Versuchen« – *Versuch über die Müdigkeit* (1989), *Versuch über die Jukebox* (1990), *Versuch über den geglückten Tag* (1991) – nähert sich H., der seit Anfang der 1990er Jahre wieder bei Paris lebt, einer den Formprinzipien des Essays verpflichteten Schreibweise. Sprache, Schrift, Erzählen bleiben die Koordinaten der H.schen Poetologie. Der 1994 erschienene, über tausend Seiten umfassende Roman *Mein Jahr in der Niemandsbucht*, der den Untertitel *Ein Märchen aus den neuen Zeiten* trägt, knüpft an das bereits in früheren Texten H.s präsente Motiv der Verwandlung an und spannt einen im Medium der Schrift erzeugten zeit-räumlichen Bogen, der um nichts als um das Schreiben selbst kreist. Vom reinen Erzählen und vom reinen Lesen handelt schließlich auch der Roman *Der Bildverlust* (2002),

der, einmal mehr das Motiv der Reise mit dem Motiv sprachlicher Bewegung zusammenschließend, auf eine Sprache zielt, die alle Bildhaftigkeit, d. h. alle Referenz, hinter sich gelassen hat. Bewegung als Ereignis der Form ist auch das Prinzip von H.s späteren Theaterstücken. Inszeniert *Die Stunde da wir nichts voneinander wußten* (1992) das wortlose Gehen verschiedener Figuren über einen Platz und deren konstruiert zufällige Begegnungen als performatives Rollen-Spiel, zeigt das »Stationendrama« *Untertagblues* (2003) die Stationen einer aus dem Dunkel ins Licht führenden Metrofahrt als »Redestationen«, die Sprache als in Bewegung begriffenes Medium der Erzeugung und Dekomposition von Figuren und Bedeutungen erfahrbar machen.

Für Irritationen sorgte H.s 1996 zuerst in der *Süddeutschen Zeitung* und anschließend als Buch veröffentlichter Text *Eine winterliche Reise zu den Flüssen Donau, Save, Morawa und Drina oder Gerechtigkeit für Serbien*, der den Versuch unternimmt, hinter die nach der Meinung des Erzählers einseitige Medienberichterstattung zum Jugoslawienkrieg zu schauen und ihr das Prinzip der »Augenzeugenschaft« gegenüberzustellen. Vorgeworfen wurden H. u. a. Unkenntnis des Verhältnisses, mangelnde Differenzierung und Befangenheit in subjektiver Selbstbespiegelung. Unbeeindruckt von dieser Kritik erschien 2002, ebenfalls in der *Süddeutschen*, eine gekürzte Version seines 2003 in Buchform veröffentlichten Textes *Rund um das Große Tribunal*, der den Prozeß gegen Slobodan Milošević, den ehemaligen serbischen und jugoslawischen Präsidenten, zum Anlaß nimmt, nach der Rolle von Angeklagten in Rechtsverfahren, der Wirkung des Gesetzes und Begriffen von Schuld zu fragen.

So sehr sich H.s Texte im Lauf der Jahre verändert haben, so konsequent ist die Entwicklung: Immer ist es die

Sprache selbst, als Wort und als Schrift, die den Zugang zur Wirklichkeit des Daseins erschließen bzw. ein höheres, epiphanisches Dasein eröffnen soll. Der Versuch, sprachliche Übergangsmomente auf Dauer zu stellen, kann indessen ein Kippen der Balance in stilisierte Gewichtigkeit oder ins Unverbindliche kaum vermeiden.

Martina Wagner-Egelhaaf

Hartmann von Aue
Um 1200

In der Verslegende *Der Arme Heinrich* stellt sich der Dichter vor als »ritter« (der »geleret was«) und als »dienstman ze Ouwe«. Als Ritter erscheint er auch auf den Miniaturen der Minnesanghandschriften. Sehr viel mehr als diese knappen Angaben ist über das Leben dieses Dichters nicht bekannt, das zwischen 1160 und 1210 angesetzt wird. Für den Beinamen »Ouwe« hat die Forschung vier Möglichkeiten diskutiert: Obernau bei Tübingen, Eglisau (Aargau), die Reichenau und Aue bei Freiburg. Übersehen wurde ein Aue, das im Zusammenhang mit H.s Klagen über den Tod seines (ungenannten) Herrn in zwein seiner Kreuzlieder Bedeutung erhalten könnte, nämlich Hagenau, die damals herausragende Kaiserpfalz, ein Zentrum des staufischen Hofes, an dem auch Dichter wie Friedrich von Hausen, Reinmar und Walther von der Vogelweide zu vermuten sind. Der »Herr« wäre dann Kaiser Friedrich I., dessen Tod auf dem 3. Kreuzzug tatsächlich eine über einen engeren Lebenskreis hinausreichende Erschütterung ausgelöst hat (vgl. den Kreuzleich Heinrichs von Rugge). So gesehen, wäre die Kaiserpfalz H.s »Dienstort« gewesen.

Gesichert ist dagegen H.s literarische Anerkennung im Mittelalter: Schon Gottfried von Straßburg rühmt ihn seiner klaren Sprache und Darstellung wegen. Wolfram von Eschenbach beruft

sich auf ihn als Gewährsmann in »Artusfragen«: Dies evtl. eine Anspielung darauf, daß H. durch zwei komplementär angelegte Werke, *Erec* und *Iwein*, die Artusepik nach dem Vorbild des altfranzösischen Dichters Chrestien de Troyes in der mittelhochdeutschen Literatur begründete. Beide Werke kreisen um das Problem der »mâze«, um die Schwierigkeit, die richtige Mitte zwischen den ritterlichen Pflichten gegenüber der Gesellschaft und denen der Ehefrau zu finden. Während Erec sich »verligt«, seine Aufgaben als Landesherr versäumt, »verrîtet« sich Iwein, vergißt auf einer Turnierfahrt seine Frau und seine Herrscherpflichten. Beide müssen sich dann in doppeltem Aventiure-Cursus bewähren. Gegenüber den französischen Vorlagen betont H. stärker die didaktischen Implikationen der Fabeln, prangert verantwortungsfreies Aventiure-Rittertum an.

Von H. stammen außerdem zwei höfische Legendenromane mit einer ins Religiöse ausgreifenden Schuldproblematik: *Gregorius*, die Geschichte eines doppelten Inzests (mit Schwester und Mutter), stellt die zentrale These auf, daß keine Schuld so groß sei, daß bei echter Reue nicht vergeben werden könne: Der »guote sündaere« Gregorius wird nach übermenschlicher Buße schließlich erhöht – zum Papst. Ironisch gebrochen erscheint die Geschichte in Thomas Manns *Der Erwählte*. – *Der Arme Heinrich* ist die Geschichte eines Ritters, der über dem Besitz aller Güter dieser Welt Gott vergißt, welcher ihn dafür mit Aussatz schlägt. Die Heilung ist nicht durch Fremdopfer (eine unschuldige Jungfrau), wie zunächst geplant, sondern erst nach der Ergebung in das auferlegte Schicksal möglich. – H. verfaßte überdies ein minnedidaktisches Verswerk, das sog. *Büchlein*; ein zweites wird gewöhnlich für unecht angesehen. – Außerdem sind von ihm 18 Lieder überliefert. Neben traditionellen Minneklagen, Frauen- und Kreuzliedern (jeweils mit eigenständiger Motivik) stehen als Neuerungen die Klagen über den Tod seines Herrn, die Absage an die Hohe Minne (mit Hinwendung zu »armen wîben«), die radikale Lösung von irdischer Minne (mit Plädoyer für Handlungsethik). H.s Nachruhm beweisen im 13. Jahrhundert mehrere Autoren, die sich auf ihn als Artusdichter berufen: Heinrich von dem Türlin, Pleier, Konrad von Stoffeln, Reinbot von Durne u. a. Meist wird er in einer Klassiker-Trias zusammen mit Gottfried von Straßburg und Wolfram von Eschenbach genannt (z. B. von Rudolf von Ems u. a.). Als Lyriker ist er nur einmal bei Dem von Gliers als Dichter von (nicht erhaltenen) Leichs zitiert.

Günther Schweikle/Red.

Hauff, Wilhelm
Geb. 29. 11. 1802 in Stuttgart;
gest. 18. 11. 1827 in Stuttgart

Unter dem Pseudonym H. Clauren, dessen sich der preußische Hofrat Karl Heun als erfolgreicher Unterhaltungsschriftsteller bedient, erscheint in der zweiten Augusthälfte 1825 bei dem Stuttgarter Verlag Friedrich Franckh ein Roman mit dem reißerischen Titel *Der Mann im Mond oder der Zug des Herzens ist des Schicksals Stimme.* Als Multiplikator des »Aufsehens«, das diese keineswegs allgemein als solche erkannte Parodie erregt, wirkt der von dem Plagiierten angestrengte Prozeß, in dem Franckh schließlich zu der gemessen am Verkaufsertrag »geringen« Strafe von 50 Reichstalern verurteilt wird. Für den jungen Imitator, der sich nun auch als Verfasser der kurz zuvor anonym erschienenen und von der Kritik günstig aufgenommenen *Mitteilungen aus den Memoiren des Satan* zu erkennen gibt, eines im darauffolgenden Jahr um eine Fortsetzung erweiterten satirischen Kaleidoskops der frühen Restaurationszeit, steht der geschickt provozierte Skandal am Beginn einer steilen Karriere. Rasch avanciert er zu einem umworbenen Mitarbeiter verschiedener belletristischer Zeitschriften und Verlage.

Die Art und Weise, in der H. sich ins Gespräch bringt, zeigt beispielhaft, daß er die Mechanismen des expandierenden Büchermarkts souverän durchschaut und sie seiner Strategie des sozialen Aufstiegs zielstrebig nutzbar zu machen versteht. Durchweg verrät der in Relation zur Entstehungszeit von nicht einmal drei Jahren staunenswerte Ertrag seiner hektischen Produktivität, die nach anfänglichen lyrischen Versuchen ausschließlich der Prosa gilt, ein sicheres Gespür für aktuelle Trends. Die Bereitschaft zur partiellen Anpassung an den Publikumsgeschmack verbindet sich freilich mit dem Anspruch »zeitgemäßer« Innovation. *Lichtenstein* (1826), seine Gestaltung einer (so der Untertitel) »romantischen Sage aus der württembergischen Geschichte« nach dem Vorbild der historischen Romane Walter Scotts, verhilft dieser Gattung in Deutschland zum Durchbruch. H.s Beiträge zum zeitgenössischen »Modeartikel«, der Novelle – *Die Bettlerin vom Pont des Arts* (1826) etwa, *Jud Süß* oder *Das Bild des Kaisers* (beide 1827) –, entfalten programmatisch einen urbanen Erzählgestus jenseits aller literarischen »Schulen«, der breite Kreise für die »allgemeine Bildung« gewinnen und zugleich »den ernster denkenden … fesseln« will. Am berühmtesten geworden sind indes zu Recht seine drei zyklischen »Märchenalmanache«: *Die Karawane* (1825), *Der Scheik von Allessandria und seine Sklaven* (1826) sowie *Das Wirtshaus im Spessart* (1827) mit dem herausragenden Stück *Das kalte Herz.* Sie gehören nach Robert Walser »zum Schönsten und Kostbarsten«, »was in deutscher Sprache jemals gedichtet wurde.«

H. stammt aus einer Familie der alteingesessenen bürgerlichen »Ehrbarkeit« Württembergs. Der Vater, ein kurz vor der Geburt seines zweiten Sohnes als Republikaner denunzierter und zeitweise inhaftierter Jurist im Staatsdienst, stirbt 1809. In Tübingen besucht H. bis 1817 die Lateinschule. Auf Antrag der Mutter wird er bereits ein Jahr früher als üblich aus dem Seminar Blaubeuren 1820 zum Studium der protestantischen Theologie, mit Philologie und Philosophie als Nebenfächern, nach Tübingen entlassen. 1821 schließt er sich einer Nachfolgeverbindung der aufgrund der »Karlsbader Beschlüsse« zwei Jahre zuvor verbotenen Burschenschaft »Germania« an, deren Eintreten für gesellschaftliche Freiheitsrechte (bei gleichzeitiger Distanz zu ihrer Deutschtümelei) er teilt.

Da H. das Pfarramt umgehen will, nimmt er unmittelbar nach seiner Abschlußprüfung im Spätsommer 1824 zunächst für einneinhalb Jahre eine Stelle als Hauslehrer in der Familie des württembergischen Kriegsratspräsidenten an, die ihm genügend Freiraum zur literarischen Arbeit läßt. Die obligatorische große Bildungsreise führt den inzwischen zum Dr. phil. Promovierten 1826 nach Paris, in die Normandie und nach Brüssel, anschließend hält er sich in einigen norddeutschen Städten auf. Die humoristischen *Phantasien im Bremer Ratskeller* (1827) erinnern an eine seiner Stationen.

Mit Beginn des folgenden Jahres übernimmt H. im Verlag von Johann Friedrich Cotta die belletristische Redaktion des angesehenen *Morgenblatts für gebildete Stände*. Auch im Umgang mit dem neuen Dienstherrn behält er sein ausgeprägtes Selbstbewußtsein. »Ich fühle Kraft und Beruf in mir, Gutes, vielleicht, wenn ich reif genug sein werde, sogar Schönes und Erhabenes zu schaffen; daß dies jetzt noch nicht ist, weiß ich selbst«, hatte er am 7. September 1826 einem Freund geschrieben. Der frühe Tod, wenige Tage nach der Geburt seines Kindes, ereilt ihn mitten in neuen dichterischen Plänen und läßt die angekündigten Fortschritte nicht mehr zu, deren Erwartbarkeit die Nekrologe übereinstimmend hervorheben. Selbst mit seinem vorliegenden Werk aber ist H. einer der wenigen wirklich populären »Klassiker« der deutschen Literatur.

Hans-Rüdiger Schwab

Hauptmann, Gerhart
Geb. 15. 11. 1862 in Ober-Salzbrunn/ Schlesien; gest. 6. 6. 1946 in Agnetendorf/Schlesien

»Der Sozialismus dieser Zeit ehrt in Ihnen den mitleidigen Dichter der ›Weber‹ und des ›Hannele‹, den Dichter der Armen; und nachdem man der Demokratie alles nachgesagt hat, was ihr nachgesagt werden kann, ist festzustellen, daß sie des Landes geistige Spitzen, nach Wegfall der dynastisch-feudalen, der Nation sichtbar macht: das unmittelbare Ansehen des Schriftstellers steigt im republikanischen Staat, seine unmittelbare Verantwortlichkeit gleichermaßen, – ganz einerlei, ob er persönlich dies je zu den Wünschbarkeiten zählte oder nicht.« In Thomas Manns Rede *Von deutscher Republik*, die H. zum 60. Geburtstag gewidmet war, wird dem Dichter 1922 ein hohes Amt zugewiesen und H. gar als »König der Republik« gefeiert. Heinrich Mann hat im gleichen Jahr ähnlich emphatische Töne gefunden, als er den Jubilar als »Präsident des Herzens« neben den Reichspräsidenten stellte. Das sind fürwahr große Worte für einen Dichter, der 1889 noch von Theodor Fontane als »wirklicher Hauptmann der schwarzen Realistenbande« (14. 9. 1889) bezeichnet und von offizieller Seite des wilhelminischen Kaiserreiches mit Prozessen überzogen worden war. Dennoch ist H. frühzeitig in die Rolle eines Repräsentanten hineingewachsen, den viele Gruppen für sich reklamiert haben, der letztlich aber doch sehr eigenwillige Wege ging. So war H. ein eminent politischer und zugleich auch unpolitischer Dichter. Seine Werke und auch sein öffentliches Auftreten ließen ihn als politischen Anwalt erscheinen, der 1920/21 gar zum Amt des Reichspräsidenten gedrängt werden sollte, aber sein eigenes Selbstverständnis hat ihn mehr in der Rolle des über den Parteien stehenden Dichters gesehen. 1932 hebt er gegenüber Harry Graf Kessler hervor, daß er »der Sozialdemokratie nie eigentlich sehr nahe gestanden« habe, und lehnt es deshalb ab, sich für die rechtmäßige preußische Regierung zu engagieren, denn er wolle sich »prinzipiell nicht in die Tagespolitik einmischen«.

Auch wenn Thomas Manns Karikatur H.s als Mynheer Peeperkorn im *Zauberberg* (1924) überzeichnet ist, so trifft sie dennoch etwas Wesentliches, wenn es heißt: »Ein eigentümlicher, persönlich gewichtiger, wenn auch undeutlicher Mann«. Tatsächlich ist die biographische und künstlerische Kontur bei H. seltsam verschwommen: Aus bescheidenen Verhältnissen kommend, mit unzureichender Schulbildung versehen, hatte der junge H. zunächst einen Beruf in der Landwirtschaft angestrebt, fühlte sich jedoch der schweren Arbeit nicht gewachsen, glaubte sich zur Bildhauerei berufen, besuchte zeitweise eine Kunstschule, studierte aber auch als Gasthörer an den Universitäten Jena und Berlin Geschichte und fand erst in der Mitte der 1880er Jahre Anschluß an Berliner Literatenkreise wie den Verein »Durch«. 1885 sicherte ihn eine reiche Heirat ab und ermöglichte ihm eine freie Schriftstellerexistenz und ein beinahe großbürgerliches Leben, das ab den 1890er Jahren auch durch die reichlichen Tantiemen unterstützt wurde. H. gehörte schon um die Jahrhundertwende zu den erfolgreichsten deutschen Theaterdichtern. Er fand entscheidende Hilfe durch einen so wichtigen Verleger wie Samuel Fischer, einflußreiche Kritiker wie Theodor Fontane, Paul Schlenther und später Alfred Kerr und Theaterdirektoren wie Otto Brahm. Seine Einnahmen erlaubten ein aufwendiges Leben mit wechselnden Wohnsitzen in Berlin, in seinem Haus »Wiesenstein« in Agnetendorf/Schlesien und Hiddensee auf der Insel Rügen.

Beurteilt wird diese Biographie meist unter politischen und ideologiekritischen Aspekten, denn der Dichter der *Weber* schien sich frühzeitig auf eine sozialkritische Haltung festgelegt zu haben. Es hat H. jedoch immer wieder verärgert, daß sein Bild als Dichter vor allem durch seine naturalistische Phase, durch jene wirkungsvollen Theaterstücke wie *Vor Sonnenaufgang* (1889), *Die Weber* (1892), *Der Biberpelz* (1893) geprägt worden ist. Er selbst strebte schon in den 1890er Jahren über diese »Richtung« hinaus und verstand sich als Vertreter einer allgemeineren »deutschen« Dichtung. So kann man mit guter Berechtigung als Konstante dieses Lebenswegs einen »wesentlich emotional geprägten Nationalismus« (Peter Sprengel) annehmen, denn auch Thomas Mann hat schon 1922 vor allem das »Deutschtum« und »eine Volkstümlichkeit des humansten Gepräges« betont. »Weiland poeta laureatus der deutschen Sozialdemokratie, dann der Barde des wilhelminischen ›Weltkrieg-Deutschland-über-Alles‹, dann Olympier der Weimarer Republik, schließlich Ehrengreis des III. ›Tausendjährigen‹ Reiches« (Walter Mehring) – solche harschen Urteile würden sich unter dem Aspekt des Nationalismus relativieren, denn dann hat dieser »letzte Klassiker« und »Nachfolger Goethes« immer nur danach gestrebt, ein deutscher Dichter in Deutschland zu sein. Biographische Zeugnisse bestätigen diesen Wunsch. Am 17. März 1933 schreibt H. an Rudolf Binding: »daß wir ... gegen die Regierung, der wir unterstehen, nicht frondieren dürfen, ist eine Selbstverständlichkeit. Übrigens habe ich das auch als freier Schriftsteller niemals irgendeiner Regierung gegenüber getan. Dazu ist mein Wesen zu positiv eingestellt. Nicht im Gegenwirken sieht es das Heil, sondern im Mitwirken.« Das sind entlarvende Sätze, die H.s Verhalten zu Beginn des Ersten Weltkriegs ebenso erklären wie im Dritten Reich, wo er eine vorsichtige Anpassung und geistige Distanzierung zugleich versuchte.

Die gern als Schutzbehauptung verstandene Aussage im Prozeß um die *Weber*, er habe keine »politische Dichtung« schreiben wollen, gewinnt so aus der historischen Perspektive eine veränderte Bedeutung. Dennoch haben gerade die frühen Werke H.s eine starke politische Wirkung gezeitigt: *Vor Sonnenaufgang*, als Werk eines »Schnapsbudenrhapsoden« verlästert, schockierte ein bürgerliches Publikum durch die freimütige Darstellung von Sexualität und Trunksucht; *Die Weber* begeisterten ein Proletarierpublikum, das unter Absingen der Arbeiter-Marseillaise das Theater verließ; *Der Biberpelz* wurde durchaus als politische Satire auf den preußischen Obrigkeitsstaat verstanden. Aber es ist bezeichnend, daß H. – auch wenn mit *Fuhrmann Henschel* (1898), *Rose Bernd* (1903), *Die Ratten* (1911) weitere naturalistische Stücke folgten – schon früh die Annäherung an ein bürgerliches Publikum suchte, indem er mit seinem »Märchendrama« *Die versunkene Glocke* (1896) oder mit seinem »Glashüttenmärchen« *Und Pippa tanzt!* (1906) den Weg von den proletarischen, ja klassenkämpferisch anmutenden Themen zu volkstümlich-mythologischen Sujets fand. Diese Stücke haben H. eine starke Resonanz verschafft, waren sie doch eingelagert in eine breitere literarische Strömung symbolistischer und neuromantischer Dichtung um die Jahrhundertwende, die zugleich eine Entpolitisierung anzeigte. Solche Werke versöhnten die herrschende Gesellschaft, die H. nun mit Literaturpreisen, Ehrendoktorwürden und 1912 gar mit dem Nobelpreis belohnte. Am Ende des Kaiserreichs war er ein arrivierter und keineswegs ein verfemter Schriftsteller, der durchaus schon als nationaler Dichter gesehen wurde. Dieser Rolle versuchte er durch die Wahl seiner literarischen Themen gerecht zu werden, indem er sich immer mehr von politischen, sozialen und zeitkritischen Aspekten entfernte und dafür eher nationale bzw. mythologische Stoffe wählte, wie z. B. im Hexameter-Epos *Till Eulenspiegel* (1928) oder in der Atriden-Tetralogie (1941 ff.). Mit den selbstgewählten Vorbildern Aischylos, Euripides und Goethe versuchte H., sich in eine klassische Traditionslinie zu stellen und verlor gerade dadurch vieles von seiner ursprünglichen »modernen« Aussagekraft, die seine frühe Dichtung so wirkungsvoll hat werden lassen.

Helmut Scheuer

Hebbel, Christian Friedrich

Geb. 18. 3. 1813 in Wesselburen;
gest. 13. 12. 1863 in Wien

Bereits fünf Jahre vor seinem ersten Tragödienerfolg schrieb H. folgende Selbstbeurteilung nieder: »Ich hege längst die Überzeugung, daß die Poesie nur eine heilige Pflicht mehr ist, die der Himmel den Menschen auferlegt hat, und daß er also, statt in ihr ein Privilegium auf Faulenzerei usw. zu haben, nur größere Anforderungen an seinen Fleiß machen muß, wenn er Dichter zu sein glaubt. Ich kenne ferner zu den Schranken meiner Kunst auch die Schranken meiner Kraft, und weiß, daß ich in denjenigen Zweigen, die ich zu bearbeiten gedenke, etwas werden kann und werde. Diese Zweige sind aber die Romanze und das lyrische Gedicht, vielleicht auch das höhere Drama« (1835).

Der als Sohn eines Maurers in Wesselburen in Norderdithmarschen geborene und in ärmlichsten Verhältnissen aufgewachsene H. mußte auf eine weiterführende schulische Ausbildung verzichten; als Schreiber und Laufbursche bei einem Kirchspielvogt eignete er sich durch beständiges Lesen ein erstaunliches, aber ganz und gar unschulmäßiges Wissen an. Erste dichterische Versuche wurden in den regionalen Zeitungen veröffentlicht, doch das Vorhaben, als Schauspieler der Enge der Wesselburener Welt zu entfliehen, scheiterte. Die in Hamburg lebende Schriftstellerin Amalia Schoppe und seine spätere Geliebte Elise Lensing ermöglichten ihm 1835 einen einjährigen Aufenthalt in Hamburg, doch da es für ein Universitätsstudium zu spät war, begab sich H. auf eine Reise nach München, weil er dort auf bessere Startchancen als angehender Literat hoffte. Hier beschäftigte er sich intensiv mit dem Studium der großen Tragödien des Aischylos, und William Shakespeares und Friedrich Schillers Dramen, doch hatte er keinen Erfolg. Seine Rückreise nach Hamburg – zu Fuß, allein mit seinem Hund durch den rauhen März des Jahres 1839 wandernd – ist symptomatisch für den unermüdlichen Einzelgänger H. In Hamburg verdingte er sich als Rezensent und Mitarbeiter bei dem von Karl Gutzkow herausgegebenen *Telegraph für Deutschland* und vollendete in dieser Zeit *Judith* (1841), eine Tragödie, in der sich die Jüdin Judith als »maßloses Individuum« das göttliche Recht der Rache am Assyrerkönig Holofernes herausnimmt, weil dieser sie vergewaltigt habe. H. wurde damit beim Theaterpublikum als ungewöhnlicher Dramatiker bekannt. Während der Folgezeit, in der H. sich vergeblich beim dänischen König um eine Stelle bemühte, arbeitete er in seiner Streitschrift *Mein Wort über das Drama* (1843) seine grundlegende Auffassung von Kunst und Drama aus. Dem dänischen Dichter Adam Oehlenschläger hatte er schließlich ein für zwei Jahre bewilligtes Reisestipendium zu verdanken, das es ihm ermöglichte, während eines Parisaufenthalts Heinrich Heine kennen und schätzen zu lernen, ebenso

Felix Bamberg, einen Kenner der Hegelschen Philosophie, und Arnold Ruge, den Begründer der *Hallischen Jahrbücher* und radikalen Demokraten. H.s großes Interesse an der Philosophie hat sich auch in seinen Gedichten niedergeschlagen, die er erstmals 1848 in einer Ludwig Uhland gewidmeten Ausgabe herausbrachte. Doch, wenn auch die philosophisch-abstrakte Denkweise in seiner Lyrik vorherrschte und nur wenige seiner Gedichte den an sich selbst gestellten Anspruch einlösten (in jedem wahren Gedicht sollten sich das Allgemeinste und Individuellste gegenseitig durchdringen), so haftet doch dem Dichter bis heute der Makel des Gedankendichters zu Unrecht an.

Zur Zeit der 1848er Revolution, in der H. als engagierter Journalist Partei für eine konstitutionelle Monarchie auf demokratischer Grundlage ergriff, gehörte er seit bereits drei Jahren zu den bekannteren Dichterpersönlichkeiten Wiens. Hier lernte er die Schauspielerin und seine spätere Frau Christine Enghaus (Heirat 1846) kennen, die ihm nicht nur ein von materiellen Sorgen freies Leben bot, sondern ihn auch dem Theater näher brachte. In den Wirren der Revolution entstand das Ehedrama *Herodes und Mariamne* (1850), vier Jahre später konzipierte er seine *Agnes Bernauer* (1855), in welcher der Konflikt zwischen dem Recht des einzelnen auf freie Existenz und Liebe auf der einen Seite und der allumfassenden Staatsraison auf der anderen Seite im Mittelpunkt steht. Doch zeichnen sich H.s Dramen weniger durch die Dynamik sozialgeschichtlich bemerkenswerter Veränderungen aus, sondern sind getragen von der Idee eines statischen, unveränderlichen Zustands sittlicher Weltordnung; H. beharrte dabei auf der Autonomie der Kunst und hielt an der traditionellen Dramenstruktur fest, auch in seinem Drama *Gyges und sein Ring* (1856).

Ganz in das Umfeld gründerzeitlicher

Literaturtendenz fiel H.s *Nibelungen-Trilogie* (1862), für die ihm der Schiller-Preis (1863) zuerkannt wurde; deren vollständige Aufführung erlebte er aber selbst nicht mehr. Was dem heutigen Leser an diesem nationalen Stoff Schwierigkeiten bereitet, dürfte allerdings weniger auf den Inhalt zurückzuführen zu sein als auf die Tatsache, daß deutschnational und -nationalistisch Gesinnte – auf besonders verhängnisvolle Weise im Dritten Reich – diesen Stoff und seinen Autor ihrer Weltanschauung einverleibten. Diese Art der H.-Rezeption hat also ihre eigene Tradition und beeinträchtigt noch heute seinen Ruf nachhaltig. Doch nicht nur die *Nibelungen* haben H. geschadet. Schon seine Zeitgenossen Hermann Hettner und Gottfried Keller warfen ihm die »verkünstelte und verzwickte Motivation« und die »historische Willkür« seiner Stücke vor, und auch sein allzu sehr auf persönlichen Vorteil bedachtes Streben sowie der Ehrgeiz des Autodidakten brachten ihm das Urteil »krankhaft forcierte Genialität« ein. Trotz alledem ist H. wie keinem anderen gerade in den *Nibelungen* die Durchdringung archaischer Monumentalität mit einem individualpsychologischen Realismus gelungen.

Bei seinen Frauengestaltungen nahm er in dem immer wieder zum Ausdruck gebrachten Selbstbehauptungsrecht der Frau gegenüber der drohenden Unterdrückung durch den Mann Themen Henrik Ibsens und August Strindbergs vorweg, so daß noch der junge Georg Lukács behaupten konnte, mit H. beginne die moderne Tragödie (1911). In die meisten Literaturgeschichten ging er allerdings paradoxerweise als »der letzte große (klassische) Tragödiendichter« ein.

Lange Zeit übersehen wurden nicht zuletzt seine Tagebücher, Briefe und kritischen Schriften zur Literatur der Zeit, die aufgrund seiner scharfen Beobachtungsgabe, seines unbestechlichen Geistes und seines aphoristischen Talents zu den interessantesten literarischen Zeugnissen des 19. Jahrhunderts zählen.

Roland Tscherpel/Red.

Hebel, Johann Peter

Geb. 10. 5. 1760 in Basel;
gest. 22. 9. 1826 in Schwetzingen

Mit selbstironischer Verwunderung berichtet der knapp 62jährige einer guten Bekannten davon, daß aus ihm (wie es in seiner letzten Veröffentlichung, den für den Schulunterricht nacherzählten *Biblischen Geschichten* [1824] über Davids Aufstieg aus einfachen Verhältnissen heißt), offensichtlich »etwas geworden« ist: »Seit 1819 bin ich Prälat, Mitglied der Ersten Kammer und trage das Kommandeurkreuz des Zähringer Löwenordens. Ich möchte Sie sehen in dem Augenblick, wo Sie dieses lesen«. Nach dem Zeugnis eines frühen Biographen reagiert er auf die Nachricht von seiner Erhebung zu der in der evangelischen Landeskirche Badens bis dahin »noch nie erhörten Würde« mit einer bezeichnenden Reminiszenz: »Was würde meine Mutter sagen!« Im Umgang mit der höheren Gesellschaft nämlich hat H. den Abstand zu seiner Herkunft nie ganz überwunden: »Ihr habt gut reden«, antwortete er, einmal auf diese Scheu angesprochen: »Ihr seid des Pfarrers N. Sohn von X ... Ich aber bin ... als Sohn einer armen Hintersassen-Witwe zu Hausen aufgewachsen, und wenn ich mit meiner Mutter nach Schopfheim, Lörrach oder Basel ging, und es kam ein Schreiber an uns vorüber, so mahnte sie: ›Peter, zieh's Chäppli ra,‹s chunnt a Her‹; wenn uns aber der Herr Landvogt begegnete, so rief sie mir zu, ehe wir ihnen auf zwanzig Schritte nah kamen: ›Peter, blib doch stoh, zieh geschwind di Chäppli ab, der Her Landvogt chunnt!‹ Nun könnt Ihr Euch vorstellen, wie mir zu Mute ist, wenn ich hieran denke – und ich denke noch oft daran – und in der Kammer sitze mitten unter Freiherren, Staatsräten, Ministern und Generalen, vor mir Standesherren, Grafen und Fürsten und die Prinzen des Hauses und unter ihnen der Markgraf«.

Erst verhältnismäßig spät, nach einem »langen Umweg«, beginnt H.s ungewöhnliche Karriere. »Ich habe schon in dem zweiten Jahre meines Lebens meinen Vater, in dem dreizehnten meine Mutter verloren«; beide Eltern standen im Dienst einer Basler Patrizierfamilie. Heimatliche Gönner ermöglichen dem Waisenjungen 1775 den Besuch des Karlsruher »Gymnasium illustre« und (ab 1778) das Studium der Theologie in Erlangen. Da H.s Examen zwei Jahre später nicht zu ihrer Zufriedenheit ausgefallen zu sein scheint, ziehen sich die bisherigen Mentoren zurück: »Elf Jahre lang, bis in das einunddreißigste meines Lebens, wartete ich vergeblich auf Amt und Versorgung. Alle meine Jugendgenossen waren versorgt, nur ich nicht«. Er arbeitet zunächst als Hauslehrer und Hilfsgeistlicher in Hertingen, bevor er 1783 eine dürftig bezahlte Stelle als Präzeptoratsvikar am Lörracher Pädagogium erhält. Während der später als »glücklich« erinnerten Zeit entstehen enge Lebensfreundschaften. Zugleich trägt er sich der beruflichen Zurücksetzung wegen jedoch »lange mit dem Gedanken, noch umzusatteln und Medizin zu studieren«.

Dieser Stillstand endet erst im Herbst 1791. Statt auf eine als idyllisches Wunschbild bis ins Alter hinein beschworene »Landpfarrei« im Südbadischen (zudem erst, nachdem der ursprünglich vorgesehene Kandidat abgelehnt hatte), wird H. als Subdiakon an seine frühere Schule berufen und bereits ein Jahr später zum Hofdiakon befördert. Sein Fächerspektrum reicht von den alten Sprachen bis zu den Naturwissenschaften, in denen er seine

Kenntnisse rasch selbständig erweitert. Wenige Jahre später schon ernennen ihn zwei »Naturforschende Gesellschaften« in Jena und Stuttgart zu ihrem Mitglied. Auf H.s pädagogisches Geschick aufmerksam geworden, »vertauscht ... das Konsistorium« 1798 seinen »bisherigen Titel mit dem eines Professors« und zieht ihn in der Folge als Berater und Mitarbeiter bei den Aufgaben der kirchlichen Verwaltung heran.

Angeregt durch eine Zeitschrift im Umfeld zeitgenössischer Wiederentdeckung der eigenen »Vorzeit«, beginnt er dreizehn Jahre nach seiner »Minnesänger«-Lektüre von 1787 wieder mit Versen in dem der »altdeutschen Ursprache« verwandten Dialekt seiner »geliebten Heimat«. Die kunstvolle Naivität der in »moralisch veredelnder Absicht genau im Charakter und Gesichtskreis« der einfachen Landbevölkerung bleibenden *Alemannischen Gedichte* (1803) verhilft H. schlagartig zu einem, wie Johann Wolfgang von Goethe in seiner Rezension der zweiten Auflage schreibt, »eigenen Platz auf dem deutschen Parnaß«. Als literarische Berühmtheit gewinnt der nunmehr zum Kirchenrat Ernannte die persönliche Gunst des regierenden Fürsten und erlangt, obschon er sich weiterhin in den »Wirtshäusern« heimischer fühlt, Zutritt in die »Zirkel, wo die Hofluft weht«.

Zwischen 1807 und 1814, als er nach einer konfessionellen Polemik gegen ihn zurücktritt, dann noch einmal vier Jahre später, redigiert H. in alleiniger Verantwortung den zuvor in eine Absatzkrise geratenen protestantischen Landkalender, der »für den gemeinen Mann ein Stellvertreter der Zeitungen und Zeitschriften« ist. Schon aus dem neu gewählten Titel, *Der Rheinländische Hausfreund*, erhellt sein Selbstverständnis als vertrauter Gesprächspartner der »geneigten Leser«. Seine aus verschiedenen Quellen geschöpften »Artikels« realisieren eine »unterhaltende« Aufklärung »in natürlicher Sprache«, die nicht herablassend doziert, sondern vom »eigentümlichem Geschmack des Volks« ausgeht. Er hat »jene« – im 20. Jahrhundert von Ernst Bloch und Walter Benjamin über Martin Heidegger bis hin zu Elias Canetti und Heinrich Böll vielbewunderte – »echte und edle Popularität« im Blick, »die zwischen gebildeten und ungebildeten Lesern keinen Unterschied erkennend aus dem Menschen hervorgeht und den Menschen erfaßt«. Die »Mannigfaltigkeit« der Themen und Stoffe, von Personal und Schauplätzen, löst den Anspruch des »Kalendermachers« auf die Präsentation eines »Spiegels der Welt« ein. Da er mit diesem Konzept »in kurzer Zeit in ganz Deutschland eine seltene Aufmerksamkeit rege gemacht hat«, legt H. 1811 eine geringfügig überarbeitete Auswahl seiner Geschichten vor, das *Schatzkästlein des rheinischen Hausfreundes.*

»Meine Lage ist den Musen nicht so günstig wie ich wünsche. Meine Geschäfte vermehren sich von Jahr zu Jahr statt sich zu mindern, und die gute Laune verliert sich unter ihrer Last und unter ihren Zerstreuungen«, hatte er bereits 1807 auf die Bitte zur Mitarbeit an einem literarischen Almanach geantwortet. In den Briefen aus dem letzten Lebensjahrzehnt häufen sich, der gewachsenen Beanspruchung entsprechend, diese Klagen. 1821 zeichnet die Universität Heidelberg den undogmatischen Christen – »Wer aber ohne den Glauben gut handelt, auch dessen wird sich Gott erbarmen« – aufgrund seiner Verdienste bei der Union der lutherischen und reformierten Kirche in Baden mit der theologischen Ehrendoktorwürde aus. Als Schulbuch, das zur Freude des Autors auch in den katholischen Religionsunterricht übernommen wird, erscheinen zwei Jahre später seine *Biblischen Geschichten für die Jugend bearbeitet.* Bis zu seinem Ende lassen die Amtspflichten H. buchstäblich nicht mehr los: er stirbt auf einer Dienstreise, zu der er, schon »in der Qualität eines Patienten«, aufgebrochen war.

Hans Rüdiger Schwab

Heine, Heinrich
Geb. 13. 12. 1797 in Düsseldorf;
gest. 17. 2. 1856 in Paris

»Denk ich an Deutschland in der Nacht, / Dann bin ich um den Schlaf gebracht« (*Nachtgedanken*, 1843) und: »Ein neues Lied, ein besseres Lied, / O Freunde, will ich Euch dichten! / Wir wollen hier auf Erden schon / Das Himmelreich errichten« *(Deutschland. Ein Wintermärchen*, 1844) – zwei extreme Haltungen H.s, deren sehr unterschiedlicher literarisch-politischer Gestus kennzeichnend ist für seine Widersprüchlichkeit und Zerrissenheit: durch das »Herz des Dichters« geht »der große Weltriß« (*Die Bäder von Lucca*, 1830). Doch weder kritische Trauer noch sinnlicher Lebensgenuß entsprachen den Erwartungen der Mehrzahl der Leser in den letzten einhundertfünfzig Jahren. Nicht erst die antisemitische, nationalistische Rechte Ende des 19. Jahrhunderts und die Nationalsozialisten, die unter H.s berühmtes Lorelei-Gedicht »Verfasser unbekannt« schrieben, auch ein Großteil der zeitgenössischen Kritiker denunzierte H. als ichbezogen und originalitätssüchtig, als unmoralisch und gotteslästerlich, als jüdisch und französelnd; der Ruf nach der Verbrennung seiner Bücher wird schon 1827 laut. Diese Ausgrenzung wurde auch von den Liberalen mitvollzogen, und der Radikaldemokrat Ludwig Börne, zeitweise H.s Weggefährte, kritisiert dessen Subjektivität und Ästhetizismus, dessen Immoralität und Areligiosität, eine Position, die sich tendenziell auch in der deutschen Arbeiterbewegung fortsetzte. »Die Wunde Heine« (Theodor W. Adorno) und deren öffentliche Behandlung, z. B. im Denkmalstreit (1887–93, 1928–33) und in der Auseinandersetzung um die Benennung der Düsseldorfer Universität (1965–72) ist aus der deutschen Misere zu erklären und verweist zugleich auf sie. Denn H.s Schaffen wurde nicht im Kontext der literarischen und politischen Zustände gesehen, vielmehr wurde es ignoriert oder dämonisiert bzw. verklärt, d. h. auf das *Buch der Lieder* (1827) als bürgerlichen Lyrikschatz reduziert.

Harry H., der als Sohn eines jüdischen Kaufmanns zunächst den Beruf seines Vaters ergriff, studierte, unterstützt von seinem reichen Onkel, seit 1819 in Bonn, Berlin und Göttingen die Rechte. 1825 legte er das juristische Examen ab und promovierte; im selben Jahr trat er zum protestantischen Glauben über, als »Eintrittsbillett« in die Gesellschaft. Dennoch scheiterten aus politischen Gründen seine Bemühungen um eine Professur in München. In dieser Zeit, in der er auf der Suche nach einer bürgerlichen Existenz war und auch Vorlesungen bei August Wilhelm Schlegel und Ernst Moritz Arndt, bei Friedrich Carl von Savigny und Georg Wilhelm Friedrich Hegel hörte und in den Berliner Salons verkehrte, veröffentlichte er nach den ersten Gedichten (1817) nicht zufällig seinen ersten Prosatext über *Die Romantik* (1820). Auch in der Gedichtsammlung *Buch der Lieder* wird H.s Nähe zur Romantik, seine Bewunderung für ihre »Volkspoesie«, ihre Übersetzungs- und Sammeltätigkeit (Achim von Arnim, Clemens von Brentano, *Des Knaben Wunderhorn*, 1806/08) deutlich, zugleich aber auch sein ständig wachsender Abstand. Neben konventionell romantischen Liebesgedichten verwendet H. schon ironische Distanzierungen, häufig konzentriert in pointiert desillusionierenden Schlußversen. Trotz der einfachen Volksliedform entspringen Naturidylle, Liebesleiden und Todessehnsucht nicht einem unmittelbaren Gefühl, vielmehr verwendet er bewußt romantische Stilmittel, eingebettet in Reflexion und Sentimentalität. Die Welt ist auch für den jungen H. schon brüchig, aber mit seiner Form des »Weltschmerzes« kann er, im Unterschied etwa zu Franz Grillparzer oder Nikolaus Lenau, spielerisch umgehen.

Nicht das weltberühmte *Buch der Lieder*, das immerhin schon zu H.s Lebzeiten dreizehn Auflagen erreichte, sondern seine *Reisebilder* (1826–1831) begründeten seinen frühen literarischen Ruhm. Im Kontext eines allgemeinen Reisefiebers und der damit zusammenhängenden Modeliteratur als Unterhaltung, Belehrung und Gesellschaftskritik schuf H. eine neue Form der Reiseliteratur, die nicht nur bei den Jungdeutschen begeisterte Nachahmer fand. H. verbindet die politische Information und Kritik der Aufklärung mit der Empfindsamkeit und subjektiven Erlebnisweise Laurence Sternes und Jean Pauls sowie mit den romantischen »Wanderungen« zu einem neuen Genre des sich emanzipierenden bürgerlichen Individuums. Dabei ersetzte die europäische Emanzipation mit ihrer Radikalisierung von der Philistersatire in der *Harzreise* bis zur Adels- und Kleruskritik und Revolutionsbegeisterung in *Die Stadt Lucca* (1831) die Selbstbildung als zentrale Thematik und Absicht. Trotz der Ungebundenheit als Reisender, als freier Schriftsteller, als Intellektueller, besteht bei H. jedoch eine unlösbare Verbindung zu Deutschland als seiner Heimat. Vor allem in der *Harzreise* kontrastiert H. die »Banalität« der deutschen Realität mit der Natur, dem Volk mit seinen Märchen und dem Traum. Das veränderte thematische Interesse korrespondiert mit der Auflösung des traditionellen Gattungsgefüges, es entsteht eine »Antireiseliteratur«, gerichtet gegen das klassische Literaturideal: Lyrik steht neben Essayistik und Erzählung, Reflexionen neben Stimmungsbildern und autobiographischen Beobachtungen, an die Stelle einer linearen Komposition treten Brüche und Assoziationen. Die widersprüchliche Subjektivität des Ich-Erzählers, die Mischung verschiedener Sprachebenen, Konversationston neben scharfer Satire, eine spezifische Bildhaftigkeit (Reise-Bilder) und die vorherrschende Stilfigur der

Antithese führen zu einer Poetik der Dissonanz, des Fragmentarismus und ansatzweise der Montage in der Art der literarischen Moderne.

Nach der Julirevolution 1830 setzte H. diese neue Literaturkonzeption, die in die politischen Geschehnisse eingreifen und Stellungnahme beziehen soll, fort. In einer differenzierten und immer wieder modifizierten Auseinandersetzung mit Johann Wolfgang Goethe – H. betont den Indifferentismus, aber auch den Sensualismus des Weimarers – und in Abgrenzung zu Hegels Theorem vom »Ende der Kunst« spricht er vom »Ende der Kunstperiode« und dem Beginn einer neuen Kunst, »die sogar eine neue Technik hervorbringen muß«. »Bis dahin möge, mit Farben und Klängen, die selbsttrunkenste Subjektivität, die weltentzügelste Individualität, die gottfreie Persönlichkeit mit all ihrer Lebenslust sich geltend machen« (*Französische Maler*, 1834).

H.s Emigration nach Frankreich im Mai 1831 bildet einen tiefen Einschnitt in sein Leben, insbesondere die Erfahrungen mit der Metropole Paris, in Fortsetzung seiner neuen Wahrnehmungsweise in London (*Englische Fragmente*, 1831), der Kontakt in Praxis und Theorie mit den Frühsozialisten und Kommunisten sowie seine Erfahrungen mit dem Widerspruch von politischer und sozialer Revolution. H. wurde insofern zu einem der wichtigsten Vermittler zwischen Frankreich und Deutschland, als er für beide Literaturmärkte schrieb: die Deutschland-Schriften, *Die romantische Schule* (1836) und *Zur Geschichte der Religion und Philosophie in Deutschland* (1835), zuerst in französischer Sprache, die Frankreich-Berichte, *Französische Zustände* (1833), *Französische Maler* (1834), *Über die französische Bühne* (1840) und *Pariser Berichte* (1840–44) für die *Augsburger Allgemeine Zeitung* in deutscher Sprache. Obwohl H. in das Pariser Leben weitgehend integriert war (er stand im Kontakt mit

Giacomo Meyerbeer, Victor Hugo, Alexandre Dumas, Pierre Jean de Béranger, George Sand und Honoré de Balzac; er heiratete 1841 Augustine Crescence Mirat), orientierte er sich weiterhin an Deutschland und hielt sowohl über seine deutschen Besucher als auch durch seine Korrespondenzen für deutsche Zeitungen einen intensiven Kontakt aufrecht, der auch durch den Beschluß des Bundestages zum Verbot der Schriften des Jungen Deutschland (1835) nicht unterbrochen wurde.

Während H. in der *Romantischen Schule*, einem Gegenbuch zu Mme de Staëls *De l'Alle-magne*, den französischen Lesern ein kritisches Bild der deutschen Literatur, speziell der Romantik vorlegt, damit zugleich aber auch ein »Programm zur deutschen Literatur« liefert, zeigt er in *Zur Geschichte der Religion und Philosophie in Deutschland* Entwicklungslinien von der Reformation bis zu Immanuel Kant, Johann Gottlieb Fichte, Friedrich Wilhelm Joseph Schelling und Hegel auf. In der späteren »De Staël-Kritik« (*Briefe über Deutschland*, 1844), einer Art Kommentar zu seiner Geschichte der Philosophie, enthüllt H. das »Schulgeheimnis«: Hegel ist im Kern revolutionär, und sein berühmter Satz: »Alles was ist, ist vernünftig«, bedeute eigentlich: »Alles was vernünftig ist, muß sein.« Aus der Verbindung dieser linkshegelianischen Position mit Anschauungen des Saint-Simonismus, H.s »neuem Evangelium« (*Französische Zustände*), entwickelte er seine Auffassung von der Notwendigkeit einer universalen »sozialen Revolution« (*Französische Zustände*) – »le pain est le droit du peuple« (*Verschiedenartige Geschichtsauffassung*, 1833/1869). Dieser theoretische Ansatz sowie die sich daraus ergebende Konsequenz, die Kritik an der Unzulänglichkeit einer politischen Revolution, wie sie H. nach 1830 erlebte, führte zu heftigen Konflikten mit der deutschen Oppositionsbewegung. Ludwig Börne, einer ihrer Wortführer, sah in H.s Vernachlässigung der Politik, z. B. der Frage Republik oder Monarchie, einen Verrat an den revolutionären Ideen, was zu Vorwürfen und Verdächtigungen führte. H.s »Denkschrift« *Ludwig Börne* (1840) ist deshalb als Verteidigung und zugleich als Abrechnung mit den »neuen Puritanern«, Börnes »Zeitkreis«, zu verstehen, und zwar im Sinne des Aristophanes als Polemik in z. T. unflätigem Ton (vgl. die August-von-Platen-Polemik in *Die Bäder von Lucca*).

Obwohl H. die Tendenz der Saint-Simonisten zur Klassenversöhnung nicht akzeptierte, blieb die Antithese von Sensualismus und Spiritualismus, die Proklamation der Gleichheit der Genüsse, der zentrale theoretische Bezugspunkt, auch in der Auseinandersetzung mit dem Kommunismus. Nur so ist zum einen H.s Fehleinschätzung zu verstehen, er habe mit seiner sensualistischen Haltung – »wir stiften eine Demokratie gleichherrlicher, gleichheiliger, gleichbeseligter Götter« – »längst geträumt und ausgesprochen«, was die »Führer« des »Proletariats«, »die Philosophen der großen Schule«, die »von der Doktrin zur Tat« gehen, als »Programm« »formulieren« (»De Staël-Kritik«, *Briefe über Deutschland*). Nur so ist zum anderen, trotz enger Freundschaft und Zusammenarbeit mit Karl Marx, auch H.s zwiespältige Haltung noch 1854 gegenüber dem »schauderhaft nacktesten, ganz feigenblattlosen, kommunen Kommunismus« (*Geständnisse*, 1854) zu verstehen. Immerhin »sprechen zwei Stimmen zu seinen Gunsten«, nämlich »daß alle Menschen das Recht haben, zu essen«, und der Haß auf den »gemeinsamen Feind«, und relativieren das »Grauen« des Künstlers vor den »dunklen Iconoklasten« (Entwurf zur Französischen Vorrede zu *Lutezia*, 1854). Bezugspunkt für diese Haltung bildet ohne Zweifel der Gleichheitskommunismus, insbesondere der Neo-Babouvismus, den H. in den späten 1830er

Jahren als herrschende Strömung des Frühsozialismus in Paris kennenlernte. Aufbau und Sprachstil der zentralen Textstellen lassen jedoch auch einen ironischen Gestus H.s vermuten; er macht sich scheinbar die Vorurteile des Bürgertums zu eigen und spielt verdeckt mit deren Angst, gerade auch mit Blick auf seine bürgerlichen Leser. Der Idealisierung des Volkes tritt H. ebenso entgegen wie dessen Erniedrigung und benennt statt dessen die gesellschaftlichen Ursachen für dessen Häßlichkeit, Bosheit und Dummheit.

In den 1830er Jahren schrieb H. vor allem Prosa, und zwar zumeist in einer neuen literarisch-kritisch-analytischen Form, besonders ausgeprägt in einer Vielzahl aktualisierender Vorreden (*Über den Denunzianten*, 1837; *Der Schwabenspiegel*, 1839) und Vorworten (*Don Quichote*, 1837). Demgegenüber steht H.s Erzählprosa, obwohl mit der Form des historischen Schelmenromans experimentierend (*Der Rabbi von Bacherach*, 1840; bzw. *Aus den Memoiren des Herrn von Schnabelewopski*, 1834) ebenso zurück wie seine frühen Theatertexte (*Almansor*, 1823; *William Ratcliff*, 1823) und seine späten heidnischmythischen und phantastischen Stücke und Ballettlibretti (*Der Doktor Faustus. Ein Tanzpoem*, 1851; *Die Göttin Diana*, 1854; *Die Götter im Exil*, 1854).

Stand die Prosa für H. in den 1830er Jahren auch im Vordergrund, so schrieb er doch gleichermaßen eine große Anzahl von Gedichten. Veröffentlicht hat er sie jedoch erst 1844 in seinem zweiten wichtigen Lyrikband, den *Neuen Gedichten*, in dessen drittem Teil, den *Zeitgedichten* (1841–44), H. einen neuen Ton anschlägt: Neben aggressiver Satire auf die Herrschenden (*Der Kaiser von China*, 1843/44) steht die ironische Auseinandersetzung mit der politisch-literarischen Modeströmung der Tendenzpoesie in Deutschland (Ferdinand Freiligrath, Georg Herwegh u. a.) – »Blase, schmettre, donnre täglich« (*Die Ten-*

denz, 1842). H.s Kritik an ihrem »vagen, unfruchtbaren Pathos« und ihrem »unklaren Enthusiasmus« setzt sich fort und spitzt sich zu in *Atta Troll* (1843/ 47), dem schlecht tanzenden Tanzbären, der zwar »Gesinnung« hat, aber keine sinnliche Ausdruckskraft – »kein Talent, doch Charakter«. *Atta Troll* ist »das letzte freye Waldlied der Romantik« und zugleich der Beginn der »moderne(n) deutsche(n)   Lyrik« (*Geständnisse*, 1854). An den Anfang der *Zeitgedichte* stellte H. als Gegenposition seine *Doktrin* (1842) – er selbst als Tambour-Major, der die Hegelsche Philosophie, Reveille trommelnd und die Marketenderin küssend, in die Praxis umsetzt. Das beste Gegenbeispiel zu den »gereimten Zeitungsartikeln« bietet H. jedoch mit dem als Flugblatt verteilten und im Pariser *Vorwärts* abgedruckten Gedicht *Die schlesischen Weber* (1844), das den Weberaufstand in das Bild der ein »Leichentuch« für »Altdeutschland« produzierenden Weber faßt, als Ausdruck der historischen Notwendigkeit der Revolution.

Gegen Preußen und die »deutsche Ideologie« wendet sich auch H.s Versepos *Deutschland. Ein Wintermärchen* (1844). Mit Zorn und Liebe stellt H. seinen »Patriotismus« gegen dessen »Maske« und »die der Religion und Moral« (Vorwort) und verspottet gleichermaßen den Anachronismus des germanisch-christlichen   Königtums (Kyffhäuser-Sage) wie die Welt der Bourgeoisie (Göttin Harmonia). In diesen »versifizierten Reisebildern« (Brief v. 20. 2. 1844) verbinden sich Volksliedstrophe und volkstümliche Motive aus Sage und Märchen, Mythologie, Religion und Traum, Trauer um Deutschland und diesseitiges Glücksstreben zu einem »neuen Genre« (20. 2. 1844), das H. selbst, in der Tradition von Aristophanes stehend, »radikal, revolutionär« nennt (14. 9. 1844). Politischer Bezugspunkt dieser schärfsten deutschsprachigen Satire des 19. Jahrhunderts bilden

der Saint-Simonistische Sensualismus und die Emanzipation des Menschen beim jungen Karl Marx.

Mitte der 1840er Jahre gerät H. in eine Krise – Isolierung von den politischen Freunden, Erbstreitigkeiten, Beginn seiner Krankheit, die ihn ab 1848 ans Bett fesselte; dem Siechtum in der »Matratzengruft« stellte er die Intensität seiner Literaturproduktion entgegen. Die Prosatexte aus dieser Zeit leben vor allem von der Erinnerung: Er arbeitet sein Leben auf – die *Geständnisse* und die erst postum von der Familie zensiert veröffentlichten *Memoiren* (1884) –, und er arbeitet seine *Berichte über Politik, Kunst und Volksleben* für die *Augsburger Allgemeine Zeitung* (von 1840 bis 1844) zu den zwei Büchern der *Lutezia* um. *Romanzero* (1851), H.s dritter großer und sehr erfolgreicher Gedichtband, lebt dagegen ebenso wie die *Gedichte 1853 und 1854* (1854) aus der bedrückenden Gegenwart. H.s Leiden führt zu Verzweiflung und Widerstand, zu Distanz vom politischen Tagesgeschehen, der deutschen Misere nach 1848 und zur Konzentration auf die Kunst, zur religiösen »Bekehrung« und zu blasphemischen Zweifeln und Fragen nach der Gerechtigkeit angesichts von siegreichem Bösen und hilfloser Armut, wie H. es im *Lazarus*-Zyklus betont. Das letzte Gedicht dieses Abschnitts, *Enfant perdu*, bekenntnishaft wie die meisten Gedichte dieser Zeit, kann als H.s Testament gelesen werden: »Ein Posten ist vakant! – Die Wunden klaffen /Der eine fällt, die andern rücken nach /Doch fall ich unbesiegt, und meine Waffen/sind nicht besiegt – Nur mein Herze brach.«

H. war trotz Besuchen von Freunden und der Hilfe der Mouche Elise Krinitz (um 1826–1896) in der Einsamkeit der Krankheit isoliert. Als Jude war er trotz Assimilation ein Paria und schöpfte aus seiner Bindungslosigkeit die Kraft seiner Utopie; als Intellektueller seiner Klasse, dem Bürgertum, sich entgegenstellend, aber auch außerhalb des heraufkommenden Proletariats stehend, sah er die Gesellschaft mit analytisch-kritischem, mit fremdem Blick; als Schriftsteller wurde er trotz Einfluß und Erfolg Außenseiter, ausgegrenzt nicht zuletzt auch von den Liberalen und Radikaldemokraten. Sein Sensualismus – die Revolution als »Bacchantenzug« – und seine ästhetische Sensibilität machten ihn verdächtig; verdächtig auch wegen der Subversivität seiner Sprache, seiner Ironie, seiner Trauer, seines grellen Lachens, die entgegen Karl Kraus' Verdikt von der Sprachzerstörung Widerstand gegen Alltagssprache und Alltagsordnung leistet, sich jedoch zunehmend gegen Vereinnahmungstendenzen in Ost und West zu wehren hat: »Die Wunde Heine beginnt zu vernarben, schief« (Heiner Müller).

Florian Vaßen

Hesse, Hermann
Geb. 2. 7. 1877 in Calw;
gest. 9. 8. 1962 in Montagnola

»Mit dem *Camenzind*, seinem ersten großen Roman, hatte Hermann Hesse zu Beginn des Jahrhunderts die damalige Jugend begeistert. *Demian* erregte die Generation der Heimkehrer aus dem Ersten Weltkrieg, und ein Vierteljahrhundert später faszinierten die geistige Disziplin Kastaliens, die Kräfte der Meditation und Humanität jene Menschen, die im Chaos eines zerbrochenen Staates und verlorenen Krieges nach neuen Ordnungen suchten« (Bernhard Zeller). Diese Faszination ging von einem Roman H.s aus, in dem einzigartig und bis heute für viele Lesergenerationen erregend der Kulturpessimismus, die Technikfeindlichkeit und der Existentialismus der 1920er Jahre ausgedrückt waren: dem *Steppenwolf* von 1927, mit dem H. in der Gestalt des völlig vereinsamt durch die Welt streifenden Harry Haller die »Krankheit der Zeit« diagnostizieren wollte. Es zeugt

von der visionären Kraft dieses »nur für Verrückte« gedachten Romans, daß er noch in den 1970er und 80er Jahren die Nach-Vietnam-Generation, vor allem in den Vereinigten Staaten, durch seine Kritik am Krieg, an der Technik, am Amerikanismus, dem Leistungswillen und der Rationalität in seinen Bann schlug. Die Psychedelics und Hippies der amerikanischen Protestbewegung sahen sich durch die Flucht Harry Hallers in die Sexualität, die Musik, den Drogenrausch und die fernöstliche Philosophie in ihrer radikalen Verwerfung der herrschenden gesellschaftlichen und politischen Kultur glänzend bestätigt und lasen H. als Aufforderung zu einer neuen, auf Freiheit und Gefühl gegründeten »Gegenkultur«. Nimmt man H.s Roman *Siddhartha* von 1922 als weiteren Riesenerfolg, der den Tod seines Autors überdauerte, mit hinzu, so vervollständigt sich das Paradox eines Lebenswerks, mit dem sich im Verlauf seiner Wirkungsgeschichte immer wieder große Gruppen von Menschen, vor allem der jungen Generation, identifiziert haben, obwohl es zunächst ganz und gar unpolitisch angelegt war und die Individuation einer ebenso sensiblen wie verstörten Einzelseele in den Mittelpunkt stellte.

H. erlebte zwei tiefgreifende persönliche Krisen. Die eine: Flucht aus dem Klosterseminar Maulbronn und der anschließende Prozeß der Selbstfindung bis zur Veröffentlichung des *Peter Camenzind* (1904). Die andere: Abwendung vom penetranten Weltkriegsnationalismus und der Schlußstrich, den er mit dem *Demian* (1919), seiner »Seelenbiographie«, unter die erlittenen Erschütterungen und Zerrüttungen zog: Tod des Vaters, lebensgefährliche Erkrankung des Sohns, Ehekrise, die eigene Nervenkrankheit, Sanatoriumsaufenthalt. Vieles spricht dafür, daß H. mit diesen beiden Krisen in das Zentrum der Psychopathologie seiner Generation getroffen hat. Während dieser Krisen fand H. aber auch in der Hinwendung zum Schreiben, in seiner persönlichen Auffassung von Literatur als Form subjektivistischer Entwicklung und Selbstfindung, den inneren Halt, der seiner Generation verlorenzugehen drohte.

Das Elternhaus H.s im kleinstädtischen Calw war durch den Pietismus – H.s »schwäbisch-indischer« Großvater war seit 1836 in der pietistischen Indienmission tätig gewesen – und eine unvermutet weltoffene Gelehrsamkeit so christlich und idealistisch geprägt, daß der frühreife, hochbegabte, aber auch widerspenstige Knabe bereits mit dreizehn Jahren wußte, daß er »Dichter oder garnichts werden« wolle und mit fünfzehn Jahren der von den Eltern gewünschten Ausbildung zum Theologen buchstäblich davonlief. Am 7. März 1892 kommt der verzweifelte Ausreißer bis Baden und Hessen, er verbringt die Nacht bei 7 Grad ohne Mantel und Geld im Freien und kehrt erst am nächsten Mittag, von einem Landjäger begleitet, erschöpft und hungrig ins Maulbronner Seminar zurück. Es folgen Monate der physischen und psychischen Schwäche, er denkt sogar an Selbstmord. Im Mai 1892 verläßt H. Maulbronn für immer und die hilflosen Eltern machen den Fehler, den sensiblen Jungen zu einem befreundeten Exorzisten nach Bad Boll, dann, nach einem Selbstmordversuch aus Liebesschwärmerei, in eine »Anstalt für Schwachsinnige und Epileptische« nach Stetten zu geben. Erbittert reagiert der durchaus vernünftige, sich einer vorübergehenden Nervenschwäche bewußte H. mit einer Absage an Glaube und Elternliebe: »Wenn Ihr mir schreiben wollt, bitte nicht wieder Euren Christus. Er wird hier genug an die große Glocke gehängt ... Ich glaube, wenn der Geist des verstorbenen ›Christus‹, des Juden Jesus, sehen könnte, was er angerichtet, er würde weinen.«

H. beginnt, den Vater mit »Sehr geehrter Herr« anzureden. Beide Eltern denken und empfinden unter strenger Ausrichtung auf Gott, das Ich mit seinen Neigungen und Gefühlen hat daneben kein Recht. Die Mutter klagt über H.s »offene Feindschaft gegen Gott und Sein Lichtreich ... ›Selbst‹ ist sein Gott«. Auch wenn H. nach Abschluß des »Einjährigen-Examens« am Gymnasium in Cannstatt noch ein halbes Jahr bei den Eltern wohnt, bevor er bis Herbst 1895 eine Lehre als Turmuhrenmechaniker in der Calwer Fabrik von Heinrich Perrot hinter sich bringt und seine »Ruhe und Heiterkeit« trotz des Spotts über den »Landexamensschlosser« wiederfindet, ist der Gedankenaustausch mit den Eltern abgerissen. Weil der Vater H.s neue Lesewut, seine Romanlektüre als Wurzel aller »Verirrungen« verurteilt, bleibt dem Jungen nur die entschiedene Trennung von den Eltern: »Ich glaube, wenn ich Pietist und nicht Mensch wäre, wenn ich jede Eigenschaft und Neigung an mir ins Gegenteil verkehrte, könnte ich mit Ihnen harmonieren«, hat er ihnen 1892 geschrieben.

H.s anthropozentrisches Weltbild findet zunächst in Heinrich Heine und Iwan Turgenjew Bestätigung gegen das Übermaß kirchlicher Frömmelei. Heinrich Heine, der »der Romantik ein Ende« machte und doch »ihre letzten, reifsten Lieder« schrieb, imponiert ihm als Aufklärer und Ironiker, Iwan Turgenjew als antiautoritärer, keinem Prinzip anhängender »Nihilist«. Dann aber, schon 1895 nach der Lehre bei Perrot, erfolgt eine Hinwendung zur Weimarer Klassik, zum Schönheitsideal der Antike, später zu den Romantikern: »Die tollste Sturm-und-Drang-Zeit ist glücklich überstanden ... Hätte ich in Literatur z. B. an einer Hochschule auch nur ein Pünktchen mehr lernen können als privatim? Gewiß nicht«, stellt er 1895 fest. Das alles geht ein in die Novelle *Unterm Rad* (1906), autobiographischer Reflex seines Maulbronner Desasters. Das »Eigenrecht der Literatur« drückt H. nicht leer und formalistisch aus, auch wenn die Gedichte, seit 1896 gedruckt, und die erste Sammlung von Erzählprosa, entstanden während der nächsten Tübinger Buchhändlerlehrjahre von 1895 bis 1899, mit dem Titel *Eine Stunde hinter Mitternacht* (1899), noch im Zeichen einer »für Künstler durch die Ästhetik« ersetzten »Moral« stehen (1897). Die folgenden Basler Jahre als Buchhändler und Antiquar von 1899 bis 1903 bringen den schriftstellerischen Durchbruch und eine allmähliche Abkehr vom blassen Kolorit melancholischer Endzeitstimmung; das im Zentrum der *Hinterlassenen Schriften und Gedichte von Hermann Lauscher* (1901) stehende *Tagebuch 1900* rückt bereits die Basler Kindheitsjahre von 1881 bis 1886 in weitere Entfernung und läßt die »Schönheitsinsel« der ersten Prosa in ungeschminkter Selbstkritik und leidenschaftlicher Selbsterforschung hinter sich. Der Sprung in das eigene Thema der psychologischen Persönlichkeitsbildung, die sich zugleich mit einem zivilisations- und bildungskritischen »Zurück zur Natur« vollzieht, gelingt im *Peter Camenzind* (1904). Dieser ist versetzt mit einem guten Schuß Lebensphilosophie, die von einer ausgiebigen Lektüre des »Umwerters aller Werte«, Friedrich Nietzsche, herrührt. Das frühere Lieblingsbild, Arnold Böcklins »Toteninsel«, weicht nun einem neuen Realismus im Kreis von Basler Schülern Jacob Burckhardts, in dessen Geist H. zwei Italienreisen antritt. Samuel Fischer, der auf *Hermann Lauscher* aufmerksam geworden war, druckte den *Peter Camenzind* 1903 in der Zeitschrift *Die Neue Rundschau* vorab. Als das Buch 1904 bei S. Fischer erschien, war H. über Nacht berühmt. Camenzind »strebt von der Welt und Gesellschaft zur Natur zurück, er wiederholt im kleinen die halb tapfere, halb sentimentale Revolte Rousseaus, er wird auf diesem Wege zum Dichter«. Spät und treffend hat H. 1951 die literarische Thematisierung der eigenen Biographie beschrieben. Was dieses gegen die Großstadt-zivilisation geschriebene Buch vom Tenor der sozialen Schicksalhaftigkeit, mit dem Naturalisten wie Gerhart Hauptmann gerade auf den Plan getreten waren, oder von dem neuen Gemeinschaftserlebnis der bündischen Wandervogeljugend unterschied, war der kompromißlose, gesellschafts- und gemeinschaftsfeindliche Wunsch, sich nicht anzupassen, sondern »eigensinnig nur seinen eigenen Weg zu gehen und die Spannungen zwischen analytischem Denken und sinnlicher Anschauung als individuellen Weg in allen Stufen« auszuhalten: »Beinahe alle Prosadichtungen, die ich geschrieben habe, sind Seelenbiographien, in allen handelt es sich nicht um Geschichten, Verwicklungen und Spannungen, sondern sie sind im Grunde Monologe, in denen eine einzige Person – wie Peter Camenzind, Knulp, Demian, Siddartha, Harry Haller – in ihren Beziehungen zur Welt und zum eigenen Ich betrachtet wird.«

Die folgenden Jahre am Bodensee verbringt H. in einem gemieteten Bauernhaus in Gaienhofen; später lebt er mit den drei Söhnen (Bruno, Heiner und Martin) und der Ehefrau Maria Bernoulli, die er 1904 auf seiner zweiten Italienreise kennengelernt hat, bis 1912 im eigenen Bauernhaus. Diese Jahre erfüllen den ruhelosen H. mit wachsendem Unbehagen am »Philisterland«. Die Schwierigkeiten seiner Künstlerehe gehen in die Romane *Gertrud* (1910) und *Roßhalde* (1914) ein; auch die zweite Ehe mit Ruth Wenger, von 1924 bis 1927, bleibt ein Übergang, und erst die Altersbeziehung mit Nina Dolbin, geb. Ausländer (ab 1931), besteht bis zum Tod. Das Einzelgängermotiv ist bis zum *Steppenwolf* (1927) durchgehalten, wo es zum Titelsymbol wird: »In meinem Leben haben stets Perioden einer hochgespannten Sublimierung, einer auf Vergeistigung zielenden Askese abgewechselt mit Zeiten der Hingabe an das naiv Sinnliche, ans Kindliche, Törichte, auch ans Verrückte und Gefährliche.

Jeder Mensch hat dies in sich«, schreibt er 1928 in *Krisis*.

Die mönchische Askese und doppelgängerische Seelenlage, gespiegelt in *Knulp* (1915), einem Bruder der romantischen Sternbalde, Schlemihle und Taugenichtse, führt zu wachsender Entfremdung von der Familie: »Die Gattin aus dem alten Basler Geschlecht ist viel zu tief in die Ahnenreihe versunken. Festen und froher Geselligkeit ist sie ganz abgeneigt. So bleibt der Künstler ein Eigenbrötler, wenn nicht ein Widersacher; bleibt er der Einsame und Isolierte in einer entlegenen Kammer. Erst 1911 mit einer Reise nach Indien, und eigentlich erst im Kriege, und noch später 1919 mit der Übersiedlung von Bern ins Tessin beginnt die menschliche Anonymität des Autors sich aufzulösen und mitzuteilen«, erinnert sich später Hugo Ball.

Während der an das Leben im Bauernhaus anschließenden Phase von 1912 bis 1919 lebt H. in Bern. Bei Ausbruch des Ersten Weltkriegs meldet er sich zunächst freiwillig zum Militärdienst, wird jedoch wegen hochgradiger Kurzsichtigkeit für felddienstuntauglich erklärt. Unter dem Eindruck der Kriegsereignisse selber, seiner aufopfernden Tätigkeit in der Kriegsgefangenenfürsorge und der chauvinistischen literarischen Musik, mit der die Grauen dieses Weltkriegs begleitet werden, weigert sich H. 1915 in einem Beitrag der *Neuen Zürcher Zeitung* mit dem Titel *Wieder in Deutschland*, angesichts des allerorten vom Krieg gezeichneten Vaterlands und des Elends, unter dem die Gefangenen und die Verwundeten zu leiden haben, »Kriegsnovellen und Schlachtgesänge« zu verfassen. Als er daraufhin von der deutschen Presse, u. a. vom *Kölner Tagblatt*, als »vaterlandsloser Geselle« und »Drückeberger« beschimpft wird, bricht er die letzte Brücke zu Deutschland ab und bewirbt sich um die schweizerische Staatsbürgerschaft, die er 1923 erhält. Von 1915 bis 1919 widmet er trotz gro-

ßer persönlicher Schwierigkeiten und trotz des sich verschlimmernden Nervenleidens einen erheblichen Teil seiner Arbeitskraft der »Bücherzentrale für deutsche Kriegsgefangene Bern«, redigiert die Schriftenreihe und das Kriegsgefangenenblatt *Pro Captivis*. Mit der Veröffentlichung von *Demian. Die Geschichte einer Jugend* – 1919 zunächst bei S. Fischer unter dem Pseudonym Emil Sinclair erschienen –, *Zarathustras Wiederkehr. Ein Wort an die Deutschen* (1919) und *Sinclairs Notizbuch* (1923) versucht er, die Deutschen nach dem großen Krieg zur inneren Einkehr, zu Pazifismus und zu humanitärem Internationalismus zu bewegen. Unter diesem Vorzeichen werden Romain Rolland, T.S. Eliot, Thomas Mann und Hugo Ball seine Freunde, später treten Carl Gustav Jung, André Gide, Rudolf Alexander Schröder, Hans Carossa und Martin Buber hinzu. Nach der Indienreise von 1911 und der Begegnung mit Sigmund Freud und Jung, vermittelt durch den Jung-Schüler und Psychotherapeuten H.s, Josef Bernhard Lang, gewinnt der Weg zum Selbst als dem »innigeren Verhältnis zum eigenen Unbewußten« (*Künstler und Psychoanalyse*, 1918) die Bedeutung von Lebensnorm, Gott und Sinn. Von nun an bildet die Selbstfindung des Schriftstellers durch seine Bilder und Fiktionen die Voraussetzung zur Lösung der Bewußtseins- und Zeitkrisen. Logos und Mythos verschränken sich zu einem bis zum Ende auszuhaltenden Spannungsverhältnis, ob im menschenzugewandten Taoismus (*Siddhartha*, 1922) oder den späten, auf Chinesisch-Pantheistisches oder auf Humor und Weisheit abzielenden Gedichten.

In den Jahren zwischen den beiden Weltkriegen hat H. in der Öffentlichkeit unermüdlich vor Nationalismus, Rassismus und Kriegstreiberei gewarnt. Als sich im nationalsozialistischen Deutschland diese Gefahren immer deutlicher abzeichnen, beginnt er – der zahllosen

Aufrufe, Pamphlete und offenen Briefe müde geworden – eine der erstaunlichsten Korrespondenzen der deutschen Literatur: von den neuen Herren Deutschlands längst geächtet, schreibt er jährlich etwa eintausend Briefe an junge Deutsche, um auf sie persönlich einzuwirken – der Nachlaß umfaßt etwa 35 000 Briefe. Er verläßt sich aber auch auf die ordnenden Seelenkräfte Kastaliens, einer utopischen Ordensprovinz des Jahres 2200 in der italienischen Schweiz, in dem sein letzter großer Roman, *Das Glasperlenspiel. Versuch einer Lebensbeschreibung des Magister Ludi Josef Knecht samt Knechts hinterlassenen Schriften. Herausgegeben von Hermann Hesse* (1943), spielt. Er schildert in diesem Roman, an dem er seit 1931 (dem Jahr der *Morgenlandfahrt*) gearbeitet hat, den exemplarischen Lebenslauf Josef Knechts, der als Novize in dem heroisch-asketischen Orden der Glasperlenspieler heranwächst. Der glänzend begabte Knecht wird schließlich Meister des Spiels, das sich einer längst vergangenen Geschichtsepoche, dem krisenhaften »feuilletonistischen Zeitalter« des 19. und 20. Jahrhunderts, verdankt. In Knechts vollendetem Umgang mit allen Inhalten und Werten der Weltkultur scheint sich der Kreis zwischen Schüler und Meister, Lernen und Lehre wieder einmal geschlossen zu haben, aber er erkennt, daß Kastalien keine Existenz an sich selbst, sondern eine geschichtliche und damit vergängliche Gestalt der christlich-abendländischen Kultur ist. Er bricht aus dieser Welt aus und ertrinkt in einem See; ein unübersehbares Fragezeichen, das H. selber hinter die Vollkommenheit seiner pädagogischen Provinz, die beziehungsreich den »Morgenlandfahrern« gewidmet ist, gesetzt hat.

Aufgrund seines schlechten Gesundheitszustands, vor allem seiner zunehmenden Sehschwäche, hat H. in seinen letzten Lebensjahren keine größeren Werke mehr geschrieben. Außer Ge-

dichten sind vor allem Prosaskizzen entstanden; daneben arbeitete er zusammen mit seinem Verleger und Freund Peter Suhrkamp an der Neuausgabe seiner in Deutschland vergriffenen oder von den Nationalsozialisten unterdrückten Werke. Es war die Zeit der großen Ehrungen (Goethe-Preis der Stadt Frankfurt a. M., 1946; Nobelpreis für Literatur, 1946; Friedenspreis des Deutschen Buchhandels, 1955). Ähnlich den Jahren nach dem Ersten Weltkrieg setzte nach 1945 eine neue, breite Begeisterung für sein Werk und seine Person als einer Chiffre des Überlebens, der größeren Hoffnung ein, vor der er sich mit einem Schild »Bitte keine Besuche« am Eingang seines Hauses zu schützen suchte. Seinen Lebensabend verbrachte er fast ausschließlich in Montagnola, wo er seit 1931 lebte. 1961 wurde an ihm eine Leukämie diagnostiziert, die schließlich zu seinem Tod führte. Noch in seinen letzten Tagen hat er an einem Gedicht gearbeitet, *Knarren eines geknickten Astes*, die widersprüchliche Summe der menschlichen Existenz in einem trotzig-resignierenden Naturbild bergend.

Im H.-H.-Jahr 2002, zum 125. Geburtstagsjubiläum, wurde die Brückenfunktion seines Werks zwischen christlicher und fernöstlicher Religion deutlich sowie die weltweite Wirkung mit Museengründungen und neuen Ausstellungen bis hin zu Budapest und Seoul und der Gründung einer Internationalen H.-H.-Gesellschaft in Calw. Rezensionen dieses Jahres, vor allem zum *Glasperlenspiel*, ironisierten aus postmoderner Mentalität die ›Übererfüllung‹ epischer Geschlossenheit. Die Einsichten H.s über den Zusammenfall der Gegensätze Yin und Yang, Individualismus und Dienen in der Rezeption östlicher Meditationstechniken und der damit verbundenen Haltung gilt als heute durch die Spiritualismusmode eingeholtes Ideal, das sich als ebenso hohl erwiesen hat, wie die Ideale des

›alten Europa‹. Dennoch bleibt der Ausbruch aus dem selbstgenügsamen Spiritualismus am Romanende seines letzten *magnum opus* und das darin implizierte, immer neu einzulösende Postulat einer ›Synthese von Geist und Leben‹ für die stetig wachsende, weltweite Lesergemeinde der *Morgenlandfahrer* auf der Suche nach Lebenssinn gültig.

Volker Wehdeking

Hoffmann, Ernst Theodor Amadeus
Geb. 24. 1. 1776 in Königsberg;
gest. 25. 6. 1822 in Berlin

Der Zeitpunkt, an dem H. als Ausdruck seiner Bewunderung für Mozart seinen dritten Vornamen Wilhelm durch Amadeus ersetzte (1809), fällt in die Jahre, in denen er sich den beiden Seiten seines Künstlertalents widmete, die heute mit seinem Namen erst in zweiter Linie verbunden, wenn nicht gar vergessen sind: der Musik und der Malerei. 1810 hatte er am Bamberger Theater die Stelle eines Direktionsgehilfen angenommen, in der er bald als Bühnenarchitekt, bald als Theatermaler und Komponist arbeitete und sich in scharfsinnigen Rezensionen mit Ludwig van Beethovens Kompositionen auseinandersetzte. Entscheidenden Einfluß auf H.s spätere schriftstellerische Tätigkeit übt die leidenschaftliche Liebe zu seiner Gesangsschülerin Julia Marc aus (1811), die in den zwei Frauengestalten Julia und Cäcilia in der Erzählsammlung, den *Fantasiestücken in Callots Manier* (1814–15) und hier besonders in der Erzählung *Nachricht von den neuesten Schicksalen des Hundes Berganza* (1814) ihren Niederschlag findet.

Der Bamberger Zeit (von 1808 bis 1813) folgte ein weiteres Jahr, in dem sich H. vorwiegend mit der Musik beschäftigte und seine Oper *Undine* (1812–1814; Text von Friedrich de la Motte-Fouqué) vollendete, »eines der geistvollsten« Werke, »das uns die neue-

re Zeit geschenkt hat«, wie Carl Maria von Weber in seiner Rezension schreibt. 1813 wurde H. von Joseph Seconda als Musikdirektor nach Dresden berufen. Nach dem Zerwürfnis mit Seconda (1814) wendet er sich brieflich an seinen alten Freund Theodor Gottlieb von Hippel mit »dem sehnlichsten Wunsch …, wieder im preußischen Staate angestellt zu werden« und mit der Bitte, ihm »eine Anstellung in irgend einem Staats-Bureau zu verschaffen«, die ihn »nähren« sollte. Die wirtschaftliche Not zwingt H., seinen juristischen Brotberuf wieder aufzunehmen, den er 1806 mit dem Einzug der Franzosen in Warschau, wo erste Kontakte zu den Romantikern entstanden waren (von 1804 bis 1806), verloren hatte. Zunächst arbeitete H. am Berliner Kammergericht ohne festes Gehalt, 1816 wurde er zum Kammergerichtsrat ernannt. Die Doppelexistenz als preußischer Kammergerichtsrat und als Künstler, die H. fortan führt, vor allem nach seiner Ernennung zum Mitglied der »Immediatkommission zur Ermittlung hochverräterischer Verbindungen und anderer gefährlicher Umtriebe« (1819), wird satirisch im *Kater Murr* (1820–22) und der Knarrpanti-Episode im *Meister Floh* (1822) verarbeitet. Die juristische Tätigkeit schärfte H.s Blick für skurrile und groteske Situationen und für die Erscheinungsformen des Spießbürgerlichen, die er in komischen Verwicklungen, im Aufeinanderprallen von (spieß-)bürgerlicher Existenz und dem Künstlerischen und Phantastischen in vielen seiner Erzählungen verarbeitete. Die Jahre als preußischer Beamter sind die Zeit von H.s eigentlicher literarischer Produktion. Besonders *Die Elixiere des Teufels* (1815/16) und die *Nachtstücke* (1816/17) tragen dazu bei, daß er von Zeitgenossen und in der Folgezeit als »Gespenster-Hoffmann« verspottet wurde. Sein Anliegen, die Bedrohung des Menschen durch das Unheimliche und Unbegreifliche und die oft gleitenden Übergänge vom Wunderbaren zum Entsetzlichen, vom Genialen zum Krankhaften zu zeigen, Themen, die auch seine Tagebuchnotizen durchziehen und die Heinrich Heine (1836) dazu veranlaßten, H.s Werk als einen »entsetzlichen Angstschrei in 20 Bänden« zu nennen, wird oft durch die kurzweiligen Abenteuer- und Spukgeschichten überdeckt.

Diese Spannung, welche die Erzählungen, vor allem *Die Serapions-Brüder* (1819/20), durchzieht, wird auch in seinen Tagebüchern deutlich: Romantisch-religiöse Eintragungen wechseln sich ab mit bissigen Bemerkungen, Humoristisches wird von überspannten Ideen und bizarren Gedanken abgelöst. Die Bedeutung des Unheimlichen, seine Ambivalenz, zugleich anziehend und abstoßend zu wirken, wird in diesen Notizen des »Meisters des Unheimlichen« (Sigmund Freud) stets betont.

H.s letzte Lebensjahre werden von dem Konflikt zwischen seiner schriftstellerischen Tätigkeit und seinem juristischen Beruf überschattet. Die satirische Verarbeitung seiner Tätigkeit in der »Immediatkommission« führte zur Beschlagnahmung des Manuskripts des *Meister Floh* und zog ein Disziplinarverfahren gegen den schon todkranken H. nach sich (1822). Seine Verteidigung der Knarrpanti-Episode im *Meister Floh* enthält gleichsam sein poetisches Vermächtnis: Ohne böse Nebenabsichten habe er die »scurrilen, ja gänzlich bizarren Abentheuer«, frei dem Flug der Phantasie folgend, verfaßt; er habe kein politisches Pamphlet vorlegen wollen, sondern ein Produkt der Phantasie eines »humoristischen Schriftstellers, der die Gebilde des wirklichen Lebens nur in der Abstraction des Humors wie in einem Spiegel auffassend reflectirt. Dieser Gesichtspunkt läßt mein Werk in dem klarsten Lichte erscheinen, und man erkennt, was es sein soll, und was es wirklich ist.«

Bernhard Zimmermann

Hofmannsthal, Hugo von
Geb. 1. 2. 1874 in Wien;
gest. 15. 7. 1929 in Rodaun bei Wien

»Allzugenau war es ihm sichtbar, daß er allüberall auf verlorenem Posten stand: aussichtslos war der Weiterbestand der österreichischen Monarchie, die er geliebt hatte und nie zu lieben aufhörte; aussichtslos war die Hinneigung zu einem Adel, der nur noch ein karikaturhaftes Scheindasein führte; aussichtslos war die Einordnung in den Stil eines Theaters, dessen Größe nur mehr auf den Schultern einiger überlebender Schauspieler ruhte; aussichtslos war es all das, diese schwindende Erbschaft aus der Fülle des maria-theresianischen 18. Jahrhunderts, nun im Wege einer barock-gefärbten großen Oper zur Wiedergeburt bringen zu wollen. Sein Leben war Symbol, edles Symbol eines verschwindenden Österreichs, eines verschwindenden Theaters –, Symbol im Vakuum, doch nicht des Vakuums.«

Wenn H. auf die »formidable Einheit« seines Werks verweist, so scheint sie in Hermann Brochs eindringlicher Analyse auf ihren innersten Begriff gebracht: politische, soziale und künstlerische Aussichtslosigkeit und Vergeblichkeit, denen der Dichter aber dennoch mit seinem Lebenswerk einen unbeirrbaren und beharrlichen Widerstand entgegenzusetzen wußte. Mit dem Zusammenbruch der k. u. k. Monarchie 1918 wurde für H. diese Erkenntnis zum Lebensproblem, »das Paradoxon des scheinbaren Noch-Bestehen-Könnens bei tatsächlichem Ende«. Das Kriegsende bildete denn auch die eigentliche Zäsur in seinem Leben und Werk, die beide aus einem geistig-politischen ›Vorher‹ und ›Nachher‹ zu begreifen sind.

Geboren wird H. in Wien zu einer Zeit, die voller Spannungen ist. Im Jahr der Weltausstellung 1873 kommt es zum großen Börsenkrach, in dem das spekulierende Großbürgertum, darunter auch sein Vater, einen Großteil des Vermögens verliert; trotz des Ausgleichs mit Ungarn von 1867 ist das Nationalitätenproblem im Bunde mit dem erstarkenden Panslavismus, Nationalismus und Antisemitismus eine ständig wachsende Belastung für den Erhalt des Kaiserreichs; Kunst und Literatur antworten auf diese bedrängenden Gegenwartsprobleme mit Flucht in einen unverbindlichen Ästhetizismus, dessen unterschwellige Katastrophenstimmung mit den Schlagwörtern ›décadence‹, ›Fin de siècle‹, ›l'art pour l'art‹, ›Symbolismus‹ oder ›Romantizismus‹ nurmehr kaschiert erscheint. Prägnanter wird die Stimmung der Jahrhundertwende gefaßt in den Seitenhieben von Karl Kraus und Hermann Bahr gegen die herrschende Literatenschicht – die »Kaffeehausdekadenzmoderne« als »fröhliche Apokalypse Wiens«. »Die demolirte Litteratur« – zu ihren Vertretern zählt Karl Kraus 1897 ausdrücklich auch den jungen H., der noch als Gymnasiast in den einschlägigen literarischen Kaffeehauskreisen mit sprachvollendeten Gedichten debütierte und von Bahr und Arthur Schnitzler als Wunderkind gefeiert wurde. Stefan George hatte den jungen Dichter als Mitarbeiter für seine *Blätter für die Kunst* gewonnen, in denen 1892 das dramatische Fragment *Der Tod des Tizian* erscheint; bis 1897 treten neben Gedichte voller Musikalität und Sprachmagie weitere dramatische Arbeiten: *Alkestis* und *Der Thor und der Tod* als das wohl berühmteste Werk des jungen H. Er selbst charakterisiert sie im Rückblick als »Stücke ohne Handlung, dramatisierte Stimmungen«. »Das Bekenntnishafte, das furchtbar Autobiographische daran« ist oft übersehen worden; es enthüllt sich als die Auseinandersetzung des jungen Dichters mit dem Todeserlebnis als Lebensüberfluß; die Schrecklichkeit des Todes wird in allen Dramoletts (*Gestern*; *Der weiße Fächer*; *Die Frau im Fenster*) durch ein gesteigertes dionysisches Lebensgefühl

überwunden: Tod und Leben verschmelzen im mystischen Erlebnis zu einer höheren, göttlichen Einheit. Die Hingabe an dieses rauschhafte Daseinsgefühl wird aber bereits in dem *Märchen der 672. Nacht* (1895) in Frage gestellt: »Die tödliche Angst vor der Unentrinnbarkeit des Lebens« führt zur Erkenntnis, daß eine humane Existenz jenseits des schönen, aber verarmenden Lebens – von H. als Zustand der »Präexistenz« beschrieben – in Sittlichkeit und in Verantwortung gegenüber der Lebensaufgabe gesucht werden muß. Der Ästhetizismus wird erkannt als ausweglose Verstrickung in eine verführerische Scheinwelt; wie wird er überwunden? 1901 gibt H. die durch Dissertation und Habilitationsschrift in Romanistik vorbereitete Universitätslaufbahn zugunsten des Schriftstellerberufs auf; in demselben Jahr heiratet er und zieht in das »Fuchsschlössel« in Rodaun bei Wien, das er bis zu seinem Tode bewohnt. Die neuen Verhältnisse zusammen mit der Erschöpfung des lyrisch-subjektiven Jugendstils führen in eine tiefe schöpferische Krise: der »bivalente Zustand zwischen Präexistenz und Verschuldung«, zwischen Ästhetizismus und Lebensschicksal muß entschieden werden. Der sogenannte »Chandos-Brief« (*Brief des Philipp Lord Chandos an Francis Bacon*, 1902) sucht diese Wandlung zu formulieren; in ihm äußert sich nicht nur die Verzweiflung über den Sprachverlust – »die abstrakten Worte zerfielen mir im Munde wie modrige Pilze« –, sondern auch die Kritik an der Gefühlsintensität, »das ganze Dasein als eine große Einheit« erleben zu wollen. Die in der Jugendlyrik beschworene Einheit von Mensch, Ding und Traum ist endgültig zerbrochen. Nach dem »Tod des Ästheten« (Richard Alewyn) sucht H. die Rettung aus der Schaffenskrise durch den »Anschluß an große Form« zu finden. Dies bedeutet die Wende zum objektiveren dramatischen Stil und zur Prosa (der Roman

Andreas oder die Vereinigten, 1907), in denen sich der Sprache als traditionell geprägter Form der Konversation dennoch schöpferisch begegnen läßt. Mit der Umgestaltung von Thomas Otways *Gerettetem Venedig* beginnt 1904 die neue Epoche des Dramatikers, die vielen Bewunderern seines Jugendwerks unverständlich bleibt. Gleichzeitig beginnt sich H. dem griechischen Drama zuzuwenden (*Elektra*, 1904; *Ödipus und die Sphinx*, 1906). In der Zusammenarbeit mit Richard Strauß seit 1906 zeigt sein dramatisches Schaffen vertieferen Ausdruck, »die Erfüllung traditioneller theatralischer Forderung« mit der Oper als »der wahrsten aller Formen«. Die lebenslange enge Verbindung zwischen Dichter und Komponist (*Briefwechsel*, 1927) findet neben *Elektra*, *Ariadne auf Naxos* (1912), *Die Frau ohne Schatten* (1916) und *Arabella* (Hg. 1933) in der triumphalen Aufführung des *Rosenkavaliers* (Dresden 1911) ihren Höhepunkt. Der Stoff aus der Zeit Maria Theresias führt H. zur Entdeckung des Barock und des habsburgischen Mythos; Calderon wird für die Bühne neu zu gewinnen versucht (*Das Salzburger große Welttheater*, 1922; *Dame Kobold*, 1922); die schwierige Umgestaltung des Schauspiels *Das Leben ein Traum* in ein religiös-politisches Trauerspiel der Gegenwart (*Der Turm*, 1927) weist auf die Grenzen dieser Anverwandlung aus dem Geist des spanischen Barock.

Aus demselben Geist der Allegorie entsteht für die von H. mitbegründeten Salzburger Festspiele 1920 die Neufassung des englischen *Jedermann*. Die Überzeugung, daß man »nach verlorenen Kriegen Lustspiele schreiben muß«, die »das Einsame und das Soziale« zusammenfügen, läßt ihn an sein Jugendwerk anknüpfen (*Christinas Heimreise, Silvia im Stern, Der Abenteurer und die Sängerin*). Es entstehen in rascher Folge *Der Schwierige* (1921), *Der Bürger als Edelmann* nach Molière (1918), *Der Unbestechliche* (1923). In diesen Komödien findet das Konversationsstück seinen unüberbietbaren Höhepunkt: »Das erreichte Soziale«.

Die Neubesinnung auf die Rolle Österreichs und seiner kulturellen Grundlagen nach dem Weltkrieg – »Österreichs tausendjähriger Glaube an Europa« – führt H. zu einer verstärkten kulturpolitischen Aktivität, wie sie in der Münchener Rede *Das Schrifttum als geistiger Raum der Nation* (1927) ihren konzentrierten Ausdruck findet. Die dort verkündete Idee einer »konservativen Revolution« als »schöpferischer Restauration« mit dem Ziel einer »neuen deutschen Wirklichkeit« vor dem Hintergrund europäischer Tradition sollte in den innenpolitischen Krisen Österreichs und Deutschlands ungehört verhallen. 1929 stirbt H. einige Tage nach seinem Sohn.

Karl-Heinz Habersetzer

Hölderlin, Friedrich
Geb. 20. 3. 1770 in Lauffen a. N.;
gest. 7. 6. 1843 in Tübingen

»Klare Linien« in etwas so Verworrenem wie einem Menschenleben kommen meistens nur durch Stilisierung zustande. Von Johann Wolfgang Goethe weiß man – scheinbar – deshalb so viel, weil er bewußt ein Bild von sich arrangierte. H. ist als »Klassiker« mit einer Verspätung von über einhundert Jahren entdeckt worden. Ein unstilisiert gelebtes Leben hinterläßt jedoch nach so langer Zeit eine nur noch unklare und mißverständliche Spur. Schwach umrissene »Dunkelzonen« entstehen, biographische »Leerstellen«, in denen sich Einfühlung, Phantasie, Fiktion einnisten. Das ist einer der Gründe dafür, daß H. immer schon ein Lieblingsthema der Dichter war. Bevor man nur daran dachte, eine Biographie über ihn zu schreiben, tauchte H. ja schon als literarische Figur auf – 1811 in Justinus Kerners *Reiseschatten*. Keiner seiner bisherigen Biographen konnte auf Einfühlung, letztlich auf Fiktion verzichten, wenn er sich von H. ein Bild machen wollte.

H. war der Sohn eines schwäbischen Patriziers und herzoglichen Beamten. Sein Vater starb früh, ebenso sein Stiefvater. Mit neun Jahren ist der älteste und einzig leibliche Sohn ohne väterliches Gegengewicht mit der Mutter allein, die wohl warmherzig und bemüht, aber auch engstirnig, wenig einfühlsam war, ebenso Angst vor dem Leben hatte, wie sie selbst Angst verbreitete. Ihren Ehrgeiz für den Sohn richtete sie auf das beruflich höchste Ziel, das an ihrem pietistisch-kleinbürgerlichen Horizont sichtbar war: Er sollte Pfarrer werden, und der sicherste und respektabelste Weg dahin führte über die Klosterschulen, strenge religiöse Erziehungsstätten, und das Tübinger Stift, die theologische Zwangsanstalt des württembergischen Herzogs. Auf diesen Weg wurde H. geschickt, und er hätte ihn vielleicht stumm hinter sich gebracht, wie so viele Generationen vor ihm, wenn das Datum seines Eintritts ins Stift nicht 1788 gelautet hätte. Die Französische Revolution, die H. in der angeregten und unterschwellig aufsässig gestimmten Atmosphäre des Stifts ein Jahr später, mit neunzehn Jahren, erlebte, brachte einen völligen Umsturz aller moralischen, ideellen und politischen Vorstellungen. Es scheint, als habe sie in ihm eine Rebellion gegen die Mutter und ihren Lebensplan ausgelöst. Er schreibt in seinen Briefen, er wolle lieber Jurist werden als Pfarrer (der Beruf des Vaters!); außerdem nimmt er seine Gedichte immer ernster: Schon sind die ersten der *Tübinger Hymnen*, die »eigentliche Revolutionsdichtung« (Christoph Prignitz) erschienen. Wie für die Mutter der Pfarrer das Höchste war, was man erreichen konnte, so scheint es für Friedrich immer mehr der Schriftsteller geworden zu sein. Ein emotionales Duell zwischen Mutter und Sohn beginnt. H. argu-

mentiert gegen die mütterliche Sphäre in seinen Briefen, in einem langangelegten, zähen Überzeugungs-, ja Agitationsversuch will er die Mutter zu sich herüberziehen, ein deutliches Anzeichen dafür, daß er von ihrer Zustimmung ganz elementar abhängig gewesen ist. 1793, nach dem Studium, ringt er ihr zunächst einen Aufschub der Pfarre ab: Friedrich Schiller, die von jetzt ab bestimmende, idealisierte »Vatergestalt«, vermittelt eine Hofmeisterstelle bei Charlotte von Kalb, die mit Schiller und Jean Paul befreundet und Mitglied der Weimar-Jenaer Intellektuellenkreise ist. Die Anstellung dauert nicht lange. Schon einige Monate später siedelt H. nach Jena über, in die intellektuelle Hauptstadt Europas im letzten Jahrzehnt des 18. Jahrhunderts. Er hört Vorlesungen bei Johann Gottlieb Fichte, lernt die Frühromantiker kennen, trifft Johann Wolfgang Goethe, wird von Friedrich Schiller protegiert, der seinen entstehenden Roman *Hyperion* (2 Bde. 1797/99) an den Verleger Cotta in Stuttgart vermittelt. Er schließt Freundschaft mit Isaak von Sinclair, einem demokratisch gesinnten jungen Adeligen aus Homburg vor der Höhe, der bis in die Zeit der großen Krise hinein mit ihm verbunden bleibt und der den Kontakt zur politischen Sphäre, den revolutionären, »jakobinischen« Zirkeln der Zeit herstellt. Für einen jungen Mann mit literarischem Ehrgeiz war H.s Stellung in Jena geradezu ideal. Nach kurzer Zeit jedoch, im Frühsommer 1795, geschieht das Unerwartete, Widersinnige, eigentlich Lebensfeindliche: H. bricht von einem Tag auf den anderen auf und wandert zu Fuß zum mütterlichen Haus nach Nürtingen zurück. Wir wissen nicht, warum. Politische Verwicklungen? Psychotische Episode? Angst vor Friedrich Schillers Nähe? Nach einigen höchst deprimierten Monaten in Nürtingen tritt H. dann eine Stelle an, die inzwischen zu einem der mythischen Schauplätze der deutschen Literaturgeschichte geworden ist: Er wird Hofmeister im großbürgerlichen Haushalt des Bankiers Jakob Gontard in Frankfurt am Main. H. hat in der nun einsetzenden Oden-Dichtung und in seinen Briefen die neue Entwicklung festgehalten: den seit Goethes Briefroman *Die Leiden des jungen Werthers* (1774) archetypischen Konflikt zwischen geistloser bürgerlicher Macht und ohnmächtigem bürgerlichen Geist, und – darüber weit hinausgehend – als Substrat dieses Konflikts das ödipale Drama, das seinen Schatten auf die neuen Frankfurter Beziehungen wirft. H. verliebt sich in die Dame des Hauses, die mit ihrem Ehemann – wie es seit langem bürgerliche Konvention ist – nicht dem Gefühl, sondern nur der Rechtsform nach verheiratet war. Susette Gontards »Madonnenkopf« wird das Ideal für H.s »Schönheitssinn«, von dem er in einem Brief schreibt. Neben der realen Mutter wird ein neues, als »Muttergottes« idealisiertes mütterliches Urbild sichtbar, das von H. als »Rettung« schlechthin empfunden worden sein muß. Ein Aufatmen ist der Grundgestus der *Diotima*-Oden aus der Frankfurter Zeit. Die neue, glückliche Symbiose wird jedoch unvermeidlich gestört durch das Dazwischentreten der »bösen Vatergestalt«, die sich als alles bestimmend, als mächtiger erweist: Jakob Gontard feuert den Hauslehrer 1798; die Geliebte bleibt in ihrem Gefängnis zurück. Aus ihren erhalten gebliebenen Briefen und aus ihrem späteren Lebenslauf ist ersichtlich, daß Susette die Affäre wohl im wörtlichen Sinn das Herz gebrochen hat. H. setzt nun alles auf eine Karte: Im nahen Homburg vor der Höhe versucht er, der »guten Vaterfigur« Friedrich Schiller nachzueifern und als Schriftsteller den Durchbruch zu erzwingen. Nach einem Jahr muß er feststellen, daß sein kommerzielles Hauptprojekt, eine literarische Zeitschrift, *Iduna*, nicht zustande kommen kann, weil sich keine prominenten Bei-

träger finden, und daß Friedrich Schiller an seinem früheren Schüler das Interesse verloren hat.

Die ehrgeizigste literarische Arbeit der Homburger Zeit, die Tragödie *Der Tod des Empedokles*, bleibt Fragment. 1800 kehrt er erneut nach Hause zurück. Nach einem glücklichen Sommer bei Freunden in Stuttgart bahnt sich die seelische Katastrophe an. H. quittiert innerhalb weniger Monate zwei Hofmeisterstellen, eine in der Schweiz, die zweite in Bordeaux, von wo aus er über Paris wieder in die Heimat zurückwandert. Während er noch unterwegs ist, stirbt Susette Gontard an den Röteln. Als er im Sommer 1802 wieder in Schwaben eintrifft, begegnet man einem Geistesgestörten. Im Elternhaus tobt er gegen die Mutter; die idealisierte, in alle Höhen der menschlichen Vorstellungskraft gelobte Seelenfreundin ist tot; die Mutter, die stets sein Leben belastet hat, dieser Schatten ragt mächtiger und größer denn je herein. Bei der Mutter, der er entkommen wollte, ausgerechnet bei ihr muß er jetzt Zuflucht suchen. Die »böse« Vaterrepräsentanz, Jakob Gontard, war Sieger geblieben, die »gute« Vaterrepräsentanz, Friedrich Schiller, hatte sich abgewandt. Vielleicht war das der Moment des endgültigen Zusammenbruchs. Die fieberhafte literarische Aktivität, die jetzt einsetzt und der wir sein weltliterarisch einmaliges Spätwerk verdanken, ist jedenfalls auf dem Hintergrund fortschreitender psychischer Regression zu sehen. Zum Schein wird er in Homburg als Bibliothekar angestellt, wird aus der Privatschatulle des landgräflichen Beamten Isaak von Sinclair bezahlt. Als die Landgrafschaft durch Napoleon aufgelöst wird, bringt man H. nach Tübingen. Der Freund Sinclair hat der Mutter geschrieben, daß sein »Wahnsinn eine sehr hohe Stufe erreicht« habe: »Seine Irrungen haben den Pöbel dahier so sehr gegen ihn aufgebracht, daß bei meiner Abwesenheit die ärgsten Mißhandlungen seiner Person zu befürchten stünden.« H. widersetzt sich heftig, glaubt an eine Entführung, will aus der Kutsche fliehen, gelangt aber schließlich in das Klinikum des Medizin-Professors und Kanzlers J. H. Ferdinand Autenrieth, wo man ihn sofort mit Belladonna- und Digitalis-Präparaten ruhigstellt. Dem unheilbar Erkrankten diagnostiziert der Arzt eine Lebenserwartung von nur noch drei Jahren. Er wird dem Schreinermeister Zimmer in Obhut gegeben. Der erinnert sich: »Im Klinikum wurde es mit ihm noch schlimmer. Damals habe ich seinen Hyperion gelesen, welcher mir ungemein wohl gefiel. Ich besuchte Hölderlin im Klinikum und bedauerte ihn sehr, daß ein so schöner und herrlicher Geist zu Grund gehen soll. Da im Klinikum nichts weiter mit Hölderlin zu machen war, so machte der Kanzler Autenrieth mir den Vorschlag, Hölderlin in mein Haus aufzunehmen, er wüßte kein passenderes Lokal. Hölderlin war und ist noch ein großer Naturfreund und kann in seinem Zimmer das ganze Neckartal samt dem Steinlacher Tal übersehen.«

Gelegentlich wird H. von »Paroxysmen« befallen, muß Stunden und Tage im Bett verbringen, dann musiziert er wieder, empfängt Besuche, schreibt, kämpft mit den Gespenstern der Vergangenheit: »Der edle Dichter des Hyperion … raset nicht, aber spricht unaufhörlich aus seinen Einbildungen, glaubt sich von huldigenden Besuchern umgeben, streitet mit ihnen,... widerlegt sie mit größter Lebhaftigkeit, erwähnt großer Werke, die er geschrieben habe, andrer, die er jetzt schreibe«, hat Varnhagen von Ense anläßlich eines Besuches bei dem Kranken festgehalten. Schließlich stirbt H. nach sechsunddreißig Jahren eines dämmernd-wachen Dahinlebens an den Folgen der Brustwassersucht nachts um elf Uhr. H. »habe am Abend noch sehr heiter in den Mond hinaus gesehn und sich an dessen Schönheit gelabt, habe sich dann ins Bett gelegt und sei verschieden«.

Erst einhundert Jahre später wurde sein Werk wiederentdeckt – im Zeichen der kulturrevolutionären Erneuerungsbewegungen des Jahrhundertbeginns. Man erblickte in seinem Leben wie in seinem Werk die Chiffre eines gebrochenen, sehnsüchtig sich an die antiken Anfänge der europäischen Geschichte rückerinnernden Entfremdungsgefühls. Noch in den heutigen Debatten um H.s Leben und Werk ist solche »Rückprojektion« mancher Aporien der Moderne zu beobachten: So in der Diskussion um den »Jakobiner« H. das Problem der Politisierung des modernen Intellektuellen, und in der mit vielen Vorurteilen behafteten Debatte über H.s Krankheit die Pathographie des bürgerlichen Subjekts schlechthin; so schließlich auch in dem mit Friedrich Nietzsche und Martin Heidegger wieder bewußt gewordenen utopischen Horizont einer als »eigentlicher« Lebensform des menschenwürdigen Daseins rückerinnerten, vorchristlichen Antike.

Stephan Wackwitz/Red.

Horváth, Ödön von

Geb. 9. 12. 1901 in Fiume (= Rijeka);
gest. 1. 6. 1938 in Paris

»Ich wurde in Fiume geboren, bin in Belgrad, Budapest, Preßburg, Wien und München aufgewachsen und habe einen ungarischen Paß – aber ›Heimat‹? Kenn' ich nicht.« Mit dieser autobiographischen Notiz charakterisierte H. das ruhelose Wanderleben, das er, mehr gezwungen als freiwillig, bis zu seinem frühen Tod führte. Seine Arbeit als Schriftsteller begann nach dem Ersten Weltkrieg. Nach ersten literarischen Versuchen, von denen ein Pantomime-Libretto (*Das Buch der Tänze*) 1922 in einem Münchner Verlag erschien, nach einem Zwischenaufenthalt in Murnau, wo er zurückgezogen und intensiv an

Entwürfen arbeitete, entschloß sich H., nach Berlin zu gehen. Als er 1924 dort eintrifft, hat sich mit dem Ende der Nachkriegswirren auch der literarische Expressionismus verabschiedet. Die einsetzende Stabilisierungsphase der Weimarer Republik wird begleitet von einem Umschwenken der führenden Dramatiker auf komödiantisches und satirisches Theater: Georg Kaiser und Walter Hasenclever machen den Anfang; Carl Zuckmayers *Der fröhliche Weinberg* (1925) und Bertolt Brechts *Dreigroschenoper* (1928) werden zu den größten Theatererfolgen der 1920er Jahre. H. führte sich 1929 – mit mäßigem Erfolg – mit dem sozialkritischen Stück *Die Bergbahn* ein, einer Umarbeitung des dramatischen Erstlingswerks *Revolte auf Côte 3018*, das zwei Jahre zuvor in Hamburg uraufgeführt wurde. Immerhin nimmt der Ullstein Verlag H. unter Vertrag und bietet dem immer in Geldnöten schwebenden Autor ein schmales Auskommen. Im gleichen Jahr hat H.s nächstes Stück *Sladek der schwarze Reichswehrmann* in Berlin Premiere. Wüste Polemik von nationalsozialistischer Seite, sehr geteilte Kritiken aus dem linken und liberalen Lager sind die Reaktionen. Erst 1931, zwei Jahre, bevor H. sich aus Deutschland absetzen muß, gelingt ihm der Durchbruch zum gefeierten Dramatiker. Für sein Stück *Italienische Nacht* (1931), das die Auseinandersetzung zwischen Faschisten und Fortschrittlern in einem dörflichen Milieu zeigt, erhält er, allen Protesten der Rechtsradikalen zum Trotz, den begehrten Kleistpreis (1931). Carl Zuckmayer hat ihn, zusammen mit Erik Reger, für die Auszeichnung vorgeschlagen. Im gleichen Jahr wird H.s vielleicht bedeutendstes Stück, *Geschichten aus dem Wienerwald*, in Berlin uraufgeführt.

Heimatlosigkeit – dieses von H. selbst benannte Merkmal seines Lebens steht in merkwürdigem Kontrast zu seiner Absicht, Volksstücke zu schreiben. »Will man also das alte Volksstück fortsetzen«, erklärte er, »so wird man natürlich heutige Menschen aus dem Volk ... auf die Bühne bringen – also Kleinbürger und Proletarier«. Der aus den Fugen geratene »Mittelstand« bildet das Hauptpersonal seiner Stücke, die Provinz den bevorzugten Schauplatz. Ähnlich wie für Marieluise Fleißer, die zur gleichen Zeit in Berlin in Erscheinung tritt, ist für H. die Provinz längst von der Stadt überwältigt, Bildungsjargon statt Dialekt, und umgekehrt: auch in der Großstadt ist die Provinz allgegenwärtig *(Sladek)*. Entwurzelt, sich fremd geworden, sind beide.

Die Romane *Der ewige Spießer* (1930) und *Ein Kind unserer Zeit* (1938) umkreisen dieses Thema ebenso wie die meisten der 22 Schauspiele, die H. in knapp 12 Jahren schrieb. Einige dieser Stücke (die Posse *Hin und Her*; *Figaro läßt sich scheiden*; *Glaube Liebe Hoffnung*) werden zwischen 1934 und 1936 noch in Zürich und Wien uraufgeführt, *Der Jüngste Tag* (1938) bereits im entlegenen Mährisch-Ostrau. H. selbst ist wieder auf Reisen, auf der Flucht vor den Nazis. Am 1. Juni 1938 wird er bei einem Sturm von einem niederstürzenden Ast auf den Champs-Elysées in Paris erschlagen. Sein eben begonnener Roman trug den Titel *Adieu Europa*.

Dietrich Kreidt

Jandl, Ernst
Geb. 1. 8. 1925 in Wien;
gest. 9. 6. 2000 in Wien

»ab 1952 erschienen meine gedichte in zeitschriften, 56 in einem buch, *andere augen*. 55 erfolgte, parallel zu privaten umwälzungen, die zuspitzung zu groteske und experiment. neue freunde, friederike mayröcker, artmann, rühm, regten an, stramm arp schwitters gertrude stein wurden angewandt, die möglichkeit zur publikation endete. 63 sammelte ich meine manuskripte und fuhr damit nach deutschland. in stuttgart traf ich reinhard döhl. er akzeptierte meine experimentellen gedichte und half mir, die isolation zu durchbrechen, in die ich geraten war.« J.s *selbstporträt 1966* markiert sehr genau den wichtigen Einschnitt in der Biographie dieses wohl bekanntesten, weil witzigsten Autors der »Konkreten Poesie«. Die bruchähnliche »Zuspitzung« der Schreibweise aus einer früheren Phase ist nicht ungewöhnlicher Teil der Biographie vieler Avantgardisten. Die prompte wirtschaftliche Sanktion durch den »Markt« mit Publikationsverweigerung und Isolation ist ebenfalls nicht ungewöhnlich. Die Namen von Freunden, etwa aus der »Wiener Gruppe« und aus der Traditionsreihe von Expressionismus, Dadaismus und der französischen Avantgarde signalisieren Anstöße und Einflüsse, die den Wiener Gymnasiallehrer in der Entwicklung seiner vor allem auf das Rezitieren angelegten Form von »Konkreter Poesie« geprägt haben. Trotzdem sollte es nach dem Bruch genau zehn Jahre dauern, bis das »eigentlich erste Buch« erscheinen konnte: *Laut und Luise* (1966), in dem einige der Texte enthalten sind, die J. dauerhaft bekanntgemacht haben (*schtzngrmm, lichtung, wien:heldenplatz*). Dies nicht zuletzt, weil J.s »Sprechgedichte«, die in der Rezitation durch den Autor recht eigentlich »zur Sprache« kommen, auch durch eine Schallplatte gleichen Titels weite Verbreitung erlangten. J. hatte in den 1960er Jahren mit seinen Gedichten einen so starken Erfolg, weil sie scheinbar mühelos Wirklichkeitsnähe durch Anbindung an das Alltagssprechen erreichten und weil sie milde Gesellschaftskritik mit witzigen Pointen verbanden. J. demonstrierte so eine Leichtigkeit der Kunst, weil er, bei aller Ernsthaftigkeit seiner poetologischen Grundsätze (etwa in *voraussetzungen, beispiele und ziele einer poetischen arbeitsweise*), nicht auf den Spaß an der Sprache und am Sprechen verzichtete. Dies zeigte sich einmal in den Gedichten, die J. in

verschiedenen Werksammlungen veröffentlichte (*sprechblasen* 1968; *der künstliche baum* 1970; *serienfuss* 1974). Das zeigte sich auch in verschiedenen Arbeiten für den Hörfunk. J.s Hörspiele, meist in enger Zusammenarbeit mit der Freundin Friederike Mayröcker (»Alles, in diesen letzten zwanzig Jahren, danke ich ihr«) entstanden, gaben dem ›Neuen Hörspiel‹, das Ende der 1960er Jahre reussierte, entscheidende Impulse. *Fünf Mann Menschen* von J./Mayröcker wurde als gelungenes Beispiel moderner »konkreter Poesie« 1969 mit dem begehrten »Hörspielpreis der Kriegsblinden« ausgezeichnet. Der Akzent auf Sprechtexte führte J. fast notwendig auch zu dramatischen Versuchen (*parasitäres Stück*, 1970; *Die Humanisten*, 1976). Die Texte – auch die Gedichte (*Die Bearbeitung der Mütze*, 1978; *Der gelbe Hund*, 1980) – wurden böser, indem sie nicht mehr so sehr den Spaß mit der Sprache artikulierten als vielmehr ihre heruntergekommene Verdorbenheit. Der Gedichtband *idyllen* (1989), der Arbeiten von 1982 bis 1989 versammelt, läßt bei der Lektüre »das Lachen auf den Lippen gefrieren« (Ludwig Harig).

Am erfolgreichsten wurde sein Stück *Aus der Fremde* (1979). Aber spätestens hier äußerten sich deutlich, weil rücksichtslos gegen sich selbst, J.s Schreibnot, Alterszweifel und deren thematischer Niederschlag in den Texten. Sie sind bestimmt von resignativen Sarkasmen, die aus einem depressiven, desillusionierten Pessimismus kommen. In den *Frankfurter Vorlesungen* (1984) zeigte J. noch einmal – Texte sprechend, sie überlegen interpretierend und auf Traditionen beziehend – die Möglichkeiten seiner sprachexperimentellen Ansätze. Die Tatsache, daß das Fernsehen die fünf Teile aufzeichnete und sendete, gab der Veranstaltung einen besonderen, fast testamentarischen Rang. Denn in diesem Medium konnte sich am angemessensten die Besonderheit der Poesie J.s vorstellen, ihre audiovisuelle Realisation und deren didaktische und amüsierende Wirkung auf das Publikum: »denn was mich wirklich interessiert ist weniger das woraus es gemacht wird als dass es eine sache ist die gemacht wird damit man sie herzeigen kann, und die die leute anschauen und über die sich die einen freuen und die andern ärgern, und die zu nichts sonst da ist.«

Mit den *stanzen* (1992), die er im Nachwort als »ein buch erhebender und niederschmetternder sprachkunde« bezeichnet, schließt J., was die Stimmung der epigrammatischen, in niederösterreichischem Dialekt geschriebenen (meist) Vierzeiler betrifft, an die bitteren *idyllen* an; distanziert und in sprachlich reduzierender Verfremdung werden da das eigene Leben und die Rolle der Literatur in der Welt als ephemer, das Schreiben als vergebliche Mühe von Weltbewältigung evoziert. Solch immer skeptischer werdender Weltsicht entspringt auch der Gedichtband *peter und die kuh* (1996), der alle Texte seit 1992 sammelt: »die rache / der sprache / ist das gedicht« formuliert J. das Motto des Bandes, dessen Texte sich zum Teil lesen wie verbitterte Erinnerungen an die eigene Vergangenheit, das eigene vergebliche Leben, das ihm »zuwider« geworden ist. Dazu passen die poetologischen Texte, die immer auch wieder die eigene vergebliche Arbeit des Schreibers/des Schreibens nennen: so daß zum Beispiel ein Gedicht sich wünscht, sein Schreiber hätte es besser vermieden – ebenso wie dessen Eltern auch ihn, den Schreiber, besser vermieden hätten.

Der große Sprachkünstler, der immer auch als Sprachclown rezipiert wurde, hat sich gegen Ende seines Lebens zusehends desillusioniert und verbittert über sein Leben und die Wirkung seines Werks gezeigt – wozu er keinen Grund hatte, was die opulente zehnbändige Ausgabe seiner *poetischen werke* (1997) belegt, die 1999 ergänzt wurde um den elften Band *Autor in Gesellschaft. Aufsätze und Reden*, in dem noch einmal der poetologisch konzipierende und kulturpolitisch argumentierende Autor zu Worte kommt. Und ein Jahr nach seinem Tod erschienen *Letzte Gedichte* (2001), die viele Varianten seines gesamten Werks in nuce vorführen – als wollte er sich doch noch einmal der ganzen Bandbreite seiner poetischen Kunst vergewissern. Dazwischen stehen immer auch Gedichte, die vom Sterben handeln, und vom zuletzt immer skeptischer betrachteten »leben und schreiben«: »aber keine zeile wird am humbug / meines lebens verrotten / kein werk mein leben krönen.«

Horst Ohde/Red.

Jean Paul (d. i. Johann Paul Friedrich Richter)
Geb. 21. 3. 1763 in Wunsiedel;
gest. 14. 11. 1825 in Bayreuth

»Ich habe ihn ziemlich gefunden, wie ich ihn erwartete: fremd wie einer, der aus dem Mond gefallen ist, voll guten Willens und herzlich geneigt, die Dinge außer sich zu sehen, nur nicht mit dem Organ, womit man sieht« (Friedrich Schiller an Johann Wolfgang von Goethe, 28. 6. 1796). Den Weimarer Klassikern, auf der Suche nach Bündnispartnern und Gefolgsleuten ihrer Literaturpolitik, muß J. in der Tat, seiner Bildung wie seiner Biographie nach, wie ein herabgeschleuderter Mondbewohner erschienen sein. Wohl bei keinem zweiten Großen der deutschen Literatur klaffen Wirklichkeit und Phantasie, äußeres Dasein und erschriebene Wunschwelt so weit auseinander wie bei J. Die Ereignislosigkeit seines bürgerlichen Lebens, die völlige Verlagerung des Handelns und Denkens nach Innen, die vorausdeutende Darstellung des gelebten Alltags in der Literatur – er hat sie selbst bestätigt, als er seiner früheren Freundin Emilie von Berlepsch, die er damit vor einem

Besuch warnen wollte, 1810 schrieb: »Nur versprechen Sie sich ... von dem wenig, der ... wenig andere Freuden mehr hat als die, bis zum Sterben zu schreiben und nicht blos von der Feder, sondern auch für die Feder zu leben, müßt' er sie sogar in eignes Blut eintunken.« Johann Paul Friedrich Richter, der sich seit 1792 als Autor Jean Paul nannte, wuchs in beengten, erdrückenden Umständen auf. Das eingeschränkte, eingeschrumpfte Dasein seiner Idyllenhelden Wutz und Fixlein, denen das geistige Selberstillen die Liebe und der Meßkatalog die Bibliothek ersetzen muß (»Vollglück in der Beschränkung«, wird er es nennen) – er hatte dies selbst gekannt, erfahren und erlitten. Der Vater (gest. 1779) war Lehrer, Organist und Pfarrer im oberfränkischen Raum – subalternes Faktotum in Ämtern, deren Inhaber dazu gezwungen waren, in materieller wie geistiger Ausstattung von der Hand in den Mund zu leben. In charakteristischer Verkehrung hat J. später seine harte Kindheit und Jugend zur Idylle verklärt (*Selberlebensbeschreibung*, 1826 aus dem Nachlaß veröffentlicht). Die Wurzeln seiner psychischen Frustrationen und Neurosen, seines zwanghaften Schreibens, selbst noch von Fasson und Statur seines Werkes – das fremd im Kunstraum der Klassik und Romantik steht – liegen hier, in der materiellen Not und den Hungerjahren seiner Jugend. Der Heranwachsende entkam den Entbehrungen, aber auch den Forderungen des Alltags durch die Flucht in eine Lesewut, die so kurios wie konsequent war, so verbissen wie abwegig sich nährte. Er las sich durch die Werke aller Wissenschaften; griff nach allen Büchern, die er erreichen konnte und legte sich von allem, was er studierte, Kollektaneen (die sogenannten Zettelkästen) an. Exzerpierte er anfangs noch ganze Gedankengänge, so bald nurmehr Kuriosa und Besonderheiten, ausgefallene und absonderliche Begebenheiten, Erklärungen oder auch nur

Worte. Aus dieser enzyklopädischen Belesenheit, aus dieser Verzettelung des Wissens, die noch an der polyhistorischen Gelehrsamkeit der Aufklärung teilhat, bezog J. den unerschöpflichen Vorrat an entlegenen Kenntnissen, an witzigen Gleichnissen, an frostiger Satire, mit denen er in seinen Romanen die Leser immer wieder aus dem Dampfbad der Rührung ins Frostbad der Abkühlung hinaustreibt. Rückblickend hat er diese Jahre, in denen er Werk an Werk – und die meisten fürs Schreibpult – reihte, seine »satirische Essigfabrik« genannt. Nur ein weltfremder Sonderling konnte damals noch mit solcher Ausdauer auf die Satire setzen, eine aus der Mode gekommene Form, die kaum ein Verleger mehr drucken, kaum ein Publikum mehr lesen mochte (*Grönländische Prozesse*, 1783; *Auswahl aus des Teufels Papieren*, 1789). Aus Angst, zwischen Kopf und Herz nicht die richtige Mischung zu treffen, überließ er sich bis Ende der 1780er Jahre – 1781 war er nach Leipzig gezogen, von dort 1784 vor seinen Gläubigern wieder ins heimatliche Franken geflohen, wo er sich seit 1787 als Hofmeister betätigte – einem ganz und gar kopfstimmigen Schreiben. Erst persönliche Schicksalsschläge, die sich am 15. 11. 1790 in einer Todesvision entluden (»an ienem Abend drängte ich vor mein künftiges Sterbebette durch 30 Jahre hindurch, sah mich mit der hängenden Todtenhand, mit dem eingestürzten Krankengesicht, mit dem Marmorauge – ich hörte meine kämpfenden Phantasien in der lezten Nacht«), machten ihn zum Dichter. Sie lösten die Erstarrung, unter der seine schwärmerische Phantasie, seine Alliebe bislang begraben lagen – um so mehr, als er die eigene Wiedergeburt als einen Widerhall jenes Menschheitsmorgens erfuhr, den die deutschen Intellektuellen durch die Französische Revolution angebrochen glaubten. Unmittelbare Frucht dieses Erlebnisses war *Die unsichtbare Loge* (1793) und die dem Roman als Anhang beigegebene Idylle *Leben des vergnügten Schulmeisterlein Maria Wutz in Auenthal*. Mit dem Roman, einer damals im Kanon der poetischen Gattungen jungen Form, hatte J. endlich das Gefährt gefunden, das breit und umfassend genug war, seine entgegengesetzten Stilmittel und Empfindungen, seine Abschweifungen und Extrablätter, eingeschalteten Reflexionen und Anreden an den Leser aufzunehmen und in einer Art Kontrastharmonie dennoch zu einem Ganzen zu binden. Mit der Froschperspektive des *Wutz*, in der die Totalität der Welt durch den naiv-kindlichen Blickwinkel, das Große durch das Kleine relativiert wird; mit der Doppelperspektive des hohen Menschen und des Humoristen, wie sie der *Loge* zugrunde liegt, hatte er sich zugleich des Stils seines Erzählens versichert: jener Mischung aus empfindsam-gefühlvoll die Stimmung des Herzens, die Erregung des Inneren wiedergebender Begeisterung, und aus satirisch-humoristischer Entlarvung der Wirklichkeit. Dieser Stil, diese Romanform (er hat sie in der *Vorschule der Ästhetik*, 1804, auch theoretisch zu rechtfertigen gesucht) wird alle seine weiteren Werke einschließlich des am populärsten gewordenen Romans *Flegeljahre* (1804/1805) kennzeichnen. Den endgültigen Durchbruch beim zeitgenössischen Publikum erzielte J. mit seinem zweiten Roman, *Hesperus* (1795). Er machte J. zum Liebling der Weiber, zum Idol zahlloser Verehrerinnen (u. a. Charlotte von Kalb, Emilie von Berlepsch, Henriette von Schlabrendorff, Caroline von Feuchtersleben), vor deren wirklichem Begehren der platonische Tuttiliebhaber sich jedoch jeweils erschreckt zurückzog; er verschaffte ihm 1796 auch die erste Einladung nach Weimar, das Interesse Goethes und Schillers, die Freundschaft Johann Gottfried Herders und Christoph Martin Wielands und damit den Eintritt in die literarische Welt. Wie sein Wutz blieb J. in all den Verlockungen und Versuchungen das häusliche Schalentier, das sich nicht öffnete. Mit keiner der namhaften Verehrerinnen, die um sein Herz und seine Hand buhlten, sondern ausgerechnet mit Karoline Mayer verheiratete er sich 1801: »Mein Herz wil die häusliche Stille meiner Eltern, die nur die Ehe giebt. Es wil keine Heroine – denn ich bin kein Heros –, sondern nur ein liebendes sorgendes Mädgen; denn ich kenne jezt die Dornen an jenen Pracht- und Fackeldisteln, die man genialische Weiber nent« (16. 6. 1800). Den zeitgenössischen Literaturbetrieb, den klassischen Ästhetizismus, den philosophischen Egoismus Weimars und Jenas studierte er, um ihn dann in seinem »General- und Kardinalroman« *Titan* (von 1800 bis 1803) in all seinen krankhaften wie verbrecherischen Verirrungen abzubilden. Der Einkräftigkeit des Geniewesens, wie die Klassiker und Romantiker es propagierten, setzte er die Allkräftigkeit der harmonischen Bildung entgegen: »Titan solte heissen Anti-Titan; jeder Himmelsstürmer findet seine Hölle; wie jeder Berg zulezt seine Ebene aus seinem Thale macht. Das Buch ist der Streit der Kraft mit der Harmonie.« Wolfgang Harich hat im *Titan* die Gestaltung einer prosaepischen Revolutionsdichtung unter deutschen Verhältnissen gesehen – gleich weit entfernt von der Weimaraner Anpassung ans *»juste milieu«* wie von dessen universalpoetischer Verflüchtigung durch die Jenaer Romantiker. Daß dieser heroischen Utopie keine Wirkung beschieden war, lag sicher nicht allein an der deutschen Misere, sondern war auch Ausdruck einer Überforderung der von Laurence Sterne übernommenen humoristisch-ausufernden Romanform, der J. hier etwas aufzwang, was diese nicht zu leisten vermochte und sie entweder durch Überdehnung oder Ausdünnung auszehren mußte. Ungehemmter, vollkommener ist J. dort, wo er, wie im *Siebenkäs* (1796/1797) oder in den *Flegeljahren*, den Doppelroman von

Phantast und Humorist, von Idealismus und Realismus schreiben, den Einbruch des Kosmischen ins Häusliche zeigen kann. Beide Male war es seine erklärte Absicht, eine »Synthese des Dualism zwischen Poesie und Wirklichkeit« zu stiften. Beide Male aber überwindet der Schluß nicht die Gegensätze, sondern schreibt sie fest. Beide Romane mußten notwendigerweise offen enden, im Sinne einer auf Lösung zielenden Totalität Fragment bleiben. In den *Flegeljahren* stärker noch als im *Siebenkäs* erscheint der Fragmentcharakter zugleich als die bewußt beabsichtigte Vermittlung zwischen irrealer, weil außerhalb einer Möglichkeit zur Verwirklichung liegender Utopie und realer, jedoch unerträglicher Wirklichkeit. Damit aber schlagen die *Flegeljahre* die Brücke zum ironisch-satirischen Spätwerk, in dem diese Problematik thematisiert wird. Nach seiner Verheiratung zog es J. in immer engerer Annäherung – zunächst 1801 nach Meiningen, 1803 nach Coburg – wieder in seine Heimat zurück. Im August 1804 schließlich übersiedelte er nach Bayreuth – hauptsächlich des guten Bieres wegen (»Bei der Einfahrt eines Bierfasses in Koburg läuft es seliger umher als bei dem Eintritt eines Kindes in die Welt«, schrieb seine Frau schon 1804). Von kurzfristigen Reisen abgesehen (die wichtigsten führten ihn 1817 und 1818 nach Heidelberg, 1819 nach Stuttgart, 1822 nach Dresden) sollte er Bayreuth bis zu seinem Tode nicht mehr verlassen. Jetzt erst entwickelte und kultivierte er jene philiströsen, spießigen Züge, die sein Bild der Nachwelt überlieferten: wie er, von Frau und Familie mehr und mehr sich zurückziehend, wie ein Junggeselle jeden Morgen von seinem Hund begleitet zur Rollwenzelei, einem malerisch vor den Toren der Stadt gelegenen Wirtshaus zog, wo er, von der Wirtin Dorothea Rollwenzel mütterlich umsorgt, im Garten oder auf seiner Stube sitzend, fast täglich arbeitete. Als Folge der politischen Misere

und der persönlichen Resignation zerfiel auch seine von der humoristischen Subjektivität – sein Humor ist die Verschmelzung aus empfindsamem Gefühl, visionärer Utopie und satirischem Witz – gestiftete Romankunst. Nach 1805 kehrte er zur kleineren Form zurück, schrieb Aufsätze und Beiträge für Zeitschriften, politische Flugschriften, Satiren, vereinzelt auch größere satirische Charakterstücke und Erzählungen (*Des Feldpredigers Schmelze Reise nach Flätz*, 1809; *Dr. Katzenbergers Badereise*, 1809; *Leben Fibels*, 1812). Einmal noch griff er zum Roman – in dem von desillusionierender Ironie erfüllten Alterswerk *Der Komet* (von 1820 bis 1822), das ebenfalls Fragment blieb und als dessen innere Fortsetzung man die um das Problem von Todessehnsucht und Unsterblichkeit kreisende Abhandlung *Selina* (Fragment; 1826 aus dem Nachlaß) ansehen darf. J.s Bedeutung nach 1806, erst recht nach 1815, lag darin, daß er sich nicht aus der Politik zurückzog, sondern aktiv und mit satirischen Mitteln reagierte und zu wirken versuchte (*Friedens-Predigt an Deutschland*, 1808; *Politische Fastenpredigten*, 1817). Nicht zuletzt diese Haltung kann erklären, warum er für viele Zeitgenossen bis hin zu den Autoren des Jungen Deutschland zum Vorbild wurde. Erst nach der Jahrhundertmitte verfiel er der Vergessenheit. Aber die ästhetischen Voraussetzungen des modernen, experimentellen Romans, dessen Menschenbild und Wirklichkeitszertrümmerung sich in vielem mit den Erfahrungen, den formalen und stilistischen Eigenheiten J.s treffen, haben seiner Kunst aufs neue Leser zugeführt.

Uwe Schweikert

Jelinek, Elfriede
Geb. 20. 10. 1946 in Mürzzuschlag
(Österreich)

J. ist seit nunmehr über 20 Jahren das »enfant terrible« der deutschsprachigen Literaturszene; immer wieder sorgt die Österreicherin für Aufsehen in den Medien. Schon ihre extravagante Erscheinung reizt die Kritiker. Sie sehen in ihrem gestylten Äußeren eine Maske zur Tarnung einer angeblich ambivalenten Frau, die – Mitglied der kommunistischen Partei (1974 bis 1991) – nicht müde wird, die kapitalistische Konsumgesellschaft zu kritisieren. In ihren literarischen Werken ist J. konsequent. Sie beschreibt das österreichische Kleinbürgertum mit Akribie und wird häufig in einem Atemzug mit Ingeborg Bachmann oder Thomas Bernhard genannt. J. hat eine eigene literarische Ausdrucksform gefunden, deren Anfänge bei den postdadaistischen Experimenten der Wiener Gruppe zu finden sind, zu der sie lange Zeit gehörte. Sie schreibt in allen literarischen Gattungen; eine Aufzählung ihres Œuvres ist hier nicht möglich. Über kaum eine Autorin dürfte so viel geschrieben worden sein. Was ist das für eine außergewöhnliche Frau, die von sich selbst behauptet, die »meist gehaßte Schriftstellerin« zu sein?

Aufgewachsen ist sie in Wien, wo sie bis heute lebt und arbeitet. Bereits mit vier Jahren kam sie in eine katholische Klosterschule. Da die Mutter berufstätig war, mußte sie ganztägig diese Privatschule besuchen. Dort waren, dem hohen Schulgeld entsprechend, überwiegend Kinder aus der Oberschicht. In einem Interview erzählt sie 1991, daß sie erst später registriert habe, »mit den Töchtern bekannter Austrofaschisten, die ja alle Klerikalfaschisten waren«, auf einer Schulbank gesessen zu haben. Diese Erfahrung habe ihr Denken geprägt.

Sie selbst entstammt einem bürgerlichen Elternhaus. Der Vater, Diplomchemiker, war proletarisch-jüdischer Herkunft. Ihr Großvater war Mitbegründer der österreichischen Sozialdemokratie. Die katholische Mutter, mit der sie ein Wiener Reihenhaus teilt, kommt aus großbürgerlichem Hause. Dazu J.: »Ich bin also zweigeteilt aufgewachsen, ein Riß ging durch unsere Familie.« Die Mutter versuchte mit wenig Erfolg, ihre Tochter von den Arbeiterkindern fernzuhalten, mit denen sich J. schon früh enger verbunden fühlte als mit den Eliteschülern ihres Gymnasiums, das sie bis zum Abitur besuchte. Für Ausbruchsversuche blieb jedoch wenig Zeit, denn die Nachmittage galten der musischen Ausbildung am Wiener Konservatorium, wo sie Orgel, Klavier und Blockflöte belegt hatte. Trotz ihrer vorzüglichen Musikausbildung – 1971 schloß sie als staatlich geprüfte Organistin ab – wollte sie nicht Musikerin werden.

Nach der Matura studierte sie 1964 neben Musik an der Universität Wien Theaterwissenschaften, Kunstgeschichte und Sprachen. Diese Studien brach sie nach sechs Semestern ab und entschied sich für die Literatur. Schreiben, meint sie, sei eine spontane Kunst, wobei sie die Sprache als musikalisches Material ansieht. Tatsächlich zeugen alle Texte von J. von einer großen Musikalität. Ob sie zitiert, collagiert oder parodiert, immer wieder komponiert sie ein neues Lied, eine Fuge oder eine ganze Oper mit vielen Kontrapunkten und Mißklängen. Weder die Sprache selbst und schon gar nicht der Inhalt sollen im herkömmlichen Sinne gefallen. J. experimentiert häufig mit bereits vorhandenen Texten, nimmt zum Beispiel die Trivialsprache aus Heftchenromanen, entkleidet sie ihrer Unschuld und stellt den latenten Gehalt an Gewalt heraus. So entstand 1970 ihr erster Roman *wir sind lockvögel baby!*, wo sie Elemente aus der Subkultur, Figuren aus Comic- und Werbetexten, Handlungsmuster des Trivialromans und des Horrorfilms verwendet. All dies verbindet sie zu einer

Szenenfolge, die persiflierenden Charakter hat und der Popart nahesteht. Hierzu gehört auch ihr 1972 erschienener Roman *Michael. Ein Jugendbuch für die Infantilgesellschaft*, für den sie eine Collage aus Werbeslogans erstellt hat. Jugendliche leben dort in einer Scheinwelt. J. entlarvt die Verlogenheit der Massenmedien, die nur scheinbare Identifikationsmöglichkeiten bieten. Sie zeigt die Klassenunterschiede auf. Obwohl diese als gravierend erfahren werden, ist jede Klasse auf ihre Art deformiert und korrupt. Es gibt keine Individualität, sondern nur Prototypen und Klischees. J. provoziert häufig durch Kleinschreibung, Austriazismen oder bewußte inhaltliche Brechungen. So schreibt sie in ihrem Roman *Die Liebhaberinnen* von 1975 ironisch: »Für ihr geld können sie hier nicht auch noch naturschilderungen erwarten«. Es handelt sich um eine Anti-Love-Story, in der die Liebe als Waffe im Kampf um eine soziale Besserstellung eingesetzt und die Chancenlosigkeit der Frau geschildert wird. Zwei Akkordarbeiterinnen versuchen, sich durch Unterwerfung und »Muß-Ehen« gesellschaftlich zu verbessern. Während dies bei Brigitte mit ihrem Elektriker Heinz gelingt, scheitert Paulas Ehe mit dem gewalttätigen und trunksüchtigen Erich.

Häufig sind ihre Bücher autobiographisch, am deutlichsten in ihrem Roman *Die Klavierspielerin* von 1983: hier zum Beispiel ihre Kenntnisse der Musik, die Zitate aus der Musikliteratur und die schwierige Mutter-Tochter-Beziehung. Sie thematisiert die Macht und Demütigung in der bürgerlichen Gesellschaft und analysiert festgefahrene Strukturen im österreichischen Kapitalismus. Die Klavierspielerin leistet mit Rücksicht auf ihre Mutter, mit der sie zusammenlebt, Triebverzicht. Sie kompensiert ihre Sexualität in Kunst, in Kasteiung und Arbeit. Mit diesem Roman erzielt J. internationalen Ruhm, obwohl sie bereits vorher mit vielen Preisen ausgezeichnet worden war. 1969 erhielt sie den Lyrik- und Prosapreis der österreichischen Jugendkulturwoche und den Lyrikpreis der österreichischen Hochschülerschaft. 1972 wurde ihr ein österreichisches Staatsstipendium für Literatur bewilligt. Als man ihr 1978 die Roswitha-Gedenkmedaille der Stadt Bad Gandersheim verlieh, nahm sie diesen Preis für Frauen nur widerwillig entgegen. Sie kritisierte in ihrer Dankesrede, daß es für schreibende Männer keinen Preis gäbe. 1979 erhielt sie den Drehbuchpreis des Innenministeriums der BRD, 1983 den Würdigungspreis des Bundesministeriums für Unterricht und Kunst. Drei weitere namhafte Preise folgten: 1986 der Heinrich-Böll-Preis, 1987 der Literaturpreis des Landes Steiermark und 1989 der Preis der Stadt Wien für Literatur.

1989 erschien ihr wohl provokativster und meistdiskutierter Roman *Lust*. J. macht den Leser zum Voyeur eines obszönen Ehepaares, dessen Spiele alles andere als lustvoll sind. Der Fabrikdirektor Herrmann mißbraucht seine eheliche Macht über seine Frau Gerti, die seine nie versiegende Potenz zu allen Zeiten und in allen Lebenslagen über sich ergehen lassen muß. Während Herrmann sich früher bei Prostituierten austobte, besinnt er sich aus Angst vor Aids nun auf seine legale Ehefrau. Hier wird die Erniedrigung der Frau derart überzeichnet, daß es schwierig ist, diesen Roman mit realistischen Maßstäben zu messen. J. sagte dazu, daß ihre bewußte Überzeichnung männlicher Sexualität und Brutalität eine »exemplarische Analyse von gesellschaftlichen Sachverhalten« aufzeigen solle. Sie ist davon überzeugt, daß der Faschismus 1945 nicht verschwunden sei, sondern sich in die Familien zurückgezogen habe und sich dort im Herrschaftsverhältnis des Mannes über die Frau manifestiere. Wie in all ihren Werken wird die Frau auch hier auf ihre sexuelle Funktion reduziert. Frauen sind bei J. die

Unterdrückten in der Klassengesellschaft. Männer bestimmen ihr Leben, spielen die dominierende Rolle und machen sie zum Objekt. Doch auch die Frauen werden kritisch gezeichnet. Sie spielen das Spiel der Unterdrückung lustvoll mit und ziehen das beengte Hausfrauendasein an der Seite von Alkoholikern, Vergewaltigern oder Faschisten einem emanzipierten Leben vor. J. selbst ist seit 1974 mit einem Münchner Informatiker verheiratet, weshalb sie bei Feministinnen oft auf Unverständnis stößt.

Aktuelle politische Probleme nimmt sie auf und ist sich dabei im klaren, keine Lesermassen zu erreichen, sondern nur eine intellektuelle Minderheit. In einem ihrer jüngsten Prosa-Stücke, *Totenauberg* von 1991, reflektiert sie auf die Völkerwanderung aus dem Osten und benutzt dafür die Metapher des Tourismus, anspielend auf Todtnauberg im Schwarzwald, wo der Philosoph Martin Heidegger eine Hütte besaß. Dort traf er sich mit seiner jungen Geliebten Hannah Arendt, mit der er seine Abhandlungen besprach. J. läßt die beiden in einer schwer verständlichen, artifiziellen Sprache miteinander diskutieren. Touristen machen sich heute diesen Ort zur zweiten Heimat, obwohl sie ihn in Wirklichkeit zerstören. Todtnauberg wird als Symbol von Heimat benutzt und als Ideologie entlarvt. *Totenauberg* wurde im September 1992 im Akademietheater in Wien uraufgeführt und vom Publikum mit großem Premierenjubel angenommen. J.s Stücke werden heute auf allen namhaften Bühnen gespielt. Mag sich ihre Hoffnung, daß sich durch ihre Literatur »eine neue Intelligenz formieren« wird, erfüllen.

Die Moralistin J. siedelt ihren Roman *Die Kinder der Toten* (1995) in der Pension »Alpenrose« an. Aber der Eindruck täuscht, denn die Szenerie, die an einen Heimatroman erinnert, wird von Untoten bevölkert. Den drei im Zentrum stehenden Figuren, Edgar Gstranz, ehemals Angehöriger der österreichischen Ski-Nationalmannschaft (B), die Sekretärin Karin Frenzel und Gudrun Fischler, Studentin der Philosophie, kommt in den engen Beziehungen, die sie zum Tod hergestellt haben, Stellvertreterfunktionen zu. Auf mehr als sechshundert Seiten geht es in dem Roman ums Sterben, um Gewalt und um Widergänger. Dieses postmortale Umfeld bildet die Basis für die Suaden der Autorin gegen den österreichischen Staat, der als Nekropole dargestellt wird und sich durch Geschichtsvergessenheit auszeichnet. Hinter dem, was sichtbar ist, entdeckt J. das Morbide, was lebendig erscheint in der Wirklichkeit, ist für sie vom Tode gezeichnet. Die Wunden der Vergangenheit bluten noch, die Narben sind nicht verheilt.

In dem Stück *Stecken, Stab und Stangl* (1995) thematisiert J. den Sprengstoffanschlag, dem im Februar 1995 vier Roma zum Opfer gefallen sind, als sie ein Schild entfernen wollten, auf dem »Roma zurück nach Indien« stand. In dem Stück hat J. versucht, den sprachlosen eine Stimme zu geben, wobei sie sich fremder Stimmen bedient, was sie in ihrem Theater immer wieder praktiziert: »Das In-fremden-Zungen-reden, so wie der Heilige Geist als Zunge über den Köpfen der Gläubigen schwebt, das verwende ich im Theater eigentlich immer«.

Die Auseinandersetzung mit den Toten und der Geschichte, die ebenso wie die Toten nicht Ruhen kann, ist kennzeichnend für J.s Theaterarbeit: »Wir versuchen ständig, die Toten von uns abzuhalten, weil wir mit dieser Schuld nicht leben können; das kann ja niemand. Das ist eine kollektive Neurose«. Dieser Dialog mit den Toten, der sich wie in dem Stück *Wolken.Heim* (1990) auch über Zitate herstellt, ist eines der zentralen Themen J.s.. Wie auch in verschiedenen anderen dramatischen Texten verzichtet die Autorin auf Figurenrede und überläßt die Ordnung des Textmaterials der Inszenierung.

»Ich beschreibe die Gesellschaft exemplarisch«, kennzeichnet die J., die 1998 den Georg-Büchner-Preis erhielt, ihr schriftstellerisches Verfahren, bei dem sie »seziererisch distanziert« vorgeht. Dieser an Flaubert geschulten Technik hat sie sich bereits in *Lust* bedient und verwendet sie erneut in dem im Untertitel als Heimatroman bezeichneten Roman *Gier* (2000), der wegen seiner pornographischen Abschnitte in der Öffentlichkeit für Aufsehen sorgte. In *Gier* ist nur eine Lust dominant, die Gier nach Besitz, die sich paart mit der Lust an Unterdrückung. Kurt Janisch bedient sich zur Lustbefriedigung seines Geschlechts als Machtinstrument, mit dem er Gewalt ausübt und Unterwerfungsstrategien praktiziert. Es gibt in diesem Text wie auch in *Lust* »drastische Stellen«, wie Jelinek in *Der Sinn des Obszönen* sagt, »aber die sind politisch. … Das Obszöne ist dann gerechtfertigt, wenn man den Beziehungen zwischen Männern die Unschuld nimmt und die Machtverhältnisse klärt.«

Eine Orgie der Lust wird auch in *Sportstück* (1999), dem mehrstündigen Theaterereignis der 1990er Jahre, gefeiert. Der Kraftsportler Andreas Münzer hat seinen Körper zu einem Lustobjekt gemacht und ihn durch Verwendung von Drogen lustvoll zu einen Körper geformt, der einem bestimmten gesellschaftlichen Ideal entspricht. Münzer hat seinen Körper so lange verpackt, bis er unbrauchbar wird, konzentriert auf den Schein, vernachlässigt er das Sein, bis es ihn einholt. Mit der gestilten äußeren Hülle werden die Anzeichen des Verfalls nur kaschiert, denn der Körper funktioniert nicht mehr. Für die Inszenierung von *Sportstück* bat J. Einar Schleef: »Machen Sie was sie wollen. Das einzige, was unbedingt sein muss, ist: griechische Chöre«.

In dem Stück *Die Alpen*, das zusammen mit *Der Tod und das Mädchen* III (*Rosamunde*) und *Das Werk*, 2003 in dem Band *Die Alpen* erschien, beschreibt J. die Katastrophe im Tunnel von Kaprun, bei der 155 Menschen starben, aus der Sicht der Verunglückten und bringt deren Überlegungen in Beziehung zu Celans *Gespräch im Gebirg* und Texten des frühen Alpinismus. Wiederum ein Text über das Verschwinden und den Tod in einer Gegenwart, die besessen scheint von der Lust am Risiko.

Birgit Schütte-Weißenborn/Michael Opitz

Johnson, Uwe
Geb. 20.7.1934 in Kammin/Pommern; gest. 23.2.1984 in Sheerness (England)

Schon Mitte der 1950er Jahre erkannte der Leipziger Literaturhistoriker Hans Mayer das große erzählerische Talent des damals zwanzigjährigen Germanistikstudenten J. und empfahl seinen Schüler, der eine hervorragende Diplomarbeit über Ernst Burlach angefertigt hatte, dem westdeutschen Verleger Peter Suhrkamp, nachdem vier namhafte Verlage der DDR dessen frühes Romantyposkript *Ingrid Babendererde* abgelehnt hatten. Zu einer ersten Buchveröffentlichung kam es erst im Herbst des Jahres 1959 (*Mutmaßungen über Jakob*).

J., Sohn eines aus Mecklenburg stammenden Gutsverwalters und späteren Angestellten des Greifswalder Tierzuchtamtes, war in den letzten Kriegsjahren Schüler eines nationalsozialistischen Internats; zwischen 1946 und 1952 besuchte er die Oberschule in der Barlach-Stadt Güstrow. Der plötzliche Wechsel der politischen Systeme, den der Schüler J. anhand des Bildertauschs im Klassenzimmer (Hitler/Stalin) genau registrierte, fand autobiographisch Niederschlag in der ersten seiner Frankfurter Poetik-Vorlesungen (*Zwei Bilder*) im Sommersemester 1979.

Konflikte mit der »Freien Deutschen

Jugend«, deren Mitglied J. lange Jahre war, vereitelten eine Anstellung des begabten Germanisten im Staatsdienst und zwangen ihn zu wissenschaftlicher Arbeit am heimischen Schreibtisch. In dieser Zeit entstanden eine neuhochdeutsche Prosabearbeitung des Nibelungenliedes und die Übersetzung von Herman Melvilles *Israel Potter* aus dem Amerikanischen; beide Bücher sind zwar in der DDR, jedoch zunächst ohne Angabe ihres Übersetzers, erschienen. Bemerkenswert sind ferner J.s Gutachten für Verlage aus den Jahren 1956 bis 1958, in denen er Editionspläne für Werkausgaben und Exposés vorlegt (u. a. zu Peter Altenberg, Frank Wedekind, Franz Werfel). Bernd Neumann hat diese bislang unbekannten Dokumente wie auch J.s Klausuren und frühen Prosaskizzen 1992 vorzüglich in den Bänden 3 und 4 der »Schriften des Uwe-Johnson-Archivs« ediert. Als gewissenhafter Philologe hatte sich J. noch einmal in den 60er Jahren erwiesen: er gab Bertolt Brechts *Me-ti* heraus.

Nachdem auch der Suhrkamp Verlag, besonders auf Betreiben des damaligen Mitarbeiters und Lektors Siegfried Unseld, das Manuskript des Jugendwerks, genauer, dessen vierte Fassung, abgelehnt hatte, legte J. eine zweite Arbeit vor, den noch umfangreicheren Roman *Mutmaßungen über Jakob*. Daraus wurde sein erstes Buch, das in einer Erstauflage von 5000 Exemplaren erschien und rasch Gegenstand germanistischer Dissertationen wurde. J. hatte wegen dieser Publikationsmöglichkeit im Westen schweren Herzens seine mecklenburgische Heimat verlassen; er sei, wie er immer wieder in Interviews versicherte, nicht geflohen, sondern »übergesiedelt«.

Während die Existenz eines J. in der DDR bis zum Erscheinen eines Aufsatzes von Horst Drescher in *Sinn und Form* ignoriert wurde, abgesehen von zwei polemischen Attacken in der kulturpolitischen Wochenzeitung *Sonntag*

(Hochmuth/Kessler) und im *Neuen Deutschland* (Hermann Kant) 1962, erkannten die Literaturkritiker des übrigen deutschsprachigen Raums sehr rasch die außerordentliche Belesenheit dieses jungen Autors, sahen in seiner komplexen Erzähltechnik und stilistischen Virtuosität Ähnlichkeiten zu den angloamerikanischen Vorbildern William Faulkner, Ernest Hemingway und James Joyce, konstatierten aber auch Kompositionsmerkmale des ›nouveau roman‹ eines Alain Robbe-Grillet und anderer zeitgenössischer Autoren. Die Reihe der Schriftsteller, mit denen J. in der Folgezeit verglichen wurde, ist endlos lang und reicht von Franz Kafka über Thomas Mann bis Robert Musil und Christa Wolf, Franz Tummler und Fritz Rudolf Fries. Der entscheidende Impuls, der diesem Erstling eines völlig unbekannten Literaten in der westdeutschen Literaturszene zu so großer Popularität verhalf – gleichzeitig erschienen *Die Blechtrommel* von Günter Grass und Heinrich Bölls *Billard um halb zehn* – ging jedoch nicht so sehr vom stilistischen Gestaltungswillen und dessen Eigenwilligkeit aus, sondern vielmehr von der spezifischen Thematik, die hier aufgegriffen wird: die Spaltung Deutschlands. Dieser thematische Aspekt der *Mutmaßungen über Jakob*, so zeigt es die Wirkungsgeschichte dieses Romans, wurde von der Literaturkritik einhellig überbewertet, zuweilen hypostasiert, was zu einer simplifizierenden Etikettierung J.s (»Dichter der beiden Deutschland« etc.) führte, die die feuilletonistische Publizistik des europäischen Auslands nach dem Erscheinen der Übersetzungen unkritisch übernahm und weiter propagierte. J. wurde für diesen Roman, der nicht nur die sprachliche und menschliche Entfremdung der beiden Teile Deutschlands vielperspektivisch ausleuchtet, sondern auch das politische Klima der 1950er Jahre vergegenwärtigt (Ungarn-Aufstand, Suez-Krise, Aktivitäten des DDR-Staatssicherdienstes), mit dem Fontane-Preis des Berliner Senats ausgezeichnet.

War das Thema der *Mutmaßungen* die detailgenaue Rekonstruktion einer entscheidenden Lebensphase des Reichsbahn-Dispatchers Jakob Abs bis zu dessen tragischem Tod bei einem Arbeitsunfall auf einem Rangiergleis, waren die Protagonisten DDR-Bürger, so ist im zwei Jahre später folgenden Roman (*Das dritte Buch über Achim*, 1961) die handlungstragende Figur ein Hamburger Journalist namens Karsch, der von einer früheren Freundin, einer Schauspielerin, zu Besuch in die DDR eingeladen wird und dort den politisch engagierten Radrennsportler Achim kennenlernt. Dieser Karsch wird von einem DDR-Verlag beauftragt, zu den zwei bereits geschriebenen Biographien über das Sport- und Jugendidol Achim eine dritte zu verfassen, stößt bei seinen Recherchen in der Vergangenheit des gefeierten Rennfahrers jedoch auf Fakten – begeisterter Hitlerjunge, Teilnahme am Aufstand des 17. Juni, die sich mit der ideologischen Konzeption eines staatlichen Verlags nicht in Einklang bringen lassen. Die engen Grenzen der Pressefreiheit erkennend, reist Karsch wieder ab. In diesem Roman, der ja vor dem Mauerbau (13. August 1961) geschrieben wurde, sind noch die Hoffnungen der Entstalinisierungsphase spürbar, die Möglichkeiten eine Kooperation zwischen einem westdeutschen Publizisten und einem ostdeutschen Verlag in Sachen Sport werden immerhin zur Diskussion gestellt. Dieser Roman über die Anfänge der Entstehungsgeschichte einer letztendlich gescheiterten deutsch-deutschen Sportler-Biographie liest sich einfacher als sein Vorgänger, wenngleich J. auch hier mit einer Frage-Antwort-Technik arbeitet, die nach einer ersten Textlektüre Fragen offenläßt. Die Kritik nahm das Werk euphorisch auf; namhafte europäische Literaturverlage erkannten dem erst 27jährigen J. den Internationalen Verlegerpreis (Prix For-

mentor) zu; Übersetzungen des Romans folgten daraufhin in sieben Sprachen und lösten ein breites Echo in der Presse aus. J. reiste ein erstes Mal in die USA, wo er nicht nur las, sondern auch seinen poetologischen Essay *Berliner Stadtbahn* vorstellte.

Die Mailänder Kontroverse mit Hermann Kesten im Spätherbst 1961 hatte zu einer Diskussion im Deutschen Bundestag geführt; die CDU forderte eine Rücknahme des Villa-Massimo-Stipendiums, des staatlich geförderten Rom-Aufenthalts für Schriftsteller und Künstler; dazu kam es jedoch nicht, da ein Tonband den Beweis erbrachte, daß Kesten den jungen Autor verleumdet hatte.

Im Jahr 1964 betätigte sich J. journalistisch als Kritiker des DDR-Fernsehens für den Westberliner *Tagesspiegel* (*Der 5. Kanal*, 1986); 1965 erschien wieder ein größerer Prosatext (*Zwei Ansichten*), in dem J. auf Stilexperimente und komplizierte Erzählstrukturen verzichtet: er schildert eine Flucht von Ost nach West. Mit Recht ist darauf hingewiesen worden, daß dieser Text eine Zäsur und einen vorläufigen Schlußpunkt in seiner literarästhetischen Entwicklung setzt. Das fiktionale Handlungspotential, das sich aus den Konsequenzen der deutschen Teilung ergab, schien erschöpft.

J. wählt für die Jahre 1967/68 New York als seinen neuen Wohnsitz, arbeitet bei Harcourt-Brace-Jovanovich als Schulbuch-Lektor (*Das neue Fenster*, 1967), schließt Freundschaft mit der Verlegerin Helen Wolff, beobachtet die amerikanische Alltagswirklichkeit, liest und archiviert die *New York Times* und sammelt unermüdlich Stoff für seine *Jahrestage*, deren erster Band 1970 erscheint. Die ersten Impressionen des New Yorker Lebens verarbeitet J. in einem kleinen Drehbuch zu einem Film von Christian Schwarzwald (*Summer in the City*, 1968). Detaillierte Milieustudien, der Vietnamkrieg und die Berichterstattung über ihn, Rassenprobleme und Alltäglichkeiten beschäftigen den Autor, der gleichzeitig Quellenstudien zur deutschen Geschichte der jüngsten Vergangenheit treibt, zu Vergleichen findet und langsam ein vielfädiges Erzählgerüst um seine Protagonistin Gesine Cresspahl, die NATO-Sekretärin aus den *Mutmaßungen* spinnt, auf zwei Zeitebenen den Roman vorantreibt und sich als einer der bedeutendsten Erzähler der Nachkriegszeit erweist. Noch bevor die Tetralogie abgeschlossen ist, erst 1983 erscheint der vierte Band, erhält J. den Georg-Büchner-Preis der Deutschen Akademie für Sprache und Dichtung (1971), den Wilhelm-Raabe-Preis der Stadt Braunschweig und den Thomas-Mann-Preis der Hansestadt Lübeck, die höchsten literarischen Ehren, auf die 1983 der Kölner Literaturpreis folgt.

1974 sucht J. freiwillig das Exil; er zieht nach Sheerness-on-Sea, auf eine Themse-Insel, lebt zurückgezogen als »Charles«, gerät infolge einer Ehekrise in eine »Schreibhemmung«, die seine literarischen Projekte verzögert. 1974 erscheint ein schmales Bändchen, ein Nekrolog auf Ingeborg Bachmann (*Eine Reise nach Klagenfurt*); 1977 gibt J. die umfangreiche Autobiographie der Publizistin Margret Boveri unter dem Titel *Verzweigungen* heraus. Sein sachkundiges und faktenreiches Nachwort umfaßt 60 Druckseiten und könnte ebenso als Monographie gelesen werden. 1979 wird J. Gastdozent für Poetik an der Frankfurter Goethe-Universität und resümiert über den Schriftstellerberuf, reflektiert eigene Erfahrungen, erzählt Anekdoten, gewährt Einblicke in das »Handwerk des Schreibens« und rechnet mit so manchem Zeitgenossen ab (*Begleitumstände*, 1980). In einem Beitrag zu einer Festschrift für Max Frisch (1981) verarbeitet J. seine Ehekrise. In sprachlich dichter, zumeist konjunktivischer, überaus steifer Prosa skizziert ein Dr. John Hinterhand sein Unglück. Diese autobiographischen Assoziationen erschienen 1982 als Buch unter dem Titel *Skizze eines Verunglückten.*

Vereinsamt und alkoholkrank starb J. im Februar 1984 in England. Ein Jahr nach seinem Tod entschloß sich der Suhrkamp Verlag, das einstmals verworfene Typoskript *Ingrid Babendererde. Reifeprüfung 1953* zu publizieren, jene politische Schulgeschichte, die mit einer Flucht in den Westen endet und aus der J.s Verbundenheit zu seiner mecklenburgischen Herkunft spricht. J. hat seinen gesamten Nachlaß dem Verleger Siegfried Unseld testamentarisch zugesprochen. Der Suhrkamp Verlag hat daraufhin in Verbindung mit der Frankfurter Goethe-Universität ein »Uwe-Johnson-Archiv« eingerichtet, das seine umfangreiche Arbeitsbibliothek und seine Mecklenburgiana-Sammlung sowie zeithistorische Dokumente (Fahrpläne, Adreßbücher, Landkarten) beherbergt. Mit dem Fall der Mauer und der Wiedervereinigung Deutschlands ist J.s erzählerisches Werk zunehmend ins Blickfeld germanistischer Interessen gerückt, und durch die szenisch interpretierende, vierteilige Fernseh-Verfilmung (WDR u. a. 2000) seines opus magnum *Jahrestage* hielt der Autor Einzug in die Wohnzimmer auch nicht-lesender Bevölkerungsschichten. Auf dieser medialen Ebene haben Margarethe von Trotta (Regie), Christoph Busch und Peter Steinbach (Drehbuch) einen unschätzbaren Beitrag zur Popularisierung J.s geleistet.

Die Veröffentlichung der Briefwechsel mit dem Schriftsteller-Kollegen Max Frisch (1999), dem Verleger Unseld (1999) hat der Forschung zwar nur wenige neue Impulse geben können, doch das bisher bekannte Lebensbild des Menschen und Denkers J. weiter verdichtet; die Korrespondenz mit dem Philosophin Hannah Arendt (2004) setzt die Reihe der Brief-Editionen fort. Eine tiefschürfende Auslotung dieses Dichterlebens war bereits 1994 dem in Trondheim lehrenden Germanisten

Bernd Neumann mit einer ersten, umfassenden J.-Biographie gelungen, die schon im Vorfeld ihres Erscheinens lebhafte Diskussionen ausgelöst hat. Im selben Jahr wurde vom Neubrandenburger »Nordkurier« und der Mecklenburgischen Literaturgesellschaft der U.-J.-Preis gestiftet.

Nicolai Riedel

Jünger, Ernst

Geb. 29.3. 1895 in Heidelberg;
gest. 17.2. 1998 in Riedlingen

Ende 1913 hielt es ein verträumter, musisch hochbegabter Apothekersohn in der vom Wilhelminismus geprägten provinziellen Enge seines Heimatortes nicht mehr aus. Berauscht von Fernweh und Abenteuerlust unterzeichnete der Achtzehnjährige einen Vertrag mit der Französischen Fremdenlegion und brannte nach Afrika durch, kehrte jedoch auf Intervention des Vaters bereits fünf Wochen später zurück. Die Erzählung *Afrikanische Spiele* (1936) machte im Rückblick deutlich, daß sich bei dieser romantischen Jugendepisode in J. früh der Drang geregt hatte, den »Tod als Partner, als Zeugen der Wirklichkeit« zu erfahren. Diese makabere Partnerschaft hat J., ob als jugendlicher Legionär, als hochdekorierter Westfront-Grabenkämpfer des Ersten Weltkriegs oder auch als kühner Experimentator in der geistigen Abenteuerlandschaft der Drogen (*Annäherungen*, 1970), sein Leben lang provoziert. Sie markiert einen zentralen Fluchtpunkt seines Werks. Diese Disposition zielt auf eine entschlossene Geistesgegenwart, auf einen erfüllten Zustand des Hier und Jetzt, der noch einmal versucht, bedrohte Traditionen in sich einzubeziehen, bevor diese in der fortschreitenden Geschichtslosigkeit, im Kampf zwischen musischem und technischem Potential versinken. Es handelt sich um ein, keineswegs dekadent-todessüchtiges, Bewußtsein, das lebt und

schreibt im Wissen darum, daß jeder Atem- und jeder Schriftzug stets der letzte sein könnten. Dies Bewußtsein spielt in verschiedenen Schattierungen vom Weltkriegs-Tagebuch *In Stahlgewittern* (1920) bis hin zu den Spätwerken *Aladins Problem* (1983) oder *Eine gefährliche Begegnung* (1985) eine Rolle, und es hat entscheidend J.s vielgerühmten, aber auch vielgeschmähten Stil (Fritz J. Raddatz: »Herrenreiterprosa«) geprägt. Denn dieser Stil strahlt noch im feinsten Detail zwingende Exaktheit und apodiktische Strenge aus; eine Kaltnadeltechnik, die selbst scheinbare Nebensächlichkeiten mit Bedeutung aufzuladen weiß: Im Angesicht des Todes ist kein Ding zu gering, um nicht der Betrachtung und Darstellung wert zu werden. Mit dem als kriegsverherrlichend bezeichneten, bei näherer Betrachtung freilich seltsam distanzierten *In Stahlgewittern* und mit den während der 1920er Jahre entstandenen Arbeiten wie *Der Arbeiter* (1932) erwies sich J. als militanter Konservativer mit Beziehungen zu Ernst Niekisch, Arnolt Bronnen und Carl Schmitt. Doch deuteten Bücher wie das vom Surrealismus beeinflußte *Das abenteuerliche Herz* (1929/ 1938) bereits an, daß eine bloß ideologiekritische Betrachtung entscheidende Dimensionen des Werks verfehlt. Selbst Bertolt Brecht wehrte Angriffe auf den schillernden Autor und Reichswehroffizier ab: »Laßt mir den Jünger in Ruhe!« Die Mixtur aus Verwandtschaft und Feindschaft, welche die kulturelle Linke J. gegenüber von Anfang an empfand, kommt in Theodor W. Adornos Bemerkung: »ekelhafter Kerl, der meine Träume träumt«, zum Ausdruck. Überhaupt gehört die analytische Aufmerksamkeit, die J. besonders in seinen zahlreichen, publizierten Tagebüchern der Verschränkung von Traum und Wirklichkeit zollt, zu den Hauptcharakteristika seiner Schreibweise. Auch in diesem Punkt ist die Nähe zum französischen Surrealismus überaus deutlich;

insofern ist es nicht zufällig, daß J. in Frankreich erhebliche Wirkung erzielt. Man liest dort J. auch mehr als den bohemistisch-dandyhaften Künstler denn als den politischen Aktivisten, der eine Zeit lang auf der falschen Hochzeit tanzte. Allerdings hatte er aus seiner wesentlich ästhetisch motivierten Verachtung des Nationalsozialismus von Anfang an keinen Hehl gemacht und 1933 den Eintritt in die gleichgeschaltete Deutsche Akademie der Dichtung abgelehnt. Er schrieb den symbolistisch verschlüsselten, rhythmisch hochstilisierten Prosatext *Auf den Marmorklippen*, der 1939 durchaus als Form der inneren Emigration, aber auch des geistigen Widerstands begriffen wurde. Als Hauptmann gehörte er bis 1944 zur deutschen Besatzung von Paris, wurde jedoch wegen seiner Verbindungen zu den Verschwörern nach dem Attentat vom 20. Juli aus der Wehrmacht entlassen. Bis Kriegsende schwebte er in ständiger Gefahr, vom »Volksgerichtshof« abgeurteilt zu werden. Nach 1945 wurde es still um J., obwohl er regelmäßig publizierte: Utopisch-phantastische Romane wie *Heliopolis* (1949) oder *Gläserne Bienen* (1957), von Martin Heideggers Existentialismus beeinflußte Essays wie *Über die Linie* (1950), zudem weiter Tagebücher, in deren Kombination von subjektiver Beobachtung und verallgemeinernder Abstraktion er die ihm wohl gemäßeste Kunstform fand. Im Gebiet der Naturwissenschaft gilt der weitgereiste Insektenforscher übrigens als eine internationale Kapazität (*Subtile Jagden*, 1967). Als ihm 1982 der Goethe-Preis verliehen wurde, kulminierte die wieder aufgelebte Diskussion um J. erneut. Doch inzwischen war »der Fall« des politikverachtenden »Anarchen« (J. über J.) mit dem platten Etikett »faschistischer Ästhetik« nicht mehr zu erledigen. Mitte der 1970er Jahre hatte Alfred Andersch bereits eine Lanze für J. gebrochen, indem er dessen einzigartige Kunst, naturwissenschaft-

liche Erkenntnis mit literarischer Darstellung zu verschränken, herausstrich: »Die Gegensätze sollen aufgehoben werden. Versöhnung, nicht durch flaues Friedenstiften, sondern durch subtiles Konstatieren von allem, was beweist, daß jedes Ding viele Seiten hat.« Was Karl-Heinz Bohrer *Die Ästhetik des Schreckens* nannte, bekam 1985 noch eine besondere Pointe, als J. zu seinem 90. Geburtstag mit dem Kriminalroman *Eine gefährliche Begegnung* eine Art Poetik des Verbrechens vorlegte. Die Faszination der Gefahr, des Abenteuers und des Todes, in der sich wie in einem Brennglas das voluminöse Gesamtwerk bündeln ließe, mag dazu beigetragen haben, daß J. in seinem inzwischen wahrhaft biblischen Alter immer noch produktiv ist.

Produktiv war er auch bis zu seinem Tod in der Definition der eigenen Rolle: der »Krieger« des Ersten Weltkriegs mutierte zum Autor und *Waldgänger* (1951) und schließlich, in seinem Roman *Eumeswil* (1977), zum *Anarchen*, der sich von keiner äußeren Welt mehr beeindrucken läßt. In seinem letzten Essay *Die Schere* (1990) ließ er dann gar die geschichtliche Zeit, die er mit seinen Tagebüchern doch bis zuletzt begleitet und aus immer größerer Distanz kommentiert hat, stillstehen, gleichsam leerlaufen. Während zu seinem hundertsten Geburtstag hin sein Ruhm im Zenith stand und er von Bundespräsident und Bundeskanzler gleichermaßen als repräsentativer deutscher Dichter vereinnahmt wurde, ist seine Literatur nach seinem Tode merkwürdig verstummt. Nur noch in den umfangreichen Briefwechseln mit dem konservativen Staatsrechter Carl Schmitt, dem Maler Rudolf Schlichter und dem Schriftsteller Gerhard Nebel meldet sich eine Zeit zurück, die ins 21. Jahrhundert nicht mehr zu wirken vermag. So daß auch die von ihm selbst stets abgelehnte Publikation seiner einst brisanten politischen Schriften der späten 1920er und frühen

1930er Jahre sich nur noch wie längst erledigte Dokumente einer vergangenen Epoche lesen. Andersch porträtierte ihn 1975 so: »Das Gesicht eines Modells von Picasso, einen mediterranen Bronze-Kopf unter einem Helm aus weißen Haaren ... Er sieht nicht wie ein deutscher, sondern wie ein lateinischer Dichter aus ... das Picassohafte, Moderne an ihm, (sind) die Brechungen.«

Klaus Modick/Red.

Kafka, Franz

Geb. 3. 7. 1883 in Prag; gest. 3. 6. 1924 in Kierling bei Klosterneuburg

Das »Grenzland zwischen Einsamkeit und Gemeinschaft habe ich äußerst selten überschritten, ich habe mich darin sogar mehr angesiedelt als in der Einsamkeit selbst. Was für ein lebendiges schönes Land war im Vergleich hierzu Robinsons Insel«. Dies stellt K. wenige Jahre vor seinem Tod fest. Noch immer lebt er als Junggeselle im Bereich der elterlichen Familie, die ihn einengt und bevormundet, am Rande sowohl des assimilatorisch gesinnten wie des neuen nationaljüdischen Judentums, in einem Beruf, der ihm »unerträglich« ist, »weil er meinem einzigen Verlangen und meinem einzigen Beruf, das ist der Literatur, widerspricht«, in seiner Geburtsstadt, die er von jeher verlassen will, weil sie ihm Ausdruck dieser Gefangenschaft ist. Alle Fluchtversuche – Heirat, Assimilation, Zionismus, Ortswechsel, vor allem aber eine Existenz als freier Schriftsteller – sind bisher schon in den Anfängen gescheitert.

Der tschechisch-jüdische Vater stammte aus der Provinz und hatte nach der Heirat mit einer wohlhabenden Deutsch-Jüdin in Prag ein Geschäft für Kurzwaren und Modeartikel gegründet. Von vornherein waren die Eltern entschlossen, ihren wirtschaftlichen Erfolg zur Verschmelzung mit der systembejahenden, herrschenden deutschen Oberschicht zu nutzen. Dennoch steht K. zeitlebens über den Vater den Tschechen näher als die meisten seiner deutsch-jüdischen Altersgenossen und damit zwischen allen drei Völkern Prags. Der Aufstiegswille zeigt sich auch im Bildungsweg des Sohnes: Er hatte das humanistische Gymnasium zu besuchen und Jura zu studieren. 1907 hat K. mit Examen, Doktordiplom und Gerichtsjahr alle Voraussetzungen für den Staatsdienst. – Im Gegensatz zu anderen Autoren des sogenannten »Prager Kreises«, Max Brod, dem lebenslangen Freund und Propagator, Oskar Baum, Willy Haas, Egon Erwin Kisch, Franz Werfel u. a., hat K. noch nichts veröffentlicht. Nur der unmittelbaren Eingebung folgendes Schreiben vermittelt ihm Glück, und stets ist es autobiographisches Interesse, das bei ihm die literarische Produktion hervortreibt. Daraus folgen Widerwille und Widerstand gegen ihre Veröffentlichung, oft auch die Vernichtung des Geschriebenen, das solchen Maßstäben nicht standhält. Schon die älteste erhaltene Erzählung *Beschreibung eines Kampfes* (von 1902 bis 1910) formt die späteren Themen und Darstellungsmittel vor: Isolation, Mißlingen und Scheitern, Rettungsversuche, Verwandlungen und Tiermetaphern. Kleine Prosa veröffentlicht 1908 erstmals Franz Blei, der in seinen Zeitschriften ausschließlich von ihm entdeckte oder früh geförderte Schriftsteller druckte, wie Rudolf Borchardt, Max Brod, Carl Einstein, René Schickele oder Robert Walser.

Von einer ersten Stelle in einer privaten Versicherungsgesellschaft wechselte K. 1908 zur halbstaatlichen »Arbeiter-Unfall-Versicherungs-Anstalt für das Königreich Böhmen in Prag« und blieb hier bis zu seiner Pensionierung. Böhmen war der am weitesten industrialisierte Raum der Donaumonarchie und die führende Versicherungsanstalt deshalb in ständiger Erweiterung. K. arbeitete bald in leitender Stellung in ihrer wichtigsten »technischen« Abteilung und hatte z. B. über die Klassifizierung der Betriebe nach Gefahrenklassen zu entscheiden und dabei auch Betriebe zu inspizieren. Mit diesem Aufgabenbereich stand er mitten in der modernen Welt: Die Arbeiterschaft und ihre Probleme, das Ausgeliefertsein des Menschen an Mächte, die als anonym erlebt werden, Arbeitgeber, Versicherung, Staat, waren eine tägliche Erfahrung. So hat seine berufliche Tätigkeit K.s Bild von der Welt wesentlich mitgeformt.

Nachhaltigstes Erlebnis dieser Jahre ist die Begegnung mit einer polnisch-jüdischen Theatergruppe, die seit 1910 wiederholt in Prag gastiert. K. faszinieren ihre jiddische Sprache, ihre ostjüdische Religiosität und ihre gebärdenstarken Darbietungen der volkstümlichen Stücke, und er lernt in der Freundschaft mit ihrem Hauptdarsteller Jizchak Löwy »gierig und glücklich originäres Judentum« kennen. Die Verarbeitung der gestenreichen, innere Vorgänge ins Sichtbare wendenden und sich bis zur Groteske steigernden jiddischen Schauspiele bereitet den Durchbruch zum eigentlichen Schreiben vor. 1912 entsteht in einer einzigen Nacht *Das Urteil*. »Nur so kann geschrieben werden, nur in einem solchen Zusammenhang, mit solcher vollständigen Öffnung des Leibes und der Seele«, die Geschichte sei »wie eine regelrechte Geburt mit Schmutz und Schleim« aus ihm herausgekommen. Sie wird nach einer öffentlichen Lesung sofort erkannt als »Durchbruch eines großen, überraschend großen, leidenschaftlichen und disziplinierten Talents«. Gewidmet ist sie Felice Bauer.

Die 24jährige Berlinerin Felice hatte K. bei Brod kurz gesehen, und eine ihn zerreißende Beziehung begann. Sein umfangreichstes Briefwerk entsteht, in dem er um Felice wirbt, sich darstellt, verteidigt und angreift. Der »Kampf« um Felice, der »andere Prozeß« (Elias Canetti), z. T. zeitgleich mit der Entste-hung des Romans *Der Prozeß*, dauert bis Ende 1917: Juni 1914 kommt es zur Verlobung, im Juli wird sie wieder gelöst. 1917 erfolgt die zweite Verlobung, im Dezember die endgültige Trennung, vorgeblich wegen K.s Erkrankung. Den Ausbruch einer offenen Lungentuberkulose sieht K. selbst als befreiende Folge der Auseinandersetzung mit Felice, die er sucht, wenn er nicht schöpferisch tätig ist, und die er flieht mit all ihren bürgerlichen Vorstellungen von Ehe, Reputation und Wohnung, sobald er sich seines Schreibens sicher ist: »So geht es nicht weiter, hat das Gehirn gesagt, und nach fünf Jahren hat sich die Lunge bereit erklärt zu helfen.«

Das Urteil steht als erste größere Arbeit K.s in einem Jahrbuch des Kurt-Wolff-Verlags. Mit ihm hatte Brod den Freund auf einer Ferienreise nach Weimar zusammengebracht, wohin sie die Verehrung Johann Wolfgang Goethes führte. Wolff sammelte nach und nach die wesentlichsten, seit 1914 pauschal als »Expressionisten« bezeichneten jungen Dichter; auch K., dessen Bücher nun hier erscheinen, wird deshalb irrtümlich von vielen Zeitgenossen als Expressionist mißverstanden. *Das Urteil* und die sofort darauf entstandenen Erzählungen *Die Verwandlung* (1916) und *Der Heizer* (1913), die K. unter dem Titel *Söhne* zusammenfassen wollte, variieren freilich das damals als expressionistisch empfundene Thema des Vater-Sohn-Konflikts, wenn auch auf die eigentümlichste Weise. In jeder der drei Novellen führt der Schuldspruch des Vaters zum Tod des Sohnes, und jedesmal ist eine Art von Verführung der Anlaß. In der *Verwandlung* erwacht der Sohn, der als Ernährer der Familie die Rolle des Oberhaupts übernommen hat, eines Morgens als »ungeheueres Ungeziefer«; der Vater kann seine Autorität zurückgewinnen, der Sohn wird allmählich eins mit seiner Mistkäfer-Gestalt und weiß, daß er zu »verschwinden« hat; eine Putzfrau wirft seine

Überreste in den Müll. Die scheinbar einsinnige Geschichte ist gleichwohl mehrschichtig angelegt; mythologische, tiefenpsychologische und gesellschaftspolitische Bezüge sind erkennbar, so daß eine Ausdeutung der Vaterfigur möglich oder nötig ist: beispielsweise als Personifikation von Macht schlechthin, die den Menschen zum Tier deformiert, oder präziser, etwa als Kapitalismus, womit die Verwandlung den Prozeß der Entfremdung symbolisieren könnte. Die *Verwandlung* ist die erste Erzählung, die eine Tiermetapher geschlossen durchkomponiert; zahlreiche »Tiergeschichten« werden ihr folgen. Der Roman *Der Verschollene (Amerika)*, 1927, dessen erstes Kapitel der als »Fragment« erschienene *Heizer* darstellt, bleibt wie viele andere Erzählungen unvollendet: Auch darin wiederholt sich das Mißlingen im Leben K.s und seiner Gestalten.

Obwohl K. vom Kriegsdienst freigestellt ist, kann er sich dem Krieg nicht entziehen: Prag ist frontnahe Großstadt, und so flüchten vor allem die polnischen Juden aus den Kriegsgebieten hierher. K. vollendet 1914 die zeitkritische Novelle *In der Strafkolonie*, die Kurt Tucholsky nach ihrer Veröffentlichung (erst 1920) als »unbedenklich wie Kleist« rühmen wird. Ein neuer Roman *Der Prozeß* entsteht und bleibt bis 1925 liegen; »Fräulein Bürstner«, Ursache der Verhaftung »K.s« verweist hier mit ihren Initialen auf Felice Bauer wie das Kürzel für die Hauptgestalt auf den Dichter selbst. Im Lauf des Krieges intensiviert sich K.s Verhältnis zum Zionismus, auch der Umgang mit Flüchtlingen nähert ihn dem Ostjudentum. Die Erzählungen des Buches *Ein Landarzt* (1916/17) stehen in Verbindung zu chassidischen Geschichten, wie sie u. a. Martin Buber sammelte, der sich seit langem für das neue Judentum engagiert. K., häufig mißtrauisch gegen die eigene Produktion, ist von der Qualität seiner neuen Geschichten so überzeugt, daß er

eine »Orgie beim Lesen« zweier in Bubers Zeitschrift *Der Jude* gedruckten »Tiergeschichten« empfindet, und muß »immer erst aufatmen von Eitelkeits- und Selbstgefälligkeitsausbrüchen«. Als die *Landarzt*-Erzählungen 1919 als Buch mit der Widmung »Meinem Vater« erscheinen, sind sie eine Art positiver Abrechnung mit dem Vater und Gegenstück zum *Brief an den Vater* (1919). Dieser Brief, mit einem Umfang von 60 Druckseiten, ist der schonungsloseste biographische Versuch K.s; er geht aus von seinem jüngsten gescheiterten, dritten Heiratsversuch (mit der Pragerin Julie Wohryzek) und stellt seine Entwicklung unter der erdrückenden Person des Vaters, dem »zuschnürenden Ring seines Einflusses« dar, der alle Lebensversuche zum Mißlingen verurteilte. Eine weitere leidenschaftliche Beziehung scheitert: Die Übersetzerin seines *Heizers* ins Tschechische, Milena Jesenská, hat K. 1920 brieflich kennengelernt und erfährt sie schnell »als lebendiges Feuer, wie ich es noch nie gesehen habe«; aber sie vermag sich aus ihrer zerrütteten Ehe und ihrem Wiener Bohème-Kreis nicht zu lösen. Ein dritter Roman, *Das Schloß* (1922), den Kampf des angeblichen Landvermessers »K.« um Aufnahme in die Dorfgemeinschaft und um Annäherung an das Schloß berichtet, hat dieses Geschehen integriert. Mit ihm ist die »Trilogie der Einsamkeit«, wie Brod die drei unvollendet gebliebenen Romane nennt, abgeschlossen.

Sofort nach der endlich erreichten vorzeitigen Pensionierung (Juli 1922) arbeitet die große Erzählung *Forschungen eines Hundes* (1922) K.s wechselndes Verhältnis zum Judentum auf, freilich in der Form der Parabel, die unabhängig vom Leben des Autors Gültigkeit hat. Wiederholt erwägt er die Übersiedlung nach Palästina – neben seinen Hebräisch-Studien (seit 1917) der sicherste Beweis für eine Bejahung der zionistischen Ziele. Da trifft er in den

Sommerferien 1923 an der Ostsee auf die etwa zwanzig Jahre alte Ostjüdin Dora Diamant. Von ihr, der Gefährtin seines letzten halben Jahres, wird er sich »gut und zart behütet« fühlen, »bis an die Grenzen irdischer Möglichkeit«. Die Palästina-Pläne sind in dem Versuch, mit Doras Hilfe Prag zu entrinnen und in Berlin zu leben, aufgehoben. Eine Robinsonade, denn die sich verschlimmernde Krankheit läßt ihn mitten im »wilden« Berlin wie auf einer Insel leben, und doch ein Neubeginn mit neuer Aktivität und Produktivität. Der hier entstandene *Bau* (1923/24) und die späteste Erzählung *Josefine die Sängerin* (1924) zeigen die von der Krankheit unberührt gebliebenen, wenn nicht gesteigerten Fähigkeiten K. s. Im März 1924 erzwingt die notwendig gewordene ständige ärztliche Kontrolle die Rückkehr nach Prag. K.s Tod wird nur von wenigen persönlichen Bekannten wahrgenommen. Brod, als Verwalter und Propagator des Werks, wird den Nachlaß – ein Vielfaches des von K. selbst Veröffentlichten –, den Nachruhm vorbereitend, begleitend und steigernd, nach und nach publizieren.

Bald darauf machte das Dritte Reich nicht nur der deutsch-jüdischen Symbiose ein Ende, zu deren außergewöhnlichen Ergebnissen eben K.s Werk gehört, es vertrieb auch ihre noch lebenden Repräsentanten und K.s Werk ins Exil. Doch gerade dadurch erhielt dieses Werk nun prophetische Qualität: Die Verfemten und Geflüchteten sahen darin ihre eigene Ohnmacht gegenüber den realen und anonymen Mächten vorweggenommen. Und die eskalierenden Ereignisse – Weltkrieg und Nachkrieg, die Herrschaft des Stalinismus – bestätigten immer wieder von neuem, daß K.s Werk parabolisch die absurde Welt der Gegenwart in präziser Unheimlichkeit darstelle. Im Vorfeld des Prager Frühlings bekam es sogar politische Funktion, indem die Möglichkeiten seiner – zunächst unerwünschten – Interpretation als Instrument zur Befreiung aus dem stalinistischen Totalitarismus verstanden wurden (Kafka-Konferenz in Liblice, 1963). Schon längst war K. in allen westlichen Staaten berühmt, in zahllose Sprachen übersetzt und extensiv interpretiert. Jetzt sollte sein Werk den restlichen Teil der Welt erobern. Denn von keinem anderen Autor des 20. Jahrhunderts ging eine derart starke Aufforderung zur Interpretation, zur Exegese, zur Analyse aus. K.s rätselhafte und verrätselte Dichtungen faszinierten bis hin zum Zwang, sie auszulegen, ihnen nachzuspüren, sie nachzuahmen. Keiner Interpretation – weder der philosophischen, theologischen (jüdischen und christlichen), psychoanalytischen, gesellschaftspolitischen oder rein artistischen, noch deren Mischformen oder Spielarten – schien er sich zu widersetzen. »Ätherisch wie ein Traum und exakt wie ein Logarithmus«, urteilte Hermann Hesse schon 1925 und nannte K. einen »heimlichen Meister und König der deutschen Sprache«.

Ludwig Dietz

Kaschnitz, Marie Luise
Geb. 31. 1. 1901 in Karlsruhe;
gest. 10. 10. 1974 in Rom

»Als eine ewige Autobiographin, eine im eigenen Umkreis befangene Schreiberin werde ich, wenn überhaupt, in die Literaturgeschichte eingehen, und mit Recht. Denn meine Erfindungsgabe ist gering. Ich sehe und höre, reiße die Augen auf und spitze die Ohren, versuche, was ich sehe und höre, zu deuten, hänge es an die große Glocke«. *Orte* (1973) heißt der Titel des letzten von K. veröffentlichten Buches. Es sind kurze Prosastücke, selten mehr als eine Druckseite umfassend – isolierte Augenblicke, die aus dem Gedächtnis hervorgeholt werden, ins helle Licht der aufblitzenden Erinnerung gestellt, »als sei jedes dort gesprochene Wort, jede dort gelebte Empfindung Stoff geworden ..., als sei es nur nötig, das Außen zu beschwören, um alles andere wieder Gestalt werden zu lassen.« K. ist ein eindrucksvolles Beispiel für jene künstlerische Alterswildheit einer Sprach- und Ausdrucksverknappung, einer Formverdichtung, einer unkonventionellen Absage an die eigene Herkunft. In einem sehr präzisen Sinne – dies enthüllt ihr Spätwerk – hat K. immer Orte beschrieben: Orte des Lebens, Erinnerungsorte, Gedankenorte, aber auch Orte der geschichtlichen Verbrechen, des Todes und des Eingedenkens.

Marie Luise von Holzing-Berstett stammte aus badisch-elsässischem Adelsgeschlecht. Sie wuchs in Berlin auf, wo ihr Vater als General in preußischen Diensten stand. Sie hat diese wohlbehütete, sozial privilegierte Jugend später immer als eine angstbeladene, qualvolle Zeit erinnert. Mag sie schreibend auch eine große Trennung von ihrer Vergangenheit vollzogen haben, so blieb sie in ihrem Lebensumkreis, ihrem Lebenszuschnitt doch von adligen Wertvorstellungen geprägt. Nach einer Lehre als Buchhändlerin kam sie 1924 erstmals nach Rom. Dort befreundete sie sich mit Guido von Kaschnitz-Weinberg, der bis 1932 als Assistent am Deutschen Archäologischen Institut tätig war. 1925 heirateten sie; 1928 wurde die einzige Tochter geboren. Die Universitätslaufbahn ihres Mannes bestimmte die weiteren Lebensstationen: 1932 Königsberg, 1937 Marburg, 1941 Frankfurt a.M., 1953 Rom. Seit 1956 war Frankfurt der ständige Wohnsitz, unterbrochen von längeren, regelmäßigen Aufenthalten in Rom sowie im heimatlichen Schwarzwalddorf Bollschweil bei Freiburg. An der Seite ihres Mannes durchkreuzte K. auf zahllosen Forschungs- und Studienreisen das gesamte Abendland, dessen Grenzen auch die Landkarte ihres Werks abstecken.

Sie scheint nur langsam und unter Mühen zum Schreiben gefunden zu haben. Die frühen Gedichte, Erzählungen und Romane sind überwiegend anempfundene Literatur: klassizistisch in der Form, neuromantisch in der Sprache, unpolitisch in der Mythisierung einer als zeitlos erlebten Natur. Die Auseinandersetzung mit der eigenen Gegenwart – wie in dem Roman *Liebe beginnt* (1933) – bleibt vereinzelt. »All meine Gedichte waren eigentlich nur der Ausdruck des Heimwehs nach einer alten Unschuld oder der Sehnsucht nach einem aus dem Geist und der Liebe neu geordneten Dasein« (*Rede zur Verleihung des Georg-Büchner-Preises*, 1955). Noch die Trümmerpoesie unmittelbar nach dem Zusammenbruch des Faschismus war eine humanistisch überblendete Fluchtliteratur (*Menschen und Dinge 1945*, 1946; *Totentanz und Gedichte zur Zeit*, 1948; *Zukunftsmusik*, 1950). Erst durch die Absage an den Feierton des Ewigmenschlichen findet sie als Lyrikerin in den frühen 1950er Jahren zu einer eigenen Sprache (*Hiroshima*; *Tutzinger Gedichtkreis* – beide 1951). In immer erneuten Ansätzen (so z.B. *Zoon Politikon*, 1964) stellt sie sich in ihren mit dem Vorbild Paul Celans, aber auch mit den unversöhnlichen Widersprüchen der Kunsttheorie des Freundes Theodor W. Adorno auseinandersetzenden Gedichten der Trauerarbeit und dem Eingedenken des Faschismus, der sich in den Katastrophen der Gegenwart fortzeugt. Ihre Lyrik ist Vergegenwärtigung der Leidenswahrnehmung und Leidensfähigkeit – selbstquälerisch und selbstzweifelnd »Kargwort neben Kargwort« (*Müllabfuhr*, 1972) setzend.

Den Tod ihres Mannes 1958 hat sie als einschneidenden Bruch ihrer Biographie erlebt, als Verlust, aber auch als Identitätsgewinn, dem sich nun die Schleusen der Erinnerung öffnen. Erinnerung – wie sie jetzt zum bestimmenden Verfahren ihres Schreibens wird – hat mit Archäologie zu tun; wie diese ist sie Erdarbeit: ein Freilegen des verschütteten Ich. Das wohl konsequenteste Beispiel für die facettierte Schreibweise von K.s autobiographischer Prosa (u. a. *Wohin denn ich*, 1963; *Tage, Tage, Jahre*, 1968; *Steht noch dahin*, 1970) ist die *Beschreibung eines Dorfes* (1966). Sie beschreibt in diesem so eigenwilligen wie vollkommenen Prosatext aber nicht das Dorf Bollschweil, nicht ihre Erinnerung und auch nicht die Wirklichkeit seines gegenwärtigen Zustands, sondern – gleichsam in »Patrouillengängen« (Robert Minder) – die Arbeit, die sie im Vorfeld einer letzten Endes naiv verbleibenden literarischen Abbildung zu leisten hat: »Die Technik der Skizze hat keine andere Funktion, als auf einen eigentlichen Text zu verweisen, der niemals geschrieben werden wird« (Sabina Kienlechner).

Eine Vorkämpferin der Frauenemanzipation war K. nicht. Sie hat sich gerne auf eine »weibliche Position« zurückgezogen, unter der sie dann auch wieder litt, wenn man ihr Werk als »Damenliteratur« apostrophierte. Die karge, gleichsam Bild an Bild, Einstellung an Einstellung reihende Lyrik und Prosa ihrer letzten Jahre, das Aussparen und Überspringen jeder Vermittlung und selbstsicheren Perspektive, als sei das Ganze das Unwahre; die mangelnde epische Fülle und dramatische Vehemenz, die sie zum ästhetischen Prinzip erhebt, all dies erzeugt durch eine Art kindlicher Holzschnittechnik und Schwarzweißmalerei, vergleichbar jenen »traumhaft anmutenden Landschaftsskizzen«, von denen sie Horst Bienek erzählte, sie »mit ganz elenden Kinderbuntstiften ausgeführt zu haben, während mein Mann seinen archäologischen Studien nachging«. Gestorben ist K. in Rom, begraben liegt sie im heimatlichen Bollschweil.

Rettung durch Phantasie (1974) überschrieb sie den letzten Vortrag, den sie nicht mehr halten konnte. Der Titel spielt an auf die verwandelnde Kraft der Kunst, an die sie bis zuletzt geglaubt hat: »Adorno hat mir einmal von Gegen-

bildern gesprochen, die es gälte aufzurichten, um die Bilder des Friedens und der Harmonie erst recht zur Geltung zu bringen.«

Uwe Schweikert

Keller, Gottfried
Geb. 19. 7. 1819 in Zürich;
gest. 15. 7. 1890 in Zürich

Am Lebensende ist der Schweizer Autor ein berühmter deutscher Dichter. Als er den siebzigsten Geburtstag feiert, erreicht ihn aus Berlin eine Glückwunschadresse mit mehreren hundert Namen, darunter Helmuth Graf von Moltke, Heinrich von Treitschke, Herman Grimm und Theodor Fontane. Dazu K. nicht ohne Ironie: »Gerade, wie wenn ich ein vornehmer Herr wäre!«.

Nein, das ist er nicht und das wollte er auch nicht werden. Der Sohn eines frühverstorbenen Drechslermeisters wächst in bescheidenen Verhältnissen auf, bleibt der kleinen-Leute-Welt immer verbunden und hat doch unbescheidene Wünsche. Nachdem er wegen eines Jugendstreichs die Industrieschule verlassen muß, nimmt er Malunterricht, und ein anschließender Aufenthalt in der Kunststadt München von 1840 bis 1842 soll der künstlerischen Vervollkommnung dienen. Der Erfolg bleibt aus und die alte traumatische Furcht, ein »untätiges und verdorbenes Subjekt« zu werden, wächst damit. Die heimatliche Kantonalsregierung gewährt Stipendien, und die sparsame Mutter unterstützt ihren Sohn bis zu dessen 42. Lebensjahr. So kann K. in Heidelberg (1848/49) studieren, wo er u. a. die Bekanntschaft Ludwig Feuerbachs macht, dessen Materialismus von nun an für die eigene Weltanschauung prägend bleibt. So kann er mehrere Jahre in Berlin verbringen (1850 bis 1855), dessen einflußreiche Salons der gesellschaftlich eher unbeholfene K. – er ist nach Varnhagen von Enses Urteil »für die Welt etwas verschroben, nicht ganz brauchbar zugerichtet« – aufsucht, dessen Literatencliquen er aber meidet. Das subjektive Ziel des Berlinaufenthalts, aufgrund häufiger Theaterbesuche eigene Entwürfe auszuführen, wird nicht erreicht. Dennoch kommt der Stipendiat nicht ohne Resultate zurück, denn in Berlin entstehen wichtige Prosaarbeiten, wie der erste Teil des Novellenzyklus *Die Leute von Seldwyla* (1856) und der autobiographische Roman *Der grüne Heinrich* (1854/55). Auch wenn der Heimgekehrte inzwischen eine gewisse lokale Reputation besitzt – schon seit den 1840er Jahren ist er mit Georg Herwegh und Ferdinand Freiligrath bekannt – jetzt verkehrt er mit Georg Semper und Friedrich Theodor Vischer, so kann er doch von seinen literarischen Arbeiten nicht leben. Depressionen bleiben nicht aus, zumal der kleingewachsene Mann trotz mehrfacher demütiger Versuche keine Lebensgefährtin findet und von der Mutter (bis zu ihrem Tod 1864) und der Schwester (bis 1888) versorgt wird. So führt er ein Junggesellenleben mit häufigen Wirtshausbesuchen und gelegentlicher Randale. Eine Neigung zum Bummelantentum ist unverkennbar. Wirkt aber schon Berlin mit seiner nüchtern-norddeutschen Atmosphäre nach eigenen Angaben als »Korrektionsanstalt«, so verlangt das hochdotierte Amt des Staatsschreibers (1861 bis 1876) – K.s überraschende Wahl erregt »allgemein ein staunendes Kopfschütteln« (*Eidgenössische Zeitung* vom 17. 9. 1861) – eine Selbstdisziplin, die der Schriftsteller später nutzen kann.

Die Rückkehr von Berlin nach Zürich kann nicht, wie bei Theodor Storm oder Wilhelm Raabe, als Flucht in eine provinzielle Idylle bewertet werden, weil das geographische Abseits ein politisches Mittendrin befördert: die Schweizer Demokratie erlaubt politisches Handeln und öffentliche Auseinandersetzungen, an denen K., auch publizistisch,

teilnimmt. Die Schweizer Gesellschaft läßt noch einen revolutionären Geschichtsoptimismus zu, der auch das aufklärerische Citoyen-Ideal als einzulösendes umfaßt. Deshalb lehnt der Demokrat K. radikaldemokratische Bestrebungen des Proletariats ebenso als zerstörerische ab wie den bourgeoisen Klassenegoismus, der dazu drängt, »so gut wie überall nach Geld und Gewinn zu jagen« (Brief an L. Assing vom 21. 4. 1856) und dabei das Gemeinwohl vernachlässigt. Weltanschaulich-politisch steht K. so im Gegensatz zur restaurativen deutschen Entwicklung nach dem Scheitern der 48er Revolution, während er sich literarisch-künstlerisch, auch in zahlreichen Briefwechseln (u. a. mit Hermann Hettner, Paul Heyse, Theodor Storm), nach Deutschland orientiert und eine eigene Schweizer Nationalliteratur ablehnt. Unter diesen Umständen gerät die persönliche Vereinzelung nicht zur gesellschaftlichen Einsamkeit; K. sondert sich nicht desillusioniert wie Gustave Flaubert oder resigniert wie Theodor Storm von der bürgerlichen Gesellschaft ab, sondern er bestimmt sich als tätiger Bürger seines Gemeinwesens. Aus dieser demokratischen Bürgerlichkeit beziehen Prosa und Lyrik ihre anschauliche Lebensfreude, ihre Freude am Dinglich-Zuständlichen. Mit ihr wird auch ein Literaturverständnis deutlich, das in der Tradition der Klassik am Selbstzweck der Literatur festhält, oder, wie K. es gelegentlich ausdrückt, deren »Reichsunmittelbarkeit« betont und das ihr zugleich mit dem Ausspruch, »das Didaktische im Poetischen aufzulösen, wie Zucker oder Salz im Wasser« eine öffentliche Wirkung zuspricht.

Die soziale Bindung und gesellschaftliche Funktion der Literatur bedingt in der Lyrik die Neigung zum weltanschaulichen Bekenntnis und zum Vermeiden jeglicher formaler Artistik. K. benutzt überlieferte Strophen- und Versformen. Neben dem Lied bevorzugt er Sonette, Ghasele und Balladen. Die erste Sammlung *Gedichte* (1846) belegt, wie sehr der Autor mit seiner Naturlyrik und politischen Lyrik an den Vormärzaktivismus anknüpft, obgleich sich der Schweizer stärker als seine deutschen Vorbilder Anastasius Grün und Georg Herwegh auf die konkrete Wirklichkeit einläßt und sein rhetorisches Pathos dämpft. Die folgenden Gedichte lassen eine steigende Tendenz zu stärkerer Objektivierung der lyrischen Aussage erkennen (vgl. *Neuere Gedichte*, 1851). Besonders in der »Festlyrik«, jenen Gelegenheitsgedichten zu Schützen-, Sänger- und Kadettenfesten, löst die Sprachwerdung des Öffentlich-Gemeinsamen die subjektivierte lyrische Erlebnissprache aus. Auch wenn die Alterslyrik zum Erlebnis- und Stimmungsausdruck zurückkehrt, so bleibt doch eine Weltoffenheit als Konstante, die ihr Fundament in der Positivität der bürgerlichen Welt, in der Bejahung der politischen Freiheit und wirtschaftlichen Blüte hat.

Über die Schweiz hinaus wird K. allerdings, wenn auch verspätet, mit seiner Prosa bekannt. Die Gratulation zum siebzigjährigen Geburtstag gilt insbesondere dem Novellisten, der sich von der ursprünglichen Programmatik, einer in die zeitgeschichtlichen Ereignisse eingreifenden Literatur, trennt und sich überschaubaren heimatlichen Stoffen zuwendet – ähnlich wie Theodor Storm oder Wilhelm Raabe, sich zugleich doch von beiden markant unterscheidend. So erhält in dem zweiteiligen Novellenzyklus *Die Leute von Seldwyla* (1865 u. 1874) das einzelne isolierte Geschehen der Novelle durch den in den Vorreden hergestellten Bezug zur gleichnamigen fiktiven Narrenstadt einen umfassenderen epischen Bezug. Der unabgeschlossene Rahmen verweist hier auf eine spezifisch schweizerische, gesellschaftlich-geschichtliche Kohärenz. Die zehn Geschichten über die gemütlichen, biedermeierlichen Seldwyler, die sich naiv,

aber bisweilen auch selbstsüchtig durchwursteln, sind mit humorvoll-ironischer Distanz erzählt. K. legt unzulängliche Verhältnisse und Verhaltensweisen bloß und verleiht dem Geschehen bisweilen satirische, aber auch komisch-versöhnliche Züge. Dabei benutzt er, sich um Novellentheorie wenig kümmernd, Elemente des gesellschaftskritischen Realismus ebenso wie die des Märchens oder des Schwanks. Die fünf Erzählungen des Zyklus *Züricher Novellen* (1876/77) wollen als positives Pendant zu den *Leuten von Seldwyla* Züricher Bürgersinn darstellen. Ihren artistischen Höhepunkt erreicht K.s Novellistik mit dem *Sinngedicht* (1881), in dem der Rahmen, die Geschichte einer sich anbahnenden Liebe, selbst zur Novelle wird.

In *Der grüne Heinrich* (1. Fassung 1854/55; 2. Fassung 1879/80), dem bedeutendsten Entwicklungsroman des sogenannten bürgerlichen Realismus, erzählt K. eine »geistige Robinsonade«, in der »man zuschaut, wie sich ein Individuum alles neu erwerben, aneignen und einrichten muß« (Brief an Hermann Hettner vom 26. 6. 1854). Jene erzählerische Überschaubarkeit garantiert im Roman der autobiographische Bezug. In der zweiten objektivierten Fassung – nur die will der Autor gelten lassen – schildert der »Ich-Erzähler« das Scheitern des Künstlers Heinrich Lee, der als Oberamtmann schließlich eine selbstgenügsame, aber nützliche Existenz findet. Die Frage nach einem sinnerfüllten Leben erhält so eine bescheidene Antwort.

Georg Bollenbeck

Kleist, Heinrich von
Geb. 10. oder 18. 10. 1777 in
Frankfurt/Oder; gest. 21. 11. 1811 am
Wannsee bei Potsdam

K.s ›tragisches Schicksal‹ ist häufig beschworen worden: Der frühe Tod der Eltern, schwierige Familienverhältnisse, die sogenannte ›Kant-Krise‹ (»Wenn alle Menschen statt der Augen grüne Gläser hätten, so würden sie urtheilen müssen, die Gegenstände, welche sie dadurch erblicken, sind grün«, erklärt er am 22. 3. 1801 seiner Verlobten Wilhelmine von Zenge zu dieser Erkenntniskrise), gescheiterte oder abgebrochene berufliche und private Pläne ließen sich leicht als Vorboten seines Selbstmords am 21. November 1811 an der Reichsstraße von Berlin nach Potsdam nahe des Kleinen Wannsees deuten, wenn nicht auch regelmäßig euphorisch betriebene Projekte und tatsächliche Erfolge zu verzeichnen wären.

Im Alter von 14 Jahren tritt er in das Potsdamer Vorzeigeregiment »Garde« ein, dessen Offiziere Kontakt mit dem Berliner Hof und dem preußischen König pflegten und mit dem er 1793 bis 1795 in den ›Ersten Koalitionskrieg‹ gegen das Napoleonische Frankreich zieht. Als Soldat lernt er Literatur und Philosophie der Aufklärung kennen und schätzen, steuert damit aber auf einen inneren Konflikt zu. 1799 entscheidet er sich, den »Stand zu verlassen, in welchem ich von zwei durchaus entgegengesetzten Prinzipien unaufhörlich gemartert wurde«, denn für eine aufgeklärte Gesinnung erscheint das preußische Militärwesen als »lebendiges Monument der Tyrannei«. Im steten Beharren auf seiner Autonomie (»Meine Vernunft will es so, u[nd] das ist genug«) plant er zunächst eine Karriere als Gelehrter und schließlich als Dichter, womit er im Rahmen der standestypischen Optionen bleibt, aber seine Familie aus einem alten preußischen Adelsgeschlecht mit zahlreichen Militärkar-

rieren enttäuscht. Bei all den wechselnden Projekten verfolgt er zumindest durchgängig den einen Plan, »zu so vielen Kränzen noch einen auf unsere Familie herabzuringen«. »Ohne Lebensplan leben, heißt vom Zufall erwarten, ob er uns so glücklich machen werde, wie wir es selbst nicht begreifen«, schreibt er 1799 in einem seiner unerträglich belehrenden frühen Briefe, hier an seine Halbschwester Ulrike von Kleist. Der Versuch aber, einen konkreten Lebensplan zu definieren, mißlingt ihm bereits zu dieser Zeit: »Ein Lebensplan ist – –«.

Der Gedankenstrich als Ausdruck einer Sprachkrise, die seiner ›Kant-Krise‹ vorausging, wird ebenso zum ›Markenzeichen‹ K.s wie die erfolglosen Projekte: Seine vermeintliche Absicht vom Herbst 1801, im Gefolge eines Rousseauschen »Zurück zur Natur« als »Bauer« in der Schweiz zu leben, scheitert an der politischen Instabilität im Land; eine dauerhafte Anstellung beim preußischen Finanzdepartment (1805/06) für die Verwaltung der fränkischen Provinzen wird vereitelt, da Preußen diese Provinzen nach der Niederlage bei Jena und Auerstedt an Bayern abtreten muß; 1807 wird er bei einem Besuch im französisch besetzten Berlin für ein halbes Jahr unter Spionageverdacht inhaftiert; und erfolglos plant er 1807 die Gründung einer Buchhandlung mit Verlag. Und als er sich als Zeitschriften- und Zeitungsherausgeber versucht, gehen sowohl die Kulturzeitschrift *Phöbus* (1808/09) als auch die *Berliner Abendblätter* (1810/11), eine frühe Form der Tageszeitung, nicht zuletzt aufgrund von Fehlkalkulationen, konzeptionellen Widersprüchen oder politischen Repressionen bankrott, während die Zeitschrift *Germania* 1809 nicht über das Planungsstadium hinauskommt.

Manch andere ›Krise‹ scheint allerdings ›kalkulierter‹: Von seinem Studium an der Universität in Frankfurt an der Oder (1799/1800) will ihn die allzu starke Orientierung an einer gesellschaftlichen Nützlichkeit abgestoßen haben, in Paris (1801) sei ihm dagegen ein »wissenschaftlicher Mensch« im Vergleich mit einem »handelnden« allzu »ekelhaft« erschienen. Diese widersprüchlichen Begründungen dürften nicht nur Studienprobleme aufgrund seines Alters und einiger Bildungsdefizite kaschieren, sondern können auch als Vorwand gegenüber der Familie verstanden werden, um aus der Vorbereitung zu einem Brotberuf in ein Leben als Dichter zu wechseln, was bis zu einem gewissen Grad auch für seine Krankheitsphasen 1802, 1803 und 1806 gelten mag, die den durch Familie und Hof ausgeübten Anpassungs- und Karrieredruck verminderten.

Daß K. in Simulation und Dissimulation, Täuschungen und Finten beschlagen war, belegt nicht nur seine geheimnisvolle, aber offenbar erfolgreiche ›Würzburger Reise‹, sondern auch sein literarisches und publizistisches Œuvre. Auch bleibt manch eine ›Krise‹ die Quelle produktiver Neuanfänge: Die im Jahr seiner Volljährigkeit (1801) eintretende ›Kant-Krise‹ dient ihm nicht nur als Anlaß für seine erste Paris-Reise, sondern markiert auch den Beginn seiner schriftstellerischen Tätigkeit, bei der er sich in der Tradition der dichtenden Familienmitglieder Ewald von Kleist (1715–59) und Franz Alexander von Kleist (1769–97) sehen konnte. Ab Ende 1801 arbeitete er am Trauerspiel *Die Familie Schroffenstein* und ab 1802 an seinem ›Schicksalsstück‹ *Robert Guiskard*. Während *Die Familie Schroffenstein* Ende 1802 bei Heinrich Geßner gedruckt und (wohl ohne K.s Wissen) 1804 in Graz uraufgeführt wurde, blieben nicht nur das Trauerspiel *Robert Guiskard*, sondern auch die 1803 begonnenen Lustspiele *Der zerbrochne Krug* und *Amphitryon* (›nach Molière‹) vorerst unvollendet. Bei seinem Schweizer Aufenthalt 1801/02 pflegte er Umgang mit dem populären Schriftsteller,

Publizisten, Politiker und ehemaligen Studienkollegen Heinrich Zschokke, dem Buchhändler, Verleger und Schriftsteller Heinrich Geßner und dem Schriftsteller Ludwig Wieland, mit dem K. zudem Anfang 1803 in der Nähe von Weimar bei dessen Vater, dem berühmten Schriftsteller Christoph Martin Wieland, weilte. Dieser drängte ihn entschieden zur Fertigstellung des *Guiskard*, »auch wenn der ganze Kaukasus und Atlas auf Sie drückte«. Trotz (oder auch wegen) dieser prominenten Förderung und dem relativen Erfolg des Erstlings *Familie Schroffenstein*, das die gegen Goethe und Schlegel gerichtete Zeitschrift *Der Freimüthige* als »Wiege des Genies« bezeichnete, gerät K. offenbar in eine tatsächliche Krise: Das *Guiskard*-Stück sollte »unfehlbar ein Glied« in der »Reihe der menschlichen Erfindungen« werden (und damit seiner Rehabilitation bei der Familie und am Hof dienen), doch sei noch nicht die Zeit gekommen für den, »der sie einst ausspricht«. Er vernichtet das Manuskript (überliefert ist ein neu verfaßtes und 1808 im *Phöbus* erschienenes Fragment) und will Ende 1803 bei der geplanten Eroberung Englands durch die napoleonischen Truppen den »schönen Tod der Schlachten« sterben; der Plan mißlingt, er wird nach Preußen zurückbeordert, verzögert die Heimreise jedoch um gut ein halbes Jahr, das ebenso rätselhaft bleibt wie die ›Würzburger Reise‹ von 1800. In beiden Fällen existiert nicht viel mehr als Spekulationen über eine Krankheit oder Dienste als Spion bzw. Kurier.

Nach längeren beruflichen Unsicherheiten tritt er nach seiner Ankunft in Königsberg (1805) wieder als Schriftsteller hervor: *Der zerbrochne Krug* (gedruckt 1811) und *Amphitryon* (gedruckt 1807) werden fertiggestellt, er beginnt die Erzählungen *Michael Kohlhaas* und *Das Erdbeben in Chili* sowie das Trauerspiel *Penthesilea* (gedruckt 1808), das er ebenso wie dessen »Kehrseite«, das Schauspiel *Das Käthchen von Heilbronn* (Uraufführung und Erstdruck 1810), im Jahre 1807 abschließt. 1808/09 erscheint die Zeitschrift *Phöbus*, in die er neben Auszügen aus seinen Dramen und dem *Kohlhaas* eigene Epigramme, Fabeln und Gelegenheitsgedichte aufnimmt. In diese Zeit fällt auch seine ›Politisierung‹: Fertiggestellt werden die später als ›vaterländische Geschichtsdramen‹ verstandenen Werke *Prinz Friedrich von Homburg. Ein Schauspiel* und *Die Hermannsschlacht. Ein Drama*, das zunächst nur in Abschriften kursiert; er verfaßt patriotische Lyrik und Prosa, projektiert erfolglos die patriotische Zeitschrift *Germania* und paktiert mit dem anti-napoleonischen Widerstand. In seine letzten beiden Lebensjahre (1810/11) fällt schließlich die Publikation seiner *Erzählungen* in zwei Bänden und der *Berliner Abendblätter*, also zwei ›niederen‹, populären Genres, denen K. eine neue Qualität verleiht.

Die gleichen Gründe, die eine nachhaltige Rezeption K.s im 19. Jahrhundert verhinderten, förderten eine solche seit der Jahrhundertwende in Moderne und Postmoderne: Neben dem Image als tragischer Außenseiter ist es vor allem seine kritische Haltung gegenüber den vorherrschenden Denk- und Literaturströmungen seiner Epoche, speziell seine anti-idealistische Position gegenüber Aufklärung, Weimarer Klassik und Frühromantik. Speziell die vielzitierten Dissonanzen zwischen Goethe und K. wirkten fatal: Sein heute bekanntestes und überaus populäres Lustspiel *Der zerbrochne Krug* fiel im März 1808 in Weimar durch und wurde sofort abgesetzt, wofür er Goethes Bearbeitung verantwortlich machen mußte; auch ließ sich Goethe weder für die Mitarbeit am *Phöbus* gewinnen, noch konnte er sich mit der *Penthesilea* »befreunden«. Indem jedoch später beispielsweise die *Penthesilea* (bzw. der *Findling*) auf eine Abrechnung mit Goethes *Iphigenie*

(bzw. *Werther*) reduziert oder auch die ›Kant-Krise‹ nur als fundamentale Erkenntniskrise gewertet wurde, blieb seine enge Verbundenheit mit einer Vielzahl von älteren und zeitgenössischen Traditionen ein ›blinder Fleck‹ des Kleist-Bilds. Als Angehöriger eines alten preußischen Adelsgeschlechts blieb er verwurzelt in (inzwischen teils verbürgerlichten) höfischen Verhaltens- und Kommunikationsidealen wie der Moralistik und Konversationstheorie (*Familie Schroffenstein, Amphitryon, Der Findling, Die Hermannsschlacht*), altadligen Zeichensystemen wie der Heraldik (*Prinz Friedrich von Homburg*) oder vormodernen Konfliktlösungsstrategien wie dem Zweikampf oder Duell (*Der Zweikampf, Penthesilea*). Einerseits benutzt er solche Konzepte gegen idealistische Vorstellungen, andererseits treibt er sie auf die Spitze, bis sie in sich kollabieren.

Ähnlich produktiv wie kritisch setzt er sich mit aktuellen literarischen und politischen Strömungen auseinander: Positiv bezieht er sich zum Beispiel mit *Amphitryon* auf den auch am Weimarer Hoftheater gespielten Molière, mit *Käthchen von Heilbronn* (das ebenso »in die romantische Gattung schlägt« wie K.s ›Schauergeschichten‹) auf die Renaissance der Ritterstücke seit dem ›Sturm und Drang‹ und mit seinen Erzählungen auf die spätaufklärerische, anthropologische Variante frühneuzeitlicher Historien- und Novellentraditionen. So erklärt sich im *Kohlhaas* das Nebeneinander von Aberglaube (Zauberin) und scharfsinniger Darstellung widerstreitender Rechtssysteme (wie sie auch im *Zerbrochnen Krug*, der *Penthesilea* und in *Prinz Friedrich von Homburg* eine Rolle spielen) oder die Kollision von zeittypischen anthropologisierenden Menschendarstellungen mit mittelalterlich oder barock anmutenden Wunderzeichen, Prodigien und Gottesurteilen in *Das Erdbeben in Chili, Der Findling, Die heilige Cäcilie, Der Zweikampf* oder *Amphitryon*.

Ebenso wie er auch mit literarischen Mitteln zeitlebens auf eine Reform von Verwaltung und Militär in Preußen hinarbeitet, wird für ihn Literatur zum Objekt einer Überbietung vorhandener Muster mit geradezu wissenschaftlicher Akribie. Kontingenz ist für ihn nicht nur Zufall und Schicksal, sondern auch kalkulierbares Mittel sowohl für die Kriegsführung als auch für eine Literatur der ›unwahrscheinlichen Wahrhaftigkeiten‹, auch wenn sein Leben manch unberechenbare Züge trug. Seine Werke bieten systematische Darbietungen des ›Unaussprechlichen‹ in der drastischen Aufwertung von Pathos, Ekel und Gewalt, des Gestischen und Mimischen, der bedeutungsschwangeren Gedankenstriche und vieldeutigen Ausrufe (wie Alkmenes »Ach!« am Schluß des *Amphitryon*). Aber es wimmelt auch von obsessiven Versprachlichungen, so wenn in der *Familie Schroffenstein* und *Penthesilea* das ›Undarstellbare‹ durch Botenbericht und Mauerschau ausführlichst präsentiert wird oder sich der Dorfrichter Adam im *Zerbrochnen Krug* ausführlich selbst entlarvt. So darf auch K.s Interesse am analytischen Drama oder an der Kriminalgeschichte als Versuch einer ›Aufklärung‹ von Zufällen und Rätselhaftigkeiten des Lebens verstanden werden. Während der unzuverlässige Erzähler und die Erzählung eine letzte ›Aufklärung‹ verweigern, wird das ›Wie‹ des Verbergens und Enthüllens dem Leser oder Zuschauer im modernen wie traditionalistischen Sinn eines Machiavelli, Castiglione oder Gracián sprach- und erkenntniskritisch ›gestisch‹ vor Augen geführt.

Seine Werke folgen einer »gegensätzlich(en)« Schule, um den »Leuten zuweilen den Anblick böser Beispiele zu verschaffen«, jedoch weniger, um sie »von dem Laster abzuschrecken«, denn als Mittel der Gesellschafts- und ›Seelenerfahrungskunde‹. Auch wenn sich Spuren der persönlichen Krisen durch-

aus im Werk wiederfinden, geht es nicht darin auf; vor allem läßt sich die dauerhafte ›Krise‹ auch als Ausweis persönlicher Integrität auffassen, da sie K. zumindest zu Lebzeiten vor Vereinnahmungen schützte. So taugen selbst die *Berliner Abendblätter* und *Die Hermannsschlacht* nicht so recht als Propaganda, da sie ihre Mittel ›medienkritisch‹ sichtbar machen. Im Todesjahr gerieten die *Abendblätter* in Konflikt mit der Zensur, was wesentlich zu ihrem Niedergang beitrug, und sein ›patriotisches Drama‹ fiel aufgrund der aktuellen Bezüge beim Berliner Hof in Ungnade. Mehr noch: Es zerschlug sich die wohl berechtigte Hoffnung auf eine Protektion durch Königin Luise wegen ihres plötzlichen Todes, sein Antrag auf Wiederanstellung im Militärdienst wurde nicht einmal beantwortet, finanziell war er zum wiederholten Male in größten Nöten, und schließlich kam es zum Bruch mit der Familie. Von neuen, musikalischen und Roman-Projekten sind dann nur noch Ankündigungen überliefert.

Daß er die Tötung der unheilbar kranken, in Berlin verheirateten Henriette Vogel und seinen Selbstmord dann »zufrieden und heiter« plant und seiner Halbschwester Ulrike einen Tod, »nur halb an Freude und aussprechlicher Heiterkeit, dem meinen gleich«, wünscht, paßt nicht so recht zur vorhergehenden Aussage, daß ihm »auf Erden nicht zu helfen war«. Tatsächlich ist das Jahr 1811 nicht anders denn als reale Krise zu bezeichnen. Nichtsdestoweniger war es ihm angesichts des Todes wohl »fast, als müßt' er sich freuen« – sein letztes »als ob« in einer ganzen Reihe von Rätseln und Finten im wenig dokumentierten Leben und viel diskutierten Werk, das seine ungeheure Ausstrahlung erst am Anfang des 20. Jahrhunderts zu entfalten begann.

Ingo Breuer

Klopstock, Friedrich Gottlieb
Geb. 2. 7. 1724 in Quedlinburg;
gest. 14. 3. 1803 in Hamburg

Als K. am 22. März 1803 in Hamburg
beigesetzt wurde, war ein Repräsentant
deutscher Dichtung, ja deutscher Kultur
gestorben, dem Zehntausende hansea-
tischer Bürger die letzte Ehre gaben.
Und doch, der Sänger des großen religiösen Epos *Der Messias*, seit 1770 in der
Hansestadt ansässig und eines ihrer
Ruhmesblätter, glich schon damals eher
einem Monument aus vergangenen Zeiten. Gotthold Ephraim Lessings polemische Mahnung von 1753, man solle K. –
wie die Dichter überhaupt – nicht so
sehr loben, sondern lesen, hatte seither
noch an Dringlichkeit gewonnen. Die
Zeiten waren längst über K.s Dichtungen und theoretische Schriften hinweg-
gegangen. Eine Art versteinerter Ehr-
furcht umgab sein ehemals bahnbre-
chendes Lyrikwerk, seine biblischen
und patriotischen Dramen, seine geistlichen Lieder und gewitzten Epigramme, seine dichtungstheoretischen
Schriften, Übersetzungen und Sprach-
forschungen, seine grammatischen und
historiographischen Unternehmen. Ehr-
würdig, aber unzeitgemäß war der alte
Sänger der Religion und des Vaterlandes geworden; nur wenig schien man
in seinen Gedanken und Werken von
der neusten Zeit wiederzufinden. Offenbar hatte der alte Poet einen lebendigen Bezug zur Realität längst verloren. K.s Leben und Werk verkörpern
das Dilemma der aufklärerischen Utopie im Deutschland des »bürgerlichen«
18. Jahrhunderts; sie umspannen Aufschwung, Widersprüchlichkeit und
Wirkungsverlust einer intellektuellen
Bewegung, die aus dem Schoß der alten
feudalen Welt heraus eine neue Ära der
menschlichen »Glückseligkeit« entwerfen und verwirklichen wollte.

Aufstieg und Niedergang, die Anstrengung gegen eine widerständige
Realität waren wichtige biographische

Erfahrungen schon des ganz jungen
Mannes. K.s Vater, aus einem thüringischen Handelshaus stammend und bis
1732 als Stiftsadvokat in Quedlinburgi-
schen Diensten tätig, hatte sich für einige Jahre auf ein riskantes Wirtschafts-
unternehmen eingelassen, das schließlich scheiterte und den nahezu ruinier-
ten Juristen in seine alte Amtstätigkeit
zurückzwang. Friedrich Gottlieb, das älteste von siebzehn Kindern, hatte unter
diesem Niedergang nicht wenig zu leiden. Zunächst noch von einem Hauslehrer unterwiesen, besuchte er seit
1736 das Quedlinburger Gymnasium.
Erst durch Vermittlung eines reichen
Verwandten gelang es, dem begabten
Schüler einen Freiplatz an der Fürstenschule Pforta zu verschaffen. Der junge
K. erhält hier bis 1745 eine gründliche
humanistische Bildung, treibt fleißige
Bibelexegesen und studiert die griechischen und lateinischen Dichter und Historiker. Daß ihn schon zu dieser Zeit
eigene poetische Versuche in der deutschen und in den alten Sprachen beschäftigen, zeigt sich in seiner »Ab-
schiedsrede« von Schulpforta. Der junge K. ruft die Deutschen zu größerem
kulturellen und dichterischen Selbstbewußtsein auf. Er fordert ein großes na-
tionales Epos, das es mit den Werken
der Ausländer, auch mit ihren Klassikern, aufnehmen soll.

So ist es kaum verwunderlich, daß
der wenig bemittelte Student der Theologie schon 1745 in Jena und seit Juni
1746 in Leipzig vor allem auf poetische
Pläne sinnt. Im Kreis der »Bremer Beiträger«, der Herausgeber der *Neuen Beiträge zum Vergnügen des Verstandes und
des Witzes*, erwachsen ihm Anregungen
genug. Dieser Leipziger Freundschafts-
bund ist ganz auf eine Dichtung einge-
schworen, die sich nicht länger dem
Geschmack adliger oder großbürgerlicher Gönner beugen, sondern eine
selbstbewußte und autonome moralische Richterfunktion in der Gesellschaft
übernehmen soll. Der Poet sei ein

»Schöpfer«, kein bloßer »Nachahmer« der Natur und vor allem kein Verseschmied nach scheinbar ewig geltenden Kunstregeln. Statt sich auf die höfische oder stadtpatrizische Indienstnahme einzulassen, beschwören die »Bremer Beiträger« ihr solidarisches Lebensprinzip der »Freundschaft« oder der »Familiarität«, wie K. später formuliert hat. Gegenüber dem »Falschheitsvollen Hof« liegt in der »Freundschaft« ein Garant für Mitmenschlichkeit, Aufrichtigkeit, Gleichberechtigung und gegenseitige Achtung. Auch der junge K. macht in diesem Kreis eine kritische Sozialisation durch. Später wird er immer wieder den Gegensatz von Menschlichkeit und gelehrtem »Verdienst« auf der einen und arroganter, kalter Machtsphäre des Hofes auf der anderen Seite hervorheben.

Schon im Herbst 1745 hatte der junge Dichter begonnen, die ersten drei Gesänge seines *Messias* in einer Prosafassung zu Papier zu bringen; 1748 druckten die *Neuen Beiträge* eine erste Versfassung dieser wortmächtigen Eingangsgesänge ab. Gleichsam über Nacht wird aus dem stud. theol. K. der hochgelobte Dichter des Heilands; ein literarischer Wurf, der die Lebensbahn des jungen Mannes auf Anhieb verändern sollte. K. will nun endgültig Schriftsteller werden und gibt sein theologisches Studium auf. Bescheiden genug muß er beginnen: als Hofmeister in Langensalza. Bis in den Sommer 1750 hält es ihn hier, dann aber lockt der frühe Ruhm in die Welt hinaus. Der berühmte Schweizer Gelehrte und Schriftsteller Johann Jakob Bodmer macht dem Dichter das Angebot, in seinem Züricher Haus den begonnenen *Messias* zu vollenden. K. nimmt an, aber der Aufenthalt endet in bösem Streit, weil Bodmer einen weltentrückten Dichter, nicht aber einen Mädchenfreund und lebensfrohen Gesellen erwartet hatte.

Dennoch war bedeutend, was K. in der Schweiz an Lebenserfahrungen gewinnen konnte. Vor dieser Zeit sei er nur »auf Schulen« gewesen, schrieb er später einmal. Doch schon seit den Leipziger Zeiten war er sich vor allem der gesellschaftlich-politischen Aufgaben eines Dichters wohl bewußt. Er ist die »Beherrscher der Nationen« seither immer in ein kritisches Licht gerückt, auch wenn sie, wie in der Schweiz, als »Aristokraten in den Republiken« die Macht in Händen hielten. Nur wenige Monate hatte der junge Dichter in der »republikanischen« Schweiz zugebracht, da erreichte ihn ein Angebot des dänischen Ministers Graf von Bernstorff, an den Hof nach Kopenhagen zu kommen und dort bei einer Jahrespension von 400 Talern ein achtbares Auskommen zu finden. 26 Jahre ist K. zu dieser Zeit alt, ein ganzes Dichterleben liegt noch vor ihm. Soll er es einem wenn auch vielgepriesenen Hof weihen? Was würden die Freunde sagen, die sich seit langem Gedanken darüber gemacht hatten, wie sie ihm eine unabhängige Existenz verschaffen und die Zwänge einer höfischen Indienstnahme ersparen könnten? Der berühmte Hamburger Dichter Friedrich von Hagedorn beschwört K. damals, sich in Dänemark auf keinen Fall eine Besoldung geben zu lassen: der *Messias* könne unmöglich unter den Bedingungen eines Hofamtes vollendet werden.

Aber die Befürchtungen der Freunde waren unbegründet. Schon in den Berufungsverhandlungen trat der junge Dichter ungewöhnlich selbstbewußt auf. Er betrachtete sich als einen Repräsentanten der bürgerlichen »Gelehrtenrepublik« Deutschlands, der von vornherein jede höfische oder repräsentative Unterordnung seiner Person verweigern zu müssen glaubte. Tatsächlich ist K. in den folgenden nahezu zwanzig Jahren seines Dänemarkaufenthalts nur »titulär« als »Hofraad« eingestuft worden und hat sich weitgehende persönliche und öffentliche Freiräume sichern können. Zumal im Kreise von Freunden wie Johann Andreas Cramer, Heinrich Wilhelm von Gerstenberg, Helferich Peter Sturz, den Grafen Stolberg, Johann Bernhard Basedow und dänischer Gelehrter hat der Dichter des *Messias* erheblichen kulturpolitischen Einfluß nehmen können. Der *Nordische Aufseher*, eine politisch engagierte Moralische Wochenschrift, war das Sprachrohr dieses humanistisch gebildeten Zirkels von »Patrioten«, die unablässig für die moralische Unterweisung und literarische Kultivierung der sozialen Führungsgruppen in der dänischen Hauptstadt arbeiteten und gegenüber der fürstlichen Obrigkeit die Rechte einer unabhängigen Öffentlichkeit wahrnehmen. Belobigt wurden im *Nordischen Aufseher* zwar die verfassungsrechtliche Limitierung der königlichen Gewalt in Dänemark und der humane Reformgeist bei ihren Spitzenbeamten, bekämpft und kritisiert dagegen die Neigung vor allem der großbürgerlichen Kreise, auf den Hof und die Nobilitierung zu schielen und jede bürgerliche »Anständigkeit« vermissen zu lassen. »Religion«, »Tugend« und »Patriotismus«, jene vielgerühmten Attribute einer moralisch geläuterten, libertären Lebensform, hat auch K. damals zu seinem Programm erhoben.

Überhaupt konnte er am Funktionieren des dänischen Absolutismus entscheidende Erfahrungen und Einsichten darüber gewinnen, wie eine nationale Integration der Gelehrten und Schriftsteller in Deutschland geschaffen werden könnte, die sich der Kulturlosigkeit und Machtanmaßung der feudalabsolutistischen Kleinstaaten entgegenzustellen vermochte. Die Organisation einer unabhängigen Öffentlichkeit schien dazu das wichtigste Mittel; sie war ja zugleich jene Lebensform, die es K. im Umkreis des dänischen Hofes gestattete, eine »freie« und damit repräsentative Existenz als »bürgerlicher« Schriftsteller zu führen. Verschiedentlich hat K. in

Dänemark darüber nachgedacht, wie eine nationale »Societät« der deutschen Gelehrten praktisch zu realisieren sei. Im Jahre 1768 dediziert er Kaiser Joseph II. sein patriotisches Drama *Hermanns Schlacht*, da ihm zu Ohren gekommen ist, am Wiener Hof stehe die Errichtung einer großen Akademie der Künste und der Wissenschaften bevor. Aber das Vorhaben scheitert kläglich am Desinteresse des Monarchen. Der Patriot K., der seit einigen Jahren schon Stoffe und Motive aus der Geschichte und Mythologie der (alten) Deutschen in seinen Dichtungen propagiert hat, muß sich mit jener großen, freiheitsrechtlich verklärten Vergangenheit bescheiden.

Die Zeiten werden Ende der 1760er Jahre für K. etwas bewegter. Sein Freund und Gönner Bernstorff verliert alle politischen Ämter in Kopenhagen und geht nach Hamburg, wohin ihm der Dichter folgt. Nicht zufällig fällt seine Wahl auf die freie Reichs- und Handelsstadt. K. fühlt sich als »Republikaner«, als »Patriot«, als Wortführer derjenigen, die ihre kritische geistige Kraft in den Dienst des »Civismus« und der »Glückseligkeit« von Gesellschaft und Staat stellen wollen. Gerade als »bardischer« Dichter, dessen »Genie« sich aus den naturrechtlichen Urgründen der vaterländischen Geschichte speist, will K. die »heilige Dichtkunst« nie »durch höfisches Lob entweihn«, will er für »der Vernunft Recht vor dem Schwertrecht« das Wort ergreifen.

Kein Wunder, daß sich die hitzigen Dichterjünglinge des Sturm und Drang und des »Göttinger Hain« begeistert auf die Seite dieses selbstbewußten »patriotischen« Sängers stellten. Der nahezu fünfzigjährige Dichter als Idol, ja als Busenfreund von politisch aufbegehrenden Jünglingen, das hatte es in Deutschland noch nicht gegeben. Oft genug sind K. und die ihm folgenden »Genies« wegen ihrer radikalen Fürstenschelte und ihrer als »regellos« und »verstiegen« empfundenen Dichtungen an den Pranger der Öffentlichkeit gestellt worden. Die Fraktion der älteren Aufklärer war geradezu entsetzt, als K.s *Deutsche Gelehrtenrepublik* erschien: ein in die Fiktion nationalhistorischer »Landtage« verwobener Organisationsplan für die bürgerliche Intelligenz im deutschen Reich, den der Dichter 1774 im Selbstverlag herausgegeben hatte. Als ein Skandal wurden die Verhöhnung der unpatriotischen und biederen Stubengelehrsamkeit, die witzige bis scharfe Kritik am Mittelmaß und an der Eitelkeit des Öffentlichkeitsbetriebes sowie an der fürstlichen Ignoranz empfunden. Weit über 3000 Subskribenten des Buches bewiesen dennoch, wie sehr der Name des Dichters für eine kulturell geachtete Instanz zu stehen vermochte. Der Markgraf Karl Friedrich von Baden hatte eben diese Autorität im Sinn, als er den gerühmten Sänger in Karlsruhe zum Hofrat befördern ließ, um sich seines kulturpolitischen Sachverstandes und seiner Anwesenheit zu erfreuen. Doch dieses Reiseunternehmen K.s, das ihn natürlich auch zu Johann Wolfgang Goethe nach Frankfurt a. M., vorher schon im Triumphzug zum »Hain« nach Göttingen geführt hatte, endete nach wenigen Monaten (März 1775) mit der unwiderruflichen Heimkehr des Dichters nach Hamburg. Im folgenden Jahr zieht K. auf Lebenszeit zu Johanna Elisabeth von Winthem, der Nichte seiner in Dänemark 1758 verstorbenen Frau Meta; 15 Jahre später vermählt er sich mit der entfernt verwandten Dame.

In Hamburg kann K. insgesamt ein geruhsames Leben führen; die dänische und die badische Pension bilden einen soliden finanziellen Grundstock. Der Dichter und Wissenschaftler aber bleibt rastlos tätig. Allerdings macht nicht mehr der »bardische«, im altdeutschen Gewand daherkommende Poet von sich reden, obwohl er seine patriotischen Dramen *Hermann und die Fürsten* (1784) und *Hermanns Tod* (1787) noch

vollendet, sondern der Abschluß des *Messias*, Studien über Sprache, Grammatik und Dichtung der Deutschen sowie die Publikation seines ausgefeilten Lyrikwerks treten in den Vordergrund.

Einen Höhepunkt erlebt K.s lyrische Dichtung zur Zeit der Französischen Revolution. Schon früh hatte er in seinen kunstvoll versifizierten bis freirhythmischen Oden, Elegien und Hymnen politische Interessen und Forderungen artikuliert, gegen fürstliche Anmaßungen, Kabinettskriege, Leibeigenschaft und Soldatenhandel und für den amerikanischen Unabhängigkeitskampf oder für den Tyrannenmord das Wort ergriffen. Im Beginn der Französischen Revolution wollte er nun eine »neue/ labende, selbst nicht geträumte Sonne« erblicken und feierte des »Jahrhunderts edelste That«: »Ach du warest es nicht, mein Vaterland, das der Freyheit/Gipfel erstieg, Beispiel strahlte den Völkern umher«. Doch dieses innige Bedauern K.s schlug während der jakobinischen Terrorzeit in bittere Enttäuschung und aggressive Anklage um. Die Hinrichtung der Königsfamilie in Paris, die bluttriefende Wohlfahrtsdiktatur und der vermeintlich von den Jakobinern allein angezettelte Krieg erschreckten den »empfindsamen Revolutionär« aufs tiefste. K.s Beurteilung der revolutionären Ereignisse entsprach der seines »liberalen« Hamburger Freundeskreises. Als christlich inspirierter Denker sah er in der Aufklärung einen langwierigen Diskussions- und Überzeugungsvorgang, der die kollektive Sensibilisierung und Kultivierung der Menschen zur Folge haben würde. K. wollte den friedlichen Austausch von Fürsten und Untertanen, die gütliche politische Reform. Und nur wo blutige Tyrannis herrschte oder sich ein Volk umbruchartig entschloß, »Republik« zu werden, schien ihm ein politisches Aufbegehren rechtens zu sein. Ein gewaltsames praktisches Erzwingen der »Freiheit« konnte es damit freilich immer noch nicht geben, war doch gerade sie eine »göttliche« Verheißung. Nur »weise Menschlichkeit« galt ihm als das Mittel einer emanzipatorischen geschichtlichen Praxis in der säkularen Welt. Der *Messias*-Dichter war und blieb davon überzeugt, daß die »Freyheit von Handlungen« und die Kraft des »Immerwirkenden« in der Geschichte der Menschen ineinandergreifen und mit Gewißheit »zu der Schöpfung letztem Zweck, der Seligkeit Aller« führen werden.

So aufmerksam der historische und politische Denker K. zeitlebens auch gewesen sein mochte, seine aufklärerische Utopie und sein ideeller Patriotismus gründeten in jener beharrlich festgehaltenen Theodizee. Wie diese, so war auch seine Dichtungsauffassung früh schon entwickelt und wollte sich – bei aller bahnbrechenden Bedeutung für das Entstehen einer autonomen Bürgerkultur um die Mitte des 18. Jahrhunderts – selbstbewußt gegen die weitere historisch-intellektuelle Entwicklung behaupten. Als empfindsamer Dichter der Liebe, der Freundschaft, der Natur und des Allerheiligsten, als patriotischer Dramatiker und Historiograph, als Dichtungstheoretiker, Sprach- und Grammatikforscher, ja als Repräsentant eines neuen, »freien« Schriftstellertypus hat K. zeitlebens einem christlich-empfindsam getönten Rationalismus angehangen. Mit der »göttlichen« erwartete er, immer wieder verstört aber letztlich unverdrossen, auch die »menschliche, edle Verheißung« auf Erden. Dieser wollte er als Dichter und als Wissenschaftler, als tätiger Propagandist eine historisch angemessene geistige Wirkungskraft verleihen; er wollte »Wahrheit … und Geschichte« zusammenführen, damit die Welt dereinst endlich die Gestalt der moralischen Idee annehmen möge.

Dem gealterten Dichter erschien die Wirklichkeit seiner Zeit immer mehr als ein transitorisches Reich, als eine Vor-Zukunft. »Ich will mich der Siegenden freuen/die mein Aug' entdeckt in der immer ändernden Zukunft«, hat er 1798 geschrieben. Am Ende hielt K. seine Lebensarbeit für geleistet, sein Vermächtnis für ganz und gar ausformuliert. In den Augen der Mit- und Nachwelt aber schon bald zum Monument einer ehrwürdigen Vergangenheit.

Harro Zimmermann/Red.

Koeppen, Wolfgang
Geb. 23. 6. 1906 in Greifswald;
gest. 15. 3. 1996 in München

Die nüchterne Trennung von Dichtung und biographischer »Wahrheit« war nie Sache des Autors K. Als der Fünfundachtzigjährige das Geheimnis um die Autorschaft des 1948 unter dem Namen des Opfers erschienenen Ich-Berichts eines Münchner Juden lüftete – *Jakob Littners Aufzeichnungen aus einem Erdloch* (1992) –, gelang diesem frühen, erschütternden Nachkriegswerk noch einmal eine kleine literarische Sensation (auch die Akklamation der Kritiker, die es an die Spitze der SWF-Bestenliste wählten). Der im Trümmer-München hungernde, mit seiner jungen Frau in einem Bohème-Zirkel lebende K. hatte dies Stück sensibler Trauerarbeit für ein paar Care-Pakete aus Übersee geleistet und sich damit selbst etwas von der Seele geschrieben. Der nach New York ausgewanderte Littner hatte den Kleinverleger Kluger und K. ausfindig gemacht, damit das wie durch ein Wunder gelungene Überleben mit der Polin Janina in einem Erdloch nahe dem Ghetto von Zbaraz (nach der Flucht aus München über Prag, Krakau und Lemberg) einen Zeugen fand. Die verfälschende Literarisierung findet, nach Vergleich mit dem 2002 veröffentlichten Littner-Manuskript, *Mein Weg durch die Nacht*, bei Ruth Klüger und Jörg Döring eher ablehnende Resonanz: sie ziehen den authentischen Text dem modisch-existentiellen Koeppen-Ton vor. Auf den Überlebensbericht des Unbekannten hatte 1948 bereits Bruno E. Werner, Autor der *Galeere*, in der *Neuen Zeitung* aufmerksam gemacht. Die dennoch anrührenden Bilder Ks. enthalten zusammen mit den Trümmerzeit-Erzählungen die Werkstufe auf dem Weg zur einsamen Meisterschaft seines Hauptwerks im frühen Nachkriegsdeutschland. Der Nachlaß enthält Fragmente zum Roman *In den Staub mit allen Feinden Brandenburgs* und Ansätzen zu jenem ambivalenten autobiographischen NS-Zeit-Roman, der K. lebenslang beschäftigte, mit einer Aufarbeitung der eigenen Biographie nach seiner Rückkehr aus dem holländischen Exil ins Dritte Reich (von 1938 bis 1945). Auffallend sind die großen Perioden des Verstummens, dazwischen fallen schubweise seine Schreibphasen: 1934 und 1935 erscheinen zwei vielversprechende Erstlinge, *Eine unglückliche Liebe* und *Die Mauer schwankt*; im ersten Teil übt K. geschickt verhüllt, weil er den Ort des Geschehens in den Balkan verlagert, Kritik am NS-Staat: schließlich schrieb K. das verlorengegangene Roman-Manuskript der »Jawang-Gesellschaft« über holländische Fremdenlegionäre in Java, angeregt durch ein Gedicht von Arthur Rimbaud und seine Erfahrungen in einem Bohème-Kreis in Holland, um den Kriminal-Autor Jan Apon, der K. von der unglücklichen Liebe zur Schauspielerin Sybille Schloß ablenkte. Was an diesem Thema mit seiner javanischen Exotik ausweichend und auf eine preziöse Art – in Kreisen einer holländischen *jeunesse dorée* der Aussteiger – anarchisch angelegt war, erklärt K. heute aus seinem früh angelegten Außenseitertum, das ein Zusammengehen mit europäischen Exil-Gruppen ebenso erschwerte, wie die Angst des sensiblen Sprachkünstlers und James Joyce-Bewunderers vor Trennung von der Muttersprache.

Als Leopold Schwarzschilds Pariser Emigrantenblatt *Das Neue Tagebuch* K. in der Rubrik »Abseits von der Reichskulturkammer« genannt hatte und es ihm in Holland zu gefährlich wurde, kehrte er 1938 schwarz über die Grenze zurück, mit einer Abmeldung von Rheinfeld (Holstein), wo er durch Zufall noch eingetragen stand, ins ihm nicht geheure Berlin. Herbert Ihering, Gönner aus der Berliner *Börsen-Courier*-Zeit von 1931 bis 1934, und Erich Engel brachten K. beim deutschen Film unter, wo er sich bis 1944 mit Drehbüchern über Wasser hielt. In einem Tennis-Hotel in Feldafing, inmitten einer von Bomben ins nicht geheure Party-Leben am Starnberger See flüchtenden Münchner Gesellschaft, zu der Lothar Günther Buchheim und Annali von Alvensleben gehörten, erlebte er das Kriegsende und lernte seine spätere Frau kennen, die Anwaltstochter Marion Ulrich. Nach Jakob Littners *Aufzeichnungen*, diesem in seiner fragmentarischen Knappheit und seinen Erzählbrüchen bereits zum Hauptwerk überleitenden Ich-Bericht, ließ sich K. durch den Verleger Henry Goverts zum nächsten Roman überreden. Er begann die Trilogie gegen die Restaurationsbewegung der frühen 1950er Jahre und gegen die verlogene Mentalität sich wieder etablierender nationalsozialistischer Stützen und Mitläufer (*Tauben im Gras*, 1951; *Das Treibhaus*, 1953; *Der Tod in Rom*, 1954). Die Romane, in denen K. seismographisch dem faschistischen Nachhall in der jungen, wieder aufrüstenden Bundesrepublik nachspürte, wurden nur von wenigen Lesern verstanden. Der Büchner-Preis (1962) folgte erst dem schöpferischen Ausatmen in Reiseliteratur mit politisch weniger brisanten Themen. Nach zwanzigjähriger Pause folgte die von Melancholie überschattete Erzählung *Jugend* (1976), die autobiographisch gefärbt ist.

In einer poetisch verfremdeten Prosa werden die bunten Stichwörter der frühen Biographie zu einem Porträt des nirgends heimisch werdenden Außenseiters (Greifswald, Ortelsburg, Hamburg, Würzburg, Berlin) zusammengefügt: »Gymnasium in Ostpreußen, Distanz von der Herkunft, unregelmäßiges Studium, bildungsbeflissen, aber kein Ziel, Zeit der Arbeitslosigkeit (in der ich Außenseiter blieb), Schiffskoch (zwei Fahrten), 14 Tage Platzanweiser im Kino, Eisbereiter in St. Pauli, Dramaturg und Regievolontär an guten Theatern, loses Verhältnis zu Piscators dramaturgischem Kollektiv (unbefriedigend, aber schon Berlin), früher Journalismus, gleich in Berlin, links, Gast im Romanischen Café, Anstellung am *Börsen-Courier*.«

Margarete Mitscherlich hat sich einfühlsam dem hier deutlich werdenden frühen Verlust von Primärbindungen (an die Familie des unehelich Geborenen, Heimat, Bürgertum und Schule) bis zum sturen Einzelgängertum angenommen und die Folgen einer durch das Dritte Reich verstellten Verwirklichung nachgezeichnet. Der Druck, das Lebenswerk vollenden und die große Begabung ein letztes Mal einlösen zu sollen, war für K. am Ende allem Anschein nach zu groß, auch wenn nach 1968 das Verständnis für seine Art der Trauerarbeit gewachsen ist. Es fehlte die Erfahrung des Widerstands in einer Exil-Gruppe, nach 1945 die Bindung an die Gruppe 47, die K. durchaus mit Sympathie betrachtete. Karl Korn hat in einer frühen, einsichtigen Kritik zu *Tauben im Gras* die Formel für K.s gesamte Trilogie gefunden: Sie sei K.s »Klage darum, daß wir drauf und dran sind, den Gewinn der geistigen und seelischen Erschütterungen von 1945 und alles dessen, was davor und danach liegt, zu vertun im Taumel einer fragwürdigen Restauration«. Hier lag für den jeder Gruppen- und Programmbindung »kraß und fremd« gegenüberstehenden Autor der historische Moment des eigenen Engagements. Auch wenn die Bundesrepublik den Weg von K.s

schlimmsten Befürchtungen nicht gegangen ist, hat er doch über der eigenen geringen Leserresonanz den Glauben verloren, »daß man mit Schreiben, mit Kritik, Satire irgend etwas ändern könnte« (1971). Das Leben im deutschen Süden bedeutete doch einen gewissen Neuanfang nach 1945; dort fand er zur ironischen Distanz: »Der Staat Preußen, aus dem ich kam und dessen Schlachtenruhm das Schulkind gequält hatte mit Daten des Sieges und des Todes, war an einer ihm von einem österreichischen Schlawiner aufgezwungenen, doch Preußen nicht seelenfremden Hybris erstickt und zerlegt worden, Bayern, ein in Jahrhunderten gepflegtes, wie es sich sah, Gott gefälliges Reich im wesentlichen erhalten, standhaft davongekommen, wie wir alle, die wir im Sommer 1945 lebten. Ich blieb in München« (1982).

Volker Wehdeking

Kraus, Karl
Geb. 28. 4. 1874 in Jicin/Böhmen;
gest. 12. 6. 1936 in Wien

Als ihm 1933 »zu Hitler nichts einfiel«, hörten die zahlreichen Kritiker in diesem Wort nicht die bittere satirische Abfertigung, erkannten nicht den Sinn dieses Verdikts vor seinem ganzen Werk: daß nämlich die Sprache nicht mehr imstande sei, den nationalsozialistischen Ungeist und seine Folgen für Deutschland in sich zu fassen. Und kaum einer von ihnen wußte oder ahnte, daß K. damals an der *Dritten Walpurgisnacht* schrieb und nicht dem Umfang, wohl aber der Gestalt nach den Schrecken der Nazizeit visionär vorwegnahm.

Dieser Sohn eines Papierfabrikanten aus Böhmen, der in Wien aufwuchs und sich erst von seiner jüdischen Abkunft lossagen wollte, aber nach dem Ersten Weltkrieg auch aus der Katholischen Kirche wieder austrat, hatte im Elternhaus eine eher amusische Erziehung genossen. Gelernt hatte er nach dem Abitur 1892 nichts oder vielmehr nichts Attestables; etwas Jura studiert, was ihm vielleicht bei seinen späteren Prozessen zugute kam, etwas Germanistik und Philosophie, was ihm kaum genützt haben dürfte. Der Versuch einer Karriere als Schauspieler scheiterte trotz unbestreitbaren Talents, und so entschied er sich für eine Laufbahn als Journalist.

K. gründete 1899 die Zeitschrift *Die Fackel* und avancierte mit ihrer immer stärker anwachsenden Verbreitung zu einer geistigen und moralischen Instanz ersten Ranges. Seine Herausgeberschaft war jedoch keinesfalls aus einem Mißerfolg geboren, wie es seine Feinde später glauben machen wollten – hatte man ihm doch unmittelbar zuvor die Feuilleton-Redaktion der Wiener *Neuen Freien Presse* angetragen, deren Mitarbeiter er bis dahin gewesen ist und die er später erbittert als ein Exempel für ihre Art des selbstgefälligen, bildungsbürgerlichen Journalismus verfolgte. K. zeichnet bei der *Fackel* nur als Herausgeber, tatsächlich aber ist die seit dem 1. April 1899 bis Februar 1936 mit nur zwei längeren Pausen (bei Kriegsausbruch 1914 und 1933) erscheinende Zeitschrift sein Hauptwerk: Fast alle Beiträge nämlich stammen von ihm selbst; 37 Jahrgänge mit 922 Nummern in 415 Heften – oder rund 18 000 Seiten. Nur in der ersten Zeit (bis 1911) hat er gelegentlich fremde Beiträge angenommen und Mitarbeiter gelten lassen. Seine erklärte Absicht, die er mit der *Fackel* verfolgte, war die »Trockenlegung des Phrasensumpfes«: der Kampf gegen die liberale Mitte der bürgerlichen Gesellschaft, ihre Unkultur und vor allem ihre Presse.

Einige seiner Beiträge, denen er überaktuelle Bedeutung beimaß, hat K. in Auswahlbände übernommen. Wie er schon in den Fahnenkorrekturen der *Fackel* Versionen oft mehrfach umarbeitete, so sind die Buchfassungen nun-

mehr gänzlich erneuert oder doch wenigstens gründlich redigiert, kaum je aber mit der alten Vorlage identisch. Dahinter steht das sein ganzes Werk kennzeichnende Bemühen um eine dem Gedanken optimal angemessene äußere Form – gleichviel, ob es sich um eine einzelne Formulierung, um Seiten- oder Zeilenumbruch oder um ein einziges Komma handelte, welches ihn mitunter Stunden der Überlegung und seitenlange Ausführungen kosten konnte.

Gleich zu Beginn seiner Laufbahn, als er beabsichtigte, dem literarischen Kartell um den Schriftsteller und Kritiker Hermann Bahr und dessen korrupten Machenschaften Einhalt zu gebieten, verlor er unter dem Hohngeschrei seiner Gegner den Prozeß, den Bahr gegen ihn anstrengte. Es lohnt, den Bericht darüber in den Erinnerungen der Alma Mahler-Werfel zu lesen: Wie hilflos und beinahe komisch er vor Gericht, als die Zeugen umgefallen waren, durch Verlesen einer Novelle Bahrs diesen »entlarven« wollte.

Die meisten seiner Schlachten aber hat er nicht vor Gericht geschlagen, sondern in der *Fackel* – und dort und vor der Geschichte denn auch gewonnen: Gegen die Päpste der politischen Publizistik und Theaterkritik Maximilian Harden (1907/08) und Alfred Kerr (1928/29). Jenem, der nicht vor der Privatsphäre seiner Gegner einhielt, demonstrierte K. neben solcher Niederträchtigkeit auch durch Analyse seiner Sprache die Zweideutigkeit und Pseudo-Ästhetisierung seines Journalismus. Im Fall Kerr konfrontierte K. dessen Nachkriegspazifismus mit seinem früheren Opportunismus: durch bloßen Abdruck der kriegshetzerischen Gedichte Kerrs, von denen dieser sich nie distanziert hatte, freilich auch seiner nichtöffentlichen Äußerungen.

Seinen Krieg gegen die »Preßbuben« führte K. in alle Richtungen; ob nun gegen die Journalisten der bürgerlichen *Neuen Freien Presse*, gegen des Zeitungsverlegers Imre Bekessys Revolverblätter oder gegen Siegfried Jacobsohns linksstehende *Weltbühne*, ob gegen den Berliner Literaturprofessor Richard M. Meyer, den Theaterintendanten Paul Schlenther oder den Schriftsteller Stephan Großmann, den Literaturhistoriker Albert Sörgel, den Dichter Otto Ernst und viele andere, deren Namen heute kaum mehr den Spezialisten erinnerlich sind. Freilich war er oft ungerecht, und so manches Mal mag er auch sehr geirrt haben. Nie aber gemessen an den eigenen Maßstäben, die er besonders auch an seine eigene Sprache anlegte. Denn immer prangerte er zuerst die sprachlichen Untaten seiner Gegner an, die nach seiner Auffassung nur als eine andere Gestalt ihrer moralischen Verfehlungen oder verbrecherischen Handlungen erscheinen.

Doch nicht nur durch Satire und Polemik, die ihn berühmt machten, hat er sich literarisch hervorgetan – auch als Verfasser von Aphorismen (zuerst in der *Fackel*, dann gesammelt als *Sprüche und Widersprüche*, 1909; *Pro domo et mundo*, 1912 und *Nachts*, 1919). Als Lyriker sodann (9 Bände *Worte in Versen*, 1916–1930) beansprucht er einen Platz auf dem Parnaß. Als Dramatiker ferner: die heute fast vergessene satirische »Operette« *Literatur oder Man wird doch da sehn* (1921) etwa, vor allem aber *Die letzten Tage der Menschheit* (1922), jenes gewaltige Weltkriegspanorama. Als Übersetzer und Erneuerer schließlich hat er Sonette und einige Dramen von William Shakespeare nachgedichtet und Johann Nepomuk Nestroy und Jacques Offenbach neu bearbeitet. In seinen exakt 700 Vorlesungen bemühte er sich, neben den eigenen auch fremde Werke, zumeist Gedichte und Dramatisches, zu neuem Leben zu erwecken.

K. besaß einen untrüglichen Sinn für literarische Qualität; mit Loyalität unterstützte er die Dichter Peter Altenberg, Frank Wedekind, Detlev von Liliencron und Else Lasker-Schüler. Er griff jedoch auch mit einem unerbittlichen Haß alle emporgekommene Mittelmäßigkeit, alle Gesinnungslumperei an. Das mag erklären (wenn es auch nicht entschuldigt), mit welcher Unnachsichtigkeit, ja Intoleranz er seine Gegner attackierte und selbst vor Intrigen manchmal nicht zurückschreckte.

Doch sein Kampf beschränkte sich nicht auf die Sprache. Einige Male hat er auch versucht, aktiv in die Politik einzugreifen. So fuhr er z. B. 1915 nach Rom, um den Kriegseintritt Italiens zu verhindern. Nach den Arbeiterunruhen 1927 forderte er den Polizeipräsidenten Wiens, Johann Schober, mit Plakaten zum Rücktritt auf. Seinen Polemiken haftet natürlich viel Partikulares an (schließlich war die *Fackel* eine Zeitschrift) – das lenkt gleichwohl bei genauerer Lektüre nicht ab von dem, worum es ihm eigentlich zu tun war: daß Reinheit der Sprache eine Lauterkeit der Gesinnung, Wahrheit und Wahrhaftigkeit zugleich nicht bloß repräsentiere, sondern sie selber sei. Georg Christoph Lichtenbergs Idee von einer *Physiognomik des Stils* – in K. wird sie zu einer mit nachgerade religiösem Eifer verkörperten Lehre. Mit dieser Lehre hat er sich identifiziert: Er empfand sich selbst als den Wertmaßstab seines Zeitalters.

Ulrich Joost/Red.

Lasker-Schüler, Else
Geb. 11. 2. 1869 in Wuppertal-Elberfeld; gest. 22. 1. 1945 in Jerusalem

»Else Lasker-Schüler ist die jüdische Dichterin. Von großem Wurf ... Ihr Dichtgeist ist schwarzer Diamant, der in ihrer Stirn schneidet und wehe tut. Sehr wehe. Der schwarze Schwan Israels, eine Sappho, der die Welt entzwei gegangen ist. Strahlt kindlich, ist urfinster. In ihres Haares Nacht wandert Winterschnee«. Die Metaphorik dieser Charakteristik ihres Freundes und Vorbildes Peter Hille aus dem Jahre 1904 zeichnet prophetisch Lebenslauf und Schaffensweg der damals 35jährigen Frau vor, die in ihrem ersten Gedichtband *Styx* (1902) Liebe und Tod, Einsamkeit und Verlassenheit aus dem Geist der Neuromantik thematisiert hatte.

Prägende Lebenserfahrungen lagen hinter ihr: die in einem behüteten Elternhaus in Elberfeld als jüngste im Kreise von fünf Geschwistern einer gutbürgerlichen Familie aufgewachsene L.-S. hatte ihren Lieblingsbruder Paul (1882), ihre innig geliebte Mutter Jeannette geb. Kissing (1890) und später ihren Vater Aron Schüler (1897) verloren. Ihr Tod bedeutete die Vertreibung aus dem Paradies der Kindheit und hinterließ die lebenslange Sehnsucht nach der zum Mythos verwandelten Heimat ihrer Väter. Die Heirat mit dem Arzt Dr. Jonathan Berthold Lasker, Bruder des berühmten Schachmeisters Emanuel Lasker, am 15. Januar 1894 und die wenigen Ehejahre in Berlin endeten mit Entfremdung, belasteten sie zeitlebens mit Schuldgefühlen, weckten aber in der zierlichen, schönen L.-S. – »ein schwarzer Diamant« – ihre schriftstellerischen und künstlerischen Neigungen. Die »Aussteigerin« fand um die Jahrhundertwende Anschluß an den Kreis der »Neuen Gemeinschaft« der Brüder Hart in Berlin-Schlachtensee; sie lernte die Schriftsteller dieser Lebensreformbewegung kennen, so Gustav Landauer, Martin Buber, Erich Mühsam, Ludwig Jacobowsky, schloß sich schwärmerisch Peter Hille an, den sie später (*Das Peter Hille Buch*, 1906) als »Petrus den Felsen« wie einen Heiligen verklärte.

Vor allem lernte die junge Autorin in dieser Atmosphäre den Komponisten und Klaviervirtuosen Georg Lewin kennen, den sie – eine Erfinderin poetischer Namensformen – künftig Herwarth Walden nannte und 1903 kurz nach ihrer Scheidung heiratete. Diese Verbindung eines von der modernen Kunst besessenen Organisationstalents mit einer phantasiebegabten, ihre Umwelt, ihre Freunde und Zeitgenossen in ihr poetisches Spiel verwebenden Dichterin war ein Glücksfall für die Aufbruchstimmung im vorexpressionistischen Jahrzehnt: in dem von Walden 1904 gegründeten Verein für Kunst in Berlin, in dessen Verlag L.-S.s zweiter Gedichtband *Der siebente Tag* (1905) erschien, lasen Richard Dehmel und Karl Kraus, Paul Scheerbart und Peter Altenberg, Max Brod und Paul Leppin und viele andere. Die Autoren, die L.-S. in Porträtgedichten besang und mit unbestechlicher Treffsicherheit in poetischen Prosaskizzen charakterisierte (*Gesichte*, 1913), wurden Vorreiter der 1910 aufkeimenden neuen künstlerisch-literarischen Bewegung des Expressionismus: sie waren die ersten Mitarbeiter der 1910 von Herwarth Walden begründeten Zeitschrift *Der Sturm*, deren Name von L.-S. stammte und die das berühmteste Organ der modernen Kunst und der expressionistischen Dichtung wurde. Durch ihre eigenen Beiträge und durch ihr auffälliges, extravagantes Auftreten in den Berliner Cafes wurde L.-S. in der Vorkriegszeit zu einer Schlüsselfigur der sonst ganz männlichen Bewegung des Expressionismus.

Durch die Trennung von Herwarth Walden (1912) wieder auf sich allein gestellt, lebte sie als mittellose und heimatlose Schriftstellerin in Berlin und wurde in Künstler und Literatenkreisen eine ebenso angesehene und bewunderte wie in ihrer Unberechenbarkeit gefürchtete Persönlichkeit, die durch ihren unverschlüsselten Briefroman *Mein Herz* (1912) dem Berliner Frühexpressionismus ein Denkmal setzte. Die jüngeren Dichter gingen in ihre schwärmerischen, leidenschaftlichen Liebesgedichte ein, so Gottfried Benn, Georg Trakl, Paul Zech, Hans Ehrenbaum-Degele und andere. Mit rührender Anhänglichkeit hatte sie durch eine Reise nach Rußland 1913 vergeblich versucht, ihren gefangengehaltenen todkranken

Freund, den Anarchisten Johannes Holzmann (Senna Hoy) zu retten. Ihr ihm gewidmeter Gedichtzyklus wurde ein Epitaph.

Mit sicherem Instinkt erkannte L.-S. auch das künstlerische Genie Franz Marcs, des »Blauen Reiters«, den sie in ihrer »Kaisergeschichte« unter dem Titel *Der Malik* (1919) verewigte. Der Roman erschien zuerst in Fortsetzungen 1916/17 in der *Neuen Jugend*, die der junge Herzfeld herausgab, den L.-S. Wieland Herzfelde nannte. Ihr Romantitel gab dem Malik-Verlag, einem bedeutenden sozialistischen Verlag der Weimarer Republik, den Namen. Mit dem Erscheinen der zehnbändigen Gesamtausgabe ihrer Werke bei Paul Cassirer in Berlin 1919–1920 stand L.-S. im Zenit ihres zeitgenössischen Ruhmes. In überarbeiteten und veränderten Fassungen veröffentlichte sie ihre vom Stil der Jahrhundertwende geprägten, durch eine sinnliche Bildersprache und kühne Wortschöpfungen auch dem expressionistischen Sprachstil zuzuordnenden Gedichte (*Styx*, 1902; *Der siebente Tag*, 1905; *Meine Wunder*, 1911; *Hebräische Balladen*, 1913), teils einprägsame Liebesgedichte (z. B. das berühmte *Ein alter Tibetteppich*) und lyrische Denkmäler für Freunde, Zeitgenossen und Weggefährten, teils weltverlorene Gesänge (z. B. *Weltende*), teils Verse mit jüdischer und orientalischer Thematik.

Ihre stark autobiographisch durchsetzten Prosabücher, in denen sie sich als Meisterin der Verwandlungskünste erwies und als Tino von Bagdad, Prinz Jussuf, Prinz von Theben oder als Joseph von Ägypten auftrat, stattete L.-S. mit eigenen Zeichnungen und Aquarellen aus, die eine starke illustrative Begabung zeigen. Besonders ihre Gedichtauswahl *Theben* (1923 bei Alfred Flechtheim), der sie handkolorierte Lithographien beifügte, ist das reizvolle Zeugnis einer künstlerischen Doppelbegabung, deren grenzenlose Phantasie mit ihrem eigenen Leben, ihrem Herkommen und

ihrer Zeit spielte. »Ich kann ihre Gedichte nicht leiden«, schrieb Franz Kafka 1913, »ich fühle bei ihnen nichts als Langeweile über ihre Leere und Widerwillen wegen des künstlichen Aufwandes. Auch ihre Prosa ist mir lästig aus den gleichen Gründen, es arbeitet darin das wahllos zuckende Gehirn einer sich überspannenden Großstädterin«. Diese der Eigenwilligkeit und Eigenständigkeit L.-S.s sicherlich nicht gerecht werdende Kritik zeigt den Zwiespalt, in den ihre Freunde im Umgang mit der subjektiven Einzelgängerin, die man eine lyrische Anarchistin nennen könnte, gerieten.

Leben und Werk sind bei der »jüdischen Dichterin« in der Tat aufs engste verknüpft, was sich in den Zeiten als tragisch erwies, in denen sie, wie in den Jahren der Weimarer Republik, keinen eigentlichen Freundeskreis mehr um sich scharen konnte. In einer durchaus erfrischenden, höchst subjektiven Abrechnung, *Ich räume auf!* (1925), hatte sie mit ihren Verlegern gebrochen, so daß sie ohne diese hart zu kämpfen hatte, zumal der Tod ihres einzigen Sohnes Paul ihr Leben verdüsterte. Das Erscheinen des Sammelbandes *Konzert* (1932) bei Ernst Rowohlt und die gleichzeitige Verleihung des Kleistpreises für ihr Gesamtwerk schienen eine Wende zu bringen, erwiesen sich aber als bitterer Abgesang.

Ihr weiteres ruheloses, ahasverisches Schicksal, das sie im April 1933 in die Schweiz, 1934 zum erstenmal in ihr *Hebräerland* (Titel ihres Reisebuchs von 1937) und 1939 endgültig nach Palästina führte, wo sie, von den wenigen aus Deutschland entkommenen jüdischen Schriftstellern scheu verehrt, am 22. Januar 1945 in der Hadassah in Jerusalem als arme, alte Frau 76jährig verstarb, verdient nicht nur Mitleid, sondern auch Respekt vor einem erschütternden Alterswerk. Den frühen Gedichtbänden stellte sie 1943 ihr letztes Buch, *Mein blaues Klavier*, gegenüber, eine Sammlung später Verse einer »Verscheuch-ten«. Das erfolglose Drama *Die Wupper* (1909) fand in einem postum veröffentlichten Weltdrama *Ichundich* (1970) ein Gegenstück: jüdisches Schicksal und Heimatlosigkeit, Liebe und Enttäuschung, Weltangst und Zuversicht kamen in der Doppelgestalt des Ich und in ihrer subjektiven Sprachgestaltung noch einmal zum Ausdruck. Sie haben L.-S. zu einer der charaktervollsten und farbigsten Gestalten der deutschen Dichtung des 20. Jahrhunderts gemacht. Ihr Ruhm ist heute wieder so groß wie in ihrer besten Lebenszeit. »Der schwarze Schwan Israels« wird in dem Land ihrer Väter heute so verehrt wie die »Sappho, der Welt entzwei gegangen ist« in dem Land ihrer Kindheit und ihrer Sprache, deren Machthabern sie entflohen war.

Paul Raabe/Red.

Lenz, Jakob Michael Reinhold
Geb. 12. 1. 1751 in Seßwegen (Livland); gest. 23. oder 24. 5. 1792 in Moskau

»Wir werden geboren – unsere Eltern geben uns Brot und Kleid – unsere Lehrer drücken in unser Hirn Worte, Sprachen, Wissenschaften … es entsteht eine Lücke in der Republik wo wir hineinpassen – unsere Freunde, Verwandte, Gönner … stoßen uns glücklich hinein – wir drehen uns eine Zeitlang in diesem Platz herum wie die andern Räder und stoßen und treiben – bis wir, wenn's noch so ordentlich geht abgestumpft sind und zuletzt wieder einem neuen Rade Platz machen müssen – das ist … unsere Biographie.« L. fragt: »Heißt das gelebt? heißt das seine Existenz gefühlt, seine selbständige Existenz, den Funken von Gott?« Damit ist die zentrale Erfahrung benannt, die L. in seinen Werken ausdrückt. So läßt er in der Komödie *Der Hofmeister oder die Vorteile der Privaterziehung* (1774) einen jungen Hofmeister mit dem spre-

chenden Namen Läuffer die Anpassung an die Gesellschaft durch eine Selbstkastration vollziehen, nachdem er vorher trotz fast perfekt antrainierter Selbstverleugnung die Tochter des Hauses »versehentlich« geschwängert hat. L. deckt schonungslos die sozialen Widersprüche auf, welche die Institution des Hofmeisters als des bürgerlichen Erziehers adliger Kinder prägen und gestaltet diese Tätigkeit als Sinnbild für die abhängige und unterwürfige Rolle des Intellektuellen in der zeitgenössischen Ständegesellschaft. Für Bertolt Brecht ist diese Komödie ein »Standardwerk«, in dem die »deutsche Misere«, das Fehlen erfolgreicher Revolutionen, dargestellt sei. Brecht schätzt L. als »realistischen« und »poetischen« Dichter, weil er zum einen die tiefgreifenden gesellschaftlichen Widersprüche, insbesondere den Ständegegensatz und die unterdrückte Aufsässigkeit der Bürger komisch und tragisch gestaltet, zum andern weil er aufgrund der Dominanz der »Umstände« über die Personen seine Dramen antiaristotelisch ausrichtet. Mit dem Verzicht auf die drei Einheiten (Handlung, Zeit, Ort) und der Tendenz zu einer »offenen« Dramenform entwickelt L. selbständig Anregungen weiter, die er von Volkstheater, Puppenspiel und vor allem von William Shakespeare bekommen hat, den er auch zum Teil übersetzt.

L. wird als Sohn eines Pastors geboren, geht in Dorpat zur Schule und studiert in Königsberg unter anderem beim jungen Immanuel Kant. 1771 geht er als Begleiter von zwei Adligen nach Straßburg. Damit mißachtet er den ausdrücklichen Willen des Vaters, der für ihn eine Hofmeister- und Pfarrerlaufbahn vorgesehen hat. Diesen Ungehorsam verzeiht ihm der Vater nie.

In Straßburg wird L. zum Sturm-und-Drang-Dichter. Jean-Jacques Rousseau und Johann Gottfried Herder beeindrucken ihn stark. In rascher Folge entstehen die wichtigsten Werke: Gedichte, Plautus-Bearbeitungen, die gesellschaftskritischen Dramen *Der Hofmeister, Die Soldaten* (1776), *Der neue Menoza* (1776), die wichtigste gattungstheoretische Schrift *Anmerkungen übers Theater* (1774), die Erzählung *Zerbin oder die neuere Philosophie* (1776), die autobiographischen Schriften *Tagebuch* (1775, gedruckt 1877) und *Moralische Bekehrung* (1775, gedruckt 1889). Die Begegnung mit dem »Bruder Goethe« prägt L. tief. Unglückliche Lieben, unter anderem zu Friederike Brion, der verlassenen Freundin Johann Wolfgang Goethes, fesseln seine Phantasie. Der Alltag ist hingegen ausgefüllt durch die Pflichten als Bursche der beiden Adligen, die Offiziere in einem französischen Regiment werden. Am Ende der Straßburger Zeit muß L. nach Kündigung dieser Stelle »wie ein Postgaul« hinter dem Geld hinterherlaufen und ernährt sich durch Stundengeben.

L. wird zunehmend in der literarischen Öffentlichkeit als eine zentrale Figur des Sturm-und-Drang-Kreises beachtet. In Straßburg beteiligt er sich 1775 maßgeblich an der Gründung der »Deutschen Gesellschaft«, deren Sekretär er wird. In ihr liest er aus seinen Werken und setzt er sich für den Gebrauch der deutschen Sprache und gegen eine unselbständige Übernahme der französischen Kultur ein. Trotz der Erfolge prägt die Erfahrung mangelnder Freiheit sein Leben und Selbstverständnis von Anfang an. So erstrebt er mehr als andere Schriftsteller seiner Zeit praktische Wirkungen in der Gesellschaft und ist von ihnen weiter als andere entfernt, da er in seiner produktiven Phantasie die Unheilbarkeit der gesellschaftlichen Widersprüche ausformuliert, zugleich aber auch eine subjektive Querstellung zum ›Vernünftigen‹ und Sozialen, die ihn zwangsläufig zum Außenseiter macht. Ein Beispiel ist *Der Hofmeister*, in dem Lenz über den geheimen Rat für öffentliche Schulen plädiert, andererseits aber in der Dorf-

schule Wenzeslaus' den beklagenswerten Zustand des öffentlichen Schulwesens vorführt. Entgegen seinem Drang nach Taten kann er keines seiner zahlreichen, von Johann Wolfgang von Goethe als »phantastisch« eingestuften Reformprojekte verwirklichen. So will L. die fürstlichen stehenden Heere durch eine Aufhebung des Eheverbots für Soldaten reformieren. Damit verbindet er die Einführung eines Volksheeres und setzt – ganz realistisch – als Voraussetzung einer solchen Reform das Ende der fürstlichen Ausplünderung der Untertanen an (*Über die Soldatenehen*, 1775/76, gedruckt 1914). Bezeichnenderweise wird diese »Reform« in den französischen Revolutionsheeren realisiert.

1776 folgt L. Goethe nach Weimar. Dort erlebt er vorübergehend die Erfüllung seiner Wünsche nach Geselligkeit und Anerkennung. Sein zunächst nur belachtes exzentrisches Gebaren, seine Unfähigkeit, Regeln und Etikette einzuhalten, machen aber auf Dauer seine Stellung am Hof unhaltbar. Er flieht in die Einsiedelei nach Berka. Nach seiner Rückkehr führt eine »Eselei«, eine in ihrem Inhalt von allen Beteiligten geheimgehaltene Beleidigung Goethes zu seiner von diesem bewirkten Ausweisung aus Weimar am 29. 11. 1776. Was immer der Anlaß für diesen radikalen Bruch gewesen ist, Goethe und L. entwickeln sich zu diesem Zeitpunkt menschlich und literarisch in unterschiedliche Richtungen. Goethe grenzt die *Werther*-Stimmung aus, die L. in seinem Verhalten und in dem zum größeren Teil in Berka entstandenen Briefroman *Der Waldbruder* kultiviert. L. bleibt den subjektivistischen und gesellschaftskritischen Positionen des Sturm und Drang verbunden, während Goethe die Chance nutzt, als Bürger am Weimarer Hof eine reformorientierte Verwaltungstätigkeit zu beginnen.

»Ausgestoßen aus dem Himmel als ein Landläufer, Rebell, Pasquillant«, irrt

L., aus der Bahn geworfen, bei südwestdeutschen und Schweizer Freunden herum. Am Wendepunkt seines Lebens treten die Symptome seiner ›Krankheit‹ zutage, welche die Zeitgenossen als »Manie« und »Melancholie« diagnostizieren. Die Symptome äußern sich besonders deutlich während eines Aufenthaltes bei dem Pfarrer Johann Friedrich Oberlin in Waldbach (Elsaß), dessen Tagebuchaufzeichnungen Georg Büchner als Vorlage für seine *Lenz*-Erzählungen benutzen wird. Für Oberlin wie für den Vater, zu dem der Sohn 1779 als Gescheiterter zurückkehrt, sind seine Wahnvorstellungen und Selbstmordversuche Folge eines verfehlten Lebens, gezeichnet durch Verschwendung und Nichtstun. Später scheitern Bemühungen um feste Anstellungen in Riga, Petersburg und Moskau. Immerhin gelingt es L., sich der reformorientierten Moskauer Freimaurerbewegung anzuschließen. Bis zuletzt entwirft er – jetzt auf Rußland bezogen – gesellschaftsreformerische Projekte und setzt zugleich seine Freunde durch »poetische Ideen«, »Gutherzigkeit« und »Geduld« in »Erstaunen«. 1792 findet man Lenz tot auf einer Moskauer Straße. Für Goethe ist er in *Dichtung und Wahrheit* nur ein »vorübergehendes Meteor«; die Zeitgenossen haben ihn weitgehend vergessen. Doch nach Büchner wird L. zuerst im Naturalismus aufgrund der Bezüge seines Werkes zur Moderne zunehmend anerkannt und gewürdigt – vor allem nach Brechts Bearbeitung des *Hofmeisters* (1949).

Hans-Gerd Winter

Lenz, Siegfried
Geb. 17. 3. 1926 in Lyck / Masuren

Nicht erst seit seinem unerwarteten Bestseller *Deutschstunde* (1968) wird L. vorgeworfen, seine Vermarktung in den Medien und die Breitenwirkung seiner Werke beweise, daß sein Schreiben im Grunde auf das rückhaltlose Einverständnis, auf eine »Komplizenschaft mit dem Leser« hin angelegt sei. Seine Aufarbeitung der deutschen Vergangenheit in den Romanen, Erzählungen, Geschichten und Hörspielen trage zu sehr die Spuren des Persönlichen und sei gleichzeitig so allgemein, ja neutral gehalten, daß er damit der Neigung seiner Leser entgegenkomme, die unliebsame nationalsozialistische Vergangenheit zu verdrängen. Diesem Entgegenkommen entspreche auch die traditionelle, kaum einmal ästhetische Experimente wagende Stilhaltung, die eingängige Natur-, Landschafts- und Personendarstellung seiner Eigenbrödler und Sonderlinge, vor allem aber die autobiographischlebensgeschichtliche Tendenz, die »menschliche Botschaft«, von der sowohl die »zeitlos-archaischen«, der Existenzphilosophie der 1950er Jahre und Ernest Hemingways stoisch-skeptizistischer Weltsicht verpflichteten Kurzgeschichten und Romane wie die großen Romane der 1960er und 1970er Jahre getragen sind. Abgesehen von der fragwürdigen Gleichsetzung des Leserverhaltens mit der Absicht des Schreibenden übersieht eine solche Charakterisierung, wie nachhaltig L. jeweils aus dem Zeitkontext heraus, in ihn eingreifend und ihn übersteigend, geschrieben hat; zunächst in einer ersten Phase der unmittelbaren Verarbeitung des Kriegs und der Nachkriegszeit: *Es waren Habichte in der Luft* von 1951. L. thematisiert in diesem Roman Flucht und Entkommen, Widerstand und Entzug als Schlüsselerlebnis des siebzehnjährigen Notabiturienten, der zur Marine eingezogen wird und sich kurz vor Kriegsende in den Wäldern Dänemarks versteckt, die drohende standrechtliche Erschießung stets vor Augen. Es folgen der Roman *Duell mit dem Schatten* (1953), ein Band mit Erzählungen (*So zärtlich war Suleyken*, 1955), das Hörspiel *Das schönste Fest der Welt* (1956) und der Roman *Der Mann im Strom* (1957), in dem L. vom Scheitern eines älteren Mannes im Dschungel des Konkurrenzkampfes erzählt. Das tragische Scheitern eines Sportlers stellt er in dem Roman *Brot und Spiele* (1959) dar, dann erscheinen Erzählungen und »Geschichten aus dieser Zeit« (*Jäger des Spotts*, 1958).

In der »Spurensicherung« und der literarischen Erinnerungsarbeit entdeckt L. einen zweiten Antrieb zum Schreiben, um die verlorene Heimat Masuren in der Literatur zu vergegenwärtigen – ihre Landschaft, ihre Seen, die Wälder, den Menschenschlag und die Sprache –, sei es in der Form der heiter-anekdotischen, schwankhaften Erzählung (*So zärtlich war Suleyken*, 1955; *So war das mit dem Zirkus*, 1971) oder der bedeutsamen Dokumentation Masurens im *Heimatmuseum* von 1978. Das stark ausgeprägte Zeit- und Gegenwartsbewußtsein von L., das sich u. a. in der Parteinahme für die bei Kriegsende zu Millionen aus ihrer Heimat Vertriebenen (*Verlorenes Land – Gewonnene Nachbarschaft*, 1971) und seinem Engagement für die Ostpolitik Willy Brandts ausgedrückt hat, rührt von der journalistischen Vergangenheit des jungen L. her, der sein nach Kriegsende aufgenommenes Studium der Philosophie, der Anglistik und der Literaturwissenschaft abbricht, um Feuilletonredakteur bei der Zeitung *Die Welt* in Hamburg zu werden. Seit diesem Zeitpunkt hat er planmäßig zu schreiben begonnen und bereits 1951 den Sprung in die Existenz als freier Schriftsteller gewagt. Hamburg und der Norden bleiben über Jahrzehnte Lebensraum und Sphäre seiner Wirkung; heute lebt L. mit seiner Frau im dänischen Jütland.

Die zweite Werkphase des mit zahlreichen kleineren und größeren Literaturpreisen ausgezeichneten Autors (u. a. René-Schickele-Preis 1952; Literaturpreis der Stadt Bremen 1961; Gerhart-Hauptmann-Preis der »Freien Volksbühne« Westberlin 1970) setzt mit dem Hörspiel bzw. Drama *Zeit der Schuldlosen* (1961, später wie viele andere Werke verfilmt) ein; es folgen der Roman *Stadtgespräch* (1963), dann die Erzählungen *Der Spielverderber* (1965). Inzwischen hat sich L., obgleich kein Parteimitglied, für den Bundestagswahlkampf der SPD engagiert. Die Schriftstellerexistenz empfindet er zunehmend als Instanz öffentlicher politischer Verantwortung, als soziales Gewissen, ohne daß er als geborener Erzähler und Geschichtenerfinder in ein Moralisieren verfiele, vielmehr spielt er in epischer Breite alle Varianten des Denkbaren und Möglichen durch, um seine Leser wachzurütteln. »Und wenn Daniel sich gestellt hätte?«, lautet der Einleitungssatz des *Stadtgesprächs*.

Der überraschende Erfolg des im bedeutsamen Jahr 1968 – die außerparlamentarische Opposition erlebte ihren Höhepunkt, der »Tod der Literatur« wurde proklamiert – erschienenen Romans *Deutschstunde* ist in der Fähigkeit von L. begründet, anknüpfend an die großen Zeitromane des 19. Jahrhunderts, Theodor Fontanes und Wilhelm Raabes vor allem, gesellschaftliche und politische Strömungen und Entwicklungen aufzunehmen und sie erzählerisch als Lebensschicksale verstehbar zu machen. Siggi Jepsen, der Held der *Deutschstunde*, leistet seine Strafarbeit über »die Freuden der Pflicht« eigentlich für alle Deutschen – eine Lizenzausgabe erschien 1974 in der DDR. Das Erscheinen des Buchs fiel nicht zufällig auch in eine Periode erstarkender neonazistischer Umtriebe. Während sich Siggi Jepsen mit seiner Strafarbeit von der Vaterwelt ablöst, ist L. dabei zu erkunden, warum die oft gepriesene »deutsche Seele« so anfällig für den Faschismus ist. L. schließt damit an die großen Erziehungs- und Bildungsromane des 19. Jahrhunderts an, an das, was deutsche Wirklichkeit, deutsche Tradition, falsch verstandene Loyalität, deutschen Wachtraum stets ausgemacht hat.

Die *Deutschstunde* ist aber auch ein Zeitroman: Die autoritär geführte Anstalt, in der Siggi Jepsen einsitzt, ist eine Chiffre der restaurativen späten Adenauer-Ära.

Der Auseinandersetzung mit dem fatalen Pflichtbegriff in der *Deutschstunde* folgt 1973 der Roman *Das Vorbild*, in dem sich L. mit dem Vorbildlichen, Leidbildhaften, dem lebensgeschichtlich Bedeutsamen, auf mehrere Figuren facettenartig verteilt, befaßt. Während Siggi Jepsen die »Heimatkunde« seines Großvaters noch verspottet, wird dieses Thema der Heimat, ihres Verlustes und ihrer Wiederfindung – freilich keiner realhistorischen Heimat – im 1978 erschienenen Roman *Heimatmuseum* in epischer Breite gestaltet. Mit dem *Heimatmuseum* ist, so scheint es, dem genuinen Erzähler L. sein zweites Meisterwerk, nach der *Deutschstunde,* gelungen; reich an unvergeßlichen Landschaftsbildern der Heimat Masuren, Einzelschicksalen, einverwoben in Zeit und Raum, sonderlingshaften Figuren und historischen Rückblenden. *Der Verlust* (1981) wendet sich hingegen ganz dem Privat-Subjektiven, dem Einzelschicksal zu: Sprachverlust als Verlust der menschlichen Beziehungen, als Weltverlust. Der novellenartig angelegte Roman widerruft im Sinne und Geist humaner Verantwortung den Emanzipationsprozeß der Frau – Nora mit Namen! – sie bleibt bei dem Freund, der die Sprache verloren hat und gewinnt damit eine neue Identität. Der Roman *Exerzierplatz* (1985), wiederum erzählt aus der Perspektive eines Außenseiters und Sonderlings, beschreibt den Weg einer Verwandlung: Aus dem ehemaligen Exerzierplatz wird eine Baumschule, es öffnet sich ein Weg aus der Fatalität der Geschichte heraus in eine konkrete, realisierbare Utopie. Eher in das Erzählmuster des Trivialromans führt der Roman, *Die Klangprobe* (1890); gemeint ist die »Tauglichkeitsprüfung« des Steinmetz und Bildhauers Bode am Material, am Stein. Leitmotivisch umspannt und gliedert den Roman die »gelungenste Figur des Meisters«, der »Wächter«, Entwicklungs- und Knotenpunkt der erzählerischen Fäden. Ganz nach dem Muster seines Erzählens wird die im Alltäglichen angesiedelte und von einer mitunter etwas aufgesetzt wirkenden Symbolik des Steins und seiner Bearbeitung durchzogene Geschichte aus dem Blickwinkel des Sohnes, Jan Bode, eines Kaufhausdetektivs vorgetragen.

Auch wenn L. in den 1990er Jahren nicht mehr im Zentrum des ›postmodernen‹ Literaturbetriebs steht, bleibt sein Rang in der deutschen Gegenwartsliteratur unbestritten – ebenbürtig seinen Generationsgenossen M. Walser, G. Grass und früher H. Böll. Die Romane der letzten Jahre, u. a. *Die Auflehnung* (1994) oder besonders *Arnes Nachlaß* (1999) – der 14jährige Außenseiter Arne schafft es nicht, sich zu integrieren – greifen typische Themen des Autors auf. Sein neuester Roman *Fundbüro* (2003) ist durchzogen von feiner Ironie; die Motivik des ›Findens‹ und ›Wiederfindens‹ bestimmt den Roman um den 24jährigen Henry Neff im Fundbüro eines Hauptbahnhofs. Die Essay-Bände *Über den Schmerz* oder zuletzt *Mutmaßungen über die Zukunft der Literatur* erinnern an den bedeutenden Essayisten L., der nach vielen Preisen und Auszeichnungen in einem über fünfzigjährigen äußerst produktiven Schriftstellerleben 1999 den Goethe-Preis der Stadt Frankfurt erhält. Was L. einmal über die Literatur gesagt hat, daß sie nämlich »das kollektive Gedächtnis der Menschen darstell(e)« (*Über das Gedächtnis*), das gilt exemplarisch für sein schriftstellerisches Gesamtwerk und seine Lebensleistung: er ist und bleibt so etwas wie das kollektive Gedächtnis der Nation in der so bewegten und zerklüfteten Nachkriegs- und Gegenwartsgeschichte und ist nach wie vor einer der meist gelesenen Autoren der Gegenwart und jüngsten Vergangenheit.

Karl Hotz

Lessing, Gotthold Ephraim
Geb. 22. 1. 1729 in Kamenz;
gest. 15. 2. 1781 in Braunschweig

Eine von dem Dramatiker Heiner Müller geschaffene Theaterfigur stellt sich mit der folgenden Sentenz dem Publikum vor: »Mein Name ist Gotthold Ephraim Lessing. Ich bin 47 Jahre alt. Ich habe ein/zwei Dutzend Puppen mit Sägemehl gestopft das mein Blut war, einen Traum vom Theater in Deutschland geträumt und öffentlich über Dinge nachgedacht, die mich nicht interessierten.« Diese Absage an eine pathetisch-inhaltsleere Klassikerverehrung ist nur scheinbar provokant. In Wirklichkeit bleibt auch sie in den Vorstellungen befangen, die von jeher das Bild bestimmt haben, das man von der Person und dem Werk L.s entworfen hat. Da ist zunächst das Stereotyp vom unpoetischen Dichter, dessen keineswegs gemütvolle Stücke einer »dramatischen Algebra« gehorchen, die man nur »frierend bewundern« kann (Friedrich Schlegel); da ist ferner der Traum vom Theater und seiner nationalpädagogischen Aufgabe, zu deren Erfüllung nur das Publikum fehlte, wie L. am Ende seiner *Hamburgischen Dramaturgie* (1767–1769) resigniert feststellen muß; und da ist schließlich der Kritiker und bisweilen unversöhnliche Polemiker L., der mehr an der Form und der öffentlichen Wirkung seiner aufklärerischen Schriften als an den Inhalten oder der Wahrheit der jeweiligen Streitsache interessiert war. Man hat die Zeitumstände bedauert, unter denen der Autor gelitten hat, und gleichzeitig die konsequente Haltung bewundert, mit der er, trotz vieler mißlingender Pläne und unverschuldeten Unglücks als einer der ersten im »bürgerlichen« Zeitalter das

Leben eines freien Schriftstellers führte. Diese Freiheit verdankte er vor allem seiner universalen Bildung.

Bereits im Kindesalter wird L. von seinem Vater, einem theologisch ehrgeizigen lutherischen Pfarrer, durch Privatunterricht auf seine schulische und universitäre Laufbahn vorbereitet, die selbstverständlich zum Predigeramt führen sollte. Die an den Kurfürsten von Sachsen gerichtete Bitte des Vaters, seinen Sohn als »Alumnus mit einer freyen Kost-Stelle« in die Fürstenschule St. Afra in Meißen aufzunehmen, wird 1737 gewährt. Der Schüler übertrifft die in ihn gesetzten Erwartungen. Nach der hervorragend bestandenen Aufnahmeprüfung (1741) und ersten Konflikten mit der Schulordnung (»ein guter Knabe, aber etwas moquant«) fügt sich L. schnell in das »klostermäßig« geregelte Leben der Eliteschule. Der umfangreiche Lehrplan berücksichtigt vor allem die alten Sprachen; Latein, Griechisch, Hebräisch; mit zeitgenössischer, gar deutscher Literatur oder Zeitschriften können sich die Schüler nur in den wenigen Nebenstunden oder privaten Kolloquien beschäftigen. Erste schriftstellerische Versuche entstehen jedoch schon während der Meißener Zeit. Als L. 1746 aufgrund seiner guten Leistungen vorzeitig entlassen wird, hat er im Gepäck nach Leipzig, wo er sich zum Theologiestudium immatrikuliert, den Entwurf zu dem Lustspiel *Der junge Gelehrte*, das 1748 von der Neuberschen Theatertruppe mit großem Erfolg aufgeführt wird. Unter einem Vorwand zitieren ihn die besorgten Eltern nach Hause, da sie mit Recht vermuten, daß er im Umgang mit einem als ›Freigeist‹ verrufenen Verwandten, Christlob Mylius, sein Studium vernachlässigt habe. L. wechselt das Studienfach, ändert aber kaum seine Lebensweise, die enger mit dem Theater als der Universität verknüpft ist. Es entstehen eine Reihe von Stücken, die sich äußerlich an die sächsische Typenkomödie anlehnen, die Publikumserwartung aber produktiv durchbrechen, indem sie Vorurteilshaltungen nicht bestätigen, sondern als solche entlarven (*Der Freygeist/Die Juden*, 1749). Um seinen Leipziger Gläubigern zu entgehen, zieht L. noch 1748 nach Berlin, wo er sich als Redakteur verschiedener Zeitschriften eine Existenzgrundlage schafft. »Ich lernte einsehen«, heißt es in einem Brief an die Mutter, »die Bücher würden mich wohl gelehrt, aber nimmermehr zu einem Menschen machen.« Das Studium hat er zwar dennoch mit einer philosophischen Magisterarbeit in Wittenberg abgeschlossen (1752), aber erst nachdem er sich einen Namen als Rezensent wissenschaftlicher und literarischer Neuerscheinungen erworben hatte, dessen Einfluß stetig wachsen sollte: »Sagt Er, die Schrift sey gut, so druckt sie jedermann« (Johann Wilhelm Ludwig Gleim, 1755). Die Wirkung seiner Kritik beruhte auf ihrer dialogischen Form. Der Leser wird direkt angesprochen und in die Entwicklung des Gedankenganges einbezogen – zwangsläufig auch das Opfer der Polemik, wie der Pfarrer Samuel Gotthold Lange, dessen Horaz-Übersetzung L. kritisiert hatte, um die Entgegnung Langes mit einem *Vade Mecum* (1754) zu beantworten, das in seiner Unmittelbarkeit neue Maßstäbe für das sonst eher moderate Streitgespräch unter Gelehrten setzt: »Ein Glas frisches Brunnenwasser, die Wallung Ihres kochenden Geblüts ein wenig niederzuschlagen, wird Ihnen sehr dienlich seyn, ehe wir zur ersten Unterabtheilung schreiten. Noch eines Herr Pastor! Nun lassen Sie uns anfangen.«

Neben der Rezensionstätigkeit widmet sich L. weiterhin dem Theater. Er schreibt ein Fragment gebliebenes politisches Trauerspiel über den Berner Bürgeraufstand (*Samuel Henzi*, 1749) und gibt zusammen mit Christlob Mylius die *Beyträge zur Historie und Aufnahme des Theaters* heraus, die er ab 1754 als *Theatralische Bibliothek* allein

fortsetzt. Eine Sammlung seiner Arbeiten erscheint zwischen 1753 und 1755 unter dem Titel *Schrifften*, darunter auch die »Rettungen« historisch verkannter Autoren. Ihre Rehabilitierung bildet das Gegenstück zur aktuellen Streitschrift. Während L. hier eindeutig Stellung nimmt, hält er zu den zeitgenössischen »Literaturparteien« auffällige Distanz. Gleichwohl beteiligt er sich an der poetologischen Diskussion, am erfolgreichsten mit seinem 1755 uraufgeführten »bürgerlichen Trauerspiel« *Miss Sara Sampson*, das die von Johann Christoph Gottsched gezogenen Gattungsgrenzen bewußt ignoriert. Die empfindsame Familientragödie verfehlte nicht ihre Wirkung auf das identifikationsbereite Publikum: »die Zuschauer haben drey und eine halbe Stunde zugehört, stille gesessen wie Statüen, und geweint«. Nicht zufällig entwirft L. zur selben Zeit eine Theorie der Affekterregung und ihrer moralischen Wirkung im Briefwechsel mit seinen Freunden Moses Mendelssohn und Friedrich Nicolai (1756/57). Die Tragödie »soll unsre Fähigkeit, Mitleid zu fühlen, erweitern«. Denn der »mitleidigste Mensch ist der beste Mensch, zu allen gesellschaftlichen Tugenden, zu allen Arten der Großmuth der aufgelegteste«.

In der Lebenspraxis ließ sich dieser aufklärerische Optimismus freilich seltener bestätigen als auf dem Theater. Noch während des Briefwechsels muß L. einen Prozeß gegen einen jungen Leipziger Kaufmann anstrengen, den er auf einer mehrjährigen Bildungsreise durch Europa begleiten sollte, die bei Ausbruch des Siebenjährigen Krieges unterbrochen worden war; seine Entschädigungsforderungen sind erst Jahre später anerkannt worden. Der Krieg vereitelt zwar L.s Reisepläne (»Dank sey dem Könige von Preußen!«), verschafft ihm aber, paradox genug, zum ersten Mal eine feste Anstellung. Er gibt die Mitarbeit an den bei Friedrich Nicolai verlegten und vielbeachteten *Briefe(n) die Neueste Litteratur betreffend* (von 1759 bis 1765) auf und geht, völlig überraschend für seine Berliner Freunde, 1760 als Regimentssekretär nach Breslau. Patriotische Gefühle haben bei diesem Entschluß keine Rolle gespielt. Erst kurz zuvor hatte L. in seinem – lange unverstanden gebliebenen – Trauerspiel *Philotas* (1759) die Inhumanität des Krieges und den blinden Heroismus seiner »Helden« verurteilt. Die fluchtartige Abreise, über die sich L. selbst »jeden Tag wenigstens eine Viertelstunde« wundert, bedeutet keinen Bruch mit seinem bisherigen Leben als Schriftsteller. Die Breslauer Amtsgeschäfte lassen genügend Zeit für private Studien, und das Offiziersmilieu gibt ihm willkommene Gelegenheit, seine Spielleidenschaft zu befriedigen. Es entstehen Vorarbeiten zum *Laokoon* (1766) und nebenbei Milieustudien zur *Minna von Barnhelm oder das Soldatenglück* (1767), einer Komödie »von spezifisch temporärem Gehalt« (Johann Wolfgang Goethe), in der ebensooft von Liebe und Ehre wie von Geld die Rede ist und in die L.s Erfahrungen mit abgedankten Offizieren, Kriegskontributionen und dem preußischen Polizeiwesen in einer nicht nur die Zensurbehörden in Aufregung versetzenden Wirklichkeitsnähe eingegangen sind: das Berliner Publikum ist begeistert, während das Stück in Hamburg nur mäßigen Erfolg hat. L. ist zu dieser Zeit bereits als Berater und »Dramaturg« des neugegründeten »Nationaltheaters« in der Hansestadt, einem Unternehmen, das nach weniger als einem Jahr an dem mangelnden Publikumsinteresse scheitert: »Über den gutherzigen Einfall, den Deutschen ein Nationaltheater zu verschaffen, da wir Deutsche noch keine Nation sind!« (*Hamburgische Dramaturgie*, 101–104 St.) Als auch ein von L. mitgetragenes Verlagsunternehmen nicht den erwarteten Erfolg hat und die Schulden des nun wieder ›freien‹ Schriftstellers wachsen, nimmt er eine ihm vom Braun-

schweiger Hof angebotene Bibliothekarsstelle in Wolfenbüttel an. Sein Gehalt ist jedoch so gering, daß die Heirat mit Eva König, einer Hamburger Kaufmannswitwe, mit der er sich 1771 verlobt, zunächst aufgeschoben werden muß. L. leidet unter der Einsamkeit in Wolfenbüttel, die er mit Reisen nach Dresden und Wien unterbricht, wo er auch neue Stellenangebote prüft. Zum Hofleben hält er Abstand. An Eva König schreibt er zum Jahreswechsel 1772/73, er sei »bey Hofe gewesen, und habe mit andern gethan, was zwar nichts hilft, wenn man es thut, aber doch wohl schaden kann, wenn man es beständig unterläßt: ich habe Bücklinge gemacht, und das Maul bewegt.«

Daß sein Trauerspiel *Emilia Galotti* (1772) wenige Monate zuvor im Rahmen eines höfischen Festes ohne Skandal uraufgeführt werden konnte, ist heute nur schwer vorstellbar. Der Mißbrauch fürstlicher Macht wird ebenso deutlich kritisiert wie die Ohnmacht des Bürgers geschildert, der seine Tochter tötet, um sie vor »der Schande« eines Mätressenschicksals zu bewahren; der heroische Schluß steht dabei jedoch im Widerspruch zu L.s eigener Forderung nach »Wahrscheinlichkeit der Umstände« und Charaktere (*Hamburgische Dramaturgie*), die dem Zuschauer eine Identifikation mit der Hauptfigur im Sinne der Mitleidstheorie erlauben sollen. Entfernt sich L. hier bereits von seinen poetologischen Grundsätzen, gilt dies in noch weit stärkerem Maß von seinem letzten Stück, dem »dramatischen Gedicht« *Nathan der Weise* (1779), das als didaktisches Parabelspiel keinen festen Gattungsnormen mehr unterliegt. Es verdankt seine Entstehung den theologischen Auseinandersetzungen, die L.s letzte Wolfenbütteler Jahre bestimmen. Von rein theologischem Interesse scheint auch das erste Manuskript zu sein, das L. aus der umfangreichen Sammlung der Bibliothek zusammen mit einem Kommentar veröffentlicht (*Berengarius Turonensis*, 1770), ein »bisher völlig unerkannt gebliebenes« Dokument zum Abendmahlsstreit des 11. Jahrhunderts, mit dem der Herausgeber sich bei den lutherischen Theologen in »einen lieblichen Geruch von Rechtgläubigkeit« zu setzen weiß. Der Herzog erteilt ihm daraufhin Zensurfreiheit für die Publikation weiterer Beiträge *Zur Geschichte der Litteratur. Aus den Schätzen der Herzoglichen Bibliothek zu Wolfenbüttel* (1773–81), deren dritter Teil dann allerdings eine Abhandlung enthält, die L. weder in den »Schätzen« der Bibliothek entdeckt noch aus Gründen orthodoxer Rechtgläubigkeit in die *Beyträge* aufgenommen hat. Es handelt sich um einen Abschnitt aus der *Apologie oder Schutzschrift für die vernünftigen Verehrer Gottes* von Hermann Samuel Reimarus, einer radikal-deistischen und bibelkritischen Schrift, die L. von den mit ihm befreundeten Kindern des Hamburger Philologen nach dessen Tod erhalten hat.

Das erste daraus veröffentlichte *Fragment eines Ungenannten* (1774) bleibt zunächst unbeachtet. Durch eine längere Abwesenheit L.s von Wolfenbüttel wird die Veröffentlichung weiterer »Fragmente« unterbrochen. L. muß den jungen Prinz Leopold von Braunschweig auf einer mehrmonatigen Italienreise begleiten. Erst nach dieser erneuten Trennung von Eva König kann die Hochzeit im Oktober 1776 stattfinden. Im Dezember 1777 wird ein Sohn geboren, der »nur vierundzwanzig Stunden« lebt; am 10. Januar 1778 stirbt auch die Mutter. L. schreibt an einen Freund: »Lieber Eschenburg, meine Frau ist tot: und diese Erfahrung habe ich nun auch gemacht. Ich freue mich, daß mir viel dergleichen Erfahrungen nicht mehr übrig sein können zu machen; und bin ganz leicht.« Im Jahr zuvor waren fünf weitere Texte aus dem Reimarus-Nachlaß erschienen. Die Kritik der Theologen ließ nun nicht länger auf sich warten, und L. wurde als der

Herausgeber jener »gotteslästerlichen Schriften« zur Verantwortung gezogen. In rascher Folge entstehen seine Verteidigungsschreiben und Repliken auf eine immer direkter werdende Kritik, die vor allem von dem Hamburger Hauptpastor Johann Melchior Goeze ausging. In ihrer Brillanz und sprachlichen Ausdruckskraft markieren diese polemischen Streitschriften (*Über den Beweis des Geistes und der Kraft*, 1777; *Eine Duplik*, 1778; *Eine Parabel. Nebst einer kleinen Bitte; Axiomata; Anti-Goeze 1–11*, 1778) einen Höhepunkt der Aufklärung in Deutschland. Da der Disput öffentlich ausgetragen wird und noch dazu in deutscher Sprache statt im exklusiven Gelehrtenlatein, beendet ein herzogliches Publikationsverbot die Kontroverse und enthüllt damit erst ihre politische Brisanz.

In dieser Situation erinnert sich L. an einen älteren Dramenentwurf, den er auszuarbeiten beginnt und dem Publikum, vor dem er im Fragmentenstreit zum Schweigen verurteilt ist, zur Subskription anbietet. »Es wird nichts weniger«, heißt es in einem Brief an den Bruder Karl, »als ein satirisches Stück, um den Kampfplatz mit Hohngelächter zu verlassen. Es wird ein so rührendes Stück, als ich nur immer gemacht habe falls ich nicht etwa die ganze Streitigkeit aufgeben wollte. Aber dazu habe ich noch ganz und gar keine Lust.« 1779 erscheint *Nathan der Weise*. So wie in diesem Stück der Unterschied von Vernunft und Offenbarung, von »Geist« und »Buchstabe« der Religion, von Toleranz, Humanität und ethischem Handeln poetisch gestaltet und in der Ringparabel zusammengefaßt wird, dominiert L.s deistisch inspirierter Theodizee-Gedanke auch die anderen Schriften des Spätwerks (*Ernst und Falk. Gespräche für Freymäurer*, 1778; *Die Erziehung des Menschengeschlechts*, 1780). An seinen Bruder Karl schreibt L. im April 1779: »Es kann wohl seyn, daß mein Nathan im Ganzen wenig Wirkung thun würde, wenn er auf das Theater käme, welches wohl nie geschehen wird.«

Inzwischen gehört der *Nathan* zum Lektürekanon der Schulen und zum festen Inventar der Theaterspielpläne, was der skeptischen Voraussage L.s indessen nur zum Teil widerspricht. Mehr denn je verdankt das Lehrstück religiöser Emanzipation seine Aktualität dem traurigen Umstand einer nicht bewältigten Vergangenheit, an die man zwar ungern, aber aus bestimmten Anlässen mit einiger Gewohnheit und entsprechend abnehmender Wirkung erinnert. Das aufklärerische Drama wird zum Argument, mitunter zum Alibi eines oberflächlichen Philosemitismus, der, unter Berufung auf eine vermeintlich unversehrte Tradition deutsch-jüdischer Symbiose, der Auseinandersetzung mit den historischen Gründen der nationalsozialistischen Rassenideologie und dem Fortbestehen eines antijüdischen Ressentiments ausweicht. Dabei ist gerade die Wirkungsgeschichte L.s unlösbar mit den Assimilationsbestrebungen der deutschen Juden im 19. Jahrhundert und ihrem spätestens seit der Reichsgründung deutlich werdenden Scheitern verknüpft. Entsprechend schwer hatten es das deutsche Publikum und die Literaturvermittler mit dem Aufklärer L. als dem Autor des *Nathan*. Man hat andere Teile des Werkes in den Vordergrund gerückt und sich ein Bild vom nationalen »Kämpfer« L. zurechtgedeutet, das sich jedoch bis heute nicht zum Porträt eines »Klassikers« runden lassen wollte.

Friedrich Vollhardt

Mann, Heinrich
Geb. 27. 3. 1871 in Lübeck;
gest. 12. 3. 1950 in Santa Monica/
Kalifornien

»Heinrich Mann ist wie sein Bruder Thomas deutscher Abstammung. Es wäre verfehlt, ihn und seine Werke in die Rubrik ›jüdischer Zersetzungsliteratur‹ zu stecken. Es ist auch nicht angebracht, ihn mit moralischer Entrüstung einfach abzutun. Heinrich Mann ist nicht Geschmeiß wie so und so viele der vergangenen Größen, sondern ein Gegner. Es hat keinen Wert, Heinrich Mann zu erniedrigen, er muß im Kampf um unser politisches, gesellschaftliches und geistiges Leben widerlegt und geschlagen werden.« Dieses Urteil widerfuhr dem Dichter im *Literaturblatt der Berliner Börsenzeitung* vom 25. Juni 1933. Unter dem Titel *Kritische Gänge* wurde hier mit denjenigen abgerechnet, deren Bücher am 10. Mai 1933 verbrannt worden waren und deren Namen bereits auf den Ausbürgerungslisten standen. Vorausgegangen war dieser »verdienten Ehre« (Klaus Mann) M.s Entfernung aus der Sektion Dichtkunst der Preußischen Akademie der Künste am 15. 2. 1933. Seine Unterschrift unter den »Dringenden Appell« für den Aufbau einer einheitlichen Abwehrfront von SPD und KPD lieferte dem Kultusministerium den geeigneten Vorwand, diesem wahren »Antideutschen« die Niederlegung seiner Funktion als Vorsitzender der Abteilung Dichtkunst nahezulegen. Mit ihm trat Käthe Kollwitz aus der Akademie der Künste aus. Von mehreren Seiten gewarnt, emigrierte M. am 21. Februar 1933 zunächst nach Toulon, später nach Nizza.

Seinem selbst von erbittertsten Feinden anerkannten Rang als Gegner des nationalsozialistischen Regimes wurde er gerecht, als er noch im Jahre 1933, im »Einweihungsjahr des Tausendjährigen Reiches«, die Essaysammlung *Der Haß* publizierte, die parallel im Pariser Gallimard-Verlag und im Amsterdam Querido-Verlag erschien. Die französische Tradition des *J'accuse!* von Emile Zola, einer Streitschrift von 1898, mit der dieser in die damals schwebende Dreyfus-Affäre eingriff, verband sich hier mit einer psychologischen Analyse der Protagonisten des Regimes: des gewissenlosen Abenteurers Hitler, der »Bestie mit Mystik« Göring, des »verkrachten Literaten« Goebbels. M. setzte in der Tradition seiner Essaybände *Geist und Tat* (1911) und *Zola* (1915) die Verteidigung der Kultur dagegen. Die Emigration wurde ihm so zur »Stimme des stumm gewordenen Volkes«, zum Abbild des »besseren Deutschland«. Der Sammlung der antifaschistischen Intellektuellen und der Stärkung ihres Widerstands war M.s Arbeitskraft in den ersten Jahren der Emigration von 1933 bis 1938 gewidmet: Er war Präsident des »Komitees zur Schaffung einer deutschen Bibliothek der verbrannten Bücher«, die als »Deutsche Freiheitsbibliothek« bereits am 10. Mai 1934 in Paris eingeweiht wurde; er initiierte die erste Vorbereitungstagung für die Volksfront im Pariser Hotel Lutetia am 2. Februar 1936, an der 118 Vertreter verschiedenster Oppositionsgruppen teilnahmen. In unzähligen Essays, Zeitschriftenbeiträgen, Tarn- und Flugschriften, in Rundfunkaufrufen und Anthologien plädierte er für einen streitbaren Humanismus, der ihn bisweilen der KPD und der Sowjetunion näherbrachte. M. – so hebt Brecht hervor – »sah die deutsche Kultur nicht nur dadurch bedroht, daß die Nazis die Bibliotheken besetzten, sondern auch dadurch, daß sie die Gewerkschaftshäuser besetzten ... Er geht aus von der Kultur, aber die Kultiviertheit bekommt einen kriegerischen Charakter.« Exponent einer solchen kämpferischen Kultur ist Henri IV., der Protagonist des zweibändigen Epos *Die Jugend des Königs Henri Quatre* und *Die Vollendung des Königs Henri Quatre*. Der zweite Teil erschien zwischen 1937 und 1939 in der Exilzeitschrift *Internationale Literatur* und entfachte eine heftige Debatte zwischen Arnold Zweig, Lion Feuchtwanger, Thomas Mann und Georg Lukács über die Funktion des historischen Romans im Exil. Das »wahre Gleichnis« vom »guten König«

ist aber nicht nur Quintessenz von M.s dichterischem Schaffen – »Der historische Roman gehört in gewissen Fällen zum letzten, das einer machen lernt«, schreibt er im kommentierenden Aufsatz *Gestaltung und Lehre* (1939) – sondern auch Zukunftsperspektive in der »Zeit der Schrecken« und Erinnerung an M.s geistige Verwurzelung in Frankreich. Bereits 1927 hatte er bei einem Besuch von Henris Schloß in Pau bemerkt: »Wunderbare Ermutigung, leibhaftig zu sehen; der menschliche Reichtum kann machtvoll sein. Ein Mächtiger kann auch lieben, wie dieser König seine Menschen.«

Weit hinter die Exiljahre zurück verweist Henri in seiner Sinnlichkeit wie in seinem Machtstreben auf die Anfänge M.s: auf Künstler- und Tyrannengestalten, auf einen das Philistertum der Heimatstadt Lübeck verachtenden Ästhetizismus. So wollte er weder die väterliche Getreidefirma übernehmen noch die in Dresden begonnene Buchhändlerlehre fortsetzen. Tod des Vaters und Umzug der Familie nach München (1891) ermöglichten Heinrich wie Thomas Mann eine von Zügen des Fin de siècle geprägte Junggesellenexistenz »im Besitz einer bescheidenen Rente und einer Fülle von melancholischem Humor, Beobachtungsgabe, Gefühl und Phantasie« (Klaus Mann). Eines der bezeichnendsten Produkte von M.s ständig zwischen Italien und der Münchner Bohème schwankendem Reiseleben ist die Trilogie *Die Göttinnen* (1903), die er seinem Verleger folgendermaßen ankündigt: »Es sind die Abenteuer einer großen Dame aus Dalmatien. Im ersten Teil glüht sie vor Freiheitssehnen, im zweiten vor Kunstempfinden, im dritten vor Brunst ... Wenn alles gelingt, wird der erste Teil exotisch bunt, der zweite kunsttrunken, der dritte obszön und bitter.« Gleichzeitig verschärfen sich auch M.s auf Deutschland gerichtete kritische Impulse: der 1900 veröffentlichte satirische Roman *Im Schlaraffen-*

land setzt sich mit seiner aggressiven Schilderung des modernen Kapitalismus in Berlin in schroffen Gegensatz zu Heimatkunst und Gründerzeit. Einen Gegenpol zum wilhelminischen Macht- und Obrigkeitsstaat bildet die nicht zufällig in Italien angesiedelte Gesellschaftsutopie *Die kleine Stadt* (1910). Die Satire weitet sich zur politischen Kampfansage aus, als M. 1915 in seinem Essay über Zola Chauvinismus und Militarismus anprangert und damit Thomas Manns Verdikt des »Zivilisationsliteraten« auf sich zieht. »Das politisch-weltanschauliche Zerwürfnis erreichte bald einen solchen Grad von emotioneller Bitterkeit, daß jeder persönliche Kontakt unmöglich wurde. Die beiden Brüder sahen einander nicht während des ganzen Krieges« (Klaus Mann).

Kritik an der Scheinmoral des Kleinbürgertums übt M. im *Professor Unrat* (1905), mit dessen Verfilmung unter dem Titel *Der blaue Engel* (1930) er international bekannt wird. Der Repräsentant des wilhelminischen Bürgertums, der tyrannische und machtbesessene Professor Unrat, ›entgleist‹ durch seine Liebe zur »Künstlerin Fröhlich« und muß dadurch seinen gesellschaftlichen Untergang erleben.

Den sieben Romanen der Vorkriegszeit folgt in den »goldenen zwanziger Jahren« eine Phase der Selbstbesinnung, in der M. zunächst publizistisch, dann auch wieder literarisch auf den immer offener zutagetretenden Zusammenhang von Großkapital und Politik reagiert: Diederich Heßling, der Protagonist des *Untertan* (1914), avanciert in dem Roman *Die Armen* (1917) zum Großkapitalisten, der in der »Villa Höhe« residiert, eine klare Anspielung auf Krupps »Villa Hügel«. Zu grotesken, ja spröden Formen wie der Parabel *Kobes* (1923) kehrt M. auch in der zweiten Phase seiner Emigration wieder zurück: dem im *Henri IV.* verkörperten persönlichen und politischen Aufschwung bis 1938 folgte mit dem deutschen Einmarsch nach Frankreich 1940 die Flucht über die Pyrenäen in die USA, die Beschäftigung als scriptwriter bei der Filmgesellschaft Metro-Goldwyn-Mayer, deren Ertrag gering war und deren Produkte nie verwendet wurden. Nelly Kroeger, M.s zweite Frau, schrieb 1942 an das Ehepaar Kantorowicz: »Amerika ist wohl außerordentlich hart. Wir können auch ein Lied singen. Manchmal leben wir von 4 Dollar, manchmal von 2 die Woche.« Eine Phase intensiver Arbeit brachte der Roman *Lidice*, der, im Sommer 1942 entstanden, die nationalsozialistische Herrschaft in ihrer Komik bloßstellte. Doch haben gerade die grotesken Züge, mit denen die Besetzung der Tschechoslowakei geschildert wird, wie auch die filmszenenartig verknappte Form die im Exil ohnehin schwierige Verbreitung des Romans nachhaltig behindert.

Nach dem Selbstmord Nelly Kroegers am 16. 12. 1944 vereinsamte M. noch stärker. Den Versuchen der Kulturpolitiker der späteren DDR, ihn zur Übersiedlung zu bewegen, stand er skeptisch gegenüber: »Mag sein, man will mich nur umherzeigen und verkünden, daß wieder einer zurückgekehrt ist. Aber eine Lebensweise des Auftretens, Sprechens und verwandter Pflichten kann ich mir nicht mehr zumuten«, schrieb er am 22. August 1946 an Alfred Kantorowicz. Am 5. Mai 1947 erhielt er die Ehrendoktorwürde der Philosophischen Fakultät der Humboldt-Universität, doch wurde deren Aufruf: »Deutschland ruft Heinrich Mann«, angesichts des sich verschärfenden Ost-West-Gegensatzes und der rigorosen Kulturpolitik der SED zunehmend fragwürdiger. Trotz der Bedenken gegen »Launenhaftigkeit« und »Unzuverlässigkeit« des Regimes plante M. noch kurz vor seinem Tode die Schiffsreise nach Gdingen, wo ihn Alfred Kantorowicz abholen sollte.

Thomas Mann würdigte das Vermächtnis des Bruders folgendermaßen: »Die Verbindung des Dichters mit dem politischen Moralisten war den Deutschen zu fremd, als daß sein kritisches Genie über ihr Schicksal etwas vermocht hätte, und noch heute, fürchte ich, wissen wenige von ihnen, daß dieser Tote einer ihrer größten Schriftsteller war.« Aber auch einer ihrer größten Schauspieler – so könnte man die Tendenz neuerer Forschungen seit Ende der 1990er Jahre umschreiben. Die Selbstbezogenheit, ja Selbstübersteigerung des Intellektuellen als Stellvertreter der Vernunft war wohl nur um den Preis autoritärer Sprachgesten und großzügiger Vernachlässigung realhistorischer Zwänge zu haben. »Wer Tradition hat, ist sicher vor falschen Gefühlen« – der 1933 geschriebene Satz wird heutzutage weniger als Indiz in sich gefestigten Bürgertums denn als »gewaltige Ermächtigung der Literatur gegenüber der Geschichte« (H. Detering) gelesen. Und so rückt gerade der ›politische‹ M. viel näher an seine ästhetizistischen Anfänge – wie an seinen Bruder Thomas – als es eine überpolitisierte, weniger an Schreibweisen denn an Aussagen orientierte Betrachtungsweise über lange Zeit wahrhaben wollte.

Claudia Albert

Mann, Thomas
Geb. 6.6.1875 in Lübeck;
gest. 12.8.1955 in Zürich

»stehkragen« und »reptil« nannte ihn Bertolt Brecht 1943 im kalifornischen Exil; und dies ist nicht nur Ausdruck der Verachtung für den Josephsroman, den Brecht als »die enzyklopädie des bildungsspießers« bezeichnete. Jenseits innerliterarischer Divergenzen zielte der Vorwurf auf die repräsentative Existenz M.s, auf seine Verteidigung der europäischen humanistischen Kultur in einem Moment, in dem diese endgültig zerstört schien. Brechts lebenslang verfolgtes Projekt der »berichtigung alter mythen« stieß hier auf einen Gegenentwurf, der sich gerade der Rettung und Aktualisierung des Mythos widmete, dies allerdings nicht nur, wie Brecht im Affront gegen das Bildungsbürgertum und den realistischen Roman des 19. Jahrhunderts meinte, zur Bestätigung einer traditionsreichen geistigen Heimat. In Wirklichkeit ist in keinem der Romane M.s der subjektive Wille, sich den politischen Tagesaufgaben zu stellen, stärker als im letzten Band der Josephs-Tetralogie, *Joseph der Ernährer* (1943). Er vereint New Deal und Vergesellschaftung des Eigentums, Züge Theodore Roosevelts, des Dichters M. und des biblischen Joseph miteinander. Aus den Anfängen der Menschheitsgeschichte versucht M. hier eine Zukunftsperspektive zu gestalten: »Was uns beschäftigt, ist nicht die bezifferbare Zeit. Es ist vielmehr ihre Aufhebung im Geheimnis von Überlieferung und Prophezeiung, welche dem Wort ›Einst‹ seinen Doppelsinn von Vergangenheit und Zukunft und damit seine Ladung potentieller Gegenwart verleiht«, schrieb M. im »Höllenfahrt« genannten Vorwort zum gesamten Zyklus. Durch die analytische, gelegentlich parodistische Art mythischer Rekapitulation wurde die biblische Geschichte zum Material einer »abgekürzten Geschichte der Menschheit«, die in der Gegenwart kulminierte und in der sich der »unendlich blaue Himmel Kaliforniens« mit dem des alten Ägypten vermischen sollte.

Erst in dieser Perspektive erhält das vielzitierte Diktum M.s: »Wo ich bin, ist die deutsche Kultur«, seine reale – und für die Vielzahl exilierter deutscher Schriftsteller geradezu existentielle – Bedeutung: nur durch die Rettung seiner humanistischen Potenzen schien das Deutsche noch zu verteidigen, und in dem Maße, in dem das reale Deutschland zum Inbegriff der Inhumanität wurde, entwickelte sich Amerika zur neuen Heimat M.s. So war es nur konsequent, daß er am 23.6.1944 die amerikanische Staatsbürgerschaft an-

nahm, die er bis zu seinem Tode bei-
behielt: »So waren wir amerikanische
›citizens‹, und ich denke gern, daß ich es
noch unter Roosevelt, in seinem Amerika geworden bin.« Die Reflexion auf
das humanistische Potential der deutschen Kultur lief parallel mit einer
scharfen Kritik an Irrationalismus und
Exzentrizität, die M. zunehmend – und
so auch gegen seine eigene Vorgeschichte argumentierend – als Wurzeln des
Nationalsozialismus betrachtete. Sie
führte zu einer Relativierung der Philosophie Friedrich Nietzsches, dessen
»Verkennung des Machtverhältnisses
zwischen Instinkt und Intellekt« den
nationalsozialistischen Appell an die
Triebe, an das »gesunde Volksempfin-
den« legitimiert habe. Und so sei es
auch verhängnisvoll, Leben und Moral
als Gegensätze zu behandeln. Der »wahre Gegensatz« sei der zwischen Ethik
und Ästhetik, und der Vermittlung dieser beiden Pole war M.s Arbeitskraft im
Exil vor allem gewidmet: Von 1937 bis
1940 fungierte er als Mitherausgeber
der Exilzeitschrift *Maß und Wert*, in
zahlreichen politischen Reden und Aufsätzen wog er die Leistungen der deutschen Kultur gegen ihre politischen Verbrechen ab (so in *Schicksal und Aufgabe*,
1944; *Deutschland und die Deutschen*,
1945; *Nietzsches Philosophie im Lichte
unserer Erfahrung*, 1947); in einer Ra-
dioserie der BBC appellierte er ab 1940
an »Deutsche Hörer« und versuchte,
wenn auch in patriarchalisch-autoritä-
rer Weise, den Verängstigten und Ent-
mutigten ein Gegenbild zur Propaganda
des nationalsozialistischen Staates zu
vermitteln; sein Haus in Princeton, später in Pacific Palisades, wurde zum
»Rettungsbureau für Gefährdete, um
Hilfe Rufende, Untergehende«. Ihre literarische Entsprechung fand die Auseinandersetzung mit Deutschland in den
Romanen *Lotte in Weimar* (1939) und
Doktor Faustus (1947, entstanden von
1943 bis 1945). Der Goethe des Wei-
mar-Romans erweist sich ebenso als

partielles Selbstbildnis wie der Chronist
Serenus Zeitblom im *Doktor Faustus*.
Johann Wolfgang Goethe, der ungeliebte, große alte Mann, der höflich respektierte Repräsentant, gibt Anlaß zur –
durchaus Brechtschen – Frage, ob »große Männer« gebraucht werden, welche
Funktion sie haben oder ob sie gar, wie
nach einem chinesischen Sprichwort zitiert wird, »nationale Katastrophen« sei-
en. Gegen die »Verhunzung des großen
Mannes« durch die Nationalsozialisten
setzt M. Goethe als Exponent des wahren, nicht des idealisierten Deutschland,
und das heißt: Ungleichzeitigkeit, Zwie-
spältigkeit, Denken und Leben in Widersprüchen, Ironie als Wissen um die
Kosten der klassischen Vollendung: »Du
trinkst und schöpfst uns alle aus, und
dann bedeuten wir Dir nichts mehr«,
läßt M. Frau von Stein zu Goethe sagen.

Das gefährliche Gegenstück zur Goe-
theschen Selbststilisierung bildet die
Gestalt des »deutschen Tonsetzers
Adrian Leverkühn« im »Schmerzens-
buch« *Doktor Faustus*. In dessen am
Leben Nietzsches orientierter Biographie verbindet M. seine eigene Lebenszeit seit 1885 mit Einblendungen aus
der Entstehungszeit, 1943 bis 1945, die
sich wiederum auf die Volkssage vom
Doktor Faustus, also das 16. Jahrhundert, beziehen. Das Gemeinsame der
vielfach ineinander montierten Zeitebenen ist die Zurücknahme des Humanen,
der Verlust der Transzendenz, die dü-
stere Prophetie vom Ende der Kunst,
konzentriert in Leverkühns letztem
Werk, der Kantate »D. Fausti Wehe-
klag«. Sie will, im Zwölftonsatz komponiert, Beethovens 9. Symphonie zurücknehmen. Es scheint, als ob M. in Leverkühns Teufelspakt, seinem schöpferischen Rausch und der anschließenden
geistigen Umnachtung Deutschland
selbst habe in die Hölle schicken wollen.
Nur der den Roman beschließende Cel-
loton des hohen g läßt auf Gnade hoffen. Das reale Deutschland dagegen hatte sich zur Chiffre eine eher verachtens-

werten Nation gewandelt, die keine geographische Entsprechung mehr fand, und so lautete M.s Bilanz des zehnjährigen Exils im Jahre 1945: »Es ist kein Wartezustand, den man auf Heimkehr abstellt, sondern spielt schon auf die Auflösung der Nationen an und auf eine Vereinheitlichung der Welt. Alles Nationale ist längst Provinz geworden. Man gönne mir mein Weltdeutschtum, das mir in der Seele schon natürlich, als ich noch zu Hause war, und den vorgeschobenen Posten deutscher Kultur, den ich noch einige Lebensjahre mit Anstand zu halten suchen werde.«

Ihn glaubte M., gestärkt durch die weltweite Anerkennung als Botschafter der deutschen humanistischen Tradition wie als Schriftsteller, auch »von außen« halten zu können. Die sich ab 1945/46 entspinnenden Kontroversen um M.s Rückkehr entzweiten die »Innere Emigration« mit dem »verständnislosen, selbstgewissen und ungerechten« Exilanten, welcher der deutschen Tragödie von den »bequemen Logen des Auslandes« zugeschaut habe, seinerseits aber alle zwischen 1933 und 1945 in Deutschland gedruckten Bücher für »weniger als wertlos« hielt. Erst 1949 kehrte M. als Besucher zum zweihundertsten Geburtstag Goethes nach Deutschland zurück, doch wurde seine in Frankfurt a. M. und Weimar gehaltene Gedenkrede wiederum zum Politikum, dem er sich mit dem Hinweis auf die integrierende Funktion des Schriftstellers zu entziehen versuchte: »Ich kenne keine Zonen, mein Besuch gilt Deutschland selbst. Wer sollte die Einheit Deutschlands gewährleisten und darstellen, wenn nicht ein unabhängiger Schriftsteller, dessen wahre Heimat die freie, von Besatzungstruppen unberührte deutsche Sprache ist?« Und wiederum traf er bei seiner endgültigen Rückkehr nach Europa eine Wahl, die von der Hoffnung auf ein über den politischen Konflikten stehendes Weltbürgertum zeugte: 1952 ließ er sich in

der Schweiz nieder, die ihm bereits nach der Ausbürgerung aus Deutschland 1936 Exil gewährt hatte. Höhepunkt seiner letzten Lebensjahre war der Roman *Bekenntnisse des Hochstaplers Felix Krull* (1954), der auf 1911 12 begonnene Vorarbeiten zurückgreift: »Gefühl der Großartigkeit, nach 32 Jahren dort wieder anzuknüpfen, wo ich vor dem *Tod in Venedig* aufgehört habe, zu dessen Gunsten ich den Krull unterbrach. Das Lebenswerk seit damals erwiese sich als Einschaltung, ein Menschenalter beanspruchend«, schrieb M. bereits 1943. Zehn Jahre später war Krull zur Projektionsfigur aller ihn seit Jahrzehnten beschäftigenden Themen geworden: Er ist Künstler und Hochstapler, Weltbürger und Gentleman, Konsument und Parodist der Weltliteratur – und damit nicht zuletzt ein gigantisches Selbstzitat M.s, der so sein »geschlossenes Lebenswerk« vollendete. Dies wurde aus Anlaß seines 80. Geburtstages im Jahre 1955 durch Ehrungen aus zahlreichen Staaten bestätigt: die Universität Jena ernannte M. zum Ehrendoktor, die Stadt Lübeck zum Ehrenbürger, etwa zweihundert Repräsentanten französischer Politik und Kultur huldigten dem »génie allemand« mit einer Festschrift *Hommage de la France*.

Nur einer der Grabredner hat nach dem Tod M.s auf die psychischen Kosten einer solchen repräsentativen Existenz vorsichtig hingewiesen, Hermann Hesse: »Was hinter seiner Ironie und seiner Virtuosität an Treue, Verantwortlichkeit und Liebesfähigkeit stand, jahrzehntelang völlig unbegriffen vom großen deutschen Publikum, das wird sein Werk und Andenken weit über unsere verworrenen Zeiten hinaus lebendig erhalten.« Erst die Tagebücher M.s, zum Teil vernichtet, z. T. in versiegelten und verschnürten Paketen in Zürich verwahrt und ab 1975, also zwanzig Jahre nach dem Tod des Autors, zugänglich, geben Aufschluß darüber, wie sehr M. des Schutzwalls der Bürgerlichkeit, der repräsentativen Existenz bedurfte, um Selbstzweifel, Schwäche, Homosexualität zu überspielen. Dies gilt um so mehr für die 1991/92 publizierten Notizbücher von 1893–1937. Das Klischee vom Leistungsethiker und mild lächelnden Ironiker verkehrt sich hier in das Bild eines »bis in die Nervenenden zitternden, psychosomatisch unterhöhlten, sexuell gefährdeten und ständig aus der Balance geratenden, bis in die Wolle gefärbten Konservativen, der seine repräsentative Existenz nur mit Mühe und aus schlechtem Gewissen aufrechterhielt« (Martin Gregor-Dellin). Die fünfzig Jahre dauernde Ehe mit Katja Pringsheim stellt sich als ein der Ordnung halber selbst auferlegtes Exerzitium dar, das durch die eigenwilligen, teils selbst gefährdeten Kinder ständig in Frage gestellt wurde: Sie ist, wie bereits M.s Elternhaus in Lübeck, ständig bedrohtes Refugium vor der Dynamik des Unbewußten wie der politischen Konflikte. Bürgerlichkeit bedeutet für M. weniger eine soziale oder politische Kategorie als den Versuch, sich in ein Ganzes einzuordnen, das die Namen Humanität, Ethik, Bescheidenheit, Skepsis ebenso tragen kann wie die des New Deal oder des (humanistisch verstandenen) Sozialismus.

Die ersten vier Jahrzehnte M.s sind vor allem der Aufgabe gewidmet, die Orientierungen und Leitmotive zu entwickeln und ins Zitatfähige zu erheben, die, unendlich variiert, die Bürgerlichkeit und ihre Bedrohungen in der Bürger-Künstler-Problematik umkreisen: die verführerische Macht der Musik besonders Richard Wagners, die Philosophie Nietzsches, des »Psychologen der Dekadenz«, und Arthur Schopenhauers Metaphysik des Willens, »deren tiefstes Wesen Erotik ist und in der ich die geistige Quelle der Tristanmusik erkannte« (1899). Aus diesem »Dreigestirn ewig verbundener Geister« ist Nietzsche der stärkste Einfluß auf M. zuzuschreiben: Kaum ein Essay läßt sei-

nen Namen vermissen, und insbesondere seine Wagner-Kritiken prägten M.s »Begriffe von Kunst und Künstlertum auf immer … und zwar in einem nichts weniger als herzlich-gläubigen, vielmehr einem nur allzu skeptisch-verschlagenen Sinn«. So warnt er davor, Nietzsche »wörtlich« zu nehmen und insbesondere den »Übermenschen«, die »blonde Bestie« und den »Cesare Borgia-Ästhetizismus« zu direkt ins Politische zu übersetzen. Die »Idee des Lebens«, die M. Nietzsche zu verdanken glaubt, muß durch das Korrektiv des Geistes ergänzt werden, und so erfährt sein vitalistischer Lebensbegriff eine Verbürgerlichung, in der die Ironie zwischen Leben und Geist, Bürger und Künstler vermitteln soll. Offensichtlich übersetzt M. hier Widersprüche seiner eigenen Existenz ins Ästhetische und legt so den Grund für die Repräsentativität, die sein weiteres Leben prägte: der Einfluß der künstlerisch, vor allem pianistisch begabten Mutter und des vier Jahre älteren Bruders Heinrich förderten die schwärmerische Identifikation mit dem Fin de siècle gegen den Wunsch des Vaters nach einer ordentlichen Existenz zumindest des zweiten Sohnes. Nach dem Tod des Vaters 1891 und der Liquidation der elterlichen Getreidefirma gewann M. die Freiheit, seine literarischen Interessen intensiv zu verfolgen, wenngleich er – nach mühsam erlangter mittlerer Reife und zweifacher Wiederholung der Mittelstufenklassen – zunächst am 1. 4. 1894 eine Stelle als unbezahlter Volontär bei der Süddeutschen Feuerversicherungs-AG in München, dem Wohnort der Mutter seit 1891, antrat. Doch die dem Lübecker Vormund gegenüber angegebene Absicht, Versicherungsbeamter zu werden, blieb Episode: »Unter schnupfenden Beamten kopierte ich Bordereaus und schrieb zugleich heimlich an meinem Schrägpult meine erste Erzählung.«

Gefallen, erschien 1894 und leitete

eine Reihe kurzer Erzählungen ein, die 1898 bei S. Fischer in Berlin verlegt wurden. Die Titelnovelle *Der kleine Herr Friedemann* (1897) konfrontiert in ide-altypischer Zuspitzung den buckligen Helden, »der sich auf eine klug-sanfte, friedlich-philosophische Art mit seinem Schicksal abzufinden weiß«, mit einer »merkwürdig schönen und dabei kalten und grausamen Frau«, die »den stillen Helden selbst vernichtet«. Parallel laufen Vorarbeiten zu den *Buddenbrooks*, die M. zwischen Oktober 1896 und April 1898 zum Teil gemeinsam mit seinem Bruder Heinrich in Italien konzipiert. Namensstudien, genealogische und chronologische Schaubilder, die genauen Recherchen bei älteren Familienangehörigen, die Informationen über Getreidehandel und Kochrezepte sind Indizien für M.s immer weiter entwickelte Technik, Realitätspartikel neu zu montieren und aus ihrer Kombination ironische Effekte zu gewinnen. Der »Verfall einer Familie« im Lübeck des 19. Jahrhunderts ist Abriß seiner eigenen Geschichte, gespiegelt in den Leitmotiven vom Verfall der patrizischen Handelsexistenz, also des »Bürgerlichen« im positiven Sinne angesichts der spätkapitalistischen Konkurrenz, und der rauschhaften Hingabe an die Musik, verkörpert im sensiblen »Spätling« Hanno Buddenbrook, dessen Tod die einzige Zuflucht für seine »zarte Menschlichkeit« bildet. Der 1901 erschienene Roman erwies sich als »ein Stück Seelengeschichte des europäischen Bürgertums«, als prophetischer Gesellschaftsroman des 20. Jahrhunderts, und begründete M.s Weltruhm. Der Erfolg brachte M. mit führenden Münchner Gesellschaftskreisen in Kontakt, u. a. mit dem Universitätsprofessor und Wagner-Enthusiasten Alfred Pringsheim, dessen einzige Tochter Katja er 1905 heiratete. »Das Ganze war ein sonderbarer und sinnverwirrender Vorgang, und ich wunderte mich den ganzen Tag, was ich da im wirklichen Leben

angerichtet hatte, ordentlich wie ein Mann«, schrieb er von der Hochzeitsreise aus Zürich an Heinrich. Bis 1933 lebte M. mit seiner schnell wachsenden Familie als freier Schriftsteller in München. Die Novellen *Tristan* (1903), *Tonio Kröger* (1903) und *Das Wunderkind* (1903) beförderten seinen Ruhm, aber auch die selbstauferlegte Verpflichtung, »ein symbolisches, ein repräsentatives Dasein, ähnlich einem Fürsten zu führen … im Lichtbereich eines ungeheuren Scheinwerfers, in ganzer Figur sichtbar der Öffentlichkeit, mit Verantwortung belastet für die Verwendung der Gaben, die man unklug genug war der Mitwelt zu verrathen.« Die Erzählung *Königliche Hoheit* (1909) transponiert dieses Thema auf die politische Ebene: Klaus Heinrich, der jüngere Bruder des Großherzogs der fiktiven Residenzstadt Grimmburg, beginnt aus Liebe zur Millionärstochter Imma Spoelmann ein Studium der Nationalökonomie und bricht aus der repräsentativen Existenz aus. In *Der Tod in Venedig* (1913, verfilmt 1964) dagegen thematisiert M. die Gefährdungen des Künstlers: »verbotene Liebe« und Todessehnsucht. Die Stadt, das »Excentrischste und Exotischste«, was er kenne, wurde zum Kristallisationskern für Elemente der Biographie Nietzsches, Wagners und Gustav Mahlers.

Am 5. Januar 1914 bezog M. eine neu erbaute repräsentative Villa in der Poschingerstraße 1 in München, nahe der Isar, in der er sich »für immer« einrichten wollte. Der »völlig unerwartete« Ausbruch des Ersten Weltkrieges unterbrach die kontinuierliche Arbeit am *Zauberberg* und motivierte M. zu einer »gewissenhaften und bekennend-persönlichen essayistischen Auseinandersetzung mit den brennenden Problemen« der Zeit, den 1918 erschienenen *Betrachtungen eines Unpolitischen*. Sie sind Ergebnis eines heftigen Abgrenzungsbedürfnisses gegenüber Heinrich, der 1915 in seinem Essay *Zola* den imperialistischen Krieg verurteilt hatte. Dagegen setzte M. die Abwehr der Demokratie, die er als »Fortschrittsradikalismus« verstand und das Bekenntnis zur »konservativen Revolution«. Der »Gedankendienst mit der Waffe« war allerdings weniger politisches Programm als hilflos-naives Produkt von »einem, der auszog, um das Deutschtum ergründen zu lernen, von dem er, wie der fahrende Ritter von seiner Dame, nicht viel anderes wußte, als daß er es liebe« (Max Rychner). Der bereits durch wechselseitige versteckte Polemiken angebahnte Bruch mit Heinrich Mann, dem »Zivilisationsliteraten«, war so auf Jahre hinaus besiegelt. Der weniger politische als wertkonservative Charakter der *Betrachtungen* läßt es gleichwohl einleuchtend erscheinen, daß M. sich 1918 bereits liberal-demokratischen Positionen annäherte, am entschiedensten in der Gerhart Hauptmann zum 60. Geburtstag gewidmeten Rede *Von deutscher Republik* (1922), in der er die Jugend für das, was »Demokratie genannt wird und was ich Humanität nenne«, zu gewinnen suchte. Endend mit einem unmißverständlichen »Es lebe die Republik!« erregte die Rede ungeheures Aufsehen, die nationalistische Presse signalisierte »Mann über Bord«. Die Summe seiner Auseinandersetzung mit Nationalismus und Demokratie zog M. im 1924 erschienenen *Zauberberg*, dessen erste Phase, motiviert durch den Sanatoriumsaufenthalt seiner Frau und den Verdacht einer eigenen tuberkulösen Erkrankung, bis in das Jahr 1912 zurückreicht. »Sicher war, daß die beiden Bände auch nur zehn Jahre früher weder hätten geschrieben werden noch Leser finden können. Es waren dazu Erlebnisse nötig gewesen, die der Autor mit seiner Generation gemeinsam hatte, und die er beizeiten in sich hatte kunstreif machen müssen, um mit seinem gewagten Produkt, wie einmal schon, im günstigen Augenblick hervorzutreten.« Als »Mensch des

Gleichgewichts« versuchte er, nach der Verleihung des Nobelpreises für Literatur 1929 endgültig zum Repräsentanten der deutschen Kultur geworden, der zunehmenden Polarisierung in der deutschen Republik eine Utopie entgegenzusetzen, in der »Karl Marx den Friedrich Hölderlin gelesen hat« und in der der vielzitierte deutsche »Geist« sich mit der Weltliteratur versöhnt. Als »Weltbürger Thomas Mann« wurde er denn auch von den Nationalsozialisten diskriminiert.

M.s letztes öffentliches Auftreten nach der Machtergreifung, die Festansprache *Leiden und Größe Richard Wagners*, gehalten am 10. 2. 1933 in der Aula der Münchner Universität, konfrontierte noch einmal die Faszination durch den großen »Magier« mit seiner nationalsozialistischen Vereinnahmung: es sei »durch und durch unerlaubt, Wagners nationalistischen Gesten und Anreden den heutigen Sinn zu unterlegen«, der herrschende Geist des »brutalen Zurück« dürfe ihn nicht für sich in Anspruch nehmen. Gewarnt durch seine Kinder Erika und Klaus, kehrte M. nicht von einer Lesereise zurück und siedelte sich für den Sommer in Südfrankreich, dann ab Oktober 1933 in Küsnacht am Zürcher See an, wo er bis 1938 blieb. Sein Interesse, sich die deutschen Leser zu erhalten und die Ausbürgerung zu vermeiden, kollidierte immer stärker mit der Erwartung zahlreicher Emigranten, in M. den Wortführer eines besseren Deutschland zu sehen. Insbesondere das öffentliche Dementi, an der in Amsterdam von seinem Sohn Klaus herausgegebenen Zeitschrift *Die Sammlung* mitzuarbeiten, und die Weigerung, seine Werke im Exilverlag Querido herauszugeben, entfremdeten M. seinen Kindern wie zahlreichen Lesern. In dem Bewußtsein, daß ihm »die Nachwelt« sein »Schweigen vielleicht nicht verzeihen werde«, zog er sich zunächst ganz auf die Arbeit am Josephs-Roman zurück, der in seiner »Umfunktionierung des Mythos« ein Gegenbild zum nationalistischen Irrationalismus sein sollte. Erst im Februar 1936 publizierte M. die lang ersehnte Verteidigung des »besseren Deutschland«, als Antwort auf den Feuilletonredakteur der *Neuen Zürcher Zeitung*, Eduard Korrodi, der alle Emigranten – mit Ausnahme von M. – als jüdisch bezeichnet hatte. Nach der Olympiade 1936 wurde M. am 2. Dezember 1936 ausgebürgert, am 19. Dezember erkannte ihm die Universität Bonn die 1919 verliehene Ehrendoktor-Würde ab. Der Antwortbrief vom Neujahr 1937 ist das politische und schriftstellerische Credo des Dichters:»Ich habe es mir nicht träumen lassen, es ist mir nicht an der Wiege gesungen worden, daß ich meine höheren Tage als Emigrant, zu Hause enteignet und verfemt, in tief notwendigem politischem Protest verbringen würde. Seit ich ins geistige Leben eintrat, habe ich mich in glücklichem Einvernehmen mit den seelischen Anliegen meiner Nation, in ihren geistigen Traditionen sicher geborgen gefühlt. Ich bin weit eher zum Repräsentanten geboren als zum Märtyrer, weit eher dazu, ein wenig höhere Heiterkeit in die Welt zu tragen, als den Kampf, den Haß zu nähren. Höchst Falsches mußte geschehen, damit sich mein Leben so falsch, so unnatürlich gestaltete. Ich suchte es aufzuhalten nach meinen schwachen Kräften, dies grauenhaft Falsche – und eben dadurch bereitete ich mir das Los, das ich nun lernen muß, mit meiner ihm eigentlich fremden Natur zu vereinigen.«

Claudia Albert/Gesine Karge

Meyer, Conrad Ferdinand
Geb. 11. 10. 1825 in Zürich;
gest. 28. 11. 1898 in Kilchberg

»Wie erbärmlich war ich nicht in Zürich daran! Was mich niederwarf und aufrieb, war die Mißachtung, das Fürkrankgelten, in der ich lebte, sowie mich am tiefsten jene Hinweisung auf meine in den letzten Jahren unverschuldete Berufslosigkeit kränkte«. Dies schreibt einer, der seine Gymnasialausbildung unterbricht, dessen Jurastudium scheitert und der schließlich wegen gesteigerter Depressivität eine Heilanstalt aufsuchen muß (1852, Nervenheilanstalt Prefargier). Für die streng calvinistische Mutter ist er der »arme Conrad«, ein Außenseiter, der die Erwartungen der patrizischen Familientradition, nach der die männlichen Mitglieder eine geachtete Stellung im öffentlichen Leben zu erreichen haben, kläglich enttäuscht. Dabei erlebt M. eine sorglose Jugend in bürgerlicher Geborgenheit. Aber nach dem Tod des Vaters (1840) entsteht eine langwierige Lebenskrise, eine zunehmende Isolation, mit der Angst verbunden, von der bürgerlichen Umwelt als mißraten angesehen zu werden. M. widmet sich philologischen und historischen Studien. Besonders die französische Literatur beeinflußt ihn. Der Tod der Mutter (1856) bedeutet eine gewisse Befreiung vom Erwartungsdruck und erlaubt die dauerhafte Annäherung an die geliebte Schwester Betsy. Im gleichen Jahr sichert eine beachtliche Erbschaft verfügbare Zeit für das Ziel, Dichter zu werden. Reisen nach Paris und München (1857) und insbesondere nach Rom (1858) wecken die Begeisterung für Kunstwerke der Antike und Renaissance. Auf den ersten Blick führt M. das behagliche Leben eines Rentiers. Die Heirat mit Luise Ziegler (1875), welche aus einer führenden Züricher Familie stammt, beschleunigt die erhoffte gesellschaftliche Rehabilitierung. Hinzu kommt eine wachsende literarische Anerkennung. Die Versdichtung *Huttens letzte Tage* (1871) macht ihn auch im Bismarck-Reich bekannt. Die meisten seiner elf Novellen erscheinen in J. Rodenbergs *Deutscher Rundschau*, einer angesehenen Zeitung für das nationalliberale Bürgertum. Seine Sammlung *Gedichte* (1882, letzter

Band 1892) begründet den Ruhm als bedeutendster zeitgenössischer deutschsprachiger Lyriker. Trotz materieller Sicherheit und gesellschaftlicher Anerkennung bleiben tiefsitzende Ängste vor den Ansprüchen des selbstbewußt werdenden Proletariats, aber auch gegenüber der gesamten zeitgenössischen bürgerlichen Gesellschaft, die ihm »roh« erscheint. 1857 schreibt er in einem Brief aus Paris, »die Börse«, der »Katholizismus« und der »Neid des Proletariats« seien »die drei Pesten der Gegenwart«. Ab 1891 erfaßt M. eine senile Melancholie, von der er sich nicht mehr erholt.

Den liberal-konservativen Autor, den Bewunderer von Friedrich Schiller und Otto von Bismarck, stellt die Literaturgeschichtsschreibung zwischen bürgerlichen Realismus und Ästhetizismus. Im Vergleich zu Gottfried Keller, Wilhelm Raabe oder Theodor Storm empfindet sich der Künstler M. als Außenseiter, während er als Rentier ohne demokratisches Traditionsbewußtsein eher den Interessen seiner Klasse verpflichtet bleibt. Aus der Kollision zwischen einer an der italienischen Renaissance orientierten, durch Jacob Burckhardt vermittelten Persönlichkeitsauffassung und der als spießig empfundenen Enge der Gesellschaft ergibt sich andererseits eine schärfere Trennung zwischen formbewußter Kunst und chaotischem Leben. »Die brutale Actualität zeitgenössischer Stoffe«, so M., bleibt deshalb für die Novellistik ausgeschlossen. Darin gründet die Vorliebe für historische Stoffe, für Staatsaktionen und große Persönlichkeiten wie Jenatsch (*Jürg Jenatsch*, 1876), Thomas Beckett (*Der Heilige*, 1880), Fernando Francesco d'Avalos Pescara (*Die Versuchung des Pescara*, 1887) oder Angela Borgia (gleichnamige Novelle, 1891). Andere Novellen sind im Horizont großer geschichtlicher Gestalten angesiedelt, so *Die Richterin* (1885) in der Zeit Karls des Großen oder *Die Leiden eines Knaben* (1883) in der Lud-

wigs des XIV. Alltägliche Konflikte des Volkslebens spielen in den Novellen keine Rolle. M. schreibt keine kulturgeschichtlichen Novellen, er bedient sich vielmehr der Form, um in »historischer Maskerade« eigene Empfindungen und Erfahrungen auszudrücken. Die Leidenschaften und tragischen Konflikte (Ausnahme: *Der Schuß von der Kanzel*, 1878) der auf sich gestellten Hauptpersonen sind meist hochgradig psychologisiert. Dem gehobenen Personal entsprechen Wortschatz und Satzbau, die ohne Elemente der Umgangssprache auskommen. So vermitteln die Novellen, häufig verstärkt durch die Rahmenerzählung, den Eindruck einer distanzierten Objektivität. Persönlich stimmungshafte Elemente sind ihnen fremd.

Letzteres gilt auch für die Lyrik. »Ein Lyriker ist er nicht«, urteilt Theodor Storm aus Sicht der traditionellen Erlebnislyrik. Schon die Titel der ersten beiden Gedichtbände verweisen auf eine objektivierte Gegenständlichkeit, die anonym erscheinenden *Zwanzig Balladen von einem Schweizer* (1864) und die *Romanzen und Bilder von Conrad Ferdinand* Meyer (1870). Er schreibt eine unpersönliche Lyrik, die auf keinen individuellen Erlebnisgrund verweist. Die Balladen wirken so handlungslos wie historische Genrebilder. Die für M. charakteristische Abwendung vom Erlebnisgedicht und die Hinwendung zu symbolhaft-verdichtender Aussage (vgl. *Der römische Brunnen, Eingelegte Ruder, Die Füße im Feuer*) führt, häufig befördert durch straffende Bearbeitungen, zu einer neuen lyrischen Sprache. Im Gegensatz zum französischen Symbolismus bleiben die Symbole M.s aber noch im Bereich bürgerlich-wohlanständiger Rede.

Georg Bollenbeck

Mörike, Eduard
Geb. 8. 9. 1804 in Ludwigsburg;
gest. 4. 6. 1875 in Stuttgart

Die Familie hatte auf ihn gesetzt. Die Onkel und Tanten sorgten nach dem Tod seines Vaters, eines Amtsarzts, für die gehörige theologische Ausbildung am Tübinger Stift. Er scheint die Situation damals intuitiv so erfaßt zu haben: die Großfamilie als Zwang, die Bildung als Macht. M. beugte sich, konnte aber bis an sein Lebensende keinen rechten Unterschied mehr machen zwischen verwandtschaftlichen Bindungen, gesellschaftlichen Zwängen und eigenem Wollen: Mit einer Kusine (Klara Neuffer; vgl. *Erinnerung*, 1822) kam er öfter zusammen – er meinte, sie heiraten zu müssen; eine Fremde (Maria Meyer; vgl. *Peregrina*, 1838 auch *Maler Nolten*, 1832) begehrte ihn – er flüchtete in Krankheit; sein Bruder August lehnte sich gegen die Familie auf – er stand auf seiten der Mutter, und der Lieblingsbruder schied aus dem Leben; zugleich (1823/24) durchlebte der Theologiestudent die Glaubenszweifel seiner Zeit (vgl. *Märchen vom sichern Mann*, 1837), bevormundet von einer pietistischen älteren Schwester, die bald darauf starb.

Mit solchen (gewiß schon früher vorbereiteten) tiefgreifenden Erlebnissen sind die Voraussetzungen für Leben und Dichtung des jungen M. gegeben, und nur Modifikationen, freilich gewichtige, bestimmen ihre Zukunft. Mit nahezu psychoanalytischem Blick erkannte M. die prägende Wirkung der frühen Zeit (»Mit welchen Gefühlen sah ich die Gegenwart oft im Spiegel der Vergangenheit!«), seine von daher rührende Triebstruktur hat er stets dichterisch dargestellt. Sein Werk ist und bleibt für das Extrem offen, für individuelle Begegnungen, die unmerklich ihre Bedingungen stellen, für persönliche Neigungen im Widerstreit mit öffentlicher Moral, für gesellschaftliche Verantwortung, die Bedürfnisse anderer einschränkt, für

die Utopie eines allgemeinen Einverständnisses auf der Basis von individualistischer Anarchie.

Sein äußeres Leben ist schnell erzählt. Es brachte nach dem Examen (1826) keine wesentlichen Einschnitte: Sein Versuch als freier Schriftsteller scheiterte ebenso wie seine Hoffnung, sich als Pfarrer von Vikaren vertreten und somit fürs Dichten freistellen zu lassen. Lange Zeit war er selber Vikar und nur kurz Pfarrer (in Cleversulzbach 1834/43; vgl. *Der alte Turmhahn*, 1840/52). Der mittellose Pensionär heiratete 1851, lebte dann in Stuttgart, floh zwischendurch aufs Land, hatte zwei Töchter und wußte nie richtig, sich zwischen der Frau (Margarethe, geb. Speeth) und seiner jüngeren Schwester Klara zu entscheiden. Er gab Deutschunterricht an einer Mädchenschule, erhielt den Dr. h. c. (1852) und den Professorentitel (1856). Über die Grenzen des Königreichs Württemberg kam er kaum hinaus.

Seine Dichtung lebt aus der Spannung zwischen dem Dasein in jeder Beziehung kleingehaltener Verhältnisse und krisenhaften Entscheidungssituationen, sie changiert zwischen Biedermeier und Existentialismus und hat bisher alle Lesergenerationen beeindruckt. Die frühen Werke, bis zu dem Roman *Maler Nolten* (1832) etwa, gestalten mit eindrucksvollen psychologischen Mitteln nachvollziehbare menschliche Erlebnisse im Rahmen von sogenannten Naturgesetzen. Lösungen der Konflikte ermöglicht allein das »Schicksal«; die fatalistischen Ergebnisse werden mit Chiffren dargestellt; hier trifft man auf den (»modernen«) M., der Deutungen offen läßt und den Leser zwar fasziniert, ihm aber den verständnisvollen Dialog verweigert.

Zunehmend bildete M. die Drangsal des einzelnen als allgemeines Verhängnis ab, das sogar die Dichtung erfaßt (seine Schicksalsgläubigkeit bedingte später Tendenzen zum Katholizismus und eine Neigung zur Parapsychologie).

Selbstverwirklichung als zwischenmenschliche Verständigung wird sein Thema und anhand verschiedenster Gesprächssituationen und -formen ins Werk umgesetzt; Freundschaft und Liebe finden auf den unterschiedlichsten sozialen Ebenen ihre Darstellung (in der Lyrik häufig aus der Rolle der Frau gesehen): Vereinigung in Harmonie entpuppt sich aber stets als Illusion (vgl. *Liebesglück*), wenn sie überhaupt zustandekommt und wenn nicht der Bruch, vielfach gebrochene Menschen am Ende stehen. In der Idylle und im Märchen findet M. vorzüglich seine Formen für die Darstellung des »Wunderbaren«, und stete Rückblenden verdeutlichen im Erzählgestus die gebrochene Perspektive (*Lucie Gelmeroth*, 1838): Die Wahrheit des Geschehens ist erdichtet, die Dichtung verfügt nur über Detailkenntnisse, die sie erst – mit humoristischem Augenzwinkern – zu einem Ganzen konstruiert. Die Kunst wird da schon selbst zum Thema.

So sehr beherrschte M. die Formen, sie mögen vom Volkslied oder aus antiker Dichtung abgeleitet sein, in der Tradition von Abenteuergeschichte oder in der neuen Gattung der historischen Novelle stehen, daß er sich erlauben konnte, mit ihnen zu spielen. Am Anfang des *Maler Nolten* war noch Kunst als Verständigungsfaktor unter Individuen thematisiert; von nun an mußte nicht mehr darüber gesprochen werden: M. setzte vielmehr den Gattungszwang eines Versmaßes als für den Leser bekannt voraus und führte in den rhythmischen Abweichungen, in der unüblichen Wortwahl oder im unangemessenen Thema die Schwierigkeiten des Widerstands vor: Die Form ist hier die Macht, der sich das Geschehen zu fügen, der einzelne zu unterwerfen hat; und in den meist komischen Irregularitäten liegen die Krisen, zeigen sich auch Chancen für das Individuum (z.B. *Der Schatz*, 1835; *Ländliche Kurzweil*, 1842; *An Philomele*, 1841). Die Macht erleidet im Kleinen Schiffbruch. Aber sie bleibt Macht, weil sie den Kunstrahmen absteckt, in dem die Ereignisse spielen. Die Fiktion der Kunst signalisiert sich, auch die Harmonie der Kunst ist eine Illusion. Vor dieser Erkenntnis floh M. bisweilen in Unsinnspoesie (*Sommersprossen von Liebmund Maria Wispel*), deshalb gab er immer öfter den Anlaß seiner Dichtung an: Dann war wenigstens der Vollzug von Kunst als gelungene zwischenmenschliche Verständigung zu betrachten, in einer Zeit allerdings, als die Dichtung derlei Rollen in der Gesellschaft zu spielen aufhörte.

Hans-Ulrich Simon

Moritz, Karl Philipp
Geb. 15.9.1756 in Hameln;
gest. 26.6.1793 in Berlin

M., der erste psychologische Schriftsteller der deutschen Literatur und Mitbegründer der idealistischen Kunsttheorie, hat in seinem *Anton Reiser* (1785–1790) eine Kindheit und Jugend geschildert, für deren Scheußlichkeit es in der Weltliteratur wenige Parallelen gibt; der Roman beruht auf nichts anderem als der detailgenauen Beschreibung seiner eigenen ersten zwanzig Lebensjahre. M. wird als Sohn eines Militärmusikers und Unteroffiziers geboren. Der Vater war Anhänger einer pietistischen Sekte (der »Quietisten« um Madame Guyon) und terrorisierte die gesamte Familie, besonders einfallsreich jedoch seinen Erstgeborenen mit seiner sinnen- und lebensfeindlichen »Ertötungs«-Tugend. »Ein freundlicher Blick, den er einmal erhielt«, so erinnert sich M., »war ihm ganz etwas Sonderbares, das nicht recht zu seinen übrigen Vorstellungen passen wollte.«

Schon früh flüchtete sich das Kind aus der hysterischen Herzlosigkeit seines Elternhauses ins Lesen. Seinem autobiographischen Spiegelbild, dem jungen Reiser, ging es wie dem Bürgertum seiner Zeit, das sich kulturell aus seiner dem Adel untergeordneten Stellung emanzipieren wollte: »Durch das Lesen war ihm nun auf einmal eine neue Welt eröffnet, in deren Genuß er sich für all das Unangenehme in seiner wirklichen Welt einigermaßen entschädigen konnte.« Aus der Schule, bei der M. trotz der zeitüblichen grausamen Erziehungsmethoden »glaubte, mehr Gerechtigkeit als bei seinen Eltern zu finden«, nimmt ihn der Vater im Alter von zwölf Jahren, steckt ihn zu einem Hutmacher im entfernten Braunschweig in die Lehre – aus Gründen des »Glaubens«, denn der Handwerker, ein frömmelnder Sadist und schamloser Ausbeuter, gehörte ebenfalls den Quietisten an. Der *Anton Reiser* liest sich wie ein Kommentar zu der neuen Situation. Der Hutmacher »schien zu glauben, da nun mit Antons Seele doch weiter nichts anzufangen sei, so müsse man wenigstens von seinem Körper allen möglichen Gebrauch machen«. Ein Selbstmordversuch des dreizehnjährigen M. veranlaßt den Vater, seinen »mißratenen Sohn«, in dessen Herzen sich, der Konventikel-Sprachregelung zufolge, »Satan einen unzerstörbaren Tempel aufgebauet hatte«, wieder abzuholen. In Hannover, wohin die Eltern inzwischen gezogen waren – kurz darauf wird der Vater seinen allzu »weltlichen« Beruf zugunsten einer miserablen Dorfschreiberexistenz aufgeben–, erkennt der Garnisonspfarrer die Begabung des heranwachsenden Karl Philipp. Gegen den Willen des Vaters wird ihm der Besuch des Gymnasiums ermöglicht. Die Armut, die der Junge als außerordentlich demütigend empfand und die ihn zwang, Freitische und andere Almosen in Anspruch zu nehmen, verkrüppelt sein Selbstgefühl und erzeugt die klassischen Symptome der narzißtischen Störung: Selbstüberschätzung und Depression. Die phantastischen Auswege aus der Demütigung, die er seine Romanfigur Anton Reiser finden läßt, sind deshalb so interessant,

weil er im Kleinen des Romans mit denjenigen kulturpsychologischen Taktiken voranzukommen sucht, die das Bürgertum als Ganzes zur selben Zeit verfolgt. Die psychologische Innenansicht der kulturellen Emanzipation des Bürgertums kennen wir fast nur aus dem *Anton Reiser*, einem »Buch, wie es kein anderes Volk der Erde besitzt« (Arno Schmidt). Das Bild selbstbestimmter Individualität bot sich dem Bürgertum paradoxerweise an der Figur des adligen Dandy dar, der »öffentlichen Person«, wie er in Johann Wolfgang Goethes *Lehrjahren* heißt. Dem Adligen allein, nicht dem Bürger, so reflektiert Goethes *Wilhelm Meister*, ist »eine gewisse allgemeine, wenn ich sagen darf personelle Ausbildung möglich«. Wie in dem Roman seines späteren Freundes Goethe ist es für den jungen M. das Theater, das solche »personelle Ausbildung« vermitteln kann. Das Lesen, das Reiser »zum Bedürfnis geworden war, wie es den Morgenländern das Opium sein mag«, ist nur Vorstufe zum öffentlichen Auftritt als Schauspieler oder Prediger.

Im »Reich des schönen Scheins«, das Friedrich Schiller später zum Zentrum seiner Kunstphilosophie erhob, verschafft sich der Heranwachsende in seiner Phantasie die gelegentlich illusionäre Geltung, welche ihm in der Wirklichkeit von den bestehenden Verhältnissen verweigert wird. Die leidvollen Erfahrungen seiner Pubertät spiegeln das Dilemma einer in ihrer Entwicklung gehemmten bürgerlichen Klasse wider, die ihren Anspruch auf Mündigkeit von der Politik auf das Kulturelle verlagert hat – verlagern mußte. Das Reich der erhabenen Kunst, in der alle in der Wirklichkeit vorhandenen Widersprüche miteinander versöhnt sind und das den Dachstubenbewohner M. den täglichen Hunger vergessen ließ, wurde in seiner späteren, um das Bild des »in sich Vollendeten« kreisenden Kunstphilosophie systematisch als geistiges Territorium des Bürgertums entworfen. In der

Praxis wiederum scheiterte der Versuch von M., sich auf dem Theater als eine »Persönlichkeit« zu entfalten: als sich der Student 1776 hoffnungsvoll einer Schauspielertruppe anschließt, läuft diese bald danach auseinander. 1778 findet man M. als Lehrer am Waisenhaus in der Garnisonsstadt Potsdam wieder, einer Kinderaufbewahranstalt, die eher einem Arbeitslager glich und der unmenschlich strengen, preußischen Tradition aus den Zeiten Friedrich Wilhelms I. verhaftet war. Wie so viele, die unter ihrer Schule gelitten haben, ist M. ein begeisterter und einfühlsamer Lehrer, aber die trostlosen Zustände im Waisenhaus treiben ihn erneut an den Rand des Selbstmords. Noch im gleichen Jahr gelingt ihm der Absprung an das renommierte, im Geist der Aufklärungspädagogik geleitete Gymnasium zum Grauen Kloster in Berlin, wo er es bis zum Konrektor bringt. Daneben entstehen publizistische Neben- und Brotarbeiten, M. gibt eine Zeitschrift mit dem griechischen Titel *Erkenne dich selbst* heraus. Er unternimmt eine Reise nach England und eine Wanderung durch Deutschland, bis er 1786 fluchtartig nach Italien aufbricht. In Rom erlebt er die beiden glücklichsten Jahre seines Lebens. Er schließt mit Johann Wolfgang Goethe, dem berühmten Verfasser der *Leiden des jungen Werther* (1774) – auf seiner ersten Italienreise unterwegs –, eine tiefempfundene Freundschaft, nachdem er sich schon als Jugendlicher bei ihm als Diener hatte verdingen wollen, nur um dem einzigen Mann, von dem er sich verstanden fühlte, nahe sein zu können. Im Rom fühlt er sich zum ersten Mal als Persönlichkeit, die sich Geltung verschafft hat: gleichberechtigt und gleichrangig geht er mit den großen Intellektuellen seiner Zeit um und übt insbesondere mit seinen ästhetischen Schriften entscheidenden Einfluß auf sie aus. Goethe hat den Freund mit dem *Torquato Tasso* (Entwurf von 1790) in vie-

len Zügen porträtiert. Durch die Vermittlung des Herzogs von Weimar wird M. schließlich 1789 Professor der Theorie der Schönen Künste in Berlin, er heiratet und bringt es zu Ansehen und Wohlstand. Aber ein dauerhaftes Lebensglück ist ihm auch jetzt nicht beschieden. Der Mann, der das Elend seiner bigotten Herkunft und die Unmündigkeit seiner Klasse nicht nur in seiner psychologischen Schriftstellerei und in seiner Theorie autonomer Kunst, sondern auch im praktischen Alltag überwunden zu haben schien, starb 1793 an Tuberkulose und fiel damit, im Alter von 37 Jahren, den elenden Lebensumständen zum Opfer, über die er sich gerade erst hinweggesetzt hatte.

Stephan Wackwitz/Red.

Müller, Heiner
Geb. 9. 1. 1929 in Eppendorf/Sachsen; gest. 30. 12. 1995 in Berlin

»Das erste Bild, das ich von meiner Kindheit habe, stammt aus dem Jahre 1933. Ich schlief. Dann hörte ich Lärm aus dem nächsten Zimmer und sah durch das Schlüsselloch, daß Männer meinen Vater schlugen. Sie verhafteten ihn. Die SA, die Nazis haben ihn verhaftet. Ich ging wieder ins Bett und stellte mich schlafend. Dann ging die Tür auf. Mein Vater stand in der Tür. Die beiden Männer neben ihm waren viel größer als er. Er war ein sehr kleiner Mann. Dann schaute er herein und sagte: Er schläft. Dann nahmen sie ihn mit. Das ist meine Schuld. Ich habe mich schlafend gestellt. Das ist die erste Szene meines Theaters.« Von den verschiedenen Versuchen, den Vater zu schreiben, seinen Verrat zu erklären, handelt auch der im Nachlaß gefundene Text *Ich sitze auf einem Balkon*. M. vermag den Dialog mit dem Vater nicht aufzunehmen. Er findet keine Sprache, denn seine Sprache handelt von Terror und Schuld, von Gewalt und Verrat. »Ich habe keine Sprache für die Liebe. Die Sprache der Vergewaltigten ist die Gewalt so wie der Diebstahl die Sprache der Armen der Mord die Sprache der Toten ist. ... Ich bin meinem Vater einen Brief schuldig, einen Neujahrsbrief. ... Drei Jahre lang habe ich angefangen und aufgehört, den Neujahrsbrief zu schreiben. Und wieder möchte ich aufhören und meine Stimme zurückziehn mein nacktes Gesicht zurücknehmen hinter das (geschlossne) Gitter Visier der Dichtung, in die Maschine des Dramas. Ich will nicht wissen wo ich herkomme wo ich hingehe wer ich bin, draußen findet die Wirklichkeit statt. ... Maschine des Dramas, deren Sprache der Terror ist, der gegen mich ausgeübt wurde und wird und den ich wieder ausüben will und nur wieder ausüben kann in meiner Sprache die mir nicht gehört.«

Kurz vor seinem Tod nimmt der Vergewaltigte, der sich nur in der Sprache des Terrors artikulieren kann, den Dialog mit dem frühen Text *Der Vater* noch einmal auf. In *Traumtext Oktober 1995* kann ein namenloser Ich-Erzähler nicht einlösen, was von ihm erwartet wird. Der Erzähler sehnt sich nach Ruhe, findet sie aber nicht, weil er seine Kräfte schwinden sieht bei gleichzeitiger Angst um seine Tochter. Er sitzt in der Falle. Den Tod im Nacken gibt es aus dem Kessel kein Entrinnen. M. weiß, daß auch seine gemeinsame Zeit mit seiner Tochter gestundet ist. Er wird sie verraten müssen: »BLEIB WEG VON MIR DER DIR NICHT HELFEN KANN mein einziger Gedanke, während ihr fordernd vertrauender Blick mir hilflosem Schwimmer das Herz zerreißt.« Er weiß, daß er dem nicht gerecht werden kann, was sie von ihm erwartet.

M. wurde als Sohn eines Angestellten und einer Arbeiterin im Geist eines passiven Antifaschismus erzogen. Das Ende des Nationalsozialismus erlebt er als 16jähriger beim »Volkssturm«, Hitlers letztem Aufgebot. Bei Kriegsende bricht er aus einem amerikanischen Gefangenenlager aus, wird von Sowjets aufgegriffen und wieder freigelassen, durchquert tagelang das zerstörte Land. Er arbeitet in einem mecklenburgischen Landratsamt, macht Abitur. Die Arbeit in einer Bücherei bietet ihm Zugang zu vielfältigem Lesestoff – auch zu Autoren, die vor 1945 gefördert oder geduldet, später in der DDR als bürgerlich oder reaktionär der Ächtung verfallen. Einige Zeit kann M. sich noch in den Westzonen mit internationaler moderner Literatur versorgen. Zur Lektüre gehören Ernst Jünger, Friedrich Nietzsche, Gottfried Benn, T. S. Eliot, Franz Kafka ebenso wie Bertolt Brecht, die russischen Autoren der Avantgarde und des sozialistischen Realismus, antifaschistische Exilliteratur, die Geschichten der Anna Seghers. Seine umfassende Kenntnis der Weltliteratur beginnt er außerhalb eines Bildungskanons in einer Zeit des ideologischen, politischen und materiellen Umbruchs – der sprichwörtlichen Trümmerlandschaft – zu erwerben, sie schlägt sich in seiner Textproduktion nieder, die sich später durch den souveränen und destruktiv-innovativen Umgang mit der literarischen Tradition in Zitat, Textmontage, Anspielungen auszeichnet.

Ende der 1940er Jahre beginnt M. zu schreiben. Er versucht, Meisterschüler bei Brecht am Berliner Ensemble zu werden, aber die Eignungsprüfung – eine Szene im Stil des sozialistischen Realismus zu schreiben – besteht er nicht. So arbeitet er als Journalist zuerst bei der Zeitschrift des Kulturbundes *Sonntag*, später bei der *Neuen Deutschen Literatur* und der *Jungen Kunst*, schreibt Rezensionen, veröffentlicht aber auch eigene poetische Arbeiten, die teils sachlich, teils hymnisch dem Aufbau des Sozialismus an Beispielen aus dem Alltag beschreiben.

Parallel zu dieser »offiziellen« Textproduktion findet eine heimliche statt, die sich mit den Traumata der Vergangenheit in einer eigenen Formensprache befaßt (z. B. Szenen für die »Schlacht«, dem grotesken Panoptikum der Triebkräfte des deutschen Faschismus), Motive und Stilelemente der als »dekadent« und »konterrevolutionär« verfemten westlichen Avantgarde einbezieht. So verrät der erste Teil des 1983 veröffentlichten Textes *Verkommenes Ufer Medeamaterial Landschaft mit Argonauten*, der Anfang der 1950er Jahre entstand, den Einfluß von T. S. Eliots *Waste Land*.

M. schreibt – geschult am didaktischen Theater Brechts, aber mit zugespitzter Konfliktkonstellation und verknappter Sprache – kurze Dramen, die das Verhältnis von Vergangenheit (Erbe der Nazizeit) und Zukunft (Aufbau des Sozialismus) anhand von Alltagskonflikten der Gegenwart zum Thema haben: *Der Lohndrücker* (1956 bis 1959 preisgekrönt) und *Die Korrektur* (1957), deren Aufführungen zwar Kontroversen auslösen, aber letztlich als »Brigade-« oder »Produktionsstücke« akzeptiert werden. M. ist – auch als wissenschaftlicher Mitarbeiter des Schriftstellerverbands – mit den verbindlichen Kriterien der sozialistisch-realistischen Wirklichkeitsdarstellung durchaus vertraut; aber sein erstes großes Drama über die Epochenumwälzung in der DDR anhand der Enteignung des Großgrundbesitzes und der Kollektivierung der Landwirtschaft (*Die Umsiedlerin oder das Leben auf dem Lande*, 1956/61) wird nach der ersten Aufführung auf einer Studentenbühne sofort abgesetzt, der Autor aus dem Schriftstellerverband ausgeschlossen mit der Begründung, das Stück enthalte alle Vorurteile des Klassenfeinds über die DDR. Die Schauspieler müssen Selbstkritik üben, der Regisseur B. K. Tragelehn wird strafversetzt.

M. schlägt sich mit Gelegenheitsarbeiten u. a. beim Rundfunk durch. Auch sein nächstes Stück über die DDR, *Der Bau* (nach Erik Neutschs Roman *Spur der Steine*, 1964), das die DDR als ›Großbaustelle‹ allegorisiert – diesmal

sind es Arbeiter und Ingenieure, die in einer hochstilisierten Verssprache ihre Alltagskonflikte verhandeln – wird von der Partei scharf kritisiert, nicht zuletzt wegen einer ironischen Anspielung auf den 1961 erfolgten Mauerbau. Trotz mehrfacher Textänderung, den Vorstellungen der Partei entsprechend, wird das Stück nicht aufgeführt.

Nachdem seine pointierten, solidarischen Darstellungen der DDR-Wirklichkeit grundsätzlich auf Ablehnung gestoßen sind, bedient sich M. – wie auch andere DDR-Dramatiker dieser Zeit – der Parabel. Im Gewand antiker Stoffe werden jetzt die Probleme des Sozialismus an der Macht, des (stalinistischen) Verrats an der Revolution und die Unmöglichkeit des einzelnen, sich aus der Gewaltgeschichte herauszuhalten, in verallgemeinernden, vielschichtigen Modellen entworfen. M.s Skepsis gegen den fortschrittverheißenden Geschichtsoptimismus, den die Partei fordert und in seinen Stücken vermißt, spricht sich in der Neufassung von Sophokles' *Philoktet* (1958/64) nachhaltiger aus als in den DDR-Stücken. Aber die Parabelform gestattet es, den geheimen »Subtext«, der vielen seiner Antikenbearbeitungen zugrunde liegt – das Problemfeld Stalinismus – zu übersehen und sie abstrakt als Stücke über Macht und Machtmißbrauch zu lesen.

1966 nimmt sich M.s Frau, die Lyrikerin Inge Müller, das Leben. Schrecken und Trauer, die im Prosatext *Todesanzeige* (1968) zum Ausdruck kommen und noch in der 1984 entstandenen *Bildbeschreibung* nachhallen, beeinflussen die Darstellung der Frauenfiguren in seinem weiteren Werk. Von Jokaste und Lady Macbeth über Dascha in *Zement*, Ophelia/Elektra in *Hamletmaschine* bis hin zu Medea verbindet sich mit der Sprache der Frau ein (selbst-) zerstörerischer Akt der Befreiung. Ausflucht ohne positiv beschreibbares Ziel –, ein Bild, das der Autor auch selbstreflexiv für seine Textproduktion einsetzt. Während die Frau im Frühwerk als Schwangere/Gebärerin Leben, Kontinuität und Zukunft repräsentiert (*Liebesgeschichte*, 1963; *Die Umsiedlerin*, 1961; Schlee in *Der Bau*, 1964), wird sie nun mit Bildern des Todes, des Aufstands und des radikalen (Ab)bruchs assoziiert.

Mit der Bearbeitung des *Ödipus Tyrann* von Sophokles in der Übersetzung Friedrich Hölderlins (1967, Regie Benno Besson) findet M. wieder größere offizielle Anerkennung, ein Jahr später erwacht auch im Westen (durch die Uraufführung des *Philoktet* in München, Regie Hans Lietzau) das Interesse an ihm, vorerst als dem sprachgewaltigen Bearbeiter antiker Stoffe. Als Dramaturg (am Berliner Ensemble 1970 bis 1976, anschließend an der Volksbühne) steht M. in einer kontinuierlichen Theaterpraxis, die besonders durch die Auseinandersetzung mit Shakespeare geprägt ist; er legt Übersetzungen und Bearbeitungen vor, führt schließlich Regie. Aber schon seine *Macbeth*-Bearbeitung (1971) entfacht eine polemische Debatte bis in die Fachwissenschaft hinein über den »Geschichtspessimismus« des Autors. Seine in den 1970er Jahren entstandenen Stücke (*Mauser*, 1970 – eine Radikalisierung von Brechts *Maßnahme*; *Germania Tod in Berlin*, 1956/71; *Leben Gundlings Friedrich von Preußen Lessings Schlaf Traum Schrei*, 1976, und *Hamletmaschine*, 1977) fallen alle unter dieses Verdikt und wurden in der DDR nicht oder erst kurz vor der Wende gespielt. Nur mit der *Zement*-Bearbeitung (nach dem gleichnamigen Roman von Fjodor W. Gladkow über den russischen Bürgerkrieg) 1973, unter der Regie von Ruth Berghaus am Berliner Ensemble, erreicht M. eine gewisse Popularität. *Zement* wird das in der DDR am meisten diskutierte und akzeptierte Stück, wohl nicht zuletzt, weil es bei aller Schärfe der Konflikte deutlich Partei nimmt und sich formal im Rahmen einer gemäßigten Moderne bewegt: mit nacherzählbarer Fabel und übersetzbaren Parabeln – ein Darstellungsprinzip, das M. zunehmend aufbricht zugunsten des Fragments und vieldeutiger Metaphern. Im Westen sind es zahlreiche Inszenierungen der *Hamletmaschine* (1977), die den Autor in der internationalen Theaterszene durchsetzen, – ein Text, in dem u. a. das Verhältnis des (marxistischen) Intellektuellen zur (Staats-)Gewalt verhandelt wird. Die Hamletfigur hat M. seit frühen Jahren als Verkörperung der Situation des Intellektuellen zwischen Handlungshemmung und Verstrickung in einen (politischen) Gewaltzusammenhang beschäftigt; sein Werk ist mit Hamlet-Anspielungen durchsetzt.

Hamletmaschine ist eine ›Abrechnung‹ mit der traditionsbeladenen Theaterfigur, der »Tragödie des Sohnes«, und zugleich eine programmatische Absage an herkömmliche Dramenform und »hohe Sprache«. An ihre Stelle tritt eine konzentrierte Bildlichkeit: »Ich war Hamlet. Ich stand an der Küste und redete mit der Brandung BLABLA, im Rücken die Ruinen von Europa.« Die »Zerreißung der Fotografie des Autors«, die im Text angewiesen wird, symbolisiert auch den Versuch, aus der Autorschaft, aus der Verantwortlichkeit zu entfliehen, aus der Geschichte auszusteigen. Hinweise auf den Aufstand im sozialistischen Lager (17. Juni 1953, Ungarn und Polen 1956, Prag 1968) geben dieser Haltung politische Brisanz: »Mein Platz, wenn mein Drama noch stattfinden würde, wäre auf beiden Seiten der Front, zwischen den Fronten, darüber.« *Hamletmaschine* artikuliert den Riß, der den Autor als politisches Subjekt/Objekt und als deutschen Dramatiker prägt.

Seit Mitte der 1970er Jahre wächst das Interesse an M.s Werk. Der kleine Westberliner Rotbuch-Verlag beginnt mit einer Werkausgabe. 1975 besucht M. das erste Mal die USA, er ist als Gastdozent nach Austin/Texas eingeladen. Während die DDR die ihr zuge- dachten Stücke nachholt (*Die Bauern –* neuer Titel der *Umsiedlerin*, 1976, und *Der Bau*, 1980; auch M.s Bearbeitungen eigener Stücke aus der Frühzeit, *Die Schlacht/Traktor*, wurden 1974 aufge- führt), interessiert man sich im Westen für den avantgardistischen Textprodu- zenten, der in Anlehnung an den frühen Brecht (M. schätzt besonders das *Fatzer*-Fragment), an Antonin Artaud und Sa- muel Beckett eine unverwechselbare, »postdramatische« Schreibweise ent- wickelt. In der Bundesrepublik, später auch in Frankreich und Italien, zögernd in einigen Ostblockstaaten, bemühen sich sowohl Staatstheater als auch freie Gruppen um seine Texte. M., der zu- nehmend in die Länder reisen kann, wo seine Stücke erarbeitet werden – für DDR-Verhältnisse ein außergewöhnli- ches Privileg – wird zum Wanderer zwi- schen den Welten. Er steht, so sagt er in Berlin 1981, »mit je einem Bein auf den zwei Seiten der Mauer. Das ist vielleicht eine schizophrene Position, aber mir scheint keine andere real genug.«

Auch sein Stück *Der Auftrag* (1979) inszeniert er zu Beginn der 1980er Jahre im Osten und im Westen. Eine von M.s Generalthemen, der Verrat, ist darin mit einem neuen Problemfeld verknüpft: dem Aufstand der dritten Welt. Marxi- stische Analyse, die M.s Werke zugrun- de liegt, wird ergänzt um einen an- thropologisch orientierten Blick auf die unterdrückten Rassen. Die beherr- schende Instanz Geschichte wird ver- schoben durch den Blick auf die »Geo- graphie«, auf Landschaft und Körper. 1983 bietet ihm der amerikanische Theateravantgardist Robert Wilson die Mitarbeit an seinem Großprojekt *the CIVIL warS* (Bürgerkriege) an, das als kultureller Kontrapunkt zu den Olym- pischen Spielen in Los Angeles 1984 gedacht ist. Die Zusammenarbeit der beiden Künstler beginnt damit, daß sie sich Geschichten aus ihrer Kindheit er- zählen: was traumatisch war, soll in Bilder und Worte aufgelöst werden, der Krieg ist nicht nur historisches Ereignis, sondern auch »Schlachtfeld in der eige- nen Brust«. M. erzählt die Geschichte von der Verhaftung seines Vaters. Wil- sons Großprojekt läßt sich nur in Frag- menten realisieren, aber gerade der deutsche Teil (in Köln), an dem M. beteiligt ist, überzeugt mit einer wider- spenstigen Synthese von Kinderland- Ästhetik und Geschichtserinnerung.

Nach der *Hamletmaschine* hat M. seine Grundthemen Verrat, Gewalt, Macht, Tod des Körpers und Leben der Stimme immer wieder variiert. Zwi- schen *Quartett* (nach Laclos, 1980), *Ver- kommenes Ufer Medeamaterial Land- schaft mit Argonauten* (1983), *Anatomie Titus Fall of Rome Ein Shakespearekom- mentar* (1984) und *Wolokolamsker Chaussee* (I–V, 19851987) ist der künst- lerische Höhepunkt der kurze Prosa- Text *Bildbeschreibung* (1984), der die Dramenform endgültig begräbt und das Theater zu phantasiereichen »Übersetz- zungen« auffordert. M.s Kurztexte wie z. B. *Die Einsamkeit des Films* (1980), *Die Wunde Woyzeck* (1985 als Georg- Büchner-Preis-Rede) oder *Shakespeare eine Differenz* (1988 anläßlich einer Shakespeare-Tagung in Weimar) führen wie die offenen Briefe (z. B. an Mitko Gotscheff 1983 oder an Robert Wilson 1987) das ästhetische Prinzip der ge- meißelten Thetik vor: Jeder Satz steht für sich und verlangt seine Reflexion.

Die 1980er Jahre sind zunehmend von Anerkennung und Erfolg geprägt. Die westlichen Theater versuchen sich an den avantgardistischen Stücken, eini- ge DDR-Theater wenden sich den ge- nehmigten Dramen zu. Häufig gehen die Texte poetische Bündnisse mit (Bühnen-)Bild-Künstlern (z. B. Erich Wonder, Robert Wilson, Jannis Kounel- lis, A. R. Penck u. a.) und Komponisten ein (z. B. Heiner Goebbels, Wolfgang Riehm, Luc Lombardi). *Shakespeare Factory* (Band 1 und Band 2), *Kopien* (Band 1 und Band 2) – in der zweiten

Hälfte der 1980er Jahre kommen M.s Übersetzungen und Bearbeitungen auf den Markt: englische (Shakespeare), französische (Molière, Koltès), russische (Majakowski, Tschechow, Suchowo-Kobylin), chinesische (Lu Hsün) Literatur. Beide Titel der Sammelbände verweisen auf den Autor als Handwerker eigenen Stils.

1988 am Deutschen Theater in Ostberlin wird M.s Inszenierung des *Lohndrücker* (1956) ein Jahr vor der »Wende« zu einem Erfolg in Ost und West. Sie führt die Erinnerung an den Anfang des sozialistischen Projekts vor – und läutet dabei gleichzeitig sein Ende ein. M. selbst versteht seine Inszenierungsarbeit am eigenen Text und seinem historischen Kontext als »Archäologie«.

Hamletmaschine, eingebettet in Shakespeares *Hamlet*, probt der Autor im Winter 1989/90. Zur Zeit, als die Berliner Mauer fällt, inszeniert M. die beiden Stücke letztlich als »Requiem für einen Staat«. Nach der Wiedervereinigung beider deutschen Staaten folgt die Inszenierung einer Kombination von Texten: *Herakles 2 oder die Hydra* (1972), *Mauser* (1970), *Quartett* (1980) *Der Findling* (1987, *Wolokolamsker Chaussee Teil V*) und ein neuer Kurztext *Herakles 13* (1991). Eine zusätzliche Textauswahl von Kafka, Brecht, Jünger u. a. zeigen noch einmal M.s ästhetisches Prinzip der Zusammenstellung, das er auch beim Schreiben anwendet: Plan und Zufall, Risiko und Willkür, Verknüpfung und Kontrastierung von Sprache, Wahrnehmung, Bildern.

In der neuen gesellschaftspolitischen Situation versucht M. aktiv, durch die Übernahme kulturpolitisch wichtiger Funktionen und zahlreicher Stellungnahmen öffentlich Einfluß zu nehmen. Er wird zum vielgefragten Kommentator. Interviews der Vergangenheit werden ergänzt (*Gesammelte Irrtümer*, Band 1, 1986, Band 2, 1990 und Band 3, 1994); politisch vorherrschende Themen werden in der Sammlung *Zur Lage*

der Nation (1990) verhandelt; die eher kunst- und geschichtsphilosophischen Überlegungen finden sich *Jenseits der Nation* (1992).

Weniger das zurückgezogene Schreiben als das öffentliche Sprechen und Handeln (als Verantwortlicher in der Ost-Akademie der Künste, als Mitintendant des Berliner Ensemble) zeichnen M. nach der »Wende« aus. 1992 erscheint eine umfangreiche Autobiographie unter dem Titel *Krieg ohne Schlacht. Leben in zwei Diktaturen*, die der Autor auf Tonband gesprochen hat und für den Druck überarbeiten ließ. Zur gleichen Zeit gibt er einen schmalen Band *Gedichte* heraus: chronologisch sortiert vom Ende der 1940er bis zum Ende der 80er Jahre –, als wären sie lebensgeschichtliche Begleiter und zeitgeschichtliche Dokumente seines Schreibens in der DDR vom Anfang bis zum Ende. *Mommsens Block* (1992) ist ein konzentrierter Versuch, selbstreflexiv das eigene Verhältnis zur »Geschichtsschreibung« im Versgedicht zu formulieren.

Nach dem Mauerfall sind M. die Gegner abhanden gekommen. »Zerstoben ist die Macht an der mein Vers / Sich brach wie Brandung regenbogenfarb«, lautet sein lakonischer Kommentar zu einer Zeit, der es seiner Meinung nach an »dramatischen Stoffen« fehlt. In den 90er Jahren inszeniert er überwiegend eigene Stücke (1989/90 *Hamlet/Maschine*; 1991 *Mauser*, eine Collage aus eigenen und Texten von Kafka, Brecht und Jünger; 1993 *Duell Traktor Fatzer* und 1994 *Quartett*). Aber er bringt 1993 auch *Tristan und Isolde* in Bayreuth auf die Bühne und 1995 im Berliner Ensemble Brechts *Arturo Ui*. Neben der Theaterarbeit engagiert er sich in verschiedenen Funktionen. Seit 1990 ist er Präsident der Ostberliner Akademie der Künste und seit 1992 Co-Direktor des Berliner Ensembles. Doch die Arbeit an eigenen Stücken stagniert, dafür entstehen in den 1990er Jahren eine Vielzahl von Gedichten (Vgl. *Die Gedichte,* Werk 1, Hg. von F. Hörnigk). In dem Prosagedicht *Mommsens Block* (1992) thematisiert M. die eigene Schreibblokkade, indem er über sich selbst in der Maske Mommsens« (H. Müller) schreibt, der den geplanten vierten Band seiner Römischen Geschichte nicht vollenden kann. Ein Grund war die Aversion, die der Historiker für diesen Abschnitt der Geschichte hegte: »Er mochte sie nicht die Cäsaren der Spätzeit / Nicht ihre Müdigkeit nicht ihre Laster«. Ebenfalls 1992 erscheint M.s Autobiographie *Krieg ohne Schlacht.*

Sein letztes Stück *Germania 3 oder Gespenster am Toten Mann* entsteht 1994/95. Es zeichnet Etappen einer Epoche nach, die durch Kriege und Gewalt bestimmt war. Der letzte Kommentar dieser Szenenfolge ist ein Funkspruch des sowjetischen Fliegerkosmonauten Jurij Gagarin, den M. aus dem Off spricht: »DUNKEL GENOSSEN IST DER WELTRAUM / SEHR DUNKEL.« M. sucht auch in diesem Stück Zwiesprache mit der Geschichte, er hält Befunde in extremen Bildern fest, die er wie Versuchsabläufe auf der Bühne angeordnet wissen will.

M.s Werk und Leben zeichnet sich durch eine Haltung der Beharrlichkeit aus, durch die Fähigkeit, »ohne Hoffnung« auszukommen und anstelle hochfliegender Entwürfe eine bis zum Zynismus illusionslose Erkundung der Wirklichkeit zu formulieren. Die eigenen Texte versteht er als »Steine«, deren Substanz auch nachhaltige politische wie ästhetische Verformungsprozesse überdauert. Die Bedeutung seiner Texte für das Theater und für die ästhetisch-theoretische Diskussion in Ost und West besteht darin, daß er die steril gewordene politische Aufklärungsästhetik mit einer an der literarischen Moderne orientierten Formensprache konfrontiert. Durch die Verbindung von politischer Reflexion und avantgardistischer Textur stellt sein Werk eine überzeugende Alternative zur Beliebigkeit einer »postmodernen« Ästhetik dar: »Der Stein arbeitet in der Wand.«

M.s Tod hat in der deutschsprachigen Theaterlandschaft eine Lücke hinterlassen. Als Autor und Regisseur war er nicht bereit: »Über diese Welt hinwegzuschauen. Er beschrieb sie wahrheitsgemäß und wie er sie sah, als eine Schlacht und ein Totenhaus« (Christoph Hein). Als M.s Tod bekannt wurde, begann am Berliner Ensemble eine einzigartige Totenehrung. Freunde und Kollegen initiierten eine mehrtägige Lesung seiner Texte und nahmen auf diese Weise Abschied von ›ihrem‹ Dichter, zu dem sie eine Brücke herstellten über seine Texte. M. starb an Krebs. In der Krankheit erkannte Volker Braun ein »Symptom des Ekels an den Verhältnissen, gegen die er, resistent gegen Verheißungen, aber nicht gegen Verblödung, keine Abwehrkräfte besaß.«

Genia Schulz/Michael Opitz

Musil, Robert
Geb. 6. 11. 1880 in Klagenfurt; gest. 15. 4. 1942 in Genf

»Die Kurve meiner Geltung hat merkwürdige Spitzen und Senkungen. Mein Erfolg als Schriftsteller hat merkwürdige Begräbnisse und Auferstehungen enthalten«, resümiert der fast 60jährige M. eine nach außen hin gescheiterte Schriftstellerkarriere, die selbst in den kurzen Phasen öffentlicher Aufmerksamkeit geprägt bleibt von weitgehendem Unverständnis eines auf äußere Sensation fixierten Publikums gegenüber einem Autor, dem Stoff und Fabel wenig, die Idee aber alles bedeuten. Schon die Geburt dieser Karriere beruht nach eigener Einschätzung weitgehend auf einem Mißverständnis, gilt doch die breite Anerkennung, die sein erster Roman, *Die Verwirrungen des Zöglings Törleß* (1906), sofort nach seiner Veröffentlichung erfährt, vor allem der

»mutigen« Darstellung tabuisierter Pubertätsleiden. Doch dieses Sujet ist ihm selbst nur Vorwand. Weder strebt er mit seinem Erstling das Bekenntnis einer verstörten Seele als weiteren Beitrag zu dem von Arno Holz, Frank Wedekind u. a. präludierten »Jahrhundert des Kindes« (Ellen Key) an, noch gilt ihm, der an gesellschaftspolitischen Fragen wenig interessiert ist, die Kadettenanstalt als kritisches Modell totalitärer Gesellschaftsstruktur. Sind dem Roman auch diese Aspekte eigen, auf die eine begeisterte Kritik zielt, so sind sie doch nicht Selbstzweck, sondern lediglich Funktionen der das einzelne Darstellungsmoment übergreifenden zentralen Idee, die in der Romanebene figuriert als das Aufbrechen der gewohnten Wirklichkeit und das Sichtbarwerden einer »anderen Welt«, die sich aber, und daraus resultieren die Verwirrungen des um Erkenntnis bemühten Törleß, dem Zugriff rationaler Reflexion wie der Vermittlung gängigen Sprechens entzieht. Diese irritierende Erfahrung einer doppelten Wirklichkeit bleibt bis in den *Mann ohne Eigenschaften* hinein Grundthema des M.schen Erzählens. Begnügt sich M. in seinem ersten Roman noch mit der Feststellung der dualen Wirklichkeitsstruktur, deren Pole er später in die Begriffe »ratioid« und »nichtratioid« faßt, so zielen die folgenden Werke auf Analyse und sprachliche Vermittlungsmöglichkeiten dieser anderen Welterfahrung.

Daß M.s Bemühung um die Versprachlichung transrationaler Welterfahrung nie der modisch gewordenen Auflösung der Wirklichkeitsbindung von Sprache noch der allenthalben kursierenden Preisgabe der Vernunft selbst verfällt, verhindern nicht zuletzt die frühen Prägungen, die sein Denken in Familie und Ausbildung erfährt: Als Sohn einer altösterreichischen, gegen Sentiments jeder Art resistenten Beamten-, Ingenieurs- und Offiziersfamilie besucht er, zur Offizierslaufbahn bestimmt, ab dem vierzehnten Lebensjahr die Militäroberrealschule in Mährisch-Weißkirchen, verläßt diese jedoch vor der Ausmusterung als Offizier, studiert dann, der Familientradition folgend, Maschinenbau, legt hier sein Ingenieursexamen ab und ist schon mit 22 Jahren Volontärsassistent an der Technischen Hochschule Stuttgart. Er gibt diesen Berufsweg aber sehr bald auf, auch wenn er noch über einige Zeit hinweg naturwissenschaftlich-technische Artikel publiziert, und nimmt, während er den in Stuttgart begonnenen *Törleß* zu Ende bringt, in Berlin das Studium der Philosophie auf, insbesondere Logik und experimentelle Psychologie, und promoviert 1908 mit einer erkenntnistheoretischen Dissertation über Ernst Mach. Dem hier erworbenen Präzisionsideal bleiben sein Denken und seine Sprache auch dann verpflichtet, als er, die Sicherheit einer bürgerlichen Karriere ausschlagend, nur mehr freier Schriftsteller sein will. Folgen dieses durch den Erfolg des *Törleß* inspirierten Entschlusses sind eine lebenslange materielle Krise und der zeitweise hoffnungslose Kampf um literarische Anerkennung.

Schon sein zweites Buch, die *Vereinigungen* (1911), an dessen zwei Erzählungen M. nach eigener Auskunft zweieinhalb Jahre verzweifelt gearbeitet hat, erweist sich nicht nur als geschäftlicher Mißerfolg, es wird auch durch die Kritik barsch abgelehnt; in einem später fallengelassenen Vorwort zu *Nachlaß zu Lebzeiten* (etwa 1936), rechtfertigt sich M.: »Wirkliche Dichtung unterscheidet sich von alltäglicher sofort anders: Dichte der Beziehungen (Inbeziehungen). Reinheit der Gestalt (Strenge der Form), Vermeidung alles Überflüssigen (kürzester Weg), Größe der Sprache (an einem Wort läßt sich oft der Dichter sofort fühlen), wie wir an einer eintretenden Person sofort bemerken, daß sie eine Persönlichkeit ist, fühlen wir es auf der ersten Seite eines Buchs; dann aber auch Eigenschaften wie: Erzählerischkeit, Spannen, Vorgänge, fesselndes Milieu usw. ... Persönlich bestimmend war, daß ich von Beginn an im Problem des Ehebruchs das andere als Selbstverrats gemeint hatte. Das Verhältnis des Menschen zu seinen Idealen. Wie immer aber: Ich war nicht determiniert. Ich hatte soviel Ursache, einen bestimmten Ablauf wie viele andere zu beschreiben. Da bildete sich in mir die Entscheidung, den ›maximal belasteten Weg‹ zu wählen (den Weg der kleinsten Schritte), den Weg des allmählichsten, unmerklichsten Übergangs ... Es kam aber hinzu und entschied ein anderes Prinzip. Ich habe es das der ›motivierten Schritte‹ genannt. Seine Regel ist: Lasse nichts geschehen (oder tue nichts), was nicht seelisch von Wert ist. D.h. auch: Tue nichts Kausales, tue nichts Mechanisches.« Die Breite und Rigorosität der Ablehnung trifft ihn um so empfindlicher, als diese Erzählungen ihm selbst, und darauf besteht er noch nach Jahrzehnten, gültige Verwirklichungen seines Dichtungsprogramms sind, das er dann in mehreren Essays, in denen er die Erzählungen gegen den Vorwurf der Esoterik und weltlosen Subjektivität zu rechtfertigen sucht, breiter entfaltet. Das Zwischenreich von Intellekt und Gefühl als Ziel und Gegenstand der Darstellung, »Gefühlserkenntnisse und Denkerschütterungen« als der der Kausalität entzogene Beweggrund dieser psychischen Innenwelt, die Ausnahmemoral überlebensgroßer Beispiele als Kritik moralischer Konventionen, die der Exaktheit und Genauigkeit verpflichtete Versprachlichung und damit »Eroberung« vorsprachlicher Bewußtseinszustände sind die ästhetischen Maximen seines den *Vereinigungen* eingeschriebenen Dichtungsprogramms, dessen Einzigartigkeit ihn dennoch Außenseiter bleiben läßt.

Die sozialen und politischen Umwälzungen in der Folge des Ersten Weltkriegs zwingen den bis dahin gegenüber konkreten gesellschaftlichen Zuständen gleichgültigen M. zur Auseinandersetzung mit den Ursachen und Folgen des geistigen Zusammenbruchs, als den er den Krieg begreift. Seinen Niederschlag findet dies in zahlreichen zwischen 1915 und 1923 entstehenden Essays. Die dabei gewonnenen gesellschaftstheoretischen und sozialpolitischen Einsichten bilden dann, gleichsam als Gegenpol zu der ästhetischen Welterfahrung der *Vereinigungen*, aber zusammen mit dieser, das intellektuelle Gerüst seines Hauptwerks, *Der Mann ohne Eigenschaften*, das nach 1923 fast alle schöpferischen Kräfte M.s in Anspruch nimmt. Die sich wieder mehr traditionellem Erzählstil nähernden Erzählungen, die 1924 in dem Band *Drei Frauen* zusammengefaßt sind, bleiben erzählerisches Intermezzo, während das Drama *Die Schwärmer* (1921), an dem M. seit über zehn Jahren gearbeitet hat, noch dem Problemkreis der *Vereinigungen* zugehört.

Hauptthema des *Manns ohne Eigenschaften* ist für M. die Frage: »Wie soll sich ein geistiger Mensch gegenüber der Realität verhalten?« Dabei meint Realität sowohl den gegebenen Zustand, den im Roman das Gesellschaftsmodell »Kakanien« als »falsche Synthese« moderner Bewußtseinszustände repräsentiert, als auch den noch nicht verwirklichten »anderen Zustand«, dessen Realisierbarkeit im Liebesexperiment zweier sich jeder ideologischen Festlegung verweigernder Subjekte, eben des Manns ohne Eigenschaften, Ulrich, und seiner Zwillingsschwester, nachgegangen wird. Beabsichtigte M. ursprünglich, die zweifache Struktur der Wirklichkeit in einem dauernden Wechsel ihrer Pole abzubilden, entscheidet er sich letztlich für eine weitgehende Polarisierung ihrer Darstellung. So gerät der erste Band des *Manns ohne Eigenschaften*, der 1930 erscheint, in der hier entworfenen Konfrontation des »geistigen Menschen« Ulrich mit den Hauptfiguren der »Parallelaktion« zu einer in szenischer Schil-

derung und essayistischer Verselbstän-
digung höchst artistisch gestalteten, satirischen Abrechnung mit den durch
diese repräsentierten modernen Ideo-
logemen und Ideologien, die, und darauf verweist die zeitliche Situierung des
Geschehens ein Jahr vor Ausbruch des
Ersten Weltkriegs, unausweichlich ins
Chaos führen. Erst der zweite Band des
Manns ohne Eigenschaften (1932) versucht den utopischen Gegenentwurf eines »anderen Zustands«, der, in Fort-
führung der Linie der *Vereinigungen*, in
der Mystik einer aller Welthaltigkeit
entkleideten Liebe, also wiederum im
Bereich autonomer Subjektivität, gespiegelt ist. Allerdings ist das Liebesexperiment im zweiten Band nicht zu
Ende geführt; die Frage, ob und in-
wieweit der »andere Zustand« Wirklich-
keitswert gewinnen kann und so als
»wahre« Synthese der getrennten Wirk-
lichkeitszustände, deren Suche das eigentliche Bewegmoment des Gesamt-
romans ist, vorgestellt wird, bleibt offen.
Obwohl M. zehn Jahre fast ausschließlich an der Weiterführung des *Manns
ohne Eigenschaften* arbeitet, bleibt der
Roman trotz seiner annähernd 2000
Seiten Fragment.

Mit dem *Mann ohne Eigenschaften*
kehrt M., der im zeitgenössischen Literaturbetrieb stets Außenseiter bleibt
und sich in Wien, wo er die längste Zeit
seines Lebens verbringt, mühsam mit
Theaterkritiken, Essays und kleineren
literarischen Arbeiten über Wasser hält,
noch einmal in das Bewußtsein einer
breiteren literarischen Öffentlichkeit
zurück. Doch diese »Auferstehung« ist
nicht von Dauer; schon 1935 veröffentlicht er in bitterer Selbstironie seinen
Nachlaß zu Lebzeiten. Die letzten Lebensjahre im freiwilligen Schweizer Exil
(ab 1938), in denen er, inzwischen ohne
Verleger und weitgehend vergessen, mit
manischer Besessenheit am Abschluß
des *Manns ohne Eigenschaften* arbeitet,
ohne diesem letztlich näher zu kommen, sind geprägt von bitterster Exi-

stenznot, und auch sein Tod löst keinen
»Nachruhm« aus.

Im Gegensatz zur verweigerten Anerkennung zu Lebzeiten steht der spektakuläre Aufschwung der Musil-Rezeption
nach Kriegsende, der 1952 durch die
von Adolf Frisé besorgte Neuausgabe
des *Manns ohne Eigenschaften* eingeleitet wird und mit wechselnden
Schwerpunkten bis in die Gegenwart
anhält. Der Roman, der in geradezu
enzyklopädischem Ausgriff den sozialen
und psychischen Voraussetzungen des
Umschlags menschlicher Vernunft in
die Barbarei des Ersten Weltkriegs nachzuspüren sucht, galt der gerade dem
Inferno des Zweiten Weltkriegs entron-
nenen Nachkriegsöffentlichkeit als vi-
sionäres Deutungsmuster der stattge-
habten nationalsozialistischen Raserei
einerseits, wie als willkommenes Objekt
intellektueller Bewältigung des eigenen
Sündenfalls andererseits. Nicht zu Unrecht begriff man den *Mann ohne Eigenschaften*, jenseits des vordergründig Historischen, als »geistig-seelische Bilanz«
des eigenen, des modernen Zeitalters.
Damit wurde aus dem Sonderling M.
nun, zehn Jahre nach seinem Tode, der
im Zitat allgegenwärtige Zeitgenosse.
Neben dem scharfsichtigen Denker und
eloquenten Essayisten fand nun auch
der Dichter M., und hier vor allem der
Verfasser des die traditionelle Romanform überwindenden *Manns ohne Eigenschaften*, Würdigung, erkannte man
doch nun in ihm, neben Thomas Mann,
Hermann Broch u. a., einen der Ahn-
herren des modernen deutschen, wenn
nicht, wie die zahlreichen Verweise auf
Marcel Proust und James Joyce anzei-
gen, des modernen europäischen Romans. Trotz dieser inzwischen zum Klischee erstarrten Stilisierung zum sakro-
sankten »Ausnahmeautor« wurde M.
ungeachtet der relativ hohen Auflagen-
zahlen auch nach dem Kriege nie zu
einem wirklichen Publikumsautor; dafür wirkt seine Prosa auch heute noch
zu konzessionslos gegenüber einem auf

schnellen Konsum eingestellten Zeitgeschmack.

Hans Jansen/Red.

Novalis (d. i. Georg Philipp Friedrich von Hardenberg)
Geb. 2.5.1772 auf Gut
Oberwiederstedt bei Mansfeld;
gest. 25.3.1801 in Weißenfels

Der schwäbische Spätromantiker Justinus Kerner übersendet am 25. Januar
1810 Ludwig Uhland einen Auszug aus
dem biographischen Porträt des N., das
August Coelestin Just, ehemaliger Vor-
gesetzter und väterlicher Freund des
Dichters während seiner Ausbildung im
thüringischen Bad Tennstedt, 1805 veröffentlicht hatte. Kerner kommentiert
diese Lebensbeschreibung wie folgt: »Es
macht aber eine sonderbare Wirkung
und stört doch, wenn man sich den
Novalis als Amtshauptmann oder als
Salzbesitzer denkt. Das ist entsetztlich!!
Ich hätte mir sein Leben doch viel anders vorgestellt. Die Jungfer Charpentier stört auch so die Poesie. Aber sein
Tod ist schön und noch vieles schön.«
Befremdlich wirkt auf Kerner – ebenso
wie auf viele spätere N.-Leser im 19.
und 20. Jahrhundert (teils bis heute) –
die Vorstellung, daß dieser Dichter, der
»unbestritten, aber aus umstrittenen
Gründen als *der* Romantiker gilt« (Uerlings), mit Sorgfalt und Hingabe seinem
bürgerlichen Beruf nachging: zunächst,
im Anschluß an sein »mit der ersten
Censur« abgelegtes juristisches Staats-
examen (1794), als Aktuarius beim
Tennstedter Kreisamt, das von seinem
späteren Biographen Just geleitet wurde;
danach als Akzessist bei der kursächsi-
schen Salinenverwaltung in Weißenfels
(Februar 1796 bis Dezember 1797), wo
er, nach intensiven naturwissenschaftlichen Studien an der Bergakademie in
Freiberg, Ende 1799 zum Salinenasses-
sor avancierte. Wenige Monate vor seinem frühen Tod erfolgte noch die Er-

nennung zum Amtshauptmann im
Thüringischen Kreis, doch seine schwere Lungenkrankheit ließ die Ausübung
dieses Amts nicht mehr zu.

Der spannungsvolle Doppelaspekt
von beruflicher Laufbahn und Schriftstellerexistenz ist charakteristisch für
N., der sich in dieser Hinsicht markant
von Friedrich Hölderlin unterscheidet,
stand doch für letzteren fest, daß die
Poesie »ein ganzes Menschenleben« erfordert (*Brief an die Mutter*, Januar
1799). »Die Schriftstellerei ist eine Ne-
bensache – Sie beurteilen mich wohl
billig nach der Hauptsache – dem praktischen Leben«, schreibt N. im Dezember 1798 an Rahel Just – und widerlegt
damit das Bild seiner späteren Verehrer
und Verächter, wonach seine Texte das
Werk eines traumverlorenen, todessehnsüchtigen Geistes seien, der stets
die Versenkung ins eigene Innenleben
dem »praktischen Leben« vorgezogen
habe. Zwar sind Traum, Liebe, ›Mysti-
zismus‹, Todessehnsucht und Nachtbe-
geisterung zentrale Motive seiner Dichtung (etwa in den *Hymnen an die Nacht*,
die, 1800 im *Athenaeum* publiziert, das
einzige größere literarische Werk darstellen, das N. vollendet und veröffentlicht hat), doch ist damit nur ein Aspekt
seines so reichhaltigen und vielschichtigen Schaffens benannt.

In einem Fragment der Sammlung
Blüthenstaub (1798) heißt es: »Der erste
Schritt wird Blick nach Innen, abson-
dernde Beschauung unsers Selbst. Wer
hier stehn bleibt, geräth nur halb. Der
zweite Schritt muß wirksamer Blick
nach Außen, selbstthätige, gehaltne Beobachtung der Außenwelt seyn.« N. hat
jenen »Blick nach Außen« durch die
Auseinandersetzung mit den zeitgenössischen Wissenschaften systematisch geschult, vor allem während seiner Studienzeit in Freiberg, wo er sich mit dem
Erkenntnisstand der Mineralogie, der
Geologie, der Mathematik, der Chemie,
der Physik und der Medizin vertraut
machte. Wissenschaft und Poesie schlie-

ßen einander keineswegs aus, sondern werden im romantischen Projekt einer ›Poetisierung der Wissenschaften‹ zusammengeführt, so daß gesagt werden kann: »Über die Beschäftigung mit den Wissenschaften ist Novalis zum Romantiker geworden« (Uerlings). Bezeichnenderweise hat sich Friedrich von Hardenberg das Pseudonym ›Novalis‹, das eine programmatische Neubestimmung seiner Autorschaft anzeigt, während der Freiberger Studienzeit zugelegt, als er seine Fragmentsammlung Blüthenstaub veröffentlichte (vgl. den Brief an Friedrich Schlegel vom 24. Februar 1798). Das lateinische Pseudonym bedeutet ›neues, brachliegendes Land‹ und nimmt auf eine mittelalterliche Familientradition (von Rode, de Novali) Bezug; der Autor deutet sich somit als ›der Neuland Bestellende‹, d. h. er verpflichtet sein Schreiben auf ein (genuin modernes) Programm ästhetisch-kultureller Erneuerung.

Das theoretische Werk, das den größten Teil von N.' schriftstellerischer Produktion ausmacht – in der historisch-kritischen Ausgabe seiner Schriften umfaßt es zwei Bände, während das dichterische Schaffen (sieht man vom Jugendnachlaß ab) nur einen Band füllt –, zeugt eindrucksvoll von der Breite und Intensität seiner Auseinandersetzung mit der zeitgenössischen Philosophie (u. a. Kant, Fichte und Schelling), aber auch mit ästhetisch-poetologischen, sprach- und zeichentheoretischen, politisch-geschichtsphilosophischen sowie religiösen Fragestellungen. An Friedrich Schlegel schreibt er am 8. Juli 1796: »Mein Lieblingsstudium heißt im Grunde, wie meine Braut. Sofie heißt sie – Filosofie ist die Seele meines Lebens und der Schlüssel zu meinem eigensten Selbst.« Seine damalige »Braut«, d. h. Verlobte, war Sophie von Kühn, die tragische Heldin des in der älteren Forschung so populären Sophien-Mythos, wonach der frühe Tod der jungen Geliebten – sie starb am 19. März 1797 im Alter von nur fünfzehn Jahren, zwei Jahre nach ihrer inoffiziellen Verlobung mit N. – als Urerlebnis des todessehnsüchtigen Romantikers aufzufassen sei. N.' anfänglicher Entschluß, der Geliebten »nachzusterben« (vgl. das Journal, das der Autor vom 18. April bis zum 6. Juli 1797 führte), verblaßte allmählich zugunsten des Willens zum Weiterleben, zum Weiterlesen, -schreiben und -wirken. Im Dezember 1798 verlobte er sich ein zweites Mal, nun mit Julie von Charpentier, der Tochter eines Freiberger Berghauptmanns, die er Anfang desselben Jahres kennengelernt hatte.

Zu den entscheidenden Ereignissen im Leben des N. zählt auch die Begegnung mit Friedrich Schlegel (im Januar 1792 während des Studiums in Leipzig), dem er bis zuletzt in kongenialer Freundschaft verbunden blieb; durch ihr produktives ›Symphilosophieren‹ wurden die beiden Freunde zu den prägenden Impulsgebern der Frühromantik. Im November 1799 fand in Jena das berühmte »Romantikertreffen« statt, an dem neben N. und seinem Bruder Karl die Brüder Schlegel, Dorothea Veit (Lebensgefährtin und zukünftige Ehefrau Friedrich Schlegels), Caroline Schlegel (Ehefrau August Wilhelm Schlegels), Ludwig und Amalie Tieck, der Philosoph Schelling sowie der junge Physiker Johann Wilhelm Ritter teilnahmen. N. trug dort einige der Geistlichen Lieder sowie seine geschichtsphilosophische Rede Die Christenheit oder Europa vor; letztere löste im Jenaer Kreis eine lebhafte Kontroverse aus und wurde schließlich auf Anraten Goethes, den man als Schiedsrichter hinzuzog, nicht im Athenaeum veröffentlicht.

Mit Friedrich Schlegel teilte N. zunächst die Begeisterung für Goethes Roman Wilhelm Meisters Lehrjahre (1795/ 96); seine Hochschätzung, die sich in der Formel verdichtete, Goethe sei »der wahre Statthalter des poetischen Geistes auf Erden« (Blüthenstaub), wich jedoch bald einer kritisch-ablehnenden Sichtweise: »Wilhelm Meisters Lehrjahre sind gewissermaßen durchaus *prosaisch* – und modern. Das Romantische geht darinn zu Grunde – auch die Naturpoesie, das Wunderbare – Er handelt blos von gewöhnlichen *menschlichen* Dingen – die Natur und der Mystizism sind ganz vergessen« (*Fragmente und Studien*, 1799/1800). N.' unvollendeter Roman *Heinrich von Ofterdingen*, der 1799 begonnen und 1802 postum als Fragment veröffentlicht wurde, ist ausdrücklich als Gegenentwurf zum *Wilhelm Meister* konzipiert; einige Wochen vor Fertigstellung des ersten Teils erklärt N. gegenüber Ludwig Tieck: »Das Ganze soll eine Apotheose der Poesie seyn. Heinrich von Afterdingen wird im 1sten Theile zum Dichter reif – und im Zweyten, als Dichter verklärt.«

Daß N. von der Nachwelt als Romantiker par excellence, als »der einzige wahrhafte Dichter der romantischen Schule« (so Georg Lukács in einem Essay von 1907), rezipiert werden konnte, hängt sicherlich auch mit dem frühen Ende seines Schaffens zusammen; denn anders als für Friedrich Schlegel, der sich später, nach seiner Konversion zum Katholizismus, vom Jugendwerk der *Athenaeum*-Zeit distanzierte, gab es für N. kein Leben und kein Schreiben nach bzw. jenseits der Frühromantik. Am 25. März 1801 erliegt der Dichter, noch nicht 29jährig, im Beisein Friedrich Schlegels seiner Lungenkrankheit. Sein Bruder Karl berichtet später, N. habe einige Tage vor seinem Tod, noch an Genesung glaubend, gesagt: »Wenn ich erst wieder besser bin, dann sollt ihr erst erfahren, was Poesie ist, ich habe herrliche Gedichte und Lieder im Kopfe.« Als 1802 postum die von Friedrich Schlegel und Ludwig Tieck zusammengestellte erste Werkausgabe (*Novalis Schriften*) erschien – eine Ausgabe, die zwar die wichtigsten Dichtungen, aber nur einen willkürlich selektierten Bruchteil des theoretischen Werks enthielt, wodurch dem ganzen 19. Jahrhundert ein einseitiges, verzerrtes N.-Bild überliefert wurde –, war die frühromantische Gruppe schon auseinandergefallen, das ›Symphilosophieren‹ im Jenaer Kreis verstummt.

Thomas Roberg

Raabe, Wilhelm
Geb. 8. 9. 1831 in Eschershausen; gest. 15. 11. 1910 in Braunschweig

Gegen Ende des Jahres 1854 entschließt sich der 23jährige R. plötzlich, einen Roman zu schreiben. Er hatte sowohl die Schule als auch eine Buchhändlerlehre vorzeitig abgebrochen, bevor er aus der Braunschweiger Provinz an die Berliner Universität gekommen war, um sich als Gasthörer philosophisch-historischer Vorlesungen weiterzubilden. Der Erstlingsroman *Die Chronik der Sperlingsgasse*, veröffentlicht 1856 unter dem Pseudonym »Jacob Corvinus«, wird zu einem überraschenden Erfolg – R. kann triumphierend nach Hause in das kleinstädtisch-bürgerliche Milieu zurückkehren, das er als scheinbarer Versager verlassen hatte und das zeitlebens seine Welt wie die seiner Werke bleiben wird: »Das hervorstechend Angenehme, was die Franzosen gezeugt haben, ist Paris, das, was den Deutschen gelungen ist, sind die deutschen Mittelstädte.« In den folgenden Erzählungen und Romanen zeichnet sich allmählich als zentrales Thema seiner Werke ab: die Erinnerung an die Kindheit als Erinnerung an ein verlorenes authentisches Leben; noch im Spätwerk wird es heißen, »Heimweh« sei »die Quelle aller Poesie«. In Verbindung mit der in R.s Büchern geschilderten Provinzwelt ist es gerade dieses romantische Motiv, das zum Fehlurteil über ihn als Dichter beschaulicher Winkel geführt hat.

Nach der obligatorischen Bildungsreise (Dresden, Prag, Wien, Süddeutschland) und der anschließenden Verlobung zieht R. 1862, am Hochzeitstag, mit seiner Frau noch einmal in eine Großstadt, diesmal nach Stuttgart. Er hatte die Stadt auf der Reise als eines der Zentren des geistigen Lebens der Zeit kennengelernt und nimmt nun, »als junger Ehemann im vollen geselligen, litterarischen und – politischen Tummel und Taumel der Tage«, an diesem Leben teil; er trifft u. a. Friedrich Theodor Vischer, Paul Heyse und Ferdinand Freiligrath. Zum wesentlichen Bestandteil der Stuttgarter Jahre von 1862 bis 1870 wird die Freundschaft mit dem Ehepaar Jensen. Zwischen Marie Jensen und R. entsteht eine starke geistige und emotionale Beziehung; zusammen mit Wilhelm Jensen, einem damals bekannten Schriftsteller und Journalisten, tritt er öffentlich für die liberalen Ideale des Bürgertums und für die kleindeutsche Reichseinheit unter preußischer Führung ein. In Stuttgart schreibt R. den Entwicklungsroman *Der Hungerpastor* (1864), der bald Aufnahme in den bürgerlichen Bildungskanon fand, sein größter Verkaufserfolg wurde und bis heute sein bekanntester Roman geblieben ist. Doch schon bei den nächsten größeren Werken, *Abu Telfan oder Die Heimkehr vom Mondgebirge* (1867) und *Der Schüdderump* (1869), läßt das Interesse des Publikums nach, das biedermeierliche Idyllen wünscht, während in seinen Büchern das kritische Potential immer deutlicher hervortritt. Besonders *Abu Telfan* dokumentiert in einer für R. spezifischen Form den Niedergang bürgerlicher Ideale, wie er dann in der wilhelminischen Gesellschaft offen zu Tage treten wird. Indem der Roman einer philisterhaften Bürgerwelt gesellschaftliche Außenseiter gegenüberstellt, die für die aufklärerischen Ideale autonomer Menschlichkeit einstehen, kann gerade solches Außenseitertum sowohl Mißstände einklagen wie zum Appell an die Gesellschaft werden. In diesem zweiten zentralen Thema R.s liegt der eigentlich realistische Kern seiner Werke begründet, denn die Außenseiter sind keineswegs einfach die humorvoll geschilderten kauzigen Sonderlinge, als die sie oft gesehen werden.

Ziemlich überstürzt zieht die Familie R. 1870, mitten in den Wirren der Mobilmachung für den Deutsch-Französischen Krieg, endgültig zurück in die heimatliche »Mittelstadt« Braunschweig. Vermutlich haben der Wegzug der Jensens, die weiter sinkenden Verkaufszahlen seiner Bücher und die allgemeine geistige Entwicklung des deutschen Bürgertums zu R.s resignativem Rückzug ins Private geführt. Jedenfalls lebt er nun bis zu seinem Tod die Existenz eines patriarchalischen Familienvaters und Stammtischgenossen, wie sie in seine Bücher passen würde. Verbindungen nach außerhalb bestehen fast nur noch durch den Briefwechsel mit Freunden aus der Stuttgarter Zeit, vor allem mit dem Ehepaar Jensen. Die neu entstehenden Bücher werden kaum noch gekauft oder beachtet – »Ein gutes Zeichen. Ich werde immer unter den großen Toten mitaufgeführt« –, denn R. weigert sich weiterhin entschieden, Zugeständnisse an den Publikumsgeschmack zu machen. Erst viel später, als er sich schon als »Schriftsteller a. D.« bezeichnet, gelingt es seinen Stammtischfreunden, aus Anlaß seines siebzigsten Geburtstags eine R.-Renaissance in Deutschland einzuleiten: Man kennt ihn plötzlich wieder, seine Bücher werden gelesen, und nach seinem Tod konstituiert sich sogar eine »Raabe-Gemeinde«. Jedoch geschieht dies alles aus dem Geist des wilhelminischen Lehrerbeamtentums, das in R. vor allem einen humorvollen Weltweisen erkennen will. Aus heutiger Sicht sind es unter seinen fast siebzig Werken in erster Linie solche aus der Braunschweiger Zeit, denen er seine literarische Anerkennung verdankt. Auch er selbst bezeichnet seine bekanntesten Bücher, die *Chronik* und den *Hungerpastor*, als »abgestandenen Jugendquark« und schätzt das Spätwerk wesentlich höher ein. In ihm entwickelte er nämlich die bloße inhaltliche Gegenüberstellung von Philistertum und gesellschaftlichen Außenseitern weiter zur bipolaren Erzählstruktur von bürgerlichem Erzähler und einzelgängerischem Helden. Vor allem zeigt sich dies im *Stopfkuchen* (1891), den R. für sein bestes Buch hielt, und in *Die Akten des Vogelsangs* (1896), wo sich die bipolare Struktur zudem mit dem Thema der verlorenen Kindheit verbindet. Besonders in diesen beiden Werken zeigt sich, wie es für R. immer schwieriger wird, der zunehmend undurchschaubarer werdenden Erfahrungswirklichkeit am Ende des 19. Jahrhunderts gerecht zu werden; aber – so schreibt er –: »Je mehr ihm das Leben entglitt, desto mehr wurde er Dichter.« Der angestrebte Verweisungsbezug der bipolaren Struktur führt deshalb zu immer komplexeren Erzählvorgängen. Schließlich beginnen sich in der endlos scheinenden Modulation und Assoziation von Bildungszitaten und Erinnerungsbruchstücken, die das Spätwerk zur ebenso anstrengenden wie lustvollen Lektüre machen, auch R.s eigene Begriffe und Wertvorstellungen aufzulösen – in den Bruchstellen erscheint der sensible, neurotisch-depressive R., den er selbst immer verleugnete und der doch in einzelnen Brief- und Tagebuchstellen erkennbar ist: »und so ist das, was ihr meine sonnige Heiterkeit nennt, nichts als das Atemschöpfen eines dem Ertrinken Nahen.« In den verzweifelten wie vergeblichen Versuchen R.s, der bildungsbürgerlichen Welt des 19. Jahrhunderts literarisch noch Sinn abzugewinnen, kündigt sich schon eines der wichtigen Themen des 20. Jahrhunderts an: die Problematik der Sprache selber. In diesem Spätwerk liegt demnach die Bedeutung R.s, eine Bedeutung, wie sie in seiner Epoche vielleicht nur noch Gottfried Keller und Theodor Fontane zukommt. Diese beiden wohnten 1854 auch in Berlin; aber der »Nesthocker« hat sie, es ist kaum verwunderlich, zeitlebens nicht persönlich kennengelernt.

Helmuth Liebel

Rilke, Rainer Maria
Geb. 4. 12. 1875 in Prag;
gest. 29. 12. 1926 in Val-Mont/Wallis

»Generationen deutscher Leser galt und gilt er als die Verkörperung des Dichterischen, sein klangvoll-rhythmischer Name wurde zum Inbegriff des Poetischen« (Marcel Reich-Ranicki, 1975). Als Fazit von R.s Nachruhm liest sich das wie die Sockelinschrift für die Büste eines endgültig ins Musée imaginaire kanonischer Dichtung abgeschobenen Autors. Nach der schwärmerischen Verehrung R.s als seherischen Weltanschauungskünders in den 1950er Jahren, nach der dann vehement einsetzenden Kritik am geschmäcklerischen, apolitischen oder gar kryptofaschistischen Ästhetizisten nun also die gleichgültig-freundliche Erhebung in den Rang des Klassikers?

Tiefpunkte der Wirkungsgeschichte eröffnen immer auch die Möglichkeit einer unbefangenen Neuentdeckung. Wer in diesem Sinne einen Zugang zu Leben und Werk R.s sucht, findet ihn vielleicht in der folgenden Briefstelle aus dem Jahre 1915: »Solange man gezwungen ist, das Andere auch jedesmal für das Falsche, Arge, Feindliche zu halten, statt eben schlechthin für – das Andere, solange bekommt man keine gelassene und gerechte Beziehung zur Welt, in der jedes Raum haben soll, Teil und Gegenteil, ich und der von mir Allerverschiedenste. Und nur unter Voraussetzung und Zugebung einer solchen, vollzähligen, Welt wird man auch das eigene Innere, mit seinen internen Kontrasten und Widersprüchen, weit und geräumig und luftig einrichten.« Im Kern enthält dies kurze Zitat R.s Existenzentwurf und Dichtungsprogramm zugleich: Rückhaltlose Offenheit gegenüber Wirklichkeit wie menschlichem Du, aber auch gegenüber den Abgründen des eigenen Ich, dem Unbewußtem, der eigenen Kreatürlichkeit; zugleich jedoch das Bemühen, jenseits aller Konventionen und Schablonen, jenseits von Verdinglichung und Verdrängung, das Formlose und Fremde durch dichterische Gestaltung modellhaft in neue, spielerisch-schwebende und doch genaue Ordnungen zu überführen. So verstanden war Kunst für R. »auch nur eine Art zu leben« – allerdings eben »durch ihre angeborene Uneigennützigkeit, Freiheit und Intensität *jeder* menschlichen Betätigung irgendwie vorbildhaft«. Von einem gelungenen Kunstwerk geht daher der Appell aus: »Du mußt dein Leben ändern« (*Archaïscher Torso Apollos*).

Die psychische Disposition, die diesem Programm zugrundeliegt, ist biographisch zunächst als erlittene Beschädigung, als »Ich-Schwäche«, faßbar. Vor allem die unheilvolle Familienkonstellation wird prägend: der schwache Vater Josef R., in seiner Militärkarriere gescheitert und in die eintönige Beamtenexistenz eines Bahninspektors gezwungen – dagegen die dominierende Mutter Sophie, aus großbürgerlichem Haus, voll unerfüllter Ambitionen, die sie auf den Sohn überträgt. Nicht nur viele der frühen Erzählungen und Dramen zeugen vom vergeblichen Versuch R.s, sich aus der Abhängigkeit von ihr zu lösen, in der er sich »ganz willenlos, ganz Besitz ihrer Liebe« fühlte (*Einig*, 1897); noch der Vierzigjährige wird ein Gedicht mit der verzweifelten Klage beginnen: »Ach wehe, meine Mutter reißt mich ein«. Ebenso traumatisch wirkt sich die Militärschule aus, in der er von 1885 an auf eine Offizierslaufbahn vorbereitet werden soll – für den bisher in seinem Elternhaus überbehüteten, verzärtelten, ohne Kontakt mit Gleichaltrigen Aufgewachsenen »eine gewaltige Heimsuchung«, »unter fünfhundert Knaben eine (für mein Alter) überlebensgroße Erfahrung der Einsamkeit«.

Es ist R.s große Lebensleistung, diese Bedrohungen seiner Identität nicht nur überstanden, sondern ins Positive gewendet zu haben, was freilich nur in der Dichtung – die er als »eine Art Selbstbehandlung« der Psychoanalyse vorzog – wirklich gelang. Dort war etwa seine ungeheuer gesteigerte Sensibilität, seine Fähigkeit, auch feinste Nuancen einer Farbe, eines Tons, einer Stimmung wahrzunehmen, ausbalanciert durch das Vermögen ästhetischer Gestaltung. Im Leben da gegen mußte er sie als heillose Zerstreutheit empfinden – »meine Sinne gehen, ohne mich zu fragen, zu allem Störenden über« –, als lästige Stimmungsabhängigkeit, als Nebeneinander von »lahmem Willen« und »jähen, nervösen Willenseruptionen«, als »komplizierte Wechselwirkung körperlicher und seelischer Depressionen«. Auch persönliche und räumliche Bindungen gelangen R. nur in der Dichtung. Mit dem Abbruch eines in Prag und München nur halbherzig betriebenen Studiums (vor allem der Kunstgeschichte) entschied sich R. für den Dichterberuf; seither hat es ihn nie länger als einige Jahre an einem Ort gehalten. Sein unstetes Wanderleben – meist in Mietswohnungen, oft auch als Gast adeliger und großbürgerlicher Gönner, wie der Fürstin Marie von Thurn und Taxis oder der Schweizer Industriellengattin Nanny Wunderly-Volkart – endet erst 1921 mit der Übersiedelung in den einsamen Schloßturm von Muzot im Schweizer Wallis. In der Welt seines Werks aber formt und verdichtet sich die Vielzahl intensiver Stadt- und Landschaftserlebnisse (u. a. Florenz, Rußland, Worpswede, Paris, die Provence, Ägypten, Spanien, das Wallis) zum »imaginären Raum« seiner inneren Landschaften. Allen Liebesbeziehungen – und es gab nicht wenige – entzieht R. sich, sobald sie zum »Schicksal« zu werden drohen, d. h. zur äußerlichen, nicht mehr von spontaner Zuneigung getragenen Verpflichtung. So trennt er, der gehofft hatte, durch Ehe und Familie zum »Wirklichen unter Wirklichem« zu werden, sich 1902 nach nur einem Jahr des Zusammenlebens von seiner Frau, der Bildhauerin Clara, geb. Westhoff, und seiner Tochter Ruth. Die meisten seiner Liebesbeziehungen dauern nicht lange, sind auch wiederholt in abstandwahrenden Briefwechseln vorentworfen, hinter deren emotionaler Intensität das tatsächliche Erlebnis dann weit zurückbleibt. Sein im Leben unerreichtes Ideal einer »besitzlosen Liebe«, in der jeder der Partner zum »Wächter der Einsamkeit«, der Freiheit und Eigenheit des anderen werden soll, hat R. wiederum allein in seiner Dichtung verwirklicht: im lyrischen Entwurf eines idealen Gegenübers (der »künftigen Geliebten«, der »großen Nacht«, dem »Engel«), vor allem aber in seiner nie »besitzenden«, sondern »gleichnishaften Aneignung« gestalteter »Dinge«. All das läßt verstehen, wieso sich für ihn das Grundproblem seiner Existenz im Konflikt von Kunst und Leben konzentrierte: »In einem Gedicht, das mir gelingt, ist viel mehr Wirklichkeit als in jeder Beziehung oder Zuneigung; wo ich schaffe, bin ich wahr.« Und: »In der Kunst ist wirklich Raum für alle Gegensätzlichkeiten der inneren Verhältnisse, nur in ihr.«

Wie immer, wenn aus ganz und gar existenzieller Dichtung Weltliteratur entsteht, ist auch in R.s Fall das Biographisch-Besondere von zeittypischer Repräsentanz. Daß er sich dessen bewußt werden konnte, verdankt er vor allem der Begegnung mit der Schriftstellerin und späteren Psychoanalytikerin Lou Andreas-Salomé, die – nicht nur Freundin, sondern emanzipierte geistige Partnerin bedeutender Männer – den Zweiundzwanzigjährigen zu vertiefter Beschäftigung mit Friedrich Nietzsche anregt, ihm später auch Sigmund Freud nahebringt. Nietzsches

programmatische Bejahung des in ständiger Wandlung begriffenen irdischen Daseins auch als Kreatürlichkeit, Schmerz, Tod und Trieb, unter Verzicht auf die ohnehin brüchig gewordenen Sicherungen von Metaphysik wie Naturwissenschaft, und Freuds Entdeckung der Tiefendimension des Unbewußten gaben R. Bestätigungen und Anhaltspunkte für die Verallgemeinerbarkeit seiner Existenzproblematik. So konnte er die Annahme aller Schichten seiner offenen Persönlichkeitsstruktur zugleich als »universale Ontodizee«, d.h. als »Rechtfertigung und Rühmung« des ganzen Seins (Ulrich Fülleborn), verstehen.

Viel unmittelbarer noch fand er in der Liebesbeziehung zu Lou, die ihm in lebenslanger Freundschaft auch später Halt und Hilfe gewährte, das, was seiner formal virtuosen, wegen ihrer Inhaltsleere und Epigonalität aber völlig mittelmäßigen Jugenddichtung so dringend fehlte. Durch Lou, die R. ein »unsagbar Wirkliches« war, verlor die Welt für ihn »das Wolkige, dieses Sich-Formen und Sich-Aufgeben, das meiner ersten Verse Art und Armut war«. Dichtungen, die das aus Bildklischees des Fin de siècle errichtete Traumkönigreich der frühen Lyrik erstmals hinter sich lassen, sind die *Weise von Liebe und Tod des Cornets Christoph Rilke* (1899; Erstdruck 1906, bereits zu Lebzeiten des Verfassers ein Bestseller) und das *Stunden-Buch* (1899–1903). Den entscheidenden Durchbruch aber bringt die nächste Werkstufe mit dem Roman *Die Aufzeichnungen des Malte Laurids Brigge* (1904–1910) und den zwei Bänden der *Neuen Gedichte* (1903–1907 u. 1907/8). In den Tagebuchaufzeichnungen seines fiktiven Stellvertreters Malte läßt R. ganz auf die Schockerfahrungen des Pariser Großstadtlebens ein, auf Vermassung und Vereinzelung, Reizüberflutung, Krankheit, Armut, Angst und Tod, und versucht über die Aufarbeitung der Kindheit eine Neubegründung seiner

Identität, die unter dem Motto stehen könnte: »Wer macht sich neu und zerschlüge sich nicht vorher ...« Die analoge »harte Sachlichkeit« der parallel entstehenden Gedichtbände gewinnt er in Auseinandersetzung mit der Plastik Auguste Rodins und den Bildern Paul Cézannes, die ihn in Wirklichkeitszuwendung wie Formwillen bestätigen. Zeigten R.s frühere Werke noch ganz jugendstilhaft die Verwobenheit von Ich und Welt, einen durch Reimornamente und Klangkaskaden verschlungenen »Teppich des Lebens« (Stefan George), so strebt er jetzt nach einer genauen Beobachtung einzelner Dinge, Lebewesen oder Geschehnisse und ihrer abstrahierenden Zusammenfassung zu »Kunstdingen«. Nicht um objektive Wiedergabe des Außen geht es R. dabei, auch nicht mehr um bloße Stimmungslyrik, sondern eben um ein Drittes, in dem äußeres Objekt und inneres Erleben des in der Darstellung ganz zurückgenommenen Subjekts aufgehoben sein sollen. Als durch »Vereinfachung« und »Auswahl« gestaltete Erlebnisse sind diese Gedichte so auch »Beweis der Einheit und Wahrhaftigkeit« des Ich, geschlossene und damit der Veränderung enthobene »Figuren«, Chiffren einer offenen, doch nie verfließenden Identität. Das folgende Jahrzehnt steht dann ganz im Zeichen einer Lebens- und Schaffenskrise. Zum einen muß R. erkennen, daß trotz der ästhetischen Lösungen alle existenziellen Probleme fortbestehen, zum anderen zerstört der Weltkrieg den ihm lebenswichtigen europäischen Kulturraum und spricht in seiner grauenvollen Sinnlosigkeit jeder Ontodizeebemühung Hohn. R.s »innere Vereisung« löst sich erst 1922 mit Vollendung der bereits 1912 begonnenen *Duineser Elegien* und der gleichzeitigen Niederschrift der *Sonette an Orpheus* – großen Weltgedichtzyklen wie dem *Waste Land* (1922) oder den *Cantos* (1917–1959) der amerikanischen Dichter T. S. Eliot und Ezra Pound. Ging es im mittleren Werk darum, vom genau beobachteten Einzelnen zu Grundfiguren menschlichen Erlebens zu kommen, so wird hier aus zu »lyrischen Summen« verknappten Erfahrungen ein neuer poetischer Mythos der » condition humaine« geschaffen, der zugleich ein poetisches Gegenbild zur entfremdeten Zivilisationswelt der Gegenwart entwirft. In seinen letzten Lebensjahren schreibt R. dann gelassen-entspannte Gedichtzyklen in französischer Sprache, aber auch kühn verknappte, an den französischen Spätsymbolisten Paul Valéry anknüpfende Lyrik. Zu ihr zählen die Verse, die der 1926 an Leukämie qualvoll Verstorbene testamentarisch zu seinem Grabspruch bestimmte: »Rose, oh reiner Widerspruch, Lust,/Niemandes Schlaf zu sein unter soviel Lidern.«

Manfred Engel

Roth, Joseph
Geb. 2. 9. 1894 in Brody/Galizien;
gest. 27. 5. 1939 in Paris

»Mein stärkstes Erlebnis war der Krieg und der Untergang meines Vaterlandes, des einzigen, das ich je besessen: der österreichisch-ungarischen Monarchie.« Dieses Bekenntnis R.s aus den letzten Wochen der Weimarer Republik erklärt wichtige Ursachen jener Orientierungslosigkeit, die sein Leben und Werk in mehrfacher Hinsicht als *Die Flucht ohne Ende*, so der Titel eines Romans aus dem Jahre 1927, erscheinen ließ. Als österreichisch-ungarischer Kriegsfreiwilliger wurde R. 1916 Mitarbeiter einer Soldatenzeitung. Mit den Erfahrungen an der Front begann er nach dem Zusammenbruch der Monarchie beim pazifistischen Wiener Blatt *Der Neue Tag* eine Karriere als Lokalreporter. Wie in Berlin, wo er wenig später rasch zum gefragten Mitarbeiter des *Börsen-Courier* und anderer Zeitungen aufstieg, verfaßte er Artikel über die Sorgen der »kleinen Leute« und Kriegsopfer, Beobachtungen aus dem Alltag, Rezensionen neuer Filme, Bücher oder Theaterstücke – vertrat im festen Glauben an eine bessere Zukunft eine politische Linie, deren Grundlage ein humanitäres Sozialgefühl war. Einen Höhepunkt seines publizistischen Engagements brachte das Jahr 1924, als R. u. a. im *Vorwärts* und im Satire-Magazin *Der Drache* mit bissiger Lyrik und weitblickenden Glossen die immer stärker werdenden Rechtstendenzen in Politik und Kultur anprangerten. Nach der Wahl Hindenburgs zum Reichspräsidenten freilich begann R. zu resignieren, sich vom tagespolitischen Journalisten zum Feuilletonisten alter Wiener Schule, zum rastlosen Reisereporter zu wandeln, der den Lesern der *Frankfurter Zeitung* aus Paris, Südfrankreich, Rußland, Italien, Albanien und anderen Ländern Europas berichtete. Zudem profilierte er sich mehr und mehr als Romancier.

Wie er einerseits mit seinen Zeitungsartikeln nicht selten literarische Qualitäten erreichen konnte, sind andererseits R.s Essays, Erzählungen und Romane aus seinen Arbeiten für den Tag entstanden und meistens auch als Vorabdrucke in Zeitungen veröffentlicht worden. So sind lange Passagen aus älteren Artikeln in den Essay *Juden auf Wanderschaft* (1927) eingearbeitet, der den Autor – auf der Suche nach eigener Identität – als scharfsichtigen und mitleidenden Analytiker des Ostjudentums zeigt. All seine Romane vom *Spinnennetz* (1923) bis zu *Rechts und Links* (1929) haben aktuelle Fragen und Probleme zum Inhalt, die Protagonisten sind Kriegsversehrte, junge Männer der »Lost Generation«, emanzipierte Frauen; der Stil scheint dokumentarisch, so daß R. rasch als führender Vertreter der »Neuen Sachlichkeit« galt. Im Roman *Hiob* (1930) brachte er Neues, rückte von seinem bisherigen Werk ab: Er nahm Motive des biblischen Mythos auf und schrieb in einer Sprache, die sich

zwischen Legende und Märchen bewegt. Mit seinem Hauptwerk *Radetzkymarsch* (1932) wandte er sich der Vergangenheit, seiner alten Heimat zu: In impressionistischen Bildern, voller Wehmut, aber auch kritisch mit der »unbestechlichen Genauigkeit eines k. und k. Berichts« (Heinrich Böll) schilderte er den Untergang der Donaumonarchie.

R. konnte den großen Erfolg seiner Bücher nicht auskosten. Die Geisteserkrankung seiner Frau Friedl weckte ein starkes Schuldgefühl in ihm und erforderte viel Geld, so daß ihn sogar die einst bekämpften rechtsgerichteten *Münchner Neuesten Nachrichten* mit einer Stargage als Feuilletonisten gewinnen konnten, in dessen Artikeln sich zunehmend ein starker Kulturpessimismus durchsetzte. Nach Hitlers Machtergreifung verließ R. als einer der ersten Deutschland. Er ging ins Exil nach Paris, reiste nach Wien, Salzburg, Amsterdam, Marseille, Nizza und Polen. Verstärkt trat er wieder als Journalist auf, als Kämpfer gegen den Nationalsozialismus. Doch im Grunde war er schon zu pessimistisch, fühlte sich so, wie er 1934 den Roman *Tarabas* untertitelte: als *Gast auf dieser Erde*.

Bereits vor der Zeit des Exils hatte R. in seiner Orientierungslosigkeit die Flucht in den Alkohol angetreten, ohne jedoch die Suche nach Heimat aufzugeben. Bald glaubte er, im intakten Ordnungssystem des Katholizismus Halt finden zu können; bald hielt er die Wiedereinführung der Habsburger-Monarchie für die einzige Möglichkeit, Österreich vor dem Faschismus zu retten. Deshalb vertrat R., so oft es ihm möglich war, in Artikeln und Vorträgen katholisch-legitimistische Ideen, und auch sein erzählerisches Spätwerk (u. a. *Die Büste des Kaisers*, 1935; *Die Kapuzinergruft*, 1938) wurde wesentlich von der Glorifizierung und idealisierten Überzeichnung der alten Donaumonarchie geprägt. Die Kehrseite dieser realitätsfernen Position war in R.s letzten Lebensjahren immer häufiger erbitterte antizionistische oder antikommunistische Polemik, die auch vor Freunden nicht haltmachte. Auf der anderen Seite blieb R. seiner humanitären Haltung treu, setzte sich ein für Opfer der Zeit, unterstützte einen Emigrantenhilfsfonds, half beim Aufbau der Pariser Freiheitsbibliothek, hielt Reden auf antifaschistischen Kongressen. Selten ist die Gegensätzlichkeit der Welten, in denen R. lebte, sinnfälliger gewesen als bei seiner Beerdigung: Die Zeremonie fand nach katholischen wie jüdischen Riten statt, das Grab zierten ein Kranz mit schwarz-gelb unterlegtem letzten Gruß des Hauses Habsburg und ein Kranz mit roter Schleife, niedergelegt im Auftrag des »Bundes Proletarisch-Revolutionärer Schriftsteller« von Egon Erwin Kisch.

Klaus Westermann/Red.

Sachs, Hans
Geb. 5. 11. 1494 in Nürnberg;
gest. 19. 1. 1576 in Nürnberg

Er steht im achten Lebensjahrzehnt, da macht er Inventur gleich einem redlichen Gewerbetreibenden, pünktlich zum Jahreswechsel 1567. Zu revidieren ist, was er auf Lager hat an selbstgefertigten Produktionen: »Da inventir ich meine Bücher.« Jene 34 Bände nämlich, worin er sein eigenes schriftstellerisches Werk handschriftlich eingetragen hat. Kaufleute verzeichnen ihren Warenbestand in Listen; er, was ihm im Laufe eines reichlichen halben Jahrhunderts an literarischen Erzeugnissen gelungen ist. Das Verzeichnis gerät ihm wiederum zum gereimten Poem, Titel: *Summa all meiner gedicht* [*meiner sämtlichen Dichtungen*]. Darin das erste Drittel bietet die kurzgefaßte Selbstlebensbeschreibung, der Rest Auskünfte über die Menge – mehr als 6000 Werke zählt er – sowie die Genres, die der »fleißige

Durchsucher« registriert. Er verfehlt nicht zum Beschluß, eine Eigentümlichkeit festzuhalten: »Gott sey Lob, der mir sendt herab / So miltiglich [freigebig] die schönen gab [Gaben] / Als einem ungelehrten mann, / Der weder latein noch griechisch kan«. Er mißt sich also am Ideal des Poeta doctus, des humanistischen Gelehrten-Dichters, ebenso selbst- wie standesbewußt. Er ist mehr als nur ein Meistersinger, ist Dichter, wie er es bereits 1517 vergleichend erkannte: »kem der singer auf todes bar [die Totenbahre], / sein kunst mit jm al stirbet gar [ganz]; / wirt der dichter begraben, / sein kunst wirt erst erhaben.« [Der Nachruhm beginnt erst.]

Aus dem Blickwinkel des Barockgelehrten sollte später Daniel Georg Morhof die Besonderheit des Dichtertums von S. bestätigen (1682): »und muß man sich verwundern / daß ein Handwercksmann / der Lateinischen und Griechischen Sprache unkundig / so mancherley Sachen hat schreiben können / die nicht ohne Geist seyn.« Wenn jedoch dieser Handwerksmann am Neujahrstag 1567 ausreichend Vorkehrungen dagegen treffen zu können meint, daß die Nachwelt ihn, den Urheber, und seine Schöpfungen jemals verkenne, so irrt er sich sehr. Zweihundert Jahre später spricht ein jüngerer Schriftsteller die Warnung aus, einer, der es sich zur Aufgabe machte, den älteren in Schutz zu nehmen: »In Froschpfuhl all das Volk verbannt, / Das seinen Meister je verkannt« (Goethe, *Erklärung eines alten Holzschnittes, vorstellend Hans Sachsens poetische Sendung*) – doch sie fruchtet wenig: Der Tümpel erweist sich demnächst als dicht bevölkert, darunter von Literarhistorikern. Sie bewerteten das Werk z. B. vermöge unhistorischer Anlegung des Maßstabs der klassischen Literaturperiode. Wilhelm Scherer äußert in gelehrtem Dünkel nicht ahnend, daß der Bumerang seiner Schelte auf ihn selbst zurückfällt: »An keinem Dichter des sechzehnten Jahrhunderts läßt sich die ästhetische Unbildung der Epoche so mit Händen greifen wie an Hans Sachs.« Man trennt den Dichter von seinem Werk, läßt dies ungelesen, feiert jenen. So heißt es 1895, in einem Rückblick auf die S.-Feiern von 1894, als das Besitz- und Bildungsbürgertum des Wilhelminismus, inspiriert durch Richard Wagners *Meistersinger*-Oper (Uraufführung 1868), in Gestalt des Schuhmacher-Poeten sich selber glorifizierte: »es herrschte in allen Kreisen der deutschen Bevölkerung ein rühmlicher Wetteifer, es einander in der Verherrlichung des Dichter-Handwerkers zuvorzuthun; das alles aber aus keinem anderen Grunde, als aus Freude an dieser gesunden, männlichen Persönlichkeit, die ihre Zauberkraft aufs neue bewährte, und es verstand, Millionen von Menschen des verschiedensten Standes und Bildungsgrades zu fesseln, zu unterhalten, zu erfreuen, ja zu wohlthuendem und innerlich befreiendem Lachen hinzureißen.«

S. gibt uns ein Bild von seinem körperlichen Zustand an jenem Januartag 1567: Er mutmaßt – nicht ganz zu Recht, denn noch sechs Jahre, bis 1573, wird er weiter dichten –, die Inventarisierung werde zugleich sein »Valete« sein: »Weil mich das alter hart vexirt, / Mich druckt, beschwert und carcerirt« [einkerkert]. Spaßig ist sein Leben nie gewesen: geboren, als in Nürnberg die Pest regierte; Lateinschule, Handwerkslehre (1509–1511) und Wanderschaft (1511–1516) bedeuteten harte Arbeit und Entbehrungen, ebenso die Anfänge als Meistersinger (sein Mentor ist der Leineweber Lienhard Nunnenbeck). Seine erste Ehefrau, Kunigunde Creutzer, gebar ihm sieben Kinder, sie verstarb 1560. Seit 1561 ist er mit Barbara Harscher verheiratet, die aus erster Ehe sechs Kinder mitbrachte. Ereignisse der Geschichte: andauernde Kriege, worin in wechselnden Konstellationen sämtliche europäischen Mächte verwickelt

sind. Die Reformation, als deren Parteigänger und unermüdlicher Propagandist S. seit 1523 ununterbrochen wirkt, und deren Niederlage 1547, im Schmalkaldischen Krieg, wonach eine Zeitlang um den Bestand der neuen Lehre gebangt werden mußte, beschäftigen die Zeitgenossen.

Sein Werk ist zwiegespalten: Neben den ernsten schrieb S. eine Menge heiterer Dichtungen. Zunächst gibt es da – im 18. Jahrhundert wird Lessing ihre Bedeutung erkennen – die kleinste Gruppe von Schriften, die Prosa-Dialoge, sechs an der Zahl, die einzigen Texte im Gesamtwerk, die S. als Prosaisten zeigen. Sie entstanden sämtlich, als die politischen Auseinandersetzungen des Reformationszeitalters ihre Höhepunkte erreichten, in den Anfangsjahren des Bauernkriegs (1524) und des Schmalkaldischen Kriegs (1546) sowie im Zusammenhang mit den Kämpfen im Gefolge des Schmalkaldischen Kriegs (1554). In ihnen behandelte S. reformatorische Grundfragen: Bibelverständnis, taktische und soziale Probleme der Reformation, sogar auch ökonomische wie politische. Waren diese Dialoge dem neuen humanistischen Vorbild zu verdanken, so haben die zahlreichen gereimten Streitgedichte – S. selber benannte sie *Kampfgespräche* – eine lange, von der Antike über das Mittelalter reichende Tradition hinter sich. In ihnen führte sich nicht selten S. selber als Gesprächspartner ein, meistens in der Konfrontation mit allegorischen Figuren bzw. Gottheiten: *Klagrede der Frau Arbeit über den großen müßigen Haufen*; *Kampfgespräch zwischen Frau Armut und Pluto, dem Gott des Reichtums, über die Frage: welches unter ihnen das bessere sei.*

Neben diesen Texten, die man mit einem modernen Begriff als Beiträge zur ›Theoriediskussion‹ bewerten könnte, stehen ausgesprochen lyrische – geistliche und weltliche, darunter auch Liebeslieder. Die größte Gruppe seiner

Dichtungen (mit etwa 4000 Beispielen), die Meisterlieder, möchte man heute allerdings kaum mehr als lyrische Gebilde gelten lassen, so streng strophisch sie auch gebaut sind. Ihnen, wie überhaupt dem Schaffen der Meistersinger, liegt eine Auffassung vom Wesen künstlerischer Leistung zugrunde, die, gemessen an der Norm, die seit der klassischen Literaturperiode herrscht, völlig andersartig ist. Gefordert war keineswegs das Ringen um die originäre Dichtung, Ausdruck einmaligen Schöpfertums, sondern die dichterische Gestaltung, die einem für alle Kunstgenossen, die ›Meister‹, gültigen Regelkatalog vollendet entsprach. Sie ging aus einem Kollektiv hervor, der »Singschule«, und diente der Belehrung und Unterhaltung eben dieses Kollektivs sowie des größeren Ganzen, der Bürgerschaft. S. wußte selber, daß sein Schaffen insgesamt die Grenzen des herkömmlichen Meistersangs sprengte und ihn über den Rang des Meistersingers emporhob. Trotzdem darf derjenige Teil seines Werks, der dem Meistersang angehört, als die Vollendung eben dieses Genres gelten. Daher sahen sowohl die Zeitgenossen als auch spätere Geschichtsschreiber des Meistersangs in S. den bedeutendsten Meister der Nürnberger Singschule.

Neben den Meisterliedern bilden die zweite Großgruppe von Texten im Schaffen von S. die nichtstrophischen gereimten Versdichtungen, worunter neben den *Kampfgesprächen* besonders hervorzuheben wären: die Fabeln und Schwänke sowie die dramatischen Dichtungen (Tragödien, Komödien, Fastnachtspiele). Es sind Beispiele aus diesen Gattungen, die vom Gesamtwerk am längsten bekannt geblieben sind. Während die Epoche, das 16. Jahrhundert, durch die Zeitgenossen (Jörg Wickram u.a.) in Deutschland bereits die Blüte des Prosaschwanks bringt, hält S. an der althergebrachten gereimten Form fest (mit dem sprichwörtlich ge-

wordenen ›Knittelvers‹). Die Inhalte kommentieren und kritisieren alle Stände und ihr Leben und lassen Mängel des Alltags und politische Vorgänge Revue passieren: *Der arm gemein Esel* (1525), *Das Schlauraffenland* (1530), *Landsknechtspiegel* (1546; mit der Problematisierung der Frage von Krieg und Frieden; zu Beginn des Schmalkaldischen Krieges!) u.a. In den Tragödien und Komödien griff er auf antike, auch biblische Stoffe zurück, ferner auf mittelalterliche und zeitgeschichtliche. Dabei behandelte er unter historisierendem Gewand durchaus brisante Gegenwartsthemen, so gleich in seiner frühesten Tragödie *Von der Lucretia* (1527) die Tyrannei-Problematik.

Als unübertroffen beurteilt die Literaturgeschichtsschreibung indes v.a. seine Fastnachtspiele: »der unerreichte Meister dieser Gattung« (Barbara Könneker). Neben formalen Neuerungen, wie der Einführung einer einheitlichgeschlossenen Handlung, und inhaltlichen, wie der Reduzierung obszöner Bestandteile, ist es insbesondere die Parteinahme für die »Kleinen«, häufig an List Überlegenen, die diesen Teil des Gesamtwerks kennzeichnet. So demonstrieren z.B. *Der fahrend Schuler im Paradies* und *Der Roßdieb zu Fünsing mit den tollen diebischen Bauern*, wie kleine Diebe das Eigentum anderer Leute an sich bringen, ohne der Strafe zu verfallen –, umgekehrt als in der Realität der Zeit, worin nach Meinung des Dichters und vieler Zeitgenossen »große Diebe die kleinen henken« (so daß sich das Fastnachtspiel als illusionistischer Ausgleich der Wirklichkeit erweist).

Alle diese Dichtungen entstanden unter den unwürdigsten Bedingungen, dem Druck der Zensur, ausgeübt von einem zwischen den Mächten lavierenden patrizischen Rat, dessen Politik in der Stadt die Niederhaltung der Zünfte bezweckte ebenso wie die der Unterschichten. 1526: S. wird als ›Schwärmer‹ überwacht (›Schwärmer‹: zeitgenössischer Terminus für Müntzeranhänger und Täufer!). 1527: Der Nürnberger Rat erteilt ihm Schreib- und Veröffentlichungsverbot (»Befehl, daß er sich auf sein Handwerk, den Schusterberuf, beschränke, sich auch enthalte, in Zukunft irgend einen Dialog oder gereimte Dichtung verbreiten zu lassen«). Und so weiter, immer neue Schikanen bis ans Lebensende, mühsam eingeholte Erlaubnisse, wechselnd mit Verboten. Für die Situation des Dichters in der Zeit setzte er daher das Bild des Verkünders der Wahrheit, der klagt: »Siehst nicht vor meynem mund das groß, / Starck, ungewinlich, eyßren schloß [das unüberwindbare Eisenschloß], / Das fürstn und adl mir hat fürgschlagn, / Die laster [Verbrechen] in [ihnen] nicht mehr zu sagn [vorzuhalten]?« – Ein Beweis für die Wirksamkeit der Zensur: Der Rat fehlt in der Reihe der Unterdrücker der Wahrheit!

Wolfgang Beutin

Schiller, Friedrich
Geb. 10. 11. 1759 in Marbach am Neckar; gest. 9. 5. 1805 in Weimar

»Ich möchte nicht gern in einem anderen Jahrhundert leben und für ein anderes gearbeitet haben. Man ist ebensogut Zeitbürger als man Staatsbürger ist; und wenn es unschicklich ist, ja unerlaubt gefunden wird, sich von den Sitten und Gewohnheiten des Zirkels, in dem man lebt, auszuschließen, warum sollte es weniger Pflicht sein, in der Wahl seines Wirkens den Bedürfnissen und dem Geschmack des Jahrhunderts eine Stimme einzuräumen?« (*2. Brief zur ästhetischen Erziehung*, 1795). Als Sch. dies schrieb, hatte er noch wenig mehr als zehn Jahre zu leben, waren *Die Räuber* (1781/82), *Die Verschwörung des Fiesko zu Genua* (1783), *Luise Millerin* (*Kabale und Liebe*, 1783), *Vom Wirken der Schaubühne auf das Volk* (1784), die Ode *An die Freude* (1785) und das große

Gedicht *Die Götter Griechenlands* (1788) und *Don Carlos* (1787 als *Dom Karlos*) veröffentlicht und aufgeführt, hatte er seine berühmt gewordene Antrittsvorlesung an der Universität Jena gehalten (*Was heißt und zu welchem Ende studiert man Universalgeschichte?* – Mai 1789) und neben zahlreichen kleineren auch seine beiden großen historischen Abhandlungen *Geschichte des Abfalls der Vereinigten Niederlande von der spanischen Regierung* und *Geschichte des Dreißigjährigen Krieges* geschrieben, hatte er sich als Herausgeber mehrerer Anthologien und Zeitschriften versucht, zahlreiche Rezensionen verfaßt (darunter die keineswegs freundliche *Über Bürgers Gedichte* von 1791), sich schließlich unter dem starken Einfluß Immanuel Kants intensiv mit der Philosophie beschäftigt und sich zum Ziel gesetzt, »sich mit dem vollkommensten aller Kunstwerke, mit dem Bau einer wahren politischen Freiheit zu beschäftigen« (*2. Brief zur ästhetischen Erziehung*). Bis zu dieser Zeit (1795), die durch die Freundschaft mit Goethe fortan auch starke positive Akzente erhielt, enthält der biographische Katalog eine lange Liste negativer Erfahrungen: das Fehlen jeder kontinuierlichen Familienbindung, keine wirkliche Verwurzelung in der schwäbischen Heimat; keine Möglichkeit, den gewünschten Beruf des Theologen zu ergreifen, weil die Abhängigkeit der Familie vom Dienst für den württembergischen Landesherrn Carl Eugen diesen über das Schicksal des Kindes bestimmen ließ.

So absolvierte der junge Sch. auf Befehl Carl Eugens eine militärisch-medizinische Ausbildung an der neugegründeten Carlsschule in Stuttgart (von 1773 bis 1780) und wurde danach zum schlecht bezahlten und noch schlechter behandelten »Regimentsmedikus« (Dezember 1780), bis er sich dem Unverständnis des absolutistischen Fürsten für die literarischen Interessen des jungen Mannes durch Flucht entzog.

Dennoch fallen Sch.s erste dichterische Arbeiten in die Zeit der Carlsschule; Dichtung galt hier natürlich nicht viel, auch wenn einzelne Lehrer wie Professor Abel das erkennbare Talent des jungen Eleven nach Kräften förderten. Die wenigen, die von Sch.s Versuchen wußten, waren von seinen Ergebnissen nicht gerade begeistert; sie warfen ihm vor, seine Texte seien »künstlich«, »exaltiert«, »herzlos«; es gelang ihm offensichtlich nicht, seine »innere Bewegung« in angemessener, sprachlich differenzierter Weise zum Ausdruck zu bringen. Das erkannte Sch. auch selbst (*Brief an Boigeol*, 1777), und er bemühte sich zeitlebens, dem entgegenzuwirken; dennoch verstummte die Kritik an seiner Sprache eigentlich nie ganz; so lachten Caroline Schlegel und ihre Freunde 1799 über *Das Lied von der Glocke*, daß sie »fast von den Stühlen gefallen« wären, und Jean Paul kritisierte in seiner *Vorschule der Ästhetik* (1804) »die zu Juwelen versteinerte Hand«, die, wenn nicht das Spielen, dann doch das Hören störe.

Sch. hat die Empfindungen seiner Leser bis ins 20. Jahrhundert »polarisiert«, seine Werke wurden immer wieder als »Ideenmagazin« gesellschaftlich und politisch mißbraucht, ihr ästhetischer Wert aber verkannt. Schon sein erstes Drama, *Die Räuber*, löste durch den berühmten, nicht von Sch. stammenden Zusatz: »In tirannos« (in der zweiten Auflage 1782 bei Löffler) eine Kette von Mißverständnissen aus: Sch.s Kampf um die Aufführung in Mannheim (1782) brachte ihm wegen wiederholtem unerlaubten Verlassens seiner Arbeitsstelle eine Haftstrafe und – als Folge seiner anschließenden Flucht – eine lebenslange Entfernung von der schwäbischen Heimat ein, wenn man von dem kurzen Versuch absieht, nach dem Tode Carl Eugens im Oktober 1793 in Stuttgart zu leben (Frühjahr 1794). 1782 war Sch. in Kontakt mit dem Intendanten des Mannheimer National-theaters, Wolfgang Heribert Freiherr von Dalberg, gekommen. Obwohl dieser ein »opportunes Ritterstück«, auf keinen Fall ein »revolutionäres«, inszenieren wollte, erlebte Sch. bei der Premiere seiner nun schon mehrfach umgearbeiteten *Räuber* im Januar 1782, daß das Drama trotz einer völlig unangemessenen Inszenierung eine überwältigende Wirkung beim Publikum erzielte, während die literarische Kritik es kaum zu Kenntnis nahm. Deshalb wollte Sch. mehr für die »Öffentlichkeit« seiner Dramen tun und versuchte, seine »Bühnentheorie« publik zu machen; aber alle diese Bemühungen brachten keinen Erfolg, auch seine Rede vor der »Deutschen Gesellschaft« in Mannheim (1784) wurde zwar mit Beifall aufgenommen, änderte die Einstellung des Intendanten von Dalberg aber nicht; Sch.s einjähriger Vertrag als Mannheimer »Theaterdichter« wurde im August 1784 nicht verlängert. Damit blieb ihm eine »Wirkung der Schaubühne auf das Volk«, die über bloße Unterhaltung hinausgehen sollte, versperrt, und die Möglichkeit, als unabhängiger Schriftsteller zu leben und zu schreiben, war gescheitert. An Jens Baggesen schrieb Sch. 1791: »Von der Wiege meines Geistes bis jetzt, da ich dies schreibe, habe ich mit dem Schicksal gekämpft, und seitdem ich die Freiheit des Geistes zu schätzen weiß, war ich dazu verurteilt, sie zu entbehren … Ich habe mir diesen Beruf gegeben, eh ich seine Forderungen geprüft, seine Schwierigkeiten übersehen hatte.«

Dennoch versuchte Sch., »freier Schriftsteller« zu bleiben; zehn Jahre äußerster finanzieller Bedrängnis, Einschränkung, Abhängigkeit und Ratlosigkeit trieben den jungen Dichter auf geistige, materielle und räumliche Wanderschaft; seine Gönner waren entweder selbst adelig (Frau von Kalb, Frau von Wolzogen, Graf Schimmelmann, der dänische König, Carl August von Weimar), oder sie lebten in Abhängigkeit von einem Hofe (wie seine engen Freunde Körner und Goethe, die sich allerdings beide ihre Unabhängigkeit zu wahren wußten); Sch. mußte um alle Vergünstigungen bitten – und er hat es getan: Auf eigene Bitte hin wurde er »fürstlicher Rat« (1784 durch Carl August von Sachsen-Weimar), was ihm persönlich später den Zugang zur Weimarer Hofgesellschaft erleichterte; ebenfalls auf sein Gesuch hin machte ihn der Meininger Hof zum »Hofrat«, so daß er nun auch Ämter übernehmen konnte; aber erst die Erhebung in den erblichen Adelsstand öffnete ihm (und endlich auch wieder seiner Frau Charlotte von Lengenfeld) völlige »Gleichberechtigung« bei Hofe (der damaligen »Öffentlichkeit«).

Verschieden kurze, oft heftige Zuneigungen zu Frauen dürfen nicht darüber hinwegtäuschen, daß Sch. von diesen Begegnungen sich »Harmonie« und Ansporn für seine literarischen Arbeiten erhoffte; selbst der Sommer 1788 in Volkstedt, der seiner Verlobung und Heirat mit Charlotte von Lengefeld vorauslief, bildete hier keine Ausnahme: »Herz und Kopf jagen sich bei mir immer und ewig; ich kann keinen Moment sagen, daß ich glücklich bin, daß ich mich meines Lebens freue. Einsamkeit, Abgeschiedenheit von Menschen, äußere Ruhe um mich her und innere Beschäftigung sind der einzige Zustand, in dem ich noch gedeihe. Diese Erfahrung habe ich diesen Sommer gar häufig gemacht« (an Körner). Der hier zitierte Sommer war der von 1788 in Volkstedt, der seiner Verlobung und Heirat mit Charlotte von Lengefeld vorauslief, in dem er Charlotte und deren Schwester täglich sehen, daneben aber auch unter relativ günstigen Bedingungen arbeiten konnte. So ist es völlig verständlich, daß die Ernennung zum Professor für Geschichte in Jena (zunächst ohne festes Gehalt!) ihn zwar zunächst beflügelte, wie die schon erwähnte Antrittsvorlesung vom Mai 1789 – wenige Tage vor dem Zusammentritt der Generalstände in Frankreich! – auf eindrucksvolle Weise zeigt; doch schon bald erkannte Sch. auch die Last dieser Tätigkeit. Andererseits trieb sie ihn zu neuen Ideen: er huldigte nicht einem primitiven Fortschrittsglauben, sondern er wollte die »beschädigte« menschliche Gesellschaft von innen reformieren durch stete Konfrontation mit der »Idee der Totalität« (Wilhelm von Humboldt). Er suchte also in der Geschichte nach den großen verbindenden Ideen und Kategorien, die über das empirische Geschehen des Moments hinausreichten, eine Aufgabe, die er zunächst allein der Schaubühne vorbehalten hatte; hier setzte er fort, was Voltaire und Charles de Montesquieu philosophisch, Jacques Bénigne Bossuet (in seinem *Discours sur l'histoire universelle*) spezifischer schon begonnen und der Göttinger Historiker August Ludwig von Schlözer in seiner *Vorstellung einer Universalhistorie* (1772/73) ausgebaut hatte: aufgeklärte Geschichtswissenschaft im umfassendsten Sinne. Da Sch. moralisches Handeln und die Idee einer allgemeinen »politischen Ästhetik« mehr interessierten als detailgetreue Wiedergabe der Fakten, sollten die Geschichtsquellen die Vielfalt politischer, soziologischer, theologischer, philosophischer Aspekte aufzeigen – und damit auch den Widerstreit von »Idee« und »Wirklichkeit«. Schon während der historischen Arbeiten verschob sich also Sch.s Schwerpunkt wieder zum Dichterischen hin. So ist Wallenstein z.B. mehr ein »interessanter Charakter«, ein gescheiterter Ideenträger, als eine rein historische Figur: Sch. spürte, daß er als Historiker die Fragen nicht beantworten konnte, die ihm als historische Figur aufgab. In dieser Situation war die Begegnung mit der Philosophie Immanuel Kants (ab 1791) von nicht zu unterschätzender Bedeutung; denn durch sie wandte sich sein Interesse endgültig von der Historie zur Ästhetik, von der »Realität« zur Kunst.

Zugleich lieferte Kants Philosophie Sch. die Möglichkeit, ein »System« der Ästhetik anzustreben und dieses System zu erklären als den »Versuch eines mündig gewordenen Volkes, seinen Naturstaat in einem sittlichen umzuformen« (*3. ästhetischer Brief*).

Die Schriften Kants haben Sch. in dieser Zeit intensiv beeinflußt, und in der Auseinandersetzung mit Kants Gedankenwelt ist er – besonders in ästhetischen Fragen – zu einer Klarheit vorgedrungen, die weit über die ästhetischen Schriften hinaus sein späteres Schaffen geprägt hat. Wilhelm von Humboldt, der ab 1793 engen Kontakt zu Sch. hatte, empfand dessen Verhältnis zu Kant kongenial nach; er schrieb 1830 über Sch.: »Ihn, der immer über seiner jedesmaligen Beschäftigung schwebte, der die Poesie selbst, für welche die Natur ihn bestimmt hatte und die sein ganzes Wesen durchdrang, doch auch wieder an etwas noch Höheres anknüpfte, mußte eine Lehre anziehen, deren Natur es war, Wurzel und Endpunkt des Gegenstandes seines beständigen Sinnens zu enthalten ... Sich fremder Individualität nicht unterzuordnen, ist Eigenschaft jeder größeren Geisteskraft, jedes stärkeren Gemüts, aber die fremde Individualität ganz, als verschieden, zu durchschauen, vollkommen zu würdigen und aus dieser bewundernden Anschauung die Kraft zu schöpfen, die eigne nur noch entschiedener und richtiger ihrem Ziele zuzuwenden, gehört wenigen an und war in Sch. hervorstechender Charakterzug. Allerdings ist ein solches Verhältnis nur unter verwandten Geistern möglich, deren divergierende Bahnen in einem höher liegenden Punkte zusammentreffen, aber es setzt von Seiten der Intellectualität die klare Erkenntnis dieses Punktes, von Seiten des Charakters voraus, daß die Rücksicht auf die Person gänzlich zurückbleibe hinter dem Interesse an der Sache.« Diese »Sache« war für Sch. die ästhetische Erziehung des Menschen zur geistigen Freiheit. Die »Eigentümlichkeit seines intellectuellen Strebens« bestand gerade darin, die Identität des Ursprungs von Philosophie und Poesie »zu fassen und darzustellen« (Humboldt): Mit dem Blick auf die Verhältnisse in Europa fragte Sch. deshalb im *8. Brief zur ästhetischen Erziehung*: »Woran liegt es, daß wir noch immer Barbaren sind? Es muß also, wenn es nicht in den Dingen liegt, in den Gemütern der Menschen etwas vorhanden sein, was der Aufnahme der Wahrheit ... im Wege steht. Ein alter Weiser hat es empfunden, und es liegt in dem viel bedeutenden Ausdrucke versteckt: sapere aude. Erkühne dich, weise zu sein. Energie des Muts gehört dazu, die Hindernisse zu bekämpfen, welche sowohl die Trägheit der Natur als die Feigheit des Herzens der Belehrung entgegensetzen.« Denn nach Sch. soll »alle Verbesserung im Politischen ... von Veredlung des Charakters ausgehen«. Glaubte Sch. also an diese »Wahrheit« und die Möglichkeit, eine Veredlung des menschlichen Charakters zu erreichen?

Die ästhetischen und philosophischen Schriften, die ebenso wie die spätere Lyrik in enger Zusammenarbeit mit Johann Wolfgang Goethe entstanden (z. B. die großen Balladen und die Xenien), die großen Dramen (hier vor allem die *Wallensteintrilogie* (1798/99; Uraufführung aller drei Teile im gleichen Winter in Weimar), *Maria Stuart* (1800 uraufgeführt, 1801 als Buch) und das Fragment des *Demetrius*, aber auch den Gedichtentwurf *Deutsche Größe* (wohl 1797), umkreisen direkt oder indirekt die Frage der Veredlung des menschlichen Charakters. Eine Antwort kann nur mit Sch. gegeben werden: Immer wieder ist auf die »Unzulänglichkeit« seiner Helden hingewiesen worden – von Karl Moor über Fiesko bis Wallenstein und Demetrius. In seiner *Ästhetik* hat Georg Wilhelm Friedrich Hegel diese Frage am Beispiel Wallensteins erörtert; über ihn heißt es dort: »Kaum hat er sich entschlossen, als er die Mittel, deren er sich gewiß glaubt, unter seinen Händen zerlaufen, sein Werkzeug zerbrechen sieht. Denn was die Obristen und Generale letztlich bindet, ist nicht die Dankbarkeit für das, was er ihnen Dankenswertes durch Anstellung und Beförderung erwiesen hat, nicht sein Feldherrnruhm, sondern ihre Pflicht gegen die allgemein anerkannte Macht und Regierung, ihr Eid, den sie dem Oberhaupte des Staats, dem Kaiser ... geschworen haben«. Wo kann bei solch verwirrenden Beziehungen, wie Sch. sie Wallenstein vor den Augen des Zuschauers erleben läßt, der handelnden Figur Wahrheit erreichbar sein? Muß ein solcher Wallenstein sich nicht in seiner Schwäche an alte vertraute Fehler halten? Sind diese »Fehler« nicht gerade das »Menschliche« an Wallenstein?

Kritische Beobachter haben früh erkannt, daß Sch. in der Struktur seiner Dramen, in Aufbau und Verknüpfung der Handlung viel stärker, als es auf den ersten Blick erscheinen mag, der Aufklärung verpflichtet geblieben ist. Seine als »Ideenträger« konzipierten Figuren verfügen nicht über eine reiche Psyche, sie repräsentieren selten ihr Unbewußtes dem Publikum; das unterscheidet sie deutlich von Dramenfiguren des 19. und 20. Jahrhunderts. Die Sprache dieser Figuren kann also nicht so sehr Ausdruck subjektiver Gedanken- und Gefühlswelt lebendiger Individuen sein, als vielmehr kommentierende, transzendierende Reflexion des Dichters, der den Reden der auftretenden Personen die Tendenz zum Ideell-Gültigen geben wollte (Sch. selbst nannte seine Betrachtungsweise »sentimentalistisch«; in dem Essay *Über naive und sentimentalische Dichtung* 1796). Tatsächlich reden und handeln Sch.s Dramenfiguren immer in einem über Raum und Zeit hinausweisenden Sinngefüge – es ist leicht, dies als »Deklamieren« zu bezeichnen und vom heutigen Verständnis des Dramas her abzulehnen. Unter dem Einfluß der Französischen Revolution hatte Sch. aber begriffen, daß die geistigen Voraussetzungen für eine Entwicklung zur Freiheit noch keineswegs gegeben waren, und daß sie auf der Bühne im Modell leichter publikumswirksam entwickelt werden konnten als in theoretischen Schriften; man muß also zwischen Sch.s theoretischen Schriften und seinen Dramen nach 1790 permanente Verbindungslinien ziehen; die Bühne sollte »hier und jetzt bewegen«, die Wahl der sprachlichen Mittel hatte für ihn dabei nicht Vorrang. Seine ganz auf die Verkörperung von Ideen und Modellen gerichtete Darstellungsweise nahm also eine manchmal krasse Schwarzweißzeichnung der Charaktere in Kauf; die »Grundidee«, die auf dem Wege der Vernunft zu erreichende »Freiheit des Menschen zum Absoluten« im Guten und im Bösen – sollte dem Theaterpublikum sichtbar gemacht und als Denkmodell für eigenes Verhalten begriffen werden – eine wahrhaft kühne Forderung! Das berühmte Urteil Georg Büchners von 1835, »Idealdichter« wie Sch. hätten »fast nichts als Marionetten mit himmelblauen Nasen und affektiertem Pathos, aber nicht Menschen von Fleisch und Blut« geschaffen (Brief vom 28. 7.), der Idealismus sei »die schmählichste Verachtung der menschlichen Natur« (*Lenz*), kritisierte einen Mangel, den Sch. kaum als Vorwurf empfand: Ihm waren nicht einzelne Figuren und deren persönliches Tun oder Lassen entscheidend, sondern die Gesamtheit der Ideen, die sie verkörperten.

Wie Sch. in seinen ästhetischen Schriften immer wieder darlegte, wollte er die »Totalität in unsrer Natur«, die den Menschen geraubt oder von der Gesellschaft mutwillig zerstört worden war, »durch eine höhere Kunst wiederherstellen« (Ende des 6. *Briefes zur ästhetischen Erziehung*). Diese Aufgabe sah Sch. durchaus politisch, wenn er kritisierte: »Das jetzige Zeitalter, weit entfernt, uns diejenige Form der Menschheit aufzuweisen, welche als notwendige Bedingung einer moralischen Staatsverbesserung erkannt worden ist, zeigt uns vielmehr das direkte Gegenteil davon.« Jede Hoffnung auf eine Verbesserung dieser Verhältnisse werde solange »schimärisch« bleiben, »bis die Trennung in dem inneren Menschen wieder aufgehoben und seine Natur vollständig genug entwickelt ist, um selbst die Künstlerin zu sein und der politischen Schöpfung der Vernunft ihre Realität zu verbürgen« (7. Brief).

Wie schon erwähnt, wollte Sch. in seinen Dramen bei den Figuren, die historische Größen darstellen, deren menschliche Unzulänglichkeiten nicht verstecken. Dabei mußte seine Darstellung mehrfach in Gegensatz zu einer »Gerechtigkeitsharmonie christlicher Prägung« geraten, die für Karl Moor vielleicht noch gelten mochte; indem der Mord an Wallenstein aber nicht in einer höheren Gerechtigkeit aufgehoben wird, sondern das Werk schwacher Menschen bleibt, hatte Sch. seine Ideen vom christlichen Dogma erkennbar abgelöst. Ein solches Heraustreten aus allen Konventionen der Zeit wurde von vielen Zeitgenossen als Blasphemie empfunden und auf fast alle Werke Sch.s übertragen.

Die 1794 einsetzende Freundschaft mit Goethe bedeutete für Sch. ein unendliches Gespräch (Alewyn) über alle Gegenstände der Kunst, der Literatur, des Denkens überhaupt: eintausend Briefe und mehr als sechzig Wochen gegenseitiger Besuche bis zu Sch.s Übersiedlung nach Weimar im Dezember 1799 legen aller Kritik zum Trotz ein deutliches Zeugnis von der geistigen Nähe der beiden ab, mochten auch ihre Anschauung der Natur und ihre Wege zur Kunst völlig verschieden sein, wie vor allem Sch. mehrfach brillant formuliert hat. Diese außerordentlich produktive und von materieller Not endlich freie letzte Lebensphase Sch.s ist von

mehr als einem Dutzend schwerer Krankheiten verdüstert; nach 1795 ist Sch. eigentlich niemals völlig ohne Beschwerden gewesen, er hat, wie Peter Lahnstein es ausdrückt, »am Tod entlang gelebt«: »Es war ein Sicheinrichten mit der Krankheit, eine Gewöhnung an sie, eine Art von Zusammenleben mit ihr« (Thomas Mann), so daß »Verfeinerung«, »Sensibilität« und »Benervung« ihm nur realisierbar wurden durch »Arbeit, die ihm doch alles ist, ihm, dem fleißigsten der Dichter!« (Versuch über Schiller, 1955). Sch. selbst bestätigt dies, etwa wenn er sagt: »Der Fleiß … gibt nicht nur die Mittel des Lebens, sondern er gibt ihm auch seinen alleinigen Wert« (an Körner, 1802). Dies galt sogar noch für die letzten Wochen seines Lebens, als er sich unmittelbar nach der Arbeit am Wilhelm Tell an Überlegungen, Entwürfe und Sammlungen zum Demetrius machte, »dem wohl gewaltigsten Entwurf seines Lebens, der mit allen seinen Implikationen und ungeheuren Anforderungen seinen Geist produktiv aufflammen ließ, während sein Körperliches am knappsten Rande der Lebensmöglichkeit schwebte« (Thomas Mann). Mitten in diesen Vorarbeiten zum Demetrius finden sich unter den Gründen, die gegen das Schreiben des Stückes sprechen, die Worte: »Die Größe der Arbeit«. Es ist schwer nachzuvollziehen, in welchem Maße in diesen letzten Wochen seines Lebens das Bewußtsein von der Tragik des Demetrius und des eigenen Lebens ineinanderflossen, bis die Natur den Abwehrkräften seines Körpers gegen die Krankheit ein Ende setzte. Goethe war nach der Nachricht von Sch.s Tod krank geworden, schrieb aber schon bald die erste Fassung des Gedichts Epilog zu Schillers Glocke, das erstmals bei der Totenfeier in Lauchstädt (August 1805) und fortan (1815 erweitert) alle fünf Jahre vorgetragen wurde. 1827 wurden die Gebeine Sch.s von ihrer ersten Grabstelle im Kassengewölbe auf dem alten Friedhof der

Jakobskirche in die herzogliche Familiengruft auf dem neuen Weimarer Friedhof umgebettet. In dieser Zeit hatte Goethe Sch.s Schädel mehrere Monate bei sich in der Wohnung, zumindest das, was er dafür hielt – eine Reliquie von zweifelhafter Herkunft, wohl dem Kassengewölbe entnommen, aber kaum der authentische Schädel Schillers (Albrecht Schöne). In einem Gedicht auf den Schädel verehrte er »die gottgedachte Spur, die sich erhalten«.

Als Goethe wenig später (1828/29) seinen Briefwechsel mit Sch. herausgab, spottete August Wilhelm Schlegel in einem scharfen Epigramm über »den blassen Wagner und den kräftigen Faust«; auf Eduard Mörike dagegen hatte »der Geist dieser beiden Männer« eine ganz andere Wirkung: »Mein Kopf war aufs äußerste angespannt – meine Gedanken liefen gleichsam auf den Zehenspitzen, ich lag wie über mich selbst hinausgerückt und fühlte mich neben aller Feierlichkeit doch unaussprechlich vergnügt. Statt mich niederzuschlagen, hatte der Geist dieser beiden Männer eher die andere Wirkung auf mich. Gar manche Idee – das darf ich Dir wohl gestehen – erkannte ich als mein selbst erworbenes Eigentum wieder, und ich schauderte oft vor Freuden über seiner Begrüßung«. 1830 leitete Wilhelm von Humboldt seinen Briefwechsel mit Sch. mit einem ungewöhnlich scharfsinnigen Essay ein: *Über Schiller und den Gang seiner Geistesentwicklung*. Humboldts hier getroffene Feststellungen haben bis heute Gültigkeit behalten, weil sie in ihrer »Nähe zum Gegenstand« nicht übertroffen werden können. Der »dynamischen« Seite Sch.s setzte Heinrich Heine im ersten Buch der *Romantischen Schule* 1833 ein Denkmal: »Schiller schrieb für die großen Ideen der Revolution, er zerstörte die *geistigen* Bastillen, er baute an dem Tempel der Freiheit …«. Sch.s Selbstverständnis ist in lapidarer Kürze einem Stammbuchblatt für einen Unbekannten zu entnehmen: »Alles unser Wissen ist ein Darlehn der Welt und der Umwelt. Der thätige Mensch trägt es an die Mitwelt und Nachwelt ab, der unthätige stirbt mit einer unbezahlten Schuld. Jeder, der etwas Gutes wirkt, hat für die Ewigkeit gearbeitet« (22. September 1790).

Klaus Ehlert

Schlegel, Friedrich
Geb. 10.3.1772 in Hannover;
gest. 12.1.1829 in Dresden

Ob als Sympathisant der Französischen Revolution, als führender Kopf der romantischen Bewegung oder Verfasser des Skandalromans *Lucinde* (1799), ob als universal gebildeter Historiker und Literaturkritiker neuen Schlags, als konservativer Diplomat, Journalist oder versponnener Mystiker: Sch. gab und gibt noch heute jedem Gelegenheit, mit Ärger oder Bewunderung über die Vielseitigkeiten und Widersprüche eines Mannes zu staunen, dem nichts verhaßter war als ein starres Denksystem, der seine Intellektualität vor allem in Form von Fragmenten entfaltete, im phantasievollen, selbstironischen Spiel mit oft extremen, doch unabgeschlossenen Denk- und Lebensexperimenten, die sich gegenseitig relativierten, ergänzten und stets offen blieben für neue, überraschende Wendungen – gemäß dem eigenen Konzept von »Bildung«, die er als »eine fortgehende Kette der ungeheuersten Revolutionen« verstanden wissen wollte.

Entsprechend exzentrisch nimmt sich sein Lebenslauf aus: schwer erziehbares Sorgenkind in einer traditionsreichen und gebildeten Bürgerfamilie; auf Weisung des Vaters Banklehre, aus der er jedoch davonläuft, sich in kürzester Zeit ein profundes Wissen der Antike aneignet und damit den Zugang zur Universität verschafft; Student der Rechtswissenschaften in Göttingen (1790/91), ein »Weltmann« im luxuriösen und frivolen

Leipzig, der den »Müßiggang« feiert, sein Geld verspielt, sich in Affären verstrickt und mit hohen Schulden belastet, die er sein Leben lang nicht los wird; ein Intellektueller mit abgebrochenem Studium, der es wagt, als freier Schriftsteller den geistigen Autoritäten seiner Zeit zu trotzen, und in Jena, noch keine 25 Jahre alt, zu einem berühmten Autor avanciert; zusammen mit dem älteren Bruder August Wilhelm Herausgeber des die erste »romantische Schule« konstituierenden *Athenäums*, (von 1798 bis 1800), der Zeitschrift wider die »Leerheit und Lahmheit« der Literatur; ein Wissenschaftler mit ungeheurem Arbeitspensum, der der europäischen Philologie und Kunstgeschichtsschreibung ganz neue Kulturen erschließt: Persien, Indien, Ungarn, das Mittelalter, die Gotik.

Für die Ideen der Revolution gewann den von Hause aus Konservativen jene Frau, die schon zu Lebzeiten mit ihrem Verlangen nach politischer wie erotischer Freiheit zum romantischen Mythos weiblicher Emanzipation wurde: Caroline Böhmer, von Friedrich Schiller mit moralischer Entrüstung die »Dame Luzifer« genannt. Sch.s literaturkritische, historische und philosophische Arbeit verband sich, seit er sie kannte (1793), mit republikanischem Engagement. Dieses hatte für ihn nicht bloß politischpraktische Bedeutung. So wie er unter »Literaturkritik« eine umfassende Kulturanalyse verstand, die das individuelle Kunstwerk und den Künstler in übergreifenden sozial- und ideengeschichtlichen Zusammenhängen charakterisierte (»Wer kann den Pindarischen Rhythmus begreifen, dem die Sitten und die Staatsverfassung der Dorier fremd sind«), meinte er mit »Revolution« die Erneuerung nicht nur der politischen Verhältnisse. In diesem, auch gegen die verkürzte, in den Terror einmündende Revolutionspraxis der Franzosen gerichteten Sinn ist das oft zitierte *Fragment* von 1798 zu verstehen:

»Die Französische Revolution, Fichtes Wissenschaftslehre und Goethes Meister sind die größten Tendenzen des Zeitalters. Wer an dieser Zusammenstellung Anstoß nimmt, wem keine Revolution wichtig scheinen kann, die nicht laut und materiell ist, der hat sich noch nicht auf den hohen weiten Standpunkt der Geschichte der Menschheit begeben.«

Sch.s republikanischer Standpunkt artikulierte sich vornehmlich in der Form ästhetischer Reflexionen und geschichtsphilosophischer Betrachtungen. Hier konnte er, wie er dem Bruder im Januar 1796 bekannte, »unglaublich kühn sein, ehe daß jemand von der Polizei Notiz davon nimmt, oder die Kühnheit auch nur versteht.« Seine Auseinandersetzung mit der griechischen Kultur, die ihren bedeutendsten Niederschlag in der Abhandlung *Über das Studium der griechischen Poesie* (1797) fand, war indes nicht bloß von der Furcht vor der Zensur motiviert. Griechenland wurde für ihn, wie für viele seiner Zeitgenossen, zum Mythos einer harmonischen, freiheitlichen Gesellschaft, zum utopischen Gegenbild einer von vielfältigen Gegensätzen krisenhaft entzweiten Moderne, deren Beschreibung sich durch existentielle Krisenerfahrungen beglaubigte. Der junge Sch. bezeichnete sich selbst als »seelenkrank«, verglich sich gern mit Hamlet, klagte über seine Isolation und gestand seinem Bruder, daß Selbstmord sein »täglicher Gedanke« sei.

Daß die Beschäftigung mit der Vergangenheit keineswegs eine regressive Flucht aus der Gegenwart war, sondern sich mit dem Blick in die Zukunft auf die aktuellen politischen Ereignisse bezog, zeigt einmal mehr der Aufsatz *Über den Begriff des Republikanismus* (1796). Entgegen der These Immanuel Kants (in der Schrift *Zum ewigen Frieden*, 1795), die Republik sei nur in der aufgeklärten Monarchie zu verwirklichen, gab ihm hier die griechische Polis das

Modell für eine aus dem Volke hervorgehende Demokratie ab. Solche Auffassungen brachten Sch. den Ruf eines Radikalen ein, der sich noch verstärkte, als er ein Jahr später die wohlwollende »Charakteristik« des wegen seiner revolutionären Aktivitäten geächteten »gesellschaftlichen Schriftstellers« Georg Forster publizierte. Zum öffentlichen Ärgernis machte Sch. indes vor allem die Liebesbeziehung zu seiner späteren Gattin Dorothea Veit, der noch rechtmäßigen Ehefrau eines Berliner Bankiers. Daß er die Geschichte dieser Liebe, statt wie üblich zu verheimlichen, auch noch in Form eines kaum verschlüsselten und sinnlich unverschämt offenen Romans 1799 veröffentlichte, war ein Skandal. Doch mehr als nur ein autobiographisches Dokument ist *Lucinde* der Versuch, die romantische Idee jener »natürlichen« Einheit von Liebe und Ehe, von Geist und Sinnlichkeit auszumalen, die der Autor durch bürgerliche Konventionen und staatliche Gesetze künstlich zerstört sah. Der Idee einer neuen Einheit sollte auch die Romankomposition mit der Vereinigung unterschiedlichster Literaturformen entsprechen, wie sie das berühmte 116. Athenaeumsfragment programmatisch forderte: »Die romantische Poesie ist eine progressive Universalpoesie. Ihre Bestimmung ist nicht bloß, alle getrennten Gattungen der Poesie wieder zu vereinigen und die Poesie mit der Philosophie und Rhetorik in Berührung zu setzen. Sie will und soll auch Poesie und Prosa, Genialität und Kritik, Kunstpoesie und Naturpoesie bald mischen, bald verschmelzen.«

Als Sch. gut zwanzig Jahre später an der Edition seiner *Sämtlichen Werke* arbeitete, verleugnete er die Athenäumsfragmente ebenso wie den Roman. Seine Wandlung, die sich in dem seit 1800 zunehmenden Interesse an Mythologie und Mystik vorbereitet hatte, fand in einem Ereignis ihren offiziellen Ausdruck, das in seinem spektakulären Charakter die *Lucinde*-Affäre noch übertraf. Im April 1808 konvertierte er in Köln zur katholischen Kirche. Noch im gleichen Jahr brach Sch. in die Kaiserstadt Wien auf, und hier begann er, der sich in Deutschland stets vergeblich um eine feste Anstellung bemüht hatte, eine Karriere als hoher Beamter – im Dienste der Restaurationspolitik Metternichs.

Sch.s Werk weist trotz aller Wandlungen und Widersprüche durchaus Kontinuitäten auf. Die im Frühwerk so zentralen Begriffe wie Ganzheit, Einheit oder Universalität behielten ihren positiven Sinn. Die von ihm herausgegebene Zeitschrift, die zum zentralen Organ der Wiener Spätromantik wurde, trug den bezeichnenden Titel *Concordia* (von 1820 bis 1823). Seine Anstrengungen, die Selbstisolierung des modernen, die Herrschaft über die Welt der Objekte behauptenden Subjekts zu überwinden, die Aufspaltungen der Gesellschaft in Nationen, Klassen und Konfessionen, die Trennung von Vernunft und Sinnlichkeit, Kunst und Leben, Geist und Natur aufzuheben, führten im Lauf seines Lebens zu immer neuen Lösungsversuchen. »Wir haben keine Mythologie«, hatte er in dem 1800 publizierten *Gespräch über Poesie* geschrieben und die Forderung hinzugefügt: »Es wird Zeit, daß wir ernsthaft dazu mitwirken sollen, eine hervorzubringen.« In der permanenten Suche nach einer neuen, sinn- und einheitstiftenden Kraft, die in den Rationalisierungs- und Ausdifferenzierungsprozessen der Zivilisation verloren ging, ist Sch.s Werk weit über seine Zeit hinaus repräsentativ geblieben für charakteristische Verschlingungen von Mythos und aufgeklärter Moderne.

Thomas Anz

Schmidt, Arno
Geb. 18. 1. 1914 in Hamburg;
gest. 3. 6. 1979 in Celle

»›VERFLUCHTE ZEITN!‹ – (d's wär
Mein = Titl! (Für Meine SelbstBio.))«.
Der atomare Dritte Weltkrieg ist bereits
abgelaufen, wenn die Richter-Figur Kol-
derup in der *Schule der Atheisten* (1972)
auf zwei Worte bringt, was die literarische Laufbahn seines realen Autors Sch.
treffender kaum überschreiben könnte.
Der Mythos vom »unmenschlichen, un-
bezwinglichen Zentralmassiv« seiner Literatur, der zumal seit Erscheinen des
großen Typoskript-Romans *Zettel's
Traum* (1970) die Rezeption behinderte,
wo nicht ersetzte – dieser Mythos verdeckt das eigentlich Unmenschliche, gegen das der Autor lebenslang schreibend
rebellierte. Es ist dies die als ›leviatha-
nisch‹ begriffene Verkettung permanent
zerstörerischer Kräfte. Nicht nur in der
Außenwelt: »Um das Wesen des be-
sagten Dämons zu beurteilen, müssen
wir uns außer uns und in uns umsehen.
Wir selbst sind ja ein Teil von ihm.«
Am Vorabend des Ersten Weltkriegs
als Sohn eines Polizisten und einer Ger-
berstochter in das amusische Klima
Hamburger Mietskasernen-Kleinbür-
gerlichkeit hineingeboren, hat Sch. von
Anfang an Teil an der stumpfen Rohheit
einer engen Alltagswelt. Das drückende
Herkunftsmilieu bietet dem früh in sich
selbst zurückgezogenen Hochbegabten
auch späterhin kaum adäquate Ent-
wicklungschancen. Für überragende
Leistungen – Sch. macht 1933 Abitur in
Görlitz, der Lausitzer Heimat der Eltern
– steht ihm als Preis nur Arbeitslosigkeit
und zermürbende Stellungsuche bevor;
anstatt einer systematischen wissenschaftlichen und künstlerischen Ausbildung ergibt sich ab 1934 lediglich der
Posten in der Lagerbuchhaltung einer
schlesischen Textilfabrik. Im Mai 1937
folgt bereits die erste Kasernierung –
kurz darauf die Verehelichung des
23jährigen mit der Arbeitskollegin Alice

Murawski (die als einzige den Weg des
Autors bis zu seinem Tod teilen wird).
Diesem Versuch des Aufbaus einer eigenen Privat-Gegenwelt folgt jedoch sogleich weitere Kasernierung, 1939 die
Einberufung zum Krieg (ab 1942 zur
Heeresküstenartillerie in Norwegen),
bis Ende 1945 schließlich britische Gefangenschaft. Die aufs Äußerste redu-
zierten Lebensbedingungen in wechselnden Notunterkünften (Cordingen
bis 1950, Gau-Bickelheim 1951, Kastel/
Saar bis 1955) lassen auch nach Kriegsende kaum Spielraum für die dennoch
ständig weiterentwickelte literarische
Produktion: »Wie unnatürlich das ist,
macht der Leser sich gemeinhin nicht
klar … Wir hatten ja nicht einmal
SchreiPapier in jenen Jahren, dicht nach
'45; mein ›Leviathan‹ [als erste Publikation 1949] ist auf Telegram-Formulare
notiert, von denen mir ein englischer
Captain einen halben Block geschenkt
hatte.« Wenn Sch., ab 1946 bereits,
trotzdem auf der Hunger-Existenz als
›freier Schriftsteller‹ besteht, sind damit
zugleich alle Konzessionen an soziale,
politische und ästhetische Normen des
wiederaufkommenden Kulturbetriebs
ausgeschlossen. Die strikte Selbstbe-
stimmtheit seiner Laufbahn (»Kein Vaterland, keine Freunde, keine Religion«)
ebenso wie sein literarisches Programm,
»die Nessel Wirklichkeit fest an(zu)fas-
sen; und uns alles (zu) zeigen: die
schwarze, schmierige Wurzel; den gift-
grünen Natternstengel; die prahlende
Blumen(büchse)«, sie werden dann
auch schnell als Provokation registriert.
Wegen »Gotteslästerung« und »Porno-
graphie« läßt man Sch. 1955 gerichtlich
verfolgen, und er weicht ins hessische
Darmstadt aus; intern zensiert man seine Texte (z. B. den Roman *Das steinerne
Herz*, 1956, der vollständig erstmals
1986 gedruckt wird). Bis ein breiteres
Lesepublikum Zugang zu seinem Werk
findet, vergehen zwei Jahrzehnte, in denen Sch. bereits den Großteil seiner
Kurzprosen (*Rosen & Porree*, 1959; *Kühe*

in *Halbtrauer,* 1964), seiner Romane (*Brand's Haide,* 1951; *Aus dem Leben eines Fauns,* 1953; *Die Gelehrtenrepublik,* 1957; *KAFF auch Mare Crisium,* 1960) und seiner literarhistorischen Studien (*Dya Na Sore* und *Fouqué,* 1958; *Belphegor. Nachrichten von Büchern und Menschen,* 1961; *Sitara oder Der Weg dorthin,* 1962; *Die Ritter vom Geist,* 1965) fertiggestellt hat.

Das Augenöffnende seiner Prosakunst nehmen zuallererst Schriftsteller mit ähnlichem Erfahrungshintergrund wahr: Sch.»experimentiert: rasierklingenscharf bis an die Grenze des Möglichen ... er verhält genau, wo die Sprache ihr Maximum an Deutlichkeit hat, auf der anderen Seite würde das Chaos sein, Sprachtrümmer, Worthack, die lädierte Grammatik«; so Peter Rühmkorf 1956. »An den Grenzen der Sprache« operiert Sch. von der Injektionstechnik »schärfster Wortkonzentrate« der frühen Prosa über die Mehrspaltentechnik von *KAFF* und *Zettel's Traum,* über die späten Novellen-Comödien bis hin zum *Julia*-Fragment 1979. Die Barrieren der konventionalen Schriftsprache noch über die »fonetische Schreibunk« des genau abgehörten Alltagssprechens hinaus überschreitend stößt Sch. forschend bis an das mehrsinnige Wurzelwerk der Wörter (die sog. »Etyms«) und damit in Tiefenschichten des Sprechens vor, die das Bewußtsein gewöhnlich absperrt. Sein Diktum: »Der Schriftsteller soll alleine gehen«, ihm oft genug als elitärreaktionär angelastet, hat nicht zuletzt in dieser Pionierhaltung seine Basis. Von James Joyce, mit dem Sch. hier vielfach verglichen wurde, unterscheidet ihn freilich die elementare Bindung an die Naturwelt, deren Gestalten sein Werk von Anbeginn mitbevölkern; in noch kaum kenntlichen Metamorphosen zuletzt in *Abend mit Goldrand* (1975). »In Gesellschaft von Bäumen« (*Zettel's Traum,* Buch II) und unter den – ihm stets mitlebenden – Texten »vergessener Kollegen« (die er auch als kon-

genialer Übersetzer neu zur Sprache bringt) bleiben dem Autor zwanzig »zu späte« Jahre in der ihm gemäßen menschenarmen Landschaft am Rande des Heidedorfs Bargfeld in Niedersachsen. Anfang Juni 1979 stirbt der Autor über der Arbeit an dem Dialogroman *Julia, oder die Gemälde*; aus dem Nachlaß ersehbar war ein Held, der – durch eine Bildleinwand hindurch – die Welt der gewöhnlichen Erscheinungen hätte verlassen können. Das Fragment erschien 1983. Das Werk des »verhinderten Volksschriftstellers« (Helmut Heißenbüttel) aber steht immer noch zur Entdeckung an. Hilfreich dazu erscheint seit 1987 die editorisch verläßliche »Bargfelder Ausgabe«. Eine Hörbuchfassung des Erzählwerks, gelesen von Jan Philipp Reemtsma, ist gleichfalls leicht zu erreichen.

Bettina Clausen

Schnitzler, Arthur
Geb. 15. 5. 1862 in Wien;
gest. 21. 10. 1931 in Wien

In seinem für die Beziehung von Psychoanalyse und Sch.s Dichtung aufschlußreichen Glückwunschschreiben zum 60. Geburtstag des Dichters hat Sigmund Freud die Distanz zu seinem »Collegen« Sch. mit einer Art »Doppelgängerscheu« erklärt. Er schreibt dazu: »Nicht etwa, daß ich so leicht geneigt wäre, mich mit einem anderen zu identifizieren oder daß ich mich über die Differenz der Begabung hinwegsetzen wollte, die mich von Ihnen trennt, sondern ich habe immer wieder, wenn ich mich in Ihre schönen Schöpfungen vertiefe, hinter deren poetischem Schein die nämlichen Voraussetzungen, Interessen und Ergebnisse zu finden geglaubt, die mir als die eigenen bekannt waren. Ihr Determinismus wie Ihre Skepsis – was die Leute Pessimismus heißen –, Ihr Ergriffensein von den Wahrheiten des Unbewußten, von der Triebnatur des

Menschen, Ihre Zersetzung der kulturell-konventionellen Sicherheiten, das Haften Ihrer Gedanken an der Polarität von Lieben und Sterben, das alles berührte mich mit einer unheimlichen Vertrautheit ... So habe ich den Eindruck gewonnen, daß Sie durch Intuition – eigentlich aber in Folge feiner Selbstwahrnehmung – alles das wissen, was ich in mühseliger Weise an anderen Menschen aufgedeckt habe.« Freuds Doppelgängerscheu kann mit einigem Recht auf die Befürchtung bezogen werden, in Sch. dem mit »unheimlicher Vertrautheit« zu begegnen, was in ihm selbst versagte Möglichkeiten geblieben sind. Sch. lediglich eine Begabung zur Intuition zuzusprechen, verkürzt indes den wahren Sachverhalt, denn der Schriftsteller sich als Mediziner mit der Psychoanalyse und ihrer Vorgeschichte eingehend befaßt. Als Sohn eines angesehenen Medizinprofessors hatte Sch. – wie Freud – an der Wiener Universität (von 1879 bis 1885) bei den damals herausragendsten Vertretern der Wiener medizinischen Schule studiert. Für die Zeitschrift seines Vaters, die *Internationale Klinische Rundschau*, hatte der Student als Medizinjournalist gearbeitet und dabei die Studien Charcots in der Übersetzung Freuds rezensiert. Hypnose und Suggestion wurden von Sch. experimentell angewandt. Folie hierfür blieb allerdings der Determinismus – der freie Wille ist nichts anderes »als die für die Dauer der persönlichen Existenz in das Individuum gesperrte Kausalität« – seiner durch Hermann von Helmholtz beeinflußten Anschauung, die am empiristischen und positivistischen Wissenschaftskonzept festhielt. In seiner Autobiographie *Jugend in Wien* (ersch. 1968), die bis 1889 reicht, berichtet er ausführlich über seine wissenschaftlichen und literarischen Anfänge.

Für die Literatur war ihm, der zum Literatenkreis der Jungwiener gehörte, die Psychoanalyse eine außerordentliche Unterstützung, denn auch die »neueren Dichter« hätten erkannt, »daß die Seele im Grunde kein so einfaches Ding sei«. Als Mediziner sah er sich jedoch zu Einwänden gegen Freuds Theorie veranlaßt; Theodor Reik, von dem auch die erste wissenschaftliche Untersuchung zu Sch. stammt, spielte hierbei die Vermittlerrolle. Die Einwände Sch.s betrafen nach Michael Worbs die Erklärung psychischer Störungen einzig aus der Sexualität, obwohl dies gerade angesichts von Sch.s Werk befremden muß und vielleicht lediglich als eine Rationalisierung betrachtet werden darf. In seinem Plädoyer für eine »psychologische Literatur« schreibt Sch.: »Die Begrenzungen zwischen Bewußtem, Halbbewußtem und Unbewußtem so scharf zu ziehen, als es überhaupt möglich ist, darin wird die Kunst des Dichters vor allem bestehen.« Deshalb sprach er sich gegen die Überdeterminierung der Bildung des Unbewußten in der Psychoanalyse aus und führte als Korrektiv der Freudschen Topik ein »Mittelbewußtsein« ein: »Das Mittelbewußtsein wird überhaupt im Ganzen zu wenig beachtet. Es ist das ungeheuerste Gebiet des Seelen- und Geisteslebens; von da aus steigen die Elemente ununterbrochen ins Bewußte auf oder sinken ins Unbewußte hinab. Das Mittelbewußtsein steht ununterbrochen zur Verfügung. Auf seine Fülle, seine Reaktionsfähigkeit kommt es vor allem an.« Er kritisierte den gewohnheitsmäßigen Rekurs auf das Unbewußte, der häufig zu vorschnellen Antworten führe. Auch die Freudsche Topik »Ich/Über-Ich/Es« bedachte er mit dem Schematismus-Vorwurf, schließlich formulierte sein Empirismus Vorbehalte gegen jegliches ganzheitliches Erklärungsmodell, mithin auch gegen die Psychoanalyse. »Ich schreibe Diagnosen«, erklärte Sch. kategorisch zu seinen literarischen Arbeiten. Seinen eigenen Determinismus weichte Sch.s Skepsis auf, indem pragmatisch ein »Als ob« des freien Willens entgegengesetzt wird. Aus diesem Dualismus entspringen die Rollenkonzepte seiner Dramen und das Luigi Pirandello verwandte Spiel im Spiel (z. B. im *Grünen Kakadu*, 1899).

Eine Opposition zu seinem Determinismus bilden auch die liberalen Ideen, denen sich Sch. bereits seit früher Zeit verschrieben hatte. Der Wiener Liberalismus definierte den Menschen als rationales, autonomes Wesen, das durch – moralische – Selbstbeherrschung und Verfügung über die Natur das gesellschaftliche Glück ermögliche. Sch. ist darin Repräsentant seiner Zeit. Egon Friedell nannte ihn auch deshalb einen Darsteller der »Topographie der Wiener Seelenverfassung um 1900«. Die Krise des Wiener Liberalismus, die äußerlich mit dem Großen Krach an der Börse von 1873 eingeleitet wurde, brachte eine entschiedene Umorientierung in der Kunst mit sich. Karl Kraus stellte dazu polemisch fest, daß der »Wirkungskreis des Wiener Liberalismus (sich) auf ein Premierenpublikum« beschränke. Carl E. Schorske sieht als Resultat dieser Krise den Aufbau einer Ersatzwirklichkeit in der Kunst, die durch Introversion hervorgebracht wurde: der Weg nach Innen führte zur Selbstanalyse und zum Narzißmus, die in der Wiener Literatur der Jahrhundertwende im Zentrum stehen, zumal der Naturalismus in der versinkenden Habsburger-Metropole so gut wie nicht Tritt fassen konnte. Was Richard Hamann und Jost Hermand demnach über die Epoche festgestellt haben, gilt in besonderem Maße für Sch.: »Man schließt sich ab, beschränkt sich auf seinen ästhetischen Innenraum und gerät so in eine Landschaft der Seele, die fast ausschließlich auf dem Prinzip der autistischen Bezogenheit beruht.«

Ein Tagebuchzitat vom 19. Februar 1903 soll stellvertretend für die Art der Selbstbeobachtung bei Sch. stehen: »die Disharmonie, der Kampf zwischen zwei direct entgegengesetzten Lebensanschauungen, der mein Wesen charakterisirt und mich zu einer ewigen inneren Unruhe verdammt. Revolutionär ohne Muth, abenteuerlustig ohne die Fähigkeit Unbequemlichkeiten zu ertragen – Egoist ohne Rücksichtslosigkeit – und endlich ein Künstler ohne Fleiss – ein Selbsterkenner ohne Tendenz zur Besserung – ein Verächter des allgemeinen Urtheils mit der kleinlichsten Empfindlichkeit – so einer ist dazu geboren, *alles* zu bereuen, was er angefangen – denn er setzt nie sich selber ein, und es gibt kein Glücksgefühl ohne diese Entschlossenheit.« Das Tagebuch führte Sch. mit Akribie von 1879 bis zwei Tage vor seinem Tode; wegen der Intimität des Inhalts verbarg er es sogar vor seiner Frau. Es bezeugt »Schnitzlers Anstrengung, der Flüchtigkeit des Lebens die Festigkeit des Geschriebenen entgegenzustellen«, wie Werner Welzig, der Herausgeber der Tagebücher, konstatiert hat.

Der Dualismus von Kausalität und »Als ob« eines freien Willens brachte Sch. zu einem eigenen dramatischen Stil, der bei der französischen Konversationsliteratur Anleihen machte und die Handlung fortschreitend durch den geistreichen, eleganten Dialog auflöst. Die Figuren und ihr Charakter erhalten dadurch etwas Schwebendes, Undeutliches, Verwischtes; ihre Gesten und Reden verlieren sich im Unbestimmten. Nur einmal begegnen wir einem klinischen Realismus: in der frühen Novelle *Sterben* (1895). Als Novum führte Sch. den inneren Monolog in die deutsche Literatur ein, der eine Verwandtschaft mit der Technik der freien Assoziation der Psychoanalyse aufweist, die ihrerseits wiederum eine gewisse Abhängigkeit von der Talmud-Exegese verrät. Im *Lieutenant Gustl* (1900), einer Satire auf den Ehrenkodex der k. u. k. Offizierswelt, und in *Fräulein Else* (1924), der Darstellung des tödlichen Konflikts zwischen Selbstbewahrung und Opfer für die Familie, hat er dieses Ausdrucksmittel mit wachsender Präzision eingesetzt. Im *Reigen* (1900), einer Serie von zehn Einaktern, die wegen ihrer erotischen Offenheit mehrmals verboten wurde, herrscht allein schon äußerlich die Figur des Kreisens vor: jeder Einakter hat den Dialog vor und nach dem Geschlechtsakt zum Inhalt, eine über alle Standesgrenzen sich hinwegsetzende, potentiell ins Unendliche reichende Fortsetzung des Begehrens und seiner sprachlichen Rituale. Der erotische Reigen zieht alle Klassen in seinen Bann; die Abenteuer eines Grafen und eines Dichters, die einer luxuriösen Dame wie einer Prostituierten rollen als Bilderfolge eines modernen Totentanzes ab. Das »süße Mädl« wird hier ebenso zum erotischen Beuteobjekt der sog. besseren Herren wie in Johann Nepomuk Nestroys Posse *Das Mädl aus der Vorstadt*. Die Vorstädte Wiens mit ihrer kleinbürgerlichen Bevölkerung hatten gegenüber der Metropole eine eigene Lebensform und Theaterkultur hervorgebracht. Die Putzmacherinnen sind die exemplarischen weiblichen Vertreter eines Milieus, das nur auf den ersten Blick idyllisch anmutet. Sch. entdeckt dahinter die fatale Verkettung von Armut, Ausbeutung und grober Begier, die durch Geldscheine verdeckt wird. Gerade der Kontrast von Metropole und Vorstadt lieferte ihm die polaren Charaktere, die sozialen Spannungen, die skrupellosen Typen und die einfachen Mädchen mit ihrer sanften und oft verwüsteten Schönheit. Einzelne Stichwörter sollen kurz das Zentrum andrer Werke bezeichnen: ›Hypnose‹ in *Die Frage an das Schicksal* (1889) aus dem *Anatol*-Zyklus; ›Hysterie‹ im *Paracelsus*-Stück (1894/98); ›Inzest‹ in der Novelle *Frau Beate und ihr Sohn* (1906/13); schließlich behandelt die meisterhafte *Traumnovelle* (1925) die psychische Funktion des Traumlebens durchaus in einem der Freudschen *Traumdeutung* (1900) verpflichteten Sinne. Durch diese kleine Zusammenstellung mag deutlich werden, in welchem Maße Sch. die Themen der Psychoanalyse zu Sujetentwürfen gruppierte. Für sein literarisches Werk gilt insgesamt eine erstaunliche Kontinuität sowohl in thematischer als auch in formaler Hinsicht.

Als Jude war Sch. dem Antisemitismus in Wien ausgesetzt. In dem Schauspiel *Professor Bernhardi* (1912) und in dem Roman *Der Weg ins Freie* (1908) hat er die Situation des jüdischen Intellektuellen und der jüdischen Bourgeoisie behandelt. Der Zionismus galt ihm zwar als moralisches Postulat, er lehnte aber die Errichtung eines Judenstaates als geschichtsblind ab. Der große Roman *Der Weg ins Freie* ist darüber hinaus jedoch eine eindringliche Darstellung der Wiener Kultur und ihrer bürgerlichen Träger; er beschreibt »die sich zersetzende moralisch-ästhetische Kultur Wiens im Fin de siècle« (Carl E. Schorske). Hugo von Hofmannsthal hat die Bedeutung Sch.s folgendermaßen festgehalten: Als »Arzt und Sohn eines Arztes, also Beobachter und Skeptiker von Beruf, ein Kind der obern Bourgeoisie und des endenden 19. Jahrhunderts, einer skeptischen, beobachtenden und ›historischen‹ Epoche« habe Sch. »die sehr gebildete, scharf pointierte, an Reflexen und geistreichen Formeln reiche Sprache dieser bestimmten sozialen Gruppe« geschrieben. Seine Tagebücher, die ediert vorliegen, geben umfassend Auskunft über Leben und Werk, seine Lektüren und seine Erfahrungen zwischen Traum und Tod.

Helmut Bachmaier

Seghers, Anna
(d. i. Netty Reiling)
Geb. 19. 11. 1900 in Mainz,
gest. 1. 6. 1983 in Berlin

S. entstammte einer Familie von Kaufleuten aus dem Rheinhessischen; die Eltern Reiling gehörten zur orthodoxen

Israelistischen Religionsgemeinde in Mainz, ihre einzige Tochter erhielt eine traditionelle jüdische Erziehung. An der Universität Heidelberg absolvierte sie ein breitangelegtes Studium und promovierte mit einer Arbeit über *Jude und Judentum im Werke Rembrandts* (1924). Mit Studienfreunden wie dem Sinologen Philipp Schaeffer (1894; 1943 in Plötzensee hingerichtet) und dem Sozialphilosophen und späteren Wirtschaftswissenschaftler Laszlo Radvanyi (1900–1978), ihrem späteren Mann, diskutierte S. soziale Fragen und marxistische Ideen, vertiefte ihre Kierkegaard- und Dostojewski-Lektüre. Auch die philosophisch-politischen Anschauungen des Emigranten-Kreises um Georg Lukács, Karl Mannheim und Júlia Láng waren von Einfluß auf die Genese der Autorschaft S.' und v. a. auf ihre Gestaltung des ›Revolutionsmythos‹. Durch neue Textfunde (die beiden Erzählungen *Jans muß sterben* und *Legende von der Reue des Bischofs Jean d'Aigremont von St. Anne in Rouen* und ein *Tagebuch 1924/25*) sind die von Anfang an ins Säkulare gewendeten Grundlagen des S.schen Schreibens – Passion und Erlösung – deutlich kenntlich geworden.

Aufgewachsen in einem jüdisch-assimilierten Elternhaus und zugleich in der dominierenden christlichen Tradition hat S. sich in ihrer Persönlichkeitsentwicklung und auch aufgrund ihres Anschlusses an die kommunistische Bewegung Ende der 1920er Jahre von den genuin *religiösen* Inhalten des jüdischen wie des christlichen Glaubens gelöst und hat diese in einem säkularisierten Verständnis gebraucht, als Überlieferung und Tradition, sogar als Mythologie. Die Legenden der Märtyrer gestalten das Thema der Passion und der Erlösung durch das Selbstopfer im Namen einer menschheitserlösenden Idee, und diese nahm bei S. schon früh die Gestalt des ›Revolutionsmythos‹ in existenziellem Sinn an. Ihre erste veröffentlichte Erzählung, *Die Toten auf der*

Insel Djal. Eine Sage aus dem Holländischen, nacherzählt von Antje Seghers (1924), erzählt in Text und Subtext vom Vorgang des Lebendig- und Wirklichwerdens durch das Wort, aus der Schrift heraus: Dies betrifft sowohl die fiktive Erzählerin als auch die männliche Hauptfigur aus dem 16./17. Jahrhundert, den Pfarrer Jan Seghers. Ihn, den Toten, führt der Glaube an das lebendige Wort Gottes zurück ins Leben – und dieser selbe Vorgang ›produziert‹ die aus dem Text der *Sage* abgeleitete Autorschaft Seghers.

S. und Radvanyi heiraten 1925 in Mainz, leben danach in Berlin, wo Radvanyi (unter seinem deutschen Partei-Namen (Johann-)Lorenz Schmidt) zuerst für die KPD, später als Leiter der Marxistischen Arbeiterschule (MASCH) arbeitet. Die Kinder Peter (Pierre) und Ruth werden 1926 und 1928 geboren. 1927 veröffentlicht S. die Erzählung *Grubetsch*, 1928 *Aufstand der Fischer von St. Barbara* und erhält für beide den angesehenen Kleist-Preis des Jahres 1928. Neben weiteren Erzählungen, operativer Kurzprosa und publizistischen Arbeiten entsteht ihr erster Roman, *Die Gefährten* (1932), den Siegfried Kracauer eine »Märtyrerchronik« nannte, den Revolutionären geschuldeter Aufbrüche im Gefolge der Oktoberrevolution gewidmet.

Im Januar 1933 beginnen Jahre des Exils, zunächst in Frankreich, ab 1941 in Mexiko. S. engagiert sich weiterhin politisch und publizistisch für den antifaschistischen Kampf. Literarisch vollzieht sie mit *Der Kopflohn. Roman aus einem rheinhessischen Dorf im Spätsommer 1932* (1933) die Wende zum Deutschlandroman – zugleich bestimmt vom Auftrag, Aufklärung über das NS-Regime zu leisten, wie durch Sehnsucht und Heimweh: Diese Haltung prägt ihre gesamte im Exil entstandene Prosa und Essayistik: so z. B. die programmatische Rede *Vaterlandsliebe* (1935), den Bergarbeiterroman *Die Ret-*

tung (1937) und vor allem den Roman, der ihren Weltruhm begründet, *Das siebte Kreuz* (1942), ihren »Heimatroman aus Hitlerdeutschland« (Frank Benseler). Die um 1937 begonnene Arbeit an diesem Roman unterbricht S., um in zwei Briefen an Georg Lukács (1938/39) die Grundlagen ihrer Poetik zu formulieren. »Diese Realität der Krisenzeit, der Kriege usw. muß ... erstens ertragen, es muß ihr ins Auge gesehen und zweitens muß sie gestaltet werden«, schreibt sie. Die Unmittelbarkeit des Erlebens hebt sie gegenüber der normativen literarischen Methode hervor, gegen den Klassiker Goethe setzt sie Dichter wie Lenz, Hölderlin, Kleist, deren Werk die Spuren krisenhaften Umbruchs trägt und denen sie sich verwandt fühlt. Ihre Lebensverhältnisse werden zunehmend bedrückender; zur politischen Gefährdung kommt die Sorge um das tägliche Brot. Nach der Besetzung von Paris durch die Wehrmacht gelingt S. schließlich mit ihren Kindern die Flucht in unbesetztes Gebiet, in die Nähe des Lagers Le Vernet, wo ihr Mann interniert ist. Ihre Briefe aus dem Winter 1940/41 dokumentieren ihre tiefe Depression, die sie nur schreibend aushalten, ja überleben kann. Die Arbeit an dem Roman *Transit* (1944; dt. 1948), der die unmittelbaren Spuren dieser Krisenerfahrung trägt, rettet ihr das Leben. War *Das siebte Kreuz* eine Heimatbeschwörung, so steht *Transit* für absolute Heimatlosigkeit. Im März 1941 verläßt die Familie auf einem Frachtschiff Marseille, Frankreich und Europa. »Ich habe das Gefühl, ich wäre ein Jahr tot gewesen«, schreibt S. an Freunde in Mexiko, wo die Flüchtlinge im November ankommen. Die Veröffentlichung von *Das siebte Kreuz* macht S. weltberühmt. Die Zeit materieller Not ist vorbei, sie hat erstmals wieder Ruhe zum Arbeiten. Die Nachricht von der Ermordung ihrer Mutter in dem polnischen Lager Piaski trifft sie existenziell. Nach einem Autounfall schwebt S. wo-chenlang zwischen Leben und Tod. Danach entstehen die Erzählungen *Ausflug der toten Mädchen* und *Post ins Gelobte Land*, ein Abschied von der Mutter und der durch Bomben zerstörten Heimatstadt die eine, ein Requiem auf die ermordeten Juden die andere. Der große Roman *Die Toten bleiben jung* (1949), eine Chronik deutscher Geschichte von 1917 bis 1945, entsteht bereits im Zeichen der Rückkehr nach Deutschland.

Im Frühjahr 1947 vertauscht S. die Geborgenheit des mexikanischen Exils mit der Trümmerlandschaft Deutschlands. An die dreißig Jahre lebt sie zusammen mit ihrem Mann (der 1952 in die DDR kommt) im zweiten Stock eines Mietshauses in Berlin-Adlershof. Ihre Entscheidung für die DDR war keine so ungebrochene, wie es ihre offiziellen Stellungnahmen nahelegen. Ein neuer »Originaleindruck« stellte sich nicht mehr ein. S., die sich in der Weltfriedensbewegung engagiert und lange Jahre (1952–1978) Vorsitzende des Schriftstellerverbandes bleibt, wird zu einer wichtigen Repräsentantin der DDR. Mehr als in früheren Jahren ist ihr Schaffen nach 1947 von theoretischen Äußerungen begleitet. Neben einfacher, didaktischer Kurzprosa wie *Friedensgeschichten* (1950) und den *Karibischen Geschichten* (1948/61), in denen sie im historischen Gewand über das Scheitern der Revolution reflektiert, entstehen mythisch-legendenhafte Erzählungen wie *Das Argonautenschiff* (1948) und schließlich die beiden großen DDR-Romane *Die Entscheidung* (1959) und *Das Vertrauen* (1968). S.' Gegenwartsbewältigung als Autorin endet mit dem Aufstand von 1953 und Stalins Tod. Ihre Prosa bleibt der Aufgabe verpflichtet, über Kontinente und Epochen hinweg »Gedächtnis der Revolution« (Kurt Batt) zu sein und so für *Die Kraft der Schwachen* (1965) zu zeugen. Wichtige Akzente in der neueren DDR-Literatur setzt S. mit Erzählungen wie *Das wirkliche Blau* (1967) und *Die Reisebegeg-*

nung (1973), die den engen Realismusbegriff um das Romantische und das Phantastische erweitern. Die Erzählung *Überfahrt* (1971) kann als späte Bilanz gelten: Sie thematisiert die Trauer um den unwiederbringlichen Verlust der auf die sozialistische Idee gerichteten Lebenshoffnung. S., die sich mit zunehmendem Alter und aus gesundheitlichen Gründen immer mehr öffentlichen Aufgaben entzieht, wird mehr und mehr zu einer »Legendenperson, mit ihrem Urbild nur teilweise identisch, zum anderen Teil aber aus den Bedürfnissen derer gemacht, die die Legende schaffen« (Christa Wolf). Daß hinter dieser »Legendenperson« ein Mensch mit Widersprüchen sichtbar wird, ist auch der Veröffentlichung der 1957/58 entstandenen fragmentarisch gebliebenen Erzählung *Der gerechte Richter* anzumerken, die in einer für die Erzählerin S. ideologisch wie ästhetisch nicht (mehr) zu bewältigenden Radikalität die sozialistische Idee mit ihrer deformierten stalinistischen Realität konfrontiert und damit eine für die DDR-Literatur frühe Bilanz des Scheiterns des Sozialismus gibt.

Sonja Hilzinger

Stifter, Adalbert
Geb. 23. 10. 1805 in Oberplan/ Böhmerwald; gest. 28. 1. 1868 in Linz

Albert (seit 1818 Adalbert) St. entstammt einer Handwerkerfamilie, in der man Leinen webte und mit Flachs handelte. St.s Leben hat sich im wesentlichen in der europäischen Kernlandschaft zwischen Prag, Passau, Linz und Wien abgespielt; diese Landschaft zwischen Moldau und Donau beherrscht auch das Werk; nur einmal in seinem Leben kommt St. in den Süden (nach Triest); seine Weltanschauung, sein Wesen und Werk erscheinen zutiefst österreichisch, völkerverbindend und insgesamt östlich ausgerichtet. Trotz unver-

kennbarer zeittypischer Erscheinungsformen tendiert St. ins Überzeitliche; die großen Romane *Der Nachsommer* (1857) und *Witiko* (1865/67) sind literarische Entwürfe gegen die herrschenden politischen und sozialen Strömungen; politische Massenbewegungen. Die einsetzende Verstädterung und die Anzeichen der industriellen Revolution, des beginnenden Maschinen-Zeitalters strahlen nur wie von ferne in sein Werk; wo sie allerdings erfaßt werden, wie etwa in den *Wiener Reportagen* (1844), dem *Tandelmarkt* oder den späten *Winterbriefen aus Kirchschlag* (1866), erkennt man nicht nur den naturwissenschaftlich geschulten Beobachter, sondern auch den entschiedenen Zeitkritiker. Naturbegriff und Landschaftsdarstellung in seinem Werk sind äußerst komplex und durchmessen die aus der späten Romantik bekannten Muster bis hin zum nihilistischen Schauer; es finden sich aber auch Anklänge an die bis ins Utopische gesteigerten real-symbolischen Darstellungsweisen des späten Goethe der *Wanderjahre* wie jene rätselhaften säkularisierten »Offenbarungslandschaften« in der *Mappe* eindrucksvoll in ihrer Ruhe und Erstarrung. Walter Benjamin hat einmal von einer »geradezu pervers und raffiniert verborgenen Dämonie« der Natur bei St. gesprochen. Die in vielen seiner Texte einbrechenden oder wie selbstverständlich vorhandenen Fremden und »Wilden«, z.B. das »wilde Mädchen« im *Waldbrunnen* (1866), stellen nur den äußersten Rand des Personenspektrums dar, sind doch die Entsagungsfiguren St.s, meist Zurückgekehrte, einzelne, oftmals wie St. selbst kinderlos. Resignierte und Sonderlinge, allesamt fremd und unzeitgemäß in ihrem Glauben, daß in der Versöhnung mit der Natur letztlich eine Entsühnung früher, zumeist durch Leidenschaft erzeugter Schuld, ihre »soziale Bewährung« erreichbar sei.

Die biographischen Spuren im Werk

sind vielfältig und nachhaltig, aber selten oberflächenhaft festzumachen. Das gilt für die von der Mutter ererbte Triebhaftigkeit, gegen die er lebenslang angekämpft und angeschrieben hat. Es gilt aber auch für jenes »Zugrunderichtende«, das er zum erstenmal als Zwölfjähriger beim Unfalltod des Vaters unmittelbar miterlebt; das gilt vor allem für sein unglückliches erotisches Schicksal, das seinen Lauf nimmt, als Fanny Greipl seine leidenschaftliche Zuneigung abweist. Die unglückliche Liebe des Studenten zu ihr, 1827 einsetzend, eine schwere Belastung St.s über den frühen Tod Fannys im Jahr 1839 hinaus, ist denn auch vorrangiger Gegenstand der biographischen Arbeiten zu St. Das gilt aber auch für das über Jahrzehnte so Ungewisse berufliche Schicksal. Dabei hatte St. das traditionsreiche Gymnasium des Stifts Kremsmünster, gefördert von Pater Placidius Hall, von 1818 bis 1826 glänzend durchlaufen, sich besonders der antiken Literatur, aber auch der Malerei und Naturkunde gewidmet und als notwendige Voraussetzung für den erstrebten Staatsdienst in Wien mit dem Jurastudium begonnen; in der Tat aber ist die Verstörung durch die nicht erwiderte Liebe zu Fanny Greipl derart, daß sie ihn für Jahre aus der Bahn wirft; weder schließt er das Studium ab (1830), noch hat er, der sich als Hauslehrer über Wasser hält (noch 1843 wird er als Hauslehrer Metternichs Sohn unterrichten), Erfolg bei seinen Bewerbungen. 1837 heiratet er die Modistin Amalie Mohaupt, die Ehe bleibt kinderlos, die beiden Ziehtöchter sterben früh (Josefine 1858 an Tuberkulose, Juliane 1859 durch Selbstmord). Ab 1840 meldet sich der Schriftsteller St. zu Wort, die Malerei tritt zurück, erste Erzählungen erscheinen in Journalen und Taschenbüchern, dann übernimmt der bedeutende Prager Verleger Gustav Heckenast Werk und Betreuung. St. verkehrt in den Wiener Salons, muß sich den Auseinandersetzungen in dem von gegenseitiger Konkurrenz beherrschten Literaturbetrieb stellen, u. a. mit Friedrich Hebbel; er empfindet die heraufziehende bürgerliche Revolution als überfällig, plant einen Robespierre-Roman, wendet sich aber dann von der Revolution ab. Er wirkt pädagogisch und ministerial, zunächst als Schulrat für Oberösterreich, gründet eine Realschule in Linz, dem Wohnsitz, scheidet aber auf eigenen Wunsch 1865 vorzeitig aus dem Schuldienst aus und wird zum Hofrat ernannt.

Seit 1840 entfaltet sich St.s Werk in Schüben. Das ständige, im Falle der *Mappe meines Urgroßvaters* (erstmals 1841) lebenslange, Umarbeiten nennt er »Roden«. Und es erscheinen die Romane, die ihn nach einem halben Jahrhundert des Vergessens seit Beginn des 20. Jahrhunderts zum ›Klassiker‹, zu einem der großen Erzähler nicht nur der deutschsprachigen Literatur bestimmt haben: Mit den *Studien* (1844–50) – der Titel wahrt noch den Bezug zur Romantik wie zur Malerei –, der Zusammenstellung überarbeiteter und in der Urfassung bereits vorliegender Erzählungen schafft St. den endgültigen Durchbruch. Sie enthalten u. a. *Der Condor* (1840), *Feldblumen* (1841), *Das Haidedorf* (1840), die berühmte und bereits den »anderen St.« zeigende Erzählung *Der Hochwald* (1842), *Die Narrenburg* (1843). In den 1847 erschienenen Bänden der *Studien* finden sich so bedeutende Erzählungen wie *Brigitta* –, eine frühe Sozialutopie und Entwurf weiblicher Selbstbestimmung –, die Studienfassung der *Mappe meines Urgroßvaters*, von der Thematik, der Personengestaltung und Schreibart her sein persönlichstes und zugleich untergründigstes Werk, von suggestivem Appell und dem utopischen Glauben, daß Menschenschicksale von fernhin aufeinander angelegt seien, oder *Abdias*, in der das Problem menschlicher Schuld thematisiert wird. Die 1853 gesammelten Erzählungen *Bunte Steine* sind bis heute

St.s bekanntestes Werk; im Vorwort dieser Ausgabe hat sich St. entschieden zu seiner Weltanschauung und Schreibart – das vielzitierte »sanfte Gesetz« – geäußert. Die Sammlung enthält *Granit* (1849), *Bergkrystall* (1845), *Turmahn* (1852), *Katzensilber*, *Bergmilch* (1843) und, vielleicht am nachhaltigsten, die Entsagungsgeschichte *Kalkstein* (1848).

Gipfelpunkt seines Werkes und sein großer Beitrag zum Bildungsroman der bürgerlichen Epoche ist *Der Nachsommer* (1857): Im Rosenhaus begegnen sich alternde und junge Menschen und finden ihr Lebensglück in der Harmonie mit Natur und Kunst. Dies ereignet sich in der nahezu hermetisch abgeschlossenen Alpenwelt des Landguts Asperhof. St. bietet enzyklopädisch das Inventar der bürgerlichen Epoche auf – Gesellschaft, Geschichte, Natur, Kunst, Religion – und ordnet es lückenlos einer auf Einverständnis, Rationalität, Effektivität und künstlerische Wirkung bedachten Humanität unter, die deutlich auf die künstlerisch-philosophischen Weltordnungen des 18. Jahrhunderts zurückweist (Johann Gottfried Herder, Alexander von Humboldt und vor allem Johann Wolfgang Goethe). Die für St.s Alterswerk typische Suche nach menschlicher Sicherheit und Geborgenheit muß dabei zwangsläufig jedes ›draußen‹ ausblenden. Seine edlen, sich vollkommen konfliktfrei darstellenden und souverän über die Schätze der Natur und des Geistes gebietenden »Kunst«-Menschen spielen ein Spiel, das angesichts der wirklichen Gegebenheiten der zweiten Jahrhunderthälfte alle Merkmale einer rückwärtsgewandten Utopie aufweist. St.s letzter Roman *Witiko* (1865/67) scheint dies unwillkürlich zu unterstreichen, wenngleich er an den für das 19. Jahrhundert typischen historischen Roman anknüpft und die Frühzeit der tschechischen Staatsgründung im 12. Jahrhundert behandelt. In diesem Roman, der aufgrund seiner Vielzahl ungewöhnlicher Stilmittel Verwirrung und Kontroversen hervorgerufen hat, entwirft er ein politisches Handlungsmodell, das ganz auf demokratischer Rationalität gegründet ist. Der Versuch einer symbolischen Überwölbung seines Werks in der vierten, der »letzten« Fassung der *Mappe meines Urgroßvaters* scheitert; die nunmehr zum Roman ausgestaltete Erzählung bleibt Fragment. St. fügt sich am 26. Januar 1868 mit dem Rasiermesser eine tödliche Wunde zu; er stirbt zwei Tage später, ohne noch einmal das Bewußtsein erlangt zu haben. »Die Vollendung der Dichtung mußte dem Leben versagt bleiben, das unter dem gewaltsamen Harmonisierungswunsch am Ende zerbrach« (W. Matz).

Karl Hotz

Storm, Theodor

Geb. 14. 9. 1817 in Husum/Schleswig; gest. 4. 7. 1888 in Hademarschen/Holstein

»In Storms Potsdamer Hause ging es her wie in dem öfters von ihm beschriebenen Hause seiner Husumer Großmutter … Das Lämpchen, der Teekessel, dessen Deckel klapperte, die holländische Teekanne daneben«, dies alles, so Theodor Fontane, seien Dinge gewesen, die von dem Besucher Würdigung erwarteten. Die Wohnung des unbesoldeten Assessors St. verweist auf die Bedeutung seiner Heimat, auf seine »Husumerei«. Schleswig mit seinen vorindustriellen Sozialverhältnissen – einem Nebeneinander von selbständigen Städten, adligen Gutsbezirken und freien Bauernschaften – bleibt der lebensweltliche Bezugspunkt für den Poeten und Juristen aus Husum. St. wächst in einer patriarchalisch geordneten Welt als Sohn eines Advokaten auf, studiert in Kiel (1837 und von 1839 bis 1842) und Berlin (von 1838 bis 1839). Während seines zweiten Kieler Studienaufenthalts freundet er sich mit den Brüdern Theodor und Tycho Mommsen an. Mit beiden gibt er das *Liederbuch dreier Freunde* (1843) heraus. Es ist bezeichnend, daß für St., der sich nach dem Studium in Husum als Advokat niederläßt, nicht die Revolution von 1848, sondern die Volkserhebung gegen die Dänen den entscheidenden politischen Bezugspunkt bildet. In dieser Zeit entstehen patriotisch-politische Gedichte. Als 1852 die dänischen Behörden St.s Bestallung als Advokat aufheben, beginnt mit der Anstellung im preußischen Justizdienst ein zwölfjähriges Exil. Erst 1864, nach dem Abzug der Dänen, kann St. in seine geliebte Heimatstadt zurückkehren. Der Justizbeamte lebt an der geographischen Peripherie Deutschlands. Der Lyriker und Novellist tauscht rege Briefe mit Gottfried Keller, Eduard Mörike und Iwan Turgenjew aus, auch besucht er gerne Kollegen und empfängt gelegentlich Besuch. Schon während seiner Potsdamer Zeit lernt St. im engeren literarischen Kreis der Vereine »Tunnel über der Spree« und »Rütli« Franz Theodor Kugler, Theodor Fontane und Paul Heyse kennen.

»Ich bedarf äußerlich der Enge, um innerlich ins Weite zu gehen« (Brief an Hermione von Preuschen vom 21. 9. 1881) – diese Vorliebe für eine provinzielle Beschaulichkeit mit Familienfesten, Leseabenden und Gesangsverein gründet auch in einem Ideal vom harmonischen Menschen, das in der großen unüberschaubaren Welt der Versachlichung überholt zu sein scheint. Für St. gerät die Provinz aber nicht zur patriarchalischen Idylle. Er erfährt ihre Bedrohung und setzt sie in seiner Dichtung um. Vertraut mit der materialistischen Popularphilosophie und als Gegner von Adelsprivilegien und theologischer Orthodoxie, schreibt St. aus dem Widerspruch zwischen intensiver Lebensbejahung und der Empfindung einer anonymen Bedrohung seines Ideals vom harmonischen Menschen. Dies erklärt das Nebeneinander von poeti-

scher Stimmung und der Beschäftigung mit gesellschaftlichen Konflikten im literarischen Werk.

St. sieht sich vor allem als Lyriker, auch wenn ab Ende der 1860er Jahre die novellistischen Arbeiten überwiegen. Dies gilt für alle von ihm benutzten Gattungen, wie ein Blick auf die erste selbständige Buchausgabe *Sommergeschichten und Lieder* (1851) zeigt. Sie vereinigt Prosastücke, Märchenszenen und Gedichte. Reflexionspoesie lehnt er ebenso ab wie die zeitgenössische Lyrikinflation oder Emanuel Geibels inhaltsleere Formkunst. Die meisten seiner Gedichte sind bestimmten Situationen verpflichtet. Dies gilt für die politischen Gedichte und die zahlreichen Liebesgedichte. In der Nachfolge Joseph Eichendorffs, Heinrich Heines und Eduard Mörikes entsteht eine liedhafte Erlebnislyrik, die immer wieder in meist elegischem Ton Heimat, Familie und Liebe thematisiert. In den besten Gedichten stellt er idyllische Zustände als vergangen oder bedroht dar. Von daher bildet sich das charakteristische Nebeneinander von friedlichem Landschaftsbild und gefährdeter menschlicher Beziehung.

Auch in der Novellistik herrscht zunächst, so in dem ersten großen Erfolg *Immensee* (1849), ein lyrisch-stimmungsvoller Ton, ein Spannungsverhältnis zwischen Vergangenheit und Gegenwart, Idylle und Wirklichkeit. St.s frühe Novellen-Konzeption klammert soziale und politische Zeitfragen aus und will in Anlehnung an eine Definition des zeitgenössischen Literarhistorikers Georg Gottfried Gervinus der Gegenwart »eine poetische Seite abgewinnen«. So nutzt St. die Provinz und die Vergangenheit als erzählerische Rückzugsfelder. Dabei zeigen aber die »Desillusionsnovellen« (u. a. *Draußen im Heidedorf*, 1872; *Pole Poppenspäler*, 1874; *Hans und Heinz Kirch*, 1882) eine erweiterte sozialpsychologische Dimension. In ihnen wird die Menschen- und

Umweltgestaltung gesellschaftlich präzisiert und zugleich an einem humanistischen Menschenbild festgehalten. Dies erscheint in den Novellen als Spannungsverhältnis zwischen demaskierten und poetisierten Konflikten. In den Chroniknovellen (u. a. *Aquis Submersus* und *Renate*, 1878; *Schimmelreiter*, 1888) entsteht eine durch kulturgeschichtliche Details veranschaulichte Welt mit häufig antiklerikaler und antifeudaler Tendenz. Im Gegensatz zum Historismus der Gründerzeit hat Vergangenheit hier zwei Funktionen:

Sie erlaubt nicht nur einen Rückzug in überschaubare und damit erzählbare Verhältnisse, sondern auch aus liberaler Sicht eine Kritik an Adel und Klerus. Die Novellistik zeichnet sich durch ein verknappendes Erzählen aus, das die Raum- und Charaktergestaltung nur andeutet. Der Rahmen hat keine zyklenbildende Funktion. Der vom Autor eingeführte Erzähler oder Chronist schränkt die erzählerische Allwissenheit ein und beschränkt damit auch den Umfang des Erzählten.

St.s stoffliche und thematische Verengung in einer stimmungshaften Lyrik und Novellistik sichern dem Autor eine wachsende Popularität. Ähnlich denen von Gottfried Keller und Conrad Ferdinand Meyer erreichen seine Novellen durch Vorabdrucke in Zeitschriften ein breites bürgerliches Lesepublikum. Die Einschränkung auf Heim und Herd ermöglicht es deutschtümelnden Interpreten, die bereits in einer gewissen Nähe zur späteren Blut- und Boden-Ideologie stehen, den Autor der Heimatkunst zuzuordnen. Nach 1945 erscheint er als unpolitischer Dichter zeitloser Schicksalsnovellen und stimmungshafter Naturlyrik.

Georg Bollenbeck

Strauß, Botho
Geb. 2. 12. 1944 in Naumburg/Saale

St., dessen Bühnenstücke seit Jahrzehnten zu den meistgespielten an deutschen Theatern gehören, ist ein Kristallisationspunkt der Literaturkritik. Sehen die einen in ihm »einen Buchhalter gegenwärtiger und vergangener Moden« (Christian Schultz-Gerstein), der nach dem Scheitern der studentischen Aufklärungsversuche das Irrationale salonfähig macht, so gilt er anderen als »sensibler Realist« (Helmut Schödel), dessen literarische Rätselbilder einer von Wahnsinn bestimmten Wirklichkeit entsprechen.

Geboren als Sohn eines Lebensmittelberaters, besuchte er das Gymnasium in Remscheid und Bad Ems; nach 5 Semestern brach er sein Studium der Germanistik, Theatergeschichte und Soziologie ab – nebenher versuchte er sich als Schauspieler auf Laienbühnen –, um sich als Kritiker und Redakteur bei der Zeitschrift *Theater heute* einen Namen zu machen. Zwischen 1967 und 1970 erlangte er hierbei einige Reputation und Bekanntheit. Den Wechsel vom Kritiker zum Theaterpraktiker vollzog St., als er in den frühen 1970er Jahren als Dramaturg an der Berliner Schaubühne unter Peter Stein arbeitete. Erheblichen Anteil hatte St. z. B. an der bekannten und erfolgreich verfilmten Inszenierung von Maxim Gorkis *Sommergäste*. Sein erstes Theaterstück, *Die Hypochonder* (1972), fand allerdings kaum positive Resonanz. Die in dem Drama vorgeführten verschiedenartigen Angstsituationen, in denen das Publikum vergeblich nach einem Handlungsfaden suchte, wurden von der Kritik als ein esoterisches Verwirrspiel für Eingeweihte abgetan.

Den Geschmack von Publikum und Kritik traf St. dann mit seiner Erzählung *Die Widmung* (1977). Dargestellt wird der innere Leidensweg des Buchhändlers Richard Schroubek, der, verlassen von seiner Geliebten, sich aus seinen normalen sozialen Bezügen löst und sich ganz seinem Schmerz hingibt. Das Verlassensein und Herausgelöstwerden wird zu einer Grundkonstante im Werk des Autors. Auch die Protagonisten der späteren Dramen bewegen sich in geradezu künstlichen Handlungsräumen, die, zwischen Banalität und Exzentrik schwankend, einen klareren Blick auf die Befindlichkeit der Personen erlauben. Vor allem mit der *Widmung* wird St. zu einem herausragenden Literaten der in den späten 1970er Jahren besonders gepflegten sogenannten ›Neuen Innerlichkeit‹.

Seine Dramen *Bekannte Gesichter, gemischte Gefühle* (1975) und *Trilogie des Wiedersehens* (1977) waren – da sie jetzt den Zeitgeist der von Agitprop und Dokument befreiten Kunst widerspiegelten – erste durchschlagende Theatererfolge. Zum besten Stück der Spielzeit 1978/79 wurde seine Szenencollage *Groß und klein* erklärt. Vorgeführt werden die Stationen eines Leidenswegs, den eine junge Frau auf der Suche nach Zuneigung und Geborgenheit in verschiedenen Räumen der gegenwärtigen Gesellschaft durchlebt, um schließlich im Zustand geistiger Verwirrung zu enden. Mit Hans Wolfschütz läßt sich feststellen, daß in den St.-Stücken der 1970er Jahre die Sehnsucht in einer Atmosphäre allgemeiner Erschöpfung »als einziger Lebensantrieb« fungiert und das Passive, das Warten, zur Haupteigenschaft der Personen wird. Auch in *Kalldewey, Farce* (1982) werden Personen vorgestellt, denen es an innerem Halt mangelt; gefühlskalte Menschen lassen keine Hoffnung aufkommen. Zunehmend deutlich wird die Tendenz, Gegenwartsprobleme auf überhistorische, mythische Grundlagen zu beziehen. Die Erzählweise schwankt zwischen Ironie und Melancholie. Das Fehlen einer Fabel sowie einer durchgehenden Problemkonstellation ist charakteristisch. Kaleidoskop- und collageartig sowie mit filmi-

schen Schnitt-Techniken wird das Leiden des Individuums in der Gegenwart vorgeführt.

Den Vorwurf des Esoterischen handelt sich St. dadurch ein, daß er z. B. in *Der Park* (1984) die Grenzen von banalem Alltag und Phantasiewelt aufhebt oder in den Reflexionen *Paare, Passanten* (1981) Versatzstücke aus Philosophie und Bildungsgut eigenwillig vermengt. Im *Park* wollen Oberon und Titania, die St. aus Shakespeares *Sommernachtstraum* geborgt hat, in den nüchternen und beziehungsgestörten Gegenwartsmenschen die verschütteten sinnlichen Energien zu neuem Leben erwecken. Allerdings, am Ende verändern sich nicht die Menschen, sondern die Götter ähneln immer mehr den lustlosen Alltagsmenschen.

Um das Scheitern absoluter Liebe geht es in dem Drama *Die Fremdenführerin* (1986). Während eines Urlaubs in Griechenland verliebt sich ein deutscher Lehrer in die Fremdenführerin, die ihm nicht nur die Ruinen der altgriechischen Kultur erklärt, sondern auch die Gefühlswelt durcheinanderwirbelt. Reagierte hier die Kritik recht verhalten, so wurde *Die Zeit und das Zimmer* (1988) von Publikum und Feuilleton gleichermaßen begeistert aufgenommen. In unzusammenhängenden Episoden wird das Verhältnis der Geschlechter zwischen Kampf und Nähewunsch vorgeführt. Mythische Gewalten scheinen im *Schlußchor* (1991) das Mißlingen der Liebe zu beeinflussen. Ein Mann überrascht eine unbekleidete Frau im Bade und entkommt, als wäre sie die rachedurstige Göttin Diana, ihren tödlichen Nachstellungen nicht. Das Stück bringt zugleich die deutsche Wiedervereinigungsproblematik in drastischer, manchmal allegorischer Weise auf die Bühne. Mythologisierung als Gegenbild zur modernen, von der bewußtseinsbildenden und erotischen Kraft des Mythos verlassenen Welt, das ist auch das zentrale Thema des von den Heimkehr-Gesängen der Odyssee geformten Stückes *Ithaka* (1996) sowie von *Die Ähnlichen* (1998), *Kuss des Vergessens* (1998), *Der Narr und seine Frau heute abend in Pancomedia* (2001) und *Unerwartete Rückkehr* (2002). Die Welt, scheint St. in immer neuen Varianten sagen zu wollen, war einmal besser gedacht, als sie jetzt ist, und sie hat zwar heute nichts Besseres mehr verdient, aber das Bessere irgendwann einmal kennengelernt.

Unter keinem Gattungsbegriff ist der ›Roman‹ *Der junge Mann* (1984) zu fassen. Theoretische Visionen werden mit phantastischen Erzählungen verknüpft, satirische, allegorische und essayistische Momente, die insgesamt sich gegen eine plausible Deutung sperren, fließen ineinander. Spätestens seit dieser merkwürdig-unverständlichen Romanschrift sowie auch dem 80seitigen Gedicht *Erinnerung ...* (1985) stehen sich Gegner und Befürworter seines Werkes unversöhnlich gegenüber. Günter Schäble sprach bereits von einem »Glaubenskrieg« und bezeichnete den Autor als Indiz für die »Wende in der Dichtkunst« zum konservativen Kitsch. Ein zentrales Thema der in regelmäßigem zeitlichen Wechsel zu den Dramen erscheinenden Prosa ist die Unmöglichkeit der Liebe, wie St. es in *Kongreß. Die Kette der Demütigungen* (1989) auf beinahe peinigende Weise vorführt. Wie durch ein Blitzlicht erhellt und stillgestellt wirken die Situationen, in die St. seine Figuren in *Niemand anderes* (1987) und in *Beginnlosigkeit* (1992) stellt. Philosophische und essayistische Reflexionen stehen hier gleichberechtigt neben erzählter Episode und wortwitzigem Aperçu.

Die polemische Kritik an der modernen Zivilisation ist Thema von *Die Fehler der Kopisten* (1997) und setzt fort, was St. 1993 in seinem heftig diskutierten *Spiegel*-Essay *Anschwellender Bocksgesang* kulturkritisch beleuchtet hatte. Seine Klagen über die Sinnentleerung in der Gesellschaft und seine Forderung nach intellektueller Führerschaft der kulturellen Eliten trägt ihm den Vorwurf ein, sein dünkelhaftes Denken sei reaktionär, irrational und antiaufklärerisch. Dem Autor von *Die Nacht mit Alice, als Julia ums Haus schlich* (2003) wird von Volker Hage zwar bescheinigt, er bleibe »der große Zeitgenosse unter den deutschen Gegenwartsautoren«, seine seismographische Prosa fange »scheinbar mühelos die Erschütterungen des Heute und die Vorbeben des Zukünftigen« ein. Doch wird St. mit seinen unzeitgemäßen Betrachtungen über das Ganze, das in immer kleinere, unverständliche Teile zerfällt (*Der Aufstand gegen die sekundäre Welt. Bemerkungen zu einer Ästhetik der Anwesenheit*, 2001), der ihn ehemals huldigenden links-liberalen Kultur-Schickeria endgültig als elitärer Niedergangsdiagnostiker suspekt. Der mit dem Jean-Paul-Preis (1987), dem Georg-Büchner-Preis (1989), dem Berliner Theaterpreis (1993) und dem Lessing-Preis (2001) ausgezeichnete Schriftsteller kann für sich in Anspruch nehmen, der vielleicht umstrittenste, einzelgängerischste und rätselhafteste deutsche Gegenwartsautor zu sein.

Claus Gelfort/Frank Dietschreit

Tieck, Ludwig
Geb. 31. 5. 1773 in Berlin;
gest. 28. 4. 1853 in Berlin

T. ist als Klassiker kein lebendiger Bestandteil der heute gelesenen Literatur. Daß sein Name am geläufigsten blieb in Verbindung mit der maßgeblichen deutschen Shakespeare-Übersetzung, zu der er strenggenommen keine Zeile beitrug, die er vielmehr, nach August Wilhelm Schlegels Rückzug, als Redaktor und Herausgeber zu Ende geführt hat (von 1825 bis 1833), liefert dafür nur eine letzte Bestätigung. Die Nachwelt stufte ihn, der nach Goethes Tod als der repräsentative Schriftsteller der deutschen Literatur galt und noch bei seinem Tode von Friedrich Hebbel als »König der Romantik« gefeiert wurde, als ein Talent minderen Ranges ein. Das Urteil des Literarhistorikers Friedrich Gundolf – »Er fing an als Unterhaltungsschriftsteller niedrigen Niveaus, er hörte auf als Literaturgreis und Unterhaltungsschriftsteller hohen Niveaus« (1929) – hält noch im Lob die Herablassung, ja Verachtung fest. Man bewunderte den wendigen, witternden Nachahmer der jeweils virulenten Zeitströmung, der es von der Schauerliteratur seiner Anfänge bis zur Behandlung der Frauenemanzipation in der *Vittoria Accorombona* (1840) immer mit der Aktualität hielt. Man respektierte den geschickten Zweitverwerter alter Stoffe und Formen, der sich elisabethanische Schauspiele, deutsche Volksmärchen und Volksbücher, mittelalterliche Gedichte und Epen gleichermaßen produktiv zunutze machte; schätzte nicht zuletzt den bahnbrechenden Literaturvermittler, Übersetzer (Miguel Cervantes' *Don Quijote*, von 1799 bis 1801) und verdienstvollen Editor (u. a. der Werke von Wilhelm Heinrich Wakkenroder, Novalis, Maler Müller, Heinrich von Kleist und Jakob Michael Reinhold Lenz). Aber den Rang eines eigenständig schöpferischen Autors sprach man ihm bis in die jüngste Zeit immer wieder ab. Mit seinen weitgespannten Interessen, seiner umfassenden Belesenheit, der nervösen Unrast seiner so aufnahmesüchtigen wie labilen Psyche war T. der erste »moderne« Dichter der deutschen Literatur – Eigenschaften, auf die vor allem Arno Schmidt hinwies.

Geboren als Sohn eines gebildeten Handwerkers, kam er bereits in früher Jugend mit der Welt des Theaters in Berührung; den größten Schauspieler, der je die Bühne nicht betrat, hat ihn Clemens Brentano genannt. Berlin, durch Friedrich II. zu einem Zentrum der Aufklärung geworden, hat ihn entscheidend geprägt. T. war ein Großstadtmensch, dessen Werk durch und durch urbane Züge trägt – noch seine Naturbegeisterung, seine frühromantische Landschaftsdichtung entstammten poetischer Einbildungskraft. Mit seinen seit 1821 erscheinenden Novellen, aber auch schon mit vielen der frühen Werke erschloß er der Dichtung den Alltag des modernen Lebens, die Atmosphäre der Stadt. Dem behenden, gewitzt-distanzierten, ironischen Tonfall – der Meister des Gesprächstons war ein weitgerühmter Rezitator eigener und fremder Texte –, der aufs Raffinierteste das Bekenntnis mit der Konversation zu mischen weiß, begegnen wir schon in den präromantischen Erzählungen, die er von 1794 bis 1799 für den populären Almanach *Straußfedern* des Berliner Verlegers und spätaufklärerischen Literaturpapstes Friedrich Nicolai verfaßt hat. Gerade seine schriftstellerischen Anfänge, die Jahre zwischen 1789 und 1796, als er noch (aber nicht nur) in die Schule der Trivialliteratur ging und um Geld schrieb, hat man T. später immer besonders angekreidet.

Daß der Frühreife, der seinen Lehrern August Ferdinand Bernhardt und Friedrich Eberhard Rambach bei der Ausarbeitung von Sensationsromanen half, in knapp fünf Jahren ein gutes Dutzend Dramen und zwei Schauerromane neben vielem anderem verfaßte, wenig später aber zum Mitbegründer der Romantik wurde, um im Alter dann die Gesellschaftskunst der Novelle in Deutschland heimisch zu machen – diesem verschlungenen Hin und Her ließ sich keine Entwicklung, kein Reifeprozeß abgewinnen. Die Literaturwissenschaft verfiel auf den Ausweg, nur die Werke der romantischen Jahre (von 1796 bis 1804) gelten zu lassen. Zweifellos war dies T.s glücklichste Zeit, als er, im Mittelpunkt eines großen Kreises von Freunden (u. a. Novalis, August Wilhelm und Friedrich Schlegel, Henrik Steffens, Wilhelm Heinrich Wackenroder) stehend, jene Resonanz des Gesprächs und der wechselseitigen Anregung fand, die er zum Schreiben als Stimulans benötigte. In schneller Folge entstanden jene Werke, die noch heute seinen Ruhm ausmachen: die ironisch-satirischen Märchenspiele (*Der gestiefelte Kater*, 1797; *Ritter Blaubart*, 1797), in deren Verkehrungsprinzip auch zeitkritische Bezüge durchklingen; die teils holzschnitthaft-naiv stilisierten, teils dämonisch-abgründigen Volksbuchbearbeitungen und Märchenerzählungen (*Der blonde Eckbert*, 1797; *Der Runenberg*, 1804); schließlich die Lesedramen *Leben und Tod der heiligen Genoveva* (1799) und *Kaiser Octavianus* (1804), in denen Friedrich Schlegels Programm einer »progressiven, romantischen Universalpoesie« vielleicht am reinsten, gewiß aber auch am blassesten verwirklicht ist.

Blutleer wirkt heute auch der Roman *Franz Sternbalds Wanderungen* (1798), dem neben Wackenroders *Herzensergießungen* wegweisenden Text für die romantische Mittelaltersehnsucht und Kunstreligion: »Wenn alle Menschen Künstler wären oder Kunst verständen, wenn sie das reine Gemüt nicht beflecken und im Gewühl des Lebens abängstigen dürften, so wären doch gewiß alle um vieles glücklicher. Dann hätten sie die Freiheit und die Ruhe, die wahrhaftig die größte Seligkeit sind.« Die Wirklichkeit T.s sah anders aus. Die Abhängigkeit von Verlegern und Publikum, von Freunden und Mäzenen machten den ständig in Geldnöten Schwebenden, wohl auch über seine Verhältnisse Lebenden, zum »Freibeuter der Gesellschaft« (Heinz Hillmann). »Jener fröhliche Leichtsinn« – so schrieb er während seiner Lebenskrise, als er am Sinn aller Kunst zweifelte, am 16. 12. 1803 an Friedrich Schlegel –, »in welchem ich mich doch nur eingelernt hatte, ist mir eigentlich sehr unnatürlich, von meiner frühesten Kindheit hängt mein Gemüth zu einer schwärmerischen Melankolie und je älter ich werde, je mehr tritt meine Kindheit entwickelt wieder in mir hervor.« Daß das Dämonische ans Alltägliche angrenzt, das Seltsamste mit dem Gewöhnlichen sich mischt, hatte T. früh erfahren und es als eine Poetik des Wunderbaren zu erfassen und zu gestalten versucht.

Zeitweise wurden die Depressionen in den Jahren zwischen 1803 und 1818 so stark, daß sie den Schaffensdrang völlig lähmten. In dieser krisenhaften Situation nahm er das Angebot seines Freundes Wilhelm von Burgsdorff an und übersiedelte im Herbst 1802 in die ländliche Einsamkeit der Mark Brandenburg, nach Ziebingen. Dort lernte er – seit 1798 mit Amalie Alberti verheiratet – die »Gräfin«, Henriette von Finckenstein, kennen, die ihm Geliebte, Muse und Mäzenin in einem ist und fortan mit seiner Familie lebt. Bis 1819 blieb Ziebingen sein Wohnsitz, unterbrochen durch Reisen nach München (1804, von 1808 bis 1810), Rom (1805/ 1806), Wien (1808), Prag (1813), London und Paris (1817). In diesen Jahren vollzog sich der entscheidende Wandel seines Werks – ein Wandel, für den, neben den Anregungen durch den Ziebinger Kreis, die Freundschaft mit dem Philosophen Karl Wilhelm Ferdinand Solger von ausschlaggebender Bedeutung war. Den pathologischen Nihilismus seines Frühwerks (*William Lovell*, 1795/96) lernte er, wenn nicht zu überwinden, so doch in wissender Ironie, der Selbstaufhebung des Endlichen, zu bannen. Der Ziebinger Kreis, dem er in den Rahmengesprächen des *Phantasus* (1812–16), einer Sammlung seiner romantischen Erzählungen und Spiele, ein bleibendes Denkmal gesetzt hat, wurde mit seiner Gesprächskultur und literarischen Geselligkeit auch zur Keimzelle von T.s Novellistik.

1819 zog er nach Dresden. Als Hofrat und Dramaturg des Theaters (ab 1825) nahm er bald eine zentrale Stellung im kulturellen Leben der Stadt ein. Seine

Leseabende, die er wie ein Dichterfürst zelebrierte, lockten Gäste aus nah und fern an. Auch als Schriftsteller gewann er nun endlich die Reputation und Ausstrahlung, die ihn beim Lesepublikum bekannt und populär machten. 1821 erschienen die beiden ersten Novellen (*Der Geheimnisvolle, Die Gemälde*), denen bis 1841 noch über dreißig weitere folgten (darunter 1838 *Des Lebens Überfluß*, das Meisterstück von seiner Hand): »Ich bilde mir ein, eigentlich unter uns diese Dichtart erst aufzubringen, indem ich das Wunderbare in die sonst alltäglichen Umstände und Verhältnisse lege.« Seine Novellen, die den Zeitgenossen zum Vorbild für die Gattung wurden, spiegeln thematisch wie stilistisch die ganze Physiognomie der biedermeierlichen Gesellschaft wider. Charakteristisch für T.s Novellenkunst ist das ironische Changieren zwischen den Standpunkten, das »begebenheitliche« Interesse der Konversation, dem es nicht um Überzeugungen, sondern um die Form, das Spiel geht.

1842 folgte T. einem Ruf des preußischen Königs Friedrich Wilhelm IV, auf Dauer wieder in seine Heimatstadt Berlin überzusiedeln. Mit der Einladung verband der König den Wunsch und die Aufgabe, Musteraufführungen auf der Bühne des Potsdamer Neuen Palais in Szene zu setzen. Theatergeschichte gemacht hat von diesen Aufführungen nur die Inszenierung von Shakespeares *Sommernachtstraum* mit der Bühnenmusik von Felix Mendelssohn Bartholdy (1843). Geschrieben hat T. nach der letzten, noch in Dresden entstandenen Novelle *Waldeinsamkeit* (1840) nichts mehr.

Die letzten Lebensjahre des Alternden waren von Einsamkeit, Resignation und fortschreitender Krankheit bestimmt. Auf die Revolution von 1848 reagierte er mit Unverständnis, ja Verbitterung. Er verstand die Zeit nicht mehr, die über ihn hinwegging. Robert Minder hat als die beiden Pole von T.s

Leben und Werk »Partizipation« und »Mystifikation« benannt: »Mit jener ist echte, volle Hingabe an ein Ereignis gemeint; mit dieser eine limitierte Teilnahme, die der Lust an Nachahmung und der Gabe mimischer Brillanz entspringt.« Von den frühesten Versuchen noch des Schülers bis zu dem großen, bedeutenden Altersroman *Vittoria Accorombona* (1840) zieht sich eine »Einheit von Enthusiasmus und Ironie« (Robert Minder). In diesem Sinne ist T. in allen Wandlungen, in allen Masken und Wendungen, immer Romantiker geblieben – auch dort noch, wo sein Werk schon an den heraufdämmernden Realismus einer neuen Zeit grenzt.

Uwe Schweikert

Trakl, Georg
Geb. 3. 2. 1887 in Salzburg;
gest. 4. 11. 1914 in Krakau

»Wer mag er gewesen sein?«, fragte sich Rainer Maria Rilke, als T. – wahrscheinlich durch Selbstmord – so früh gestorben war. Wie sein Werk, entzieht sich auch die Person des Lyrikers der Mitteilbarkeit: Verschlossen, düster, einsam, verrätselt und voller Leiderfahrung, so war er als Mensch: »Gleichsam auf seine Pausen aufgebaut, ein paar Einfriedungen um das grenzenlos Wortlose: so stehen seine Zeilen da« (Rilke). Der Versuch, sich zum Leben zu bringen, ohne wirklich lebensfähig zu sein, und zur Sprache zu bringen, was sich der Sprache entzieht, so ließe sich das Paradox von Leben und Werk auf eine Formel bringen. T. stammte aus gutbürgerlichem Elternhaus (der Vater war Eisenhändler), scheiterte aber gänzlich an den bürgerlichen Realitäten. Die Schule wird abgebrochen, der Beruf als Pharmazeut nur sporadisch ausgeübt; die Kriegserfahrung 1914 (Schlacht bei Grodek, über die er eines seiner bekanntesten Gedichte schreibt) stürzt ihn in den Wahnsinn, freilich entschieden gefördert durch die schon früh ausgeprägte Drogen- und Alkoholsucht; einer Kokainvergiftung erliegt er wenig später, nachdem er schon einige Selbstmordversuche unternommen hatte. Zur Schwester Margarethe, die namenlos immer wieder in den Gedichten auftaucht, unterhielt er ein inzestuöses Verhältnis. Freunde machte er sich nur wenige; die wenigen aber standen zu ihm. Vorab Ludwig von Ficker, den T. 1912 kennenlernte und der seine Gedichte von da an regelmäßig in seiner Zeitschrift *Der Brenner* publizierte. Er war es auch, der dem Umhergetriebenen, meist Mittellosen Zuflucht bot und den Lebensunterhalt besorgte.

»Es ist ein so namenloses Unglück, wenn einem die Welt entzweibricht«, notierte T. im Jahr 1913. Das mit dieser Erfahrung verbundene Leid ist das Grundmotiv der Dichtung, die Martin Heidegger als »ein einziges Gedicht« deklariert hat (auch die wenige Prosa, die T. schrieb, ist durchweg lyrisch). Freilich betrifft dies kaum die frühe Lyrik, die zwischen 1906 und 1910 anzusetzen ist. Sie ist z. T. banal, romantisch sentimental, vordergründig und bevorzugt strenge Formen (u. a. das Sonett). Erst die spätere Lyrik gewinnt die für T. typische Eigenheit: Aus wenigen, miteinander verflochtenen Bildgefügen, die in immer neuen Variationen und Konfigurationen erscheinen, häufig fremdartig dunkel wirken und überraschende Farbmotive bevorzugen, entsteht das Bild der zerbrochenen Welt und des leidenden Menschen in ihr. Charles Baudelaire, der poète maudit, war der entscheidende poetische Anreger, Friedrich Nietzsche, der Künder des Untergangs und des Wertverlusts, der philosophische. Auch in der Form »zerbricht« T. seine späte Lyrik in zunehmendem Maße und sucht so die adäquate Gestaltung ihres Inhalts. Allerdings steht der zerbrochenen Welt die Suche nach – freilich – unerfüllter transzendenter Geborgenheit gegenüber. In den Leitgestalten des Knaben, auch als Kaspar Hauser, des Kindes, der Schwester, Helians, Christus', des Engels und Gottes selbst beschwört die Lyrik die überzeitlich rettenden Mächte: »Ein Schatten bin ich ferne finsteren Dörfern. / Gottes Schweigen / Trank ich aus dem Brunnen des Hains«. *Offenbarung und Untergang* heißt eines seiner späten Prosagedichte, die beiden Pole der Dichtung T.s benennend.

Es besteht Unsicherheit darüber, ob T.s Lyrik aus letztlich unentzifferbaren poetischen Chiffren besteht, T. also einer der ausgeprägtesten rein intuitiv dichtenden Künstler war, oder ob er sehr bewußt angeordnet, seine Variationen nach strengem Strukturgesetz gebaut hat. Der Entstehungsprozeß der Gedichte läßt verfolgen, daß T. fast immer von beobachtbaren Realitätsdetails, die z. T. romantisch verklärt sind, ausgeht und sie dann im weiteren Arbeitsprozeß »verfremdet«, so lange, bis sie sozusagen sprachlos geworden sind.

Jan Knopf

Tucholsky, Kurt
Geb. 9. 1. 1890 in Berlin;
gest. 21. 12. 1935 in Hindaås
(Schweden)

Er hat die erste deutsche Republik nur um eine kurze Zeitspanne überlebt. Am 21. Dezember 1935 begeht er, nach quälender Krankheit und mehreren schweren Operationen, im schwedischen Hindaås Selbstmord. Den Bruch mit seiner deutschen Existenz, mit dem er in selbstauferlegtem Schweigen und der Weigerung schließlich, deutsche Zeitungen zu lesen, nicht weniger Konsequenz bewies als in den Schriften, die seinen Ruhm begründeten, hatte er schon früher vollzogen. Seine Übersiedlung nach Schweden, in dem er sich im Sommer 1929 ein Haus gemietet hatte, bedeutete den Abschied von einem Land, auf dessen politische und kulturelle Entwicklung einzuwirken er nach der Wahl Hindenburgs zum Präsidenten »der deutschen Republik, die es nun wohl nicht mehr lange sein wird«, und nach dem Tod seines Mentors und *Weltbühnen*-Herausgebers Siegfried Jacobsen im Dezember 1926 immer geringere und endlich gar keine Veranlassung mehr sah. Deutschland, das er schon 1924 verlassen hatte, um als Korrespondent der *Weltbühne* und der *Vossischen Zeitung* nach Paris zu gehen, war ihm, wie er an Maximilian Harden schrieb, »kein sehr freundlicher Boden«. »Wenn man nicht eitel und nicht rechthaberisch ist, macht das wenig Spaß, was ich da tun mußte – es sei denn, man fühlte die Sendung in sich. Und davon ist 1927 nicht gerade die Rede.«

Dieser Entwicklung, die von vielen Freunden und Gleichgesinnten als Verrat an der gemeinsamen demokratischen Sache und als unverzeihliche Resignation angesehen wurde, war ein immer entscheidenderes Eintreten für die noch junge Republik vorausgegangen, das ihn zuletzt, als die nationalkonservative bis völkische Reaktion immer offener und ungehinderter hervortrat, auch zur Unterstützung kommunistischer Positionen führte. Doch der Grundbestand seiner Überzeugungen zeichnet sich schon ab, noch ehe der Krieg der wilhelminischen Welt ein Ende bereitet. Die 1907 unter dem Titel *Märchen* in der satirischen Zeitschrift *Ulk* erschienene Erstveröffentlichung des Siebzehnjährigen deutet das Thema schon an, das in der Folgezeit nicht nur ihn beschäftigen wird – die Unverträglichkeit emanzipatorischen Geistes mit etablierter Macht. 1911 beginnt der einundzwanzigjährige Jurastudent seine journalistische Karriere mit Beiträgen und Gedichten für den sozialdemokratischen *Vorwärts*. Seit 1913 ist er fester Mitarbeiter der Berliner Wochenschrift *Die Weltbühne*, die sich damals noch *Die Schaubühne* nannte, und in der er in den 1920er Jahren »die gesamte deutsche Linke in des Wortes weitester Bedeutung zu Wort kommen sollte«. Von sich selber bemerkte er rückblickend, daß er sich »vom Jahre 1913 bis zum Jahre 1930 als Pacifist schärfster Richtung in Deutschland betätigt« habe. In der Stetigkeit dieser Haltung liegt auch zu einem guten Teil die einheitliche Impetus seiner zeit- und kulturkritischen Polemik beschlossen. Sie entsteht gleichsam im Handgemenge mit dem Gegner, den ewig Gestrigen, die sich einem besseren, freiheitlicheren Deutschland entgegenstemmten. »Wenn sich der Verfasser mit offenen Armen in die Zeit gestürzt hat, so sah er nicht, wie der Historiker in hundert Jahren sehen wird … Er war den Dingen so nahe, daß sie ihn schnitten und er sie schlagen konnte.« An dem Satiriker, dessen Geistesgegenwart auf die Situation berechnet war, lag es nicht, daß die Gegner bald überhand nahmen. Es lassen sich mit T.s Werk – von den *Frommen Gesängen* (1919) bis zu *Deutschland, Deutschland über alles* (1929) – die entscheidenden Wendepunkte und Fehlentwicklungen der Weimarer Nachkriegsgesellschaft diagnostizieren, es ist jedoch gerade in seiner stilistischen Brillanz und zunehmenden Schärfe selber auch ein Indiz dafür, daß politischer Borniertheit und nationalmilitaristischem Wiederholungszwang mit den Mitteln einer perennierenden Invektive allein nicht beizukommen war. Sein *Deutschland, Deutschland, über alles*, zu dem John Heartfield die Photomontagen beigesteuert hatte, war nicht nur dem politischen Gegner ein Ärgernis. Der Autor, schrieb Herbert Jhering, erreichte damit »das Gegenteil seiner Absichten«. Unbeachtet bleibt dabei, daß die nationalen Affekte und deutschtümelnden Ressentiments, die T. so treffsicher attackiert hatte, nicht nur den enttäuschten Aufklärer, sondern in einer tieferen Schicht auch den intellektuellen Außenseiter und Angehörigen einer in ihrem Bürgerrecht bedrohten Minderheit herausfordern mußte.

Unnachgiebiger fällt Walter Benjamins Abrechnung mit den »linken Melancholikern« und »linksliberalen Publizisten vom Schlage der Kästner, Mehring und Tucholsky« aus, deren Haltung »überhaupt keine politische Aktion« entspreche. »Die Verwandlung des politischen Kampfes aus einem Zwang zur Entscheidung in einem Gegenstand des Vergnügens aus einem Produktionsmittel in einem Konsumartikel – das ist der letzte Schlager dieser Literatur.« Solche Polemik, die *nach* dem Ende der Weimarer Republik zur Einsicht gelangt, wie man »als Produzent seine Solidarität mit dem Proletariat erfährt«, sieht darüber hinweg, daß der ihnen abverlangte dezionistische Sprung in die politische Praxis diese Autoren um eben die Wirkungsmöglichkeit gebracht hätte, zu der sie ihrer Herkunft, ihrer Erfahrung und ihrer Stellung im literarischen Prozeß nach befähigt waren. Unter denen, die sich zur Republik bekannten, waren es außer ihnen nur wenige, die gegen die Vergeßlichkeit, soziales Unrecht, Militarismus, Zensur und gegen die Skandale einer rechtslastigen Justiz ihre Stimme erhoben.

Erfolg bedeutete nicht schon Wirkung. Der hellsichtige Beobachter – »ich bin ausgezeichnet, wenn ich einer noch dumpfen Masseneinsicht Ausdruck geben kann« – wußte sehr gut, mit welcher Fatalität seine Position als Aufklärer belastet war. Was, 1912, als »Kämpfen – aber mit Freuen! – Dreinhauen – aber mit Lachen!« (*Rheinsberg*) begonnen hatte, war längst zu einer Verpflichtung geworden, die er seiner Hoffnung auf eine weniger zerrissene Welt schuldig zu sein glaubte. »Nichts ist schwerer … als sich in offenem Gegensatz zu seiner Zeit zu befinden und laut zu sagen: Nein.« Aber »immer und immer wieder raffen wir uns auf«. Öffentliches, zu einem negativen Zeitalter

Nein zu sagendes Ich und privates Ich trennten sich immer mehr, und eben darin war er seiner Zeit stärker verbunden, als ihm selber bewußt sein konnte. Er war nicht bereit, sein Leben, seine innere Biographie mit seiner professionellen Existenz zu vermengen. So sind seine vielen Pseudonyme, unter deren bekanntesten, seinen eigenen Namen hinzuzählend, er als fünffacher Akteur der *Weltbühne* auftrat (*Mit fünf PS*), mehr als ein reizvolles und allzu häufige Nennung ein und desselben Namens vermeidendes Versteckspiel. Es ist auch ein Spiel mit der Eigenschaftslosigkeit, hinter der sich »das sich umgrenzende Ich« (Gottfried Benn) mit seiner »Sehnsucht nach Erfüllung« um so sicherer verbergen konnte. Hinter allem stand – wie in anderen Formen bei Bert Brecht, Robert Musil, aber auch auf der Rechten – eine Suche nach Identität, die im Chaos der zersplitterten Lebensmasse der Nachkriegszeit am wenigsten zu finden war. T.s Uneigentlichkeit, seine Selbstdistanzierung haben es in der Nachwirkung leicht gemacht, sich vom unerschrockenen Kämpfer für den Sozialismus bis zum besinnlichen »Meister der kleinen Form« ein jeweils passendes Bild des Schriftstellers zurechtzulegen. Sein Hinweis auf die »heitere Schizophrenie« seines Spiels mit den Pseudonymen sollte jedoch davor bewahren, seine Produktivität nur aus dem Anlaß der Tageserfordernisse heraus verstehen zu wollen. Er selber hebt hervor, daß er seine Anerkennung als Autor einer, wie er in Abgrenzung zu seinem publizistischen Œuvre formuliert, literarischen Arbeit verdankte. *Rheinsberg. Ein Bilderbuch für Verliebte* (1912) brachte es noch in Weimarer Zeit auf eine Auflage von einhundertzwanzigtausend Exemplaren. 1927 erscheint *Ein Pyrenäenbuch*, das 1925 anläßlich einer Reise nach Südfrankreich und Spanien entstand. Es ist, abgesehen von den massenpsychologisch inspirierten Betrachtungen des Kapitels über den

Wallfahrtsort Lourdes, »darin mehr von meiner Welt als von den Pyrenäen die Rede«. Ebenso wie *Schloß Gripsholm* (1931) sind diese selbständigen Buchveröffentlichungen auf eine Ausnahmesituation bezogen. Unter dem Eindruck des Ortswechsels und des Abstands zum »lächerlich lauten Getriebe« scheint am ehesten ein Ausgleich der zwiespältigen Lebensansprüche zu gelingen. »Ich komme immer mehr dahinter, daß es falsch ist, nicht *sein* Leben zu leben«, notierte er 1924. Doch die Hoffnung auf eine gelassene, kontemplative, dem Daseinskampf enthobene Existenz, Nachklang Schopenhauerscher Philosophie, ist nicht zu verwirklichen. »Warum bleiben wir eigentlich nicht hier«, heißt es beim Abschied von der Urlaubsidylle im *Schloß Gripsholm*? »Nein, damit ist es nichts.« Denn »ist man für immer da, dann muß man teilnehmen«.

Bernd Weyergraf

Walser, Martin
Geb. 24. 3. 1927 in Wasserburg am Bodensee

Was haben der Bodensee und der Pazifik gemeinsam? Besonders ähnlich sind sie sich nicht, und doch spielen beide wichtige Rollen im Werk eines Mannes, der auszog, um einer der bedeutendsten Schriftsteller der Nachkriegszeit zu werden. Seiner Herkunft schämt sich W. nicht, im Gegenteil. Wenn man ihn reden hört, weiß man, woher er kommt, und das merkt man auch, wenn man seine Werke liest. Doch sind seine Stoffe, gleichwohl in der Region verankert und auf nationale Themen bezogen, solche, die man als welthaltig bezeichnen kann. W. ähnelt darin dem großen Romancier des 19. Jahrhunderts, Theodor Fontane. Was dem einen die Mark Brandenburg und Großbritannien waren, sind dem anderen die Bodensee-Region und die USA.
An Umfang und Breite der literarischen Tätigkeit nach 1945 kann sich unter den bekannteren Autoren wohl nur noch Günter Grass mit W. messen. Neben der Prosa, für die W. vor allem bekannt ist, finden sich Hörspiele, Dramen, Gedichte, Reden, Aufsätze, Artikel, wissenschaftliche Abhandlungen, Übersetzungen, Drehbücher und herausgegebene Werke. Dabei ist W. immer einer der streitbarsten Autoren deutscher Sprache gewesen. Aufregung über seine Werke gab es bereits in der Anfangszeit, und es gab sie zuletzt 2002 anläßlich der Veröffentlichung von *Tod eines Kritikers*, ein Roman, der sich satirisch mit der Rolle der Medien in der Gesellschaft auseinandersetzt.

W. wuchs in seinem Geburtsort Wasserburg auf. 1938 starb sein Vater. Wie sehr dies den Jungen geprägt hat, läßt sich an dem stark autobiographisch eingefärbten Roman *Ein springender Brunnen* von 1998 ablesen. Nach dem Besuch der Lindauer Oberschule wechselte W. 1943 an das dortige Gymnasium und schloß 1946 mit dem Abitur ab. Während der Schulzeit wurde er für Kriegsdienste herangezogen und geriet in Gefangenschaft. Nach dem Abitur studierte W. Literatur, Geschichte und Philosophie, 1947 bis 1948 in Regensburg und anschließend in Tübingen. 1951 promovierte er dort mit einer Arbeit über Franz Kafka. *Beschreibung einer Form. Versuch über Kafka* erschien 1961 im Druck.

Von 1949 bis 1957 wohnte W. in Stuttgart, arbeitete als Redakteur und Reporter für den Süddeutschen Rundfunk. 1950 heiratete er Käthe Neuner-Jehle, 1952 wurde die erste von vier Töchtern, Franziska, geboren. Von 1953 an gehörte W. zur Gruppe 47, der von Hans Werner Richter initiierten Literatenvereinigung. 1955 gewann er den Preis der Gruppe für die Erzählung *Templones Ende*, sie ist in W.s erster Buchveröffentlichung enthalten, die im selben Jahr herauskam: *Ein Flugzeug über dem Haus und andere Geschichten*.

1957 zog W. nach Friedrichshafen, also zurück an den Bodensee, und machte sich dort als freier Schriftsteller selbständig. 1968 siedelte er ins nahegelegene Überlingen-Nußdorf über. Er hat verschiedentlich, insbesondere in den 1970er und 1980er Jahren, Gastprofessuren in den USA wahrgenommen. So bilden beispielsweise die Erfahrungen seines Aufenthalts an der renommierten University of California in Berkeley 1983 den Hintergrund für den 1985 veröffentlichten Roman *Brandung*. W. ist Mitglied der Akademie der Künste Berlin, der Deutschen Akademie für Sprache und Dichtung Darmstadt, der Sächsischen Akademie der Künste, des PEN-Clubs und des Verbands deutscher Schriftsteller. Zu seinen zahlreichen Preisen und Auszeichnungen gehören der Gerhart-Hauptmann-Preis (1962), der Georg-Büchner-Preis (1981), der Große Literaturpreis der Bayerischen Akademie der Schönen Künste (1990) und der Friedenspreis des Deutschen Buchhandels (1998).

Bereits in seiner ersten Buchpublikation *Ein Flugzeug über dem Haus* von 1955 sind wichtige Merkmale von W.s Prosa zu beobachten. An den Geschichten läßt sich allerdings noch deutlich der Einfluß Franz Kafkas ablesen. Geschildert werden Situationen, die alltäglich zu sein scheinen und doch jede Alltagslogik außer Kraft setzen. Meist wird aus der die Glaubwürdigkeit des Erzählten einschränkenden Ich-Perspektive berichtet. Die den Band eröffnende Titelgeschichte schildert einen Nachmittag im Garten eines villenähnlichen Hauses, gefeiert wird der Geburtstag der Tochter. Als die Jugendlichen von der Frau des Hauses allein gelassen werden, brechen archaische Verhaltensmuster durch. Zunächst sieht der Erzähler sich und die anderen Jungen von den Mädchen bedroht. Nachdem aber ein alter Mann, Großonkel des Geburtstagskindes Birga, die Jungen zu »Mitleid« auffordert und zugleich als »Wölfe« bezeichnet, geschieht eine Verwandlung. Die Verhältnisse kehren sich um, die Mädchen werden nun bedroht und Birga wirft dem alten Mann vor, sie »ausgeliefert« zu haben. Der Lärm eines Flugzeugs initiiert den Angriff der Jungen, die nun »Herr über den Garten, das Haus und die Mädchen« werden. Die Geschichte schließt mit der Bemerkung, der Großvater weine aus seinem Mansardenfenster »in die Zukunft hinein«.

Unschwer ist eine ausgefeilte Symbolik erkennbar. Die Hitze des Nachmittags deutet auf die des Geschehens. Der Garten ist der Raum zwischen Zivilisation (Haus) und roher Natur, doch das domestizierende Element hält nur vor, bis die Jungen ihre Möglichkeiten begreifen. Das Flugzeug, der »Koloß aus Stahl«, läßt sich als Symbol für die fortschreitende Technisierung der Gesellschaft lesen, die hier auch mit Dehumanisierung gleichgesetzt werden kann, und es ist zugleich ein ins Groteske gesteigerter Phallus, eine von zahlreichen sexuellen Konnotationen. Man kann vermuten, daß W. hier Kritik an gesellschaftlichen Entwicklungen (Technisierung, die Vernachlässigung der Kinder durch die offenkundig reichen Erwachsenen) mit Kritik an Rollenstereotypen verbinden will – seit dem 18. Jahrhundert gilt der Mann als das aktive und die Frau als das passive Geschlecht, Frauen waren den Männern in Ehe und Gesellschaft untergeordnet.

In seinem ersten Roman *Ehen in Philippsburg* von 1957 wird W.s Gesellschaftskritik konkreter. Die Schilderung des sozialen Aufstiegs von Hans Beumann spiegelt kritisch die Verhältnisse der Wirtschaftswunderzeit – hinter der Fassade der Philippsburger guten Gesellschaft verbergen sich Machtspiele, Korruption und Untreue. Zugleich wird deutlich, daß W. sein bestimmendes Thema gefunden hat: Er führt an den Figuren vor, wie dünn der Firnis der Zivilisation ist. Dabei reduziert W. seine Figuren nicht auf bestimmte Eigenschaften und die Handlung auf mono-kausale Zusammenhänge. W.s Helden sind Täter und Opfer zugleich, sie werden von ihren mehr oder weniger verborgenen Wünschen und Sehnsüchten getrieben. W. greift damit Erkenntnisse der modernen Psychoanalyse auf, die in seinem Werk bis heute weiterwirken, etwa in dem folgenden Aphorismus von 2003: »Es würde genügen, mit sich selbst übereinzustimmen, um gesund zu sein. Aber man wäre dann unfähig, etwas wahrzunehmen« (*Meßmers Reisen*).

Der illusionslose Blick des Illusionisten führt zu der charakteristischen Mischung von Sympathie und Abscheu, die viele der Figuren beim Leser erzeugen, etwa das Ehepaar Ellen und Sylvio Kern in dem Roman *Ohne einander* (1993). Insbesondere die Bedeutung der Sexualität im Rollenspiel der Geschlechter und der gesellschaftlichen Funktionen wird von W. immer wieder deutlich herausgearbeitet und mit Macht, die Menschen über andere ausüben, in Verbindung gebracht. In der Anlage der Romane orientiert sich W. an verschiedenen Autoren (etwa Marcel Proust), ohne sie zu kopieren – es entstehen komplexe Psychogramme und Handlungsgefüge, denen die Kritik wohl nicht zuletzt deshalb oft mit Unverständnis und mit dem Einfordern traditioneller Erzählweisen begegnet ist. Wichtige Hinweise zu seinen Vorbildern und dem eigenen poetischen Verfahren hat W. in seinen Frankfurter Poetik-Vorlesungen gegeben, die 1981 unter dem Titel *Selbstbewußtsein und Ironie* veröffentlicht wurden.

Manchen seiner Protagonisten bleibt W. über mehrere Romane treu, so Anselm Kristlein in *Halbzeit* (1960), *Das Einhorn* (1966) und *Der Sturz* (1973), Franz Horn in *Jenseits der Liebe* (1976) und *Der Brief an Lord Liszt* (1982), Helmut Halm in *Ein fliehendes Pferd* (1978) und *Brandung* (1985), Gottlieb Zürn in *Seelenarbeit* (1979), *Das Schwa-*nenhaus (1980) und *Jagd* (1988), oder auch dem *Alter ego* Meßmer aus den Aphorismensammlungen *Meßmers Gedanken* (1985) und *Meßmers Reisen* (2003). Die Figur wird witzigerweise als Gastprofessor Tassilo Herbert Meßmer in *Brandung* erinnert, dem parallel zur ersten Aphorismensammlung publizierten Roman. W.s Werk ist ein dichtes Gewebe – um nicht zu sagen: ein Dschungel – von Verweisungszusammenhängen, die zweifellos genauerer Untersuchung bedürften.

Eines der bestimmenden Themen in W.s Werk ist von Beginn an die Auseinandersetzung mit der deutschen Geschichte, vor allem mit der Zeit des Nationalsozialismus, dem Holocaust und der deutschen Teilung. In vielen Prosawerken, etwa in dem Roman *Halbzeit*, ist die Kritik an der fehlenden Aufarbeitung der Nazivergangenheit Bestandteil der Handlung. In den Stücken der Deutschen Chronik indes steht sie im Mittelpunkt: Als erstes zeigt *Eiche und Angora* von 1962, wie die Täter der NS-Zeit weitermachen, als sei nichts gewesen. Die Opfer der Vergangenheit – hier stellvertretend der im Lager durch Medikamenteneinnahme kastrierte Alois Grübel und seine Frau – sind auch die Opfer der Gegenwart. In *Der schwarze Schwan* von 1964 haben zwei ehemalige KZ-Ärzte auf unterschiedlichen Wegen zu ihrem alten Beruf zurückgefunden. Sie können ihre Schuld verdrängen, doch ihre Kinder schaffen es nicht, sich damit abzufinden. Diese beiden Stücke werden wegweisend für die Auseinandersetzung mit der Schuld der älteren Generation im Theater der 1960er Jahre. Bis zum dritten Teil der Deutschen Chronik vergehen drei Jahrzehnte: *Kaschmir in Parching* (1995) zeigt, daß die Erinnerung an die Geschichte nunmehr zwischen Verdrängen und Ritualisierung pendelt.

In seiner vieldiskutierten und nach Meinung der jüngeren Forschung von vielen falsch verstandenen Rede zur Verleihung des Friedenspreises des Deutschen Buchhandels von 1998 hat W. die Frage der Ritualisierung neu gestellt, sie auf die Auseinandersetzung mit dem Holocaust und mit der 1989/90 überwundenen deutschen Teilung bezogen. W. geht von der Anerkennung der Schuld des Massenmordes an den Juden aus, plädiert aber für eine individuelle Auseinandersetzung damit und kritisiert jene »Intellektuellen, die sie uns vorhalten«. Der Autor stellt die provokante Frage, ob sie »dadurch, daß sie uns die Schande vorhalten, eine Sekunde lang der Illusion verfallen, sie hätten sich, weil sie wieder im grausamen Erinnerungsdienst gearbeitet haben, ein wenig entschuldigt, seien für einen Augenblick sogar näher bei den Opfern als bei den Tätern?« Die Seite der Täter zu verlassen ist für W. undenkbar – dies spricht gegen die seinerzeit stark verbreitete Auffassung, W. versuche, die Schuld der Deutschen am Holocaust zu relativieren. In der Friedenspreisrede geht es auch um die Folgen der Teilung – W. plädiert zum Schluß für die Freilassung eines ehemaligen DDR-Spions. Die Problematik von Menschen, die glauben, ihrem Staat zu dienen und von diesem zu Spionagezwecken instrumentalisiert werden, war bereits 1987 Gegenstand der Novelle *Dorle und Wolf*. Vor 1989 hat sich W. auch verschiedentlich in Reden und Aufsätzen für ein Ende der Teilung stark gemacht; und die individuellen, psychischen Folgen der Trennung in BRD und DDR hat er wenig später beispielhaft in dem Roman *Die Verteidigung der Kindheit* (1991) dargestellt.

Den bisher größten Skandal um W. löste 2002 ein offener Brief Frank Schirrmachers in der *Frankfurter Allgemeinen Zeitung* aus, in dem Schirrmacher begründete, weshalb die *FAZ* W.s neuen Roman *Tod eines Kritikers* nicht zum Vorabdruck annehmen würde. Der *FAZ*-Mitherausgeber warf W. vor, den Kritiker Marcel Reich-Ranicki mit der Titelfigur des Romans nicht nur karikiert, sondern verunglimpft zu haben. Der offene Brief steigert sich bis zum versteckten Vorwurf, W. habe klischeehaft auf die jüdische Abstammung Reich-Ranickis angespielt und folglich einen antisemitischen Roman geschrieben. Im Feuilleton tobte ein heftiges Gefecht der Kritiker, das erst an Substanz gewann, als der Roman veröffentlicht und damit jedem zugänglich wurde. Jüngere Publikationen der Forschung haben Schirrmachers Vorwurf entkräftet und als Versuch dargestellt, den einstigen Ziehvater Reich-Ranicki mit allen Mitteln zu verteidigen.

Ein populäres Mißverständnis in der Auseinandersetzung mit W. dürfte sein, daß man ihn als einen Autor betrachtet, dem es um ›deutsche‹ Themen geht. Dabei handeln zum Beispiel *Ein springender Brunnen* und die Friedenspreis-Rede nicht primär über den Nationalsozialismus, sondern über Fragen der Schuld, des Gewissens und des Erinnerns. W. hat 2002 in einem *Spiegel*-Interview betont, er sei gegen nichts so empfindlich wie gegen Machtausübung, da sei ihm eine Gallenkolik lieber. Diese Eigenschaft teilt er mit vielen seiner Figuren. Neben dem komplementären Verhältnis von Bodensee und USA, Region und Welt sind Individuum und Gesellschaft zu nennen, wobei dieser Autor im Zweifelsfalle immer die Position des Individuums einnimmt, des Entrechteten, des Machtlosen. W. zeigt die Zwänge, denen wir alle ausgesetzt sind, mit einer grundsätzlichen Sympathie für das Versagen dessen, der den Zwängen nicht standhalten kann, und einer Antipathie gegen jenen, der seine Macht über andere mißbraucht. Meistens haben, ganz wie im wirklichen Leben, W.s Figuren ein bißchen von beidem. Das macht sein Werk so menschlich und so notwendig.

Stefan Neuhaus

Walser, Robert
Geb. 15.4. 1878 in Biel;
gest. 25.12. 1956 in Herisau/Aargau

»Der Roman, woran ich weiter und weiter schreibe, bleibt immer derselbe und dürfte als ein mannigfaltig zerschnittenes Ich-Buch bezeichnet werden können.« W. wuchs in einer großen Familie als siebentes von acht Kindern auf. Kein Wunder, daß ihm nur eine nachlässige Erziehung zuteil wurde. Die Mittel reichten nicht aus, um dem Sohn eines Buchbinders und Kaufmanns eine gehobene berufliche Karriere zu ermöglichen. Nach dem Progymnasium absolvierte er eine Banklehre. Auch sonst kümmerte man sich nicht sehr um ihn. Der autobiographische Züge tragende Simon sagt im Roman *Geschwister Tanner* (1907), er sei als Kind immer sehr gern krank gewesen, weil er von der Mutter verhätschelt werden wollte. Seine seelisch labile Mutter hatte aber mit ihren Depressionen genug zu tun. Sein Vater war von robuster Statur; er konnte Armut und Demütigungen ruhig und gelassen wegstecken. W. hatte von beiden etwas geerbt. Nach seiner Tätigkeit als Bank- und Büroangestellter ging er für ein Jahr nach Stuttgart zu seinem Bruder Karl, dem Maler. Er war es, der W. auf den Geschmack am selbständigen Leben brachte. Seine Pläne, in Stuttgart Schauspieler zu werden, scheiterten. Danach hatte er acht Jahre in Zürich, mal hier mal dort, gearbeitet, meist für wenig Lohn, als Commis oder Diener, als Angestellter in einer Nähmaschinenfabrik, als Assistent bei einem Erfinder, u.a. auch 1903 als Gehilfe des Ingenieurs Dubler in Wädenswil am Zürichsee. Die Erlebnisse dort lieferten ihm den Stoff zu seinem Roman *Der Gehilfe* (1908). Wie in seinem ersten Buch, *Fritz Kochers Aufsätze* von 1904, ist auch dieser Roman aus der für W. typischen Perspektive eines unscheinbaren jungen Mannes erzählt, dem bisweilen der Schalk aus den Augen blitzt.

»Stets betrachtete ich mit großer Lust die Pracht und den Glanz; mich selbst jedoch wünschte ich von jeher in einen ruhigen, bescheidenheitsreichen Hintergrund zurückgestellt, um von hier aus in das helle Leuchten mit frohen Augen hinein- und hinaufzuschauen.« Die Helden seiner allesamt autobiographischen Romane und Prosastücke können nichts verlieren, sie sind besitzlos. Dafür aber haben sie die Freiheit, mit ihrer Existenz zu experimentieren. W. und seine Figuren sind trotz oder gerade wegen der öffentlichen Mißachtung in erhöhtem Maß unvoreingenommen beobachtend, staunend und erlebnishungrig zugleich.

Welch energischer Ton, mit dem W. 1905 seinen Aufbruch nach Berlin untermalt! »Eine Stadt, wo der rauhe, böse Lebenskampf regiert, habe ich nötig. Eine solche Stadt wird mir guttun, wird mich beleben. Eine solche Stadt wird mir zum Bewußtsein bringen, daß ich vielleicht nicht gänzlich ohne gute Eigenschaften bin. In Berlin werde ich in kürzerer oder längerer Zeit zu meinem wahrhaften Vergnügen erfahren, was die Welt von mir will und was ich meinerseits von ihr zu wollen habe.« Wie recht er hatte! 1905 reiste er seinem Bruder Karl nach Berlin nach. Erfüllt von kühnen Hoffnungen, begannen für ihn produktive Jahre. Er arbeitete an den Zeitungen *Die neue Rundschau, Die Schaubühne, Die Zukunft* mit, lernte Max Liebermann, Max Slevogt und Gerhart Hauptmann kennen. Sechs Romane schrieb er hier, wovon allerdings nur drei erhalten sind. Nacheinander entstanden *Geschwister Tanner* (1906) – in nur sechs Wochen niedergeschrieben –, *Der Gehülfe* (1908) und *Jakob von Gunten* (1908). Was die Welt von ihm wollte, mußte er aber auch recht bald schmerzlich erfahren. Alle Romane waren klägliche Mißerfolge. Er schrieb zu eigenwillig, zu persönlich, wollte keine der en vogue befindlichen Schreibmanieren übernehmen, nannte als Wahlverwandte vielmehr Jakob Michael Reinhold Lenz, Clemens Brentano, Heinrich von Kleist und Nikolaus Lenau. Bruno Cassirer, bei dem seine Romane erschienen und ihn erst förderte, stutzte mit der Zeit über diesen linkischen, trockenen Schweizer, der sich keine Spur anpassungswillig zeigte, und wandte sich schließlich ab von ihm. Jugendlich unbekümmert war W. nach Berlin gegangen, herb und verbittert kehrte er 1913 heim, krank im Innern, ohne Zuversicht und ohne Glauben an die Menschen. In Biel nahm er zu seiner Schwester Lisa, die wie er unverheiratet geblieben war, wieder ein enges, vertrauliches Verhältnis auf. Auf weiten Spaziergängen in der freien Natur fand er wieder zu sich. Poetischer Ertrag davon waren viele kleine Prosastücke, die er in Zeitungen veröffentlichte. Die Bieler Jahre waren für ihn nach eigener Angabe die glücklichsten seines Lebens. Er machte sich die Natur bewußt. Ohne weltfremde Sentimentalität beschreibt er den Wald, die Bäume, die Blumen, war glücklich über seine Betrachtungen und genoß es, sich bewegen zu können. »Was schreien und keifen möchte, ist ausgeschlossen. Vielmehr ist jedes einzelne Wesen, indem es sich dicht ans andere lehnt, vollauf gesättigt und still vergnügt. Sie vertragen sich gut, da sie einander beleben und ergänzen.« Wie weit sind davon hastige, vielbeschäftigte Menschen entfernt! Seiner Eigenart blieb W. treu, er wollte unter allen Umständen nur sich selbst gehören, keine Macht und Not brachte ihn davon ab. Er wußte aber auch, daß er nach bürgerlichen Maßstäben ein Müßiggänger war; er spöttelte oft in diesem Sinn über sich. Wie seine Schriftstellerei, war sein Leben ein einziges Experimentieren. Bewegung war ihm wichtig. So vagabundierte er von Stadt zu Stadt, von Quartier zu Quartier, von Stellung zu Stellung. Da er keinen Besitz, nicht einmal Bücher hatte, fiel ihm das Nomadisieren leicht. Mit der Sprache stellte er Versuche an, auch um sich die muntere Entdeckerfreude wachzuhalten. Immer blieb er den unbeachtet am Rande liegenden, existierenden Dingen und Menschen seines unmittelbar nächsten Erfahrungskreises zugetan. Seine Prosastücke sind ihm, wie er sagt, »Alltagsvertiefungsversuche«. »Was habe ich anderes in der Poesie getan, als alles, was mir ins Auge fiel, wortreich darzustellen, verwundert zu bereden und angenehme Gedanken und Empfindungen damit zu verknüpfen?«

1921 siedelte W. nach Bern über. Nach vielen Jahren mühsam behaupteter Dichterfreiheit mußte er nun wieder untergeordnete Lohnarbeiten annehmen. Auch wechselte er hier wieder häufig seine Wohnungen, fünfzehnmal in sechs Jahren. Sein seelischer Zustand begann sich wieder zu verschlechtern, Angst und Halluzinationen peinigten ihn. Seine Schriftstellerei fiel ihm auf einmal schwer, der Schwung von früher erlahmte, die schöpferische Glut war am Erlöschen. In winzigster Schrift und mit Bleistift schrieb er kaum entzifferbar, nur noch für sich. »In den letzten Berner Jahren quälten mich wüste Träume: Donner, Geschrei, würgende Halsgriffe, halluzinatorische Stimmen, so daß ich oft laut rufend erwachte.«

1929 ging er schließlich in die Heilanstalt Waldau. Vorher hatte er aber noch seine Schwester um ihre Meinung zu diesem Entschluß gebeten. Insgeheim wollte er zu ihr nach Bellelay ziehen. Da sie aber schwieg, fügte er sich ihrem unausgedrückten Willen. In Waldau schrieb er nur noch wenig, 1933 nach der Überweisung nach Herisau nichts mehr. W. war ein unauffälliger, geduldiger Insasse, der keinerlei Ansprüche mehr an das Leben stellte. Er verschloß sich in sich selbst und war bei aller Bescheidenheit unnahbar und wenig gesprächig. Nur seiner Schwester Lisa und seinem späten Freund Carl Seelig, der 1944 die Vormundschaft über ihn übernahm und W.s Werk als

Herausgeber betreute, öffnete er sich noch. Zu ihm sagte er am Ende seines Lebens: »Wenn ich nochmals von vorne beginnen könnte, würde ich mich bemühen, das Subjektive konsequent auszuschalten und so zu schreiben, daß es dem Volk gut tut. Ich habe mich zu sehr emanzipiert. Ich will mit dem Volk leben und mit ihm verschwinden.« W. starb auf einem einsamen Spaziergang.

Gunther Pix/Red.

Walther von der Vogelweide
Um 1200

Im Reiserechnungsbuch des Passauer Bischofs Wolfger von Erla ist zum Martinstag (n. n. 1203) ein »Waltherus cantor de Vogelweide« als Empfänger eines Geldgeschenks für einen Pelzrock aufgeführt. Dies ist das einzige, auf einen deutschen Lyriker des Hochmittelalters als »Dichter« bezogene urkundliche Zeugnis, zugleich das einzige sichere Datum aus W.s Leben. Nach eigenem Bekunden lernte er »ze österrîche« »singen unde sagen«. Mehr ist über seine Herkunft nicht zu erfahren. Literarhistorische Spekulation hat zwar einige Geburtsorte propagiert, vor allem im Layener Ried im Grödnertal (Südtirol; vgl. das Denkmal auf dem »Walther-Platz« in Bozen), ohne andere Basis als den politisch-national fundierten Enthusiasmus des 19. Jahrhunderts. Für eine regionale Fixierung müßte erst zu klären sein, ob W.s Beiname ein Herkunfts- oder ein Künstlername ist. Auch die frühere ständische Einordnung W.s als »ritterbürtig« kann sich nicht auf Belege aus W.s Zeit stützen. Er selbst hebt nie auf Geburtsadel ab, sondern stets nur auf Gesinnungs- und Handlungsadel: »sô bin ich doch, swie nider ich sî, der werden ein!« Er war also wohl ein fahrender Sänger unbekannter Herkunft, der an weltlichen und geistlichen Höfen um Brot sang.

Weitere Lebensdaten können aus sei-

ner politischen Lyrik erschlossen werden, die in der mittelhochdeutschen Dichtung etwas Neues darstellt: W. entwickelte aus der älteren, von Spervogel vertretenen moralisch-belehrenden Spruchdichtung ein poetisch-publizistisches Organ, mit dem er zu den politischen und geistigen Streitpunkten seiner Zeit z. T. scharf Stellung bezog. Die ältesten Sprüche fallen wohl ins Jahr 1198, in dem, nach dem Tode Kaiser Heinrichs VI., die Nachfolgekontroversen zwischen dem Staufer Philipp von Schwaben und dem Welfen Otto von Poitou einer ersten Entscheidung zustrebten. W. war in diesem Jahr, nach dem Tod seines bisherigen Gönners, des Herzogs Friedrich, von Österreich in den Westen des Reiches gezogen und hatte offenbar am Hof des staufischen Thronprätendenten Philipp Aufnahme gefunden. Die frühen Sprüche, die er als Philipps zunächst engagierter Parteigänger verfaßte, wurden auch seine bekanntesten, z. B. der sog. Reichston: *Ich saz ûf eime steine* (die Miniaturen zu W.s Liedercorpus in den beiden illustrierten Minnesanghandschriften setzen diesen Eingangstopos ins Bild um) oder der *Magdeburger Weihnachtsspruch* (sog. 1. Philippston). Aus der staufischen Parteinahme resultierte wohl auch W.s lebenslange Frontstellung gegen Papst Innozenz III., welcher Otto, den Gegenspieler Philipps, favorisiert hatte. W. polemisierte aber nicht nur gegen Papst und Kurie (wofür ihn Thomasin von Zerklaere tadelt), sondern bald auch gegen Philipp und nach dessen Tode (1208) auch gegen den Nachfolger, Otto IV., dem er sich zunächst als höchstem Repräsentanten des Reichs zugewandt hatte. Alle Kritik ging von dem Idealbild eines weltlichen und geistlichen Herrschertums aus, mit dessen Würde W. die machtpolitischen oder materiellen Interessenhändel und die oft kleinlichen Machenschaften unvereinbar hielt. Eine Verletzung des Herrscherideals sah er auch in der mangelnden »milte« (Freigebigkeit), in der Gleichgültigkeit gegenüber der materiellen Not der nachgeordneten Schichten. Humorvoll, grimmig oder ätzend ficht W. hier auch für eigene Belange, für seine eigene Versorgung, bis ihm schließlich Friedrich II. ein nicht näher bestimmbares Lehen verlieh (um 1220). Gekämpft hatte er lange auch um die erneute Aufnahme an dem »wünneclîchen hof ze Wiene« Leopolds VI., der ihm aus unbekannten Gründen versperrt blieb. Als weitere fürstliche Gönner nennt er den Landgrafen Hermann von Thüringen, den Markgrafen Dietrich von Meißen, Herzog Bernhard von Kärnten, Graf Diether von Katzenellenbogen, Erzbischof Engelbert von Köln, nach denen meist auch ein bestimmter Lied-Ton genannt wird.

W. war nicht nur der bedeutendste mittelhochdeutsche Sangspruchdichter, er war auch der vielseitigste und bis heute am stärksten lebendig gebliebene Minnesänger. Er hatte im Stil Reinmars des Alten zu dichten angefangen, dem er einen zweistrophigen preisenden und zugleich kritischen Nachruf widmete. Gegen Reinmars ihm prätentiös erscheinende Leidensminne mit ihrem Absolutheitsanspruch vertrat W. eine neue Minnekonzeption, die Minne auf Gegenseitigkeit, nicht durch Unterwerfung (»wip«-Strophen mit der Gegenüberstellung von ständischer und menschlicher Würde). Noch radikaler löste er sich von der Hohe-Minne-Tradition in den Mädchenliedern (auch als »Lieder der niederen Minne« bezeichnet). Ausgetragen wurden die gegensätzlichen Auffassungen vom rechten Frauenpreis in der sog. Reinmar-Walther-Fehde, in welcher W. Lieder Reinmars parodierte oder übertrumpfte (z. B. in *Ir sult sprechen willekomen*).

W. gestaltete auch religiöse Themen, in radikaler Skepsis etwa *Vil wol gelobter got*, weiter einen Marienleich und Kreuzzugslieder als politische Mahnungen an Kaiser und Papst, schließlich mutmaßlich das sog. *Palästina-Lied*, zu dem die einzige, wohl authentische Melodie W.s überliefert ist. Die *Elegie*, ein resignierter Lebensrückblick, steht wohl am Ende seines Schaffens gegen 1230. Nach einer Notiz in einer Handschrift aus der Mitte des 14. Jahrhunderts soll W. im Kreuzgang des Würzburger Neumünsters begraben sein, wo ein neuzeitliches Denkmal mit einem Lobspruch Hugos von Trimberg an ihn erinnert.

W. war schon im Mittelalter allgemein als der größte deutsche Lyriker anerkannt, wie zahlreiche Nennungen bei zeitgenössischen und späteren Dichtern verraten. Dies belegt auch die relativ reiche handschriftliche Überlieferung. Seine Hochschätzung hat sich ununterbrochen erhalten. Die Meistersinger zählten ihn zu ihren Zwölf Alten Meistern. An der Wende vom Mittelalter zur Neuzeit kreuzen sich zwei Rezeptionsstränge: Bei dem Meistersinger-Historiographen Cyriacus Spangenberg (um 1600) ist nur noch sein Name (in unsicherer Fassung) bekannt. Zur selben Zeit beginnt aber mit dem Schweizer Rechtshistoriker Melchior Goldast die Neubelebung des Wissens um W.s Werk unmittelbar aus der handschriftlichen Überlieferung (Handschrift C).

Günther Schweikle/Red.

Werfel, Franz
Geb. 10. 9. 1890 in Prag;
gest. 26. 8. 1945 in Beverly Hills (USA)

Als W. 1945 einem Herzinfarkt erlag, ließ ihn seine Frau wunschgemäß in Smoking und Seidenhemd begraben, weltlich also, was angesichts der stark ausgeprägten religiösen Thematik seines Werkes verwundern mag. W.s Wende zum Religiösen, zum Christlichen und zum Jüdischen, war keineswegs durch seine Kindheit vorgeprägt. Als Sohn eines Prager Kaufmanns geboren, wuchs er im deutsch-jüdischen Kulturraum der Moldau-Metropole auf, unter anderem befreundet mit Max Brod und Franz Kafka. Nach einer kurzen Lehre als Spediteur erhielt er den Alibiposten eines Lektors im avantgardistischen, um die Literatur des Expressionismus verdienten Kurt-Wolff-Verlag, der ihm für die üppige Eigenproduktion reichlich Zeit ließ. Angetreten als hymnisch-pathetischer Lyriker in der Nachfolge des amerikanischen Naturlyrikers Walt Whitman (*Der Weltfreund*, 1912; *Wir sind*, 1913; *Einander*, 1915; *Der Gerichtstag*, 1919), verlagerte sich der Schwerpunkt seines Schaffens zunehmend auf die Dramen- und Romanproduktion. Nach symbolisch-expressiven Ideendramen (*Die Mittagsgöttin*, 1919; *Spiegelmensch*, 1921; *Bocksgesang*, 1922; *Schweiger*, 1922) wandte W. sich der Gestaltung historischer Ereignisse und Charaktere zu (weltlich: *Juarez und Maximilian*, 1924; religiös-chiliastisch: *Paulus unter den Juden*, 1926; *Das Reich Gottes in Böhmen*, 1930; *Der Weg der Verheißung*, 1937). Seine Novellen und Romane nehmen zwar auch ihren Ausgang von der expressionistischen Mode, stehen z. T. unter dem Einfluß der Psychoanalyse (*Nicht der Mörder, der Ermordete ist schuldig*, 1920; *Der Tod des Kleinbürgers*, 1926; *Der Abiturient019entag*, 1928) und verschmähen keineswegs reißerische Effekte. Seit ihm, dem Musikfreund und glühenden Verdi-Verehrer, mit seinem Verdi-Roman (*Verdi. Roman der Oper*, 1924) der Durchbruch als Romancier gelang, hat W. stets eingängige Psychologie und effektvolles Szenarium verbunden, etwa in seinem umfangreichsten Roman *Barbara oder die Frömmigkeit* (1929), in dem die realistisch geschilderten Weltkriegserfahrungen, die untergründige Bindung an das alte Österreich und die dezidierte Zivilisationskritik einander die Waage halten, oder im Epos über den Freiheitskampf der Armenier, *Die vierzig Tage des Musa Dagh* (1933), oder im Legendenroman *Das Lied von Bernadette* (1941) – ein Grund auch dafür, daß sein

Werk bei den Zunftleuten in Mißkredit gefallen ist. Neben schwer erträglicher, gefühlsgeladener und rhetorischer Suada enthält sein Werk freilich auch sprachlich virtuose Glanzstücke, so Teile des Romans *Der veruntreute Himmel* (1939), so Partien des Fragment gebliebenen antifaschistischen Romans *Cella oder die Überwinder* (1938/39).

Nach Jahren schriftstellerischen Erfolgs traf auch ihn, der inzwischen mit der berühmten Femme fatale Alma Mahler-Gropius verheiratet war, das Desaster der nationalsozialistischen Machtübernahme mit voller Wucht. Beim Anschluß Österreichs hielt sich der reisefreudige W. gerade in Italien auf. Die nächsten Jahre verbrachte er im Exil, mit den Stationen Mailand, Zürich, Paris, London, Vichy und Marseille. Nach einer abenteuerlichen Flucht über die Pyrenäen gelang ihm von Portugal aus die Überfahrt nach New York (1940). Bekannt ist W.s Gelübde in Lourdes: wenn die Flucht nach Amerika gelänge, wolle er der Heiligen Bernadette zu Ehren ein Buch schreiben. Umgehend löste W. sein Versprechen ein; der sofort einsetzende Erfolg des Romans (*Das Lied von Bernadette*, 1941) überraschte den Autor selbst. Nach Zwischenaufenthalten in New York, Los Angeles und Santa Barbara erwarb W. ein Haus in Beverly Hills.

W. war als Schriftsteller ungeheuer fruchtbar. Außer fünfzehn Dramen, zahlreichen Novellen, neun vollendeten und zwei unvollendeten Romanen (Frucht seiner Italienaufenthalte: *Die Geschwister von Neapel*, 1931; seiner Reisen in den Vorderen Orient: *Höret die Stimme. Jeremias*, 1937) hat er eine Fülle von essayistischen Arbeiten verfasst. Im Zentrum seines literarischen und denkerischen Werkes stehen Probleme des Glaubens und der Kampf gegen den Zerfall der Werte – eine in der ersten Jahrhunderthälfte herrschende Thematik, die er ganz im Sinne des christlichen Glaubens diskutiert. Unverkennbar ist W.s Annäherung an die katholische Kirche. Ohne je offiziell zu ihr überzutreten oder sich taufen zu lassen, ringt er doch in zahlreichen Aufsätzen und Aphorismen (*Zwischen oben und unten*, Essay, 1946) um seine Synthese aus Judentum und Christentum, in denen er, der Sinnenmensch, europäische Kultur und Tradition am bildkräftigsten ausgedrückt sieht. W.s Hang, das irdische Geschehen metaphysisch zu verankern, stört in zunehmendem Maße die stilistische Einheit seiner Werke. Sinnliche Anschauung und kritische Reflexion gehen allmählich unter im Strom abstrakter Leerformeln und verblasener Rhetorik. Diese Einwände gelten auch für seinen letzten, in den USA entstandenen Monumentalroman, *Stern der Ungeborenen* (1946), in dem W. eine Bilanz der Menschheitsentwicklung zieht. Vom Anspruch her als moderne *Divina Commedia* geplant, tendiert das Opus doch eher zur Science Fiction. Neben grandiosen Partien gibt es auch hier wieder poetisch-denkerische Durststrecken, ein Charakteristikum für W.s schwungvolle, jedoch unkritische Schreibweise. Bestes Produkt der Spätzeit ist zweifellos die Komödie *Jakobowsky und der Oberst* (1945), in der W. mit souveräner Ironie das moderne Ahasverschicksal zweier weltanschaulich grundverschiedener Emigranten gestaltet, in der Überzeugung, daß eines fernen Tages auch die religiösen Gegensätze sich finden, »wie die Parallelen im Unendlichen«.

Gunter E. Grimm

Wieland, Christoph Martin
Geb. 5. 9. 1733 in Oberholzheim bei Biberach; gest. 20. 1. 1813 in Weimar

»W. war in der Nähe von Biberach, einer kleinen Reichsstadt in Schwaben, 1733 geboren. Sein Vater, ein evangelischer Geistlicher, gab ihm eine sorgfältige Erziehung und legte bei ihm den ersten Grund der Schulkenntnisse. Hierauf ward er nach Kloster Bergen an der Elbe gesendet, wo eine Erziehungs- und Lehranstalt, unter der Aufsicht des wahrhaft frommen Abtes Steinmetz, in gutem Rufe stand. Von da begab er sich auf die Universität zu Tübingen, sodann lebte er einige Zeit als Hauslehrer in Bern, ward aber bald nach Zürich zu Bodmern gezogen, den man in Süddeutschland, wie Gleimen nachher in Norddeutschland, die Hebamme des Genies nennen konnte. Dort überließ er sich ganz der Lust, welche das Selbsthervorbringen der Jugend verschafft, wenn das Talent unter freundlicher Anleitung sich ausbildet, ohne daß die höheren Forderungen der Kritik dabei zur Sprache kommen. Doch entwuchs er bald jenen Verhältnissen, kehrte in seine Vaterstadt zurück, und ward von nun an sein eigner Lehrer und Bildner, indem er auf das rastloseste seine literarischpoetische Neigung fortsetzte.«

In der biographischen Skizze der Lehr- und Wanderjahre W.s streicht Goethe – in seinem Nachruf *Zu brüderlichem Andenken W.s* (1813) – den Einfluß heraus, den Bodmer auf den jungen W. in seiner Tübinger Studienzeit (1750 bis 1752), vor allem jedoch in den Jahren, die er in der Schweiz verbrachte (1752 bis 1760), ausübte. Nach dem Motto, daß die Dichtung Magd der Religion sein sollte, hatte sich W. durch moralisierende Dichtungen Zutritt bei Bodmer verschafft und ließ sich von diesem in seine literarische Fehde gegen Johann Christoph Gottsched und die Anakreontik einspannen. Die Empörung jedoch, die W.s unter Bodmers Einfluß entstandene Schrift *Empfindungen eines Christen* (1757) in aufgeklärten literarischen Kreisen hervorrief, veranlaßte ihn, sich aus der zu starken Abhängigkeit von Bodmer zu lösen. »Wenn ich nicht impertinenter Urteile zu gewohnt wäre, so müßte ich mich ärgern, daß irgend ein ehrbarer Mensch mich der insektenmäßigen Kleinheit fähig halten kann, der Waffenträger eines Chef de Secte oder etwas dergl. zu sein.« Der Brief W.s an den Freund Johann Georg Zimmermann (20. 3. 1759) zeigt das Streben nach geistiger Unabhängigkeit und ist ein erstes Zeichen jener ›angeborenen Liberalität‹, die Goethe an W. so schätzte. Der Versuch, sich von Bodmers Einfluß zu befreien, wurde durch W.s Liebe zu der Philosophin Julie Bondely verstärkt und durch die Wahl zum Ratsherren (später Kanzleidirektor) in Biberach, die ihm finanzielle Unabhängigkeit verschaffte, möglich gemacht. Die Verlobung mit J. Bondely wurde jedoch bald gelöst; 1765 heiratete W. eine Biberacher Bürgerstochter.

In den Biberacher Jahren (1760 bis 1769) übte einen entscheidenden Einfluß auf W. der Kreis um den Grafen Stadion aus, einem freigeistigen Adligen. Die Gespräche, die er in der Bibliothek im Schloß zu Warthausen mit Frank und Sophie La Roche, seiner Jugendliebe, führte, sowie das Studium der französischen und vor allem der antiken Literatur waren entscheidende Anregungen. In den Romanen *Don Sylvio* (1764) und *Die Geschichte des Agathon* (1766/1767) ließ er die religiöse Schwärmerei des Pietismus endgültig hinter sich und orientierte sich – vor allem im *Agathon* – an antiken Paradigmen. Insbesondere Xenophons Bildungsroman, die *Kyrupädie* (*Die Erziehung des Kyros*), war literarisches Vorbild: Die *Geschichte des Agathon*, das unvollendete Heldengedicht *Cyrus* (1756/57) und die »Geschichte in Dialogen« *Araspes und Panthea* (1758) sind durch Xenophons Werk angeregt. Auch für W.s weiteres literarisches Schaffen blieb Xenophon ein ständiger Bezugspunkt. Neben der *Kyrupädie* ist vor allem das *Symposion* zu nennen, das W. aufgrund des dialogischen Charakters und der literarischen Möglichkeiten, die diese Form bietet, faszinierte. In der Versdichtung *Musarion oder die Philosophie der Grazien*

(1768) und dem *Neuen Amadis* (1771), einem Versepos mit einer verschlungenen und motivreichen Handlungsführung sowie ironischen Selbstreflexionen des Erzählers, kommt Laurence Sternes Einfluß deutlich zum Tragen. In den Übersetzungen von 22 Dramen Shakespeares, die Lessings ungeteilten Beifall fanden, brachte W. den englischen Dramatiker dem deutschen Publikum nahe. Schon in diesen Übertragungen ließ sich W. – wie später in seinen Übersetzungen antiker Autoren – von dem Bestreben leiten, dem Publikum den *Sinn* eines Textes zu vermitteln, indem er den fremdsprachigen Autor in unsere Zeit herüberzuholen versuchte und nicht eine möglichst große Genauigkeit in der Wiedergabe des Originals erstreben wollte.

Die literarischen Erfolge dieser Jahre brachten W. den Ruf als Philosophieprofessor nach Erfurt (1769). Einige populärphilosophische Abhandlungen und *Der Goldne Spiegel* (1772), eine Art Staatsroman und Fürstenspiegel, in dem wie im *Agathon* noch der Einfluß von Xenophons *Kyrupädie* zu greifen ist, sind die literarischen Produkte dieser Zeit, die W. zwar nicht, wie erhofft, die Berufung nach Wien, wohl aber die als Prinzenerzieher nach Weimar einbrachten. Von 1772 bis 1775 betätigte sich W. als Erzieher von Carl August, danach zog er sich auf sein Landgut bei Oßmannstädt nahe Weimar zurück, um sich ganz seinen neuen literarischen Projekten zu widmen. In seinem Nachruf hebt Goethe insbesondere die von W. gegründete Zeitschrift *Teutscher Merkur* (1773, von 1778–1810 *Neuer Teutscher Merkur*) hervor, die er als Leitfaden der Literaturgeschichte dieser Jahre bezeichnet. W.s sämtliche Schriften – mit Ausnahme der Übersetzungen – erschienen in diesem Organ; Autoren wie Goethe, Schiller und Herder konnte W. als Mitarbeiter gewinnen. Kein anderes Unternehmen wirkte nach dem Zeugnis der Zeitgenossen mehr stilbildend, keines weckte in höherem Maße das ästhetische Urteil und den literarischen Geschmack eines breiteren Publikums als W.s Zeitschrift.

Literarische Ergebnisse der Weimarer Zeit sind einerseits die großen Romane (*Geschichte der Abderiten*, 1774; *Peregrinus Proteus*, 1791; *Agathodämon*, 1791; *Aristipp und seine Zeitgenossen*, 1800–1802), andrerseits die Übersetzungen griechischer und römischer Klassiker: die *Episteln* und *Satiren* des Horaz (1782, 1786), die Werke Lukians (1788/89), Ciceros Briefwechsel (1800ff.), der *Ion* und die *Helena* des attischen Tragikers Euripides und schließlich die *Ritter, Wolken* und *Vögel* des Komödiendichters Aristophanes. Goethe – wiederum in seinem Nachruf – hat den unterschiedlichen paradigmatischen Wert, den die griechischen und römischen Autoren für W.s literarisches Werk und seine Poetik darstellten, klar analysiert: Die Griechen seien für W. »in ihrer Mäßigung und Reinheit ..., höchst schätzbare Muster«; der dialogische Charakter der griechischen Texte habe W.s offenes, jeder Doktrin abholde Verständnis von Literatur in hohem Maße geprägt. Darüber hinaus entsprächen die problematischen Charaktere, die die Griechen entworfen hätten, und das (populär)philosophische Substrat vieler ihrer Texte durchaus W.s Wesen. Insbesondere das Heitere der griechischen Literatur habe W. jedoch angezogen, so daß es kein Zufall sei, daß er als einen Geistesverwandten den Spötter Lukian ins Deutsche übertragen habe. »War er jedoch mit den Griechen durch Geschmack nah verwandt, so war er es mit den Römern noch mehr durch Gesinnung. ... und findet, wie er sich den Griechen gewissermaßen nur andichtete, unter den Römern wirklich seinesgleichen. Horaz hat viel ähnliches von ihm selbst; selbst kunstreich, selbst Hof- und Weltmann ist er ein verständiger Beurteiler des Lebens und der Kunst; Cicero, Philosoph, Redner,

Staatsmann, tätiger Bürger, und beide aus unscheinbaren Anfängen zu großen Würden und Ehren gelangt.« Insbesondere Horaz war für W.s Schriftstellerei von entscheidender Bedeutung. Eine Schlüsselstelle für seine Poetik ist eine Interpretation von Vers 242 der *Dichtkunst (Ars poetica)* des Horaz. Den Satz »Die Kunst liegt im Zusammenfügen und Verbinden der Worte«, so die wörtliche Übersetzung, überträgt W. mit »so viel kommt auf die Kunst des Mischens an«. Gerade W.s großer Briefroman *Aristipp* zeigt diese *Poetik des Mischens* in aller Klarheit: Dialog und Brief in der Großform einer Romanhandlung, Reisebericht und Elemente des Fürstenspiegels, historisches Panorama und Liebesroman: eine Vielzahl von Einzelelementen gehen eine in Harmonie stehende neue Einheit ein, die traditionellen Gattungen bleiben transparent, sind jedoch in einer neuen Form im Hegelschen Sinne aufgehoben.

W. gehörte zeitlebens zu den gefeiertsten und umstrittensten Autoren: Bereits 1773 zündeten sich die Mitglieder des Göttinger Hain-Bundes ihre Pfeifen mit W.s Schriften an, und von seiten der Romantiker sah er sich mancher Anfeindung ausgesetzt, während Lessing (1767) den *Agathon* als »den ersten und einzigen Roman für den denkenden Kopf, von klassischem Geschmack« rühmt. Goethe selbst ist Zeuge für das zwiespältige Verhältnis der Zeitgenossen zu W.: Während er noch 1774 W.s Singspiel *Alceste* in seiner Farce *Götter, Helden und Wieland* beißendem Spott aussetzte, erkannte er später uneingeschränkt W.s Verdienste um die deutsche Literatur an. In seinem Nachruf auf W., jedoch auch schon 1795 in seiner Abhandlung *Literarischer Sansculottismus*, betont Goethe mit Nachdruck, in welchem Maße W. den literarischen Geschmack des zeitgenössischen Publikums, aber auch die zeitgenössische Literatur überhaupt geprägt habe.

Gegen die Verkennung W.s wendet

sich auch Arno Schmidt (1958), der W. vor seinen »oberflächlichen Lesern« zu verteidigen versucht. »Natürlich war Wieland nervös, wie nur je ein Intellektueller, zappelig im Kaffeerausch – Alkohol trank er nie. Aber eben das zusammen mit einem blitzartig arbeitenden Gehirn / ... / ergibt dann das Feuerpulver seiner Prosa, die nur dem oberflächlichen Leser weitschweifig erscheinen kann.«

Bernhard Zimmermann

Wolf, Christa
Geb. 18. 3. 1929 in Landsberg/Warthe, heute Gorzów/Wielpolski

Sie kommt aus dem Kleinbürgertum. Der Vater besaß in Landsberg ein kleines Geschäft, ihre Kindheit blieb von den Schrecken des Nationalsozialismus und des Kriegs weitgehend verschont, ein Alltag in der »Volksgemeinschaft«. Im Januar 1945 muß die Familie mit den großen Flüchtlingstrecks Richtung Westen ziehen. Das Verlassen der Heimat, die Konfrontation mit Elend, Gewalt und Tod bedeutet für die 16jährige das Ende der Kindheit. In Mecklenburg wird sie nach Kriegsende als Schreibkraft eines Bürgermeisters eingestellt, besucht die Oberschule, macht 1949 – im Gründungsjahr der DDR – das Abitur und tritt in die SED ein, identifiziert sich mit den Idealen des neuen Staats und seiner Partei. Während ihrer Studienzeit heiratet sie den Essayisten Gerhard Wolf (1951), mit dem sie teilweise zusammenarbeitet (Anthologien, Filmdrehbücher). Zwei Töchter (1952 und 1956 geboren) gehen aus der Ehe hervor.

Schon während des Germanistikstudiums in Jena und Leipzig, das sie 1953 bei Hans Mayer mit einer Arbeit über *Probleme des Realismus bei Hans Fallada* abschließt, setzt W. als Literaturkritikerin ihre frisch erworbenen Seminarkenntnisse um. Maßstab ihres Urteils ist die damals noch herrschende Ästhetik von Georg Lukács, sind die kunstfremden Normen des Sozialistischen Realismus. Sie schätzt an Anna Seghers, mit der sie seit den 1950er Jahren befreundet ist, die politisch standfeste, psychologisch motivierte Erzählweise, und orientiert sich an Seghers' Theorie der literarischen Produktion, in der die aktive Rolle des Autors betont wird. »Literatur und Wirklichkeit stehen sich nicht gegenüber wie Spiegel und das, was gespiegelt wird. Sie sind ineinander verschmolzen im Bewußtsein des Autors. Der Autor nämlich ist ein wichtiger Mensch«, steht in W.s Essay *Lesen und Schreiben* von 1972. In den 1950er Jahren ist W. als wissenschaftliche Mitarbeiterin beim Schriftstellerverband (bis 1977 Mitglied des Vorstands) tätig, Redakteurin der Verbandszeitschrift *Neue Deutsche Literatur* und Cheflektorin des Jugendbuchverlags »Neues Leben«. Ihre erste eigene literarische Arbeit, die *Moskauer Novelle* (1961), hat sie später selbst kritisch kommentiert und sich vorgeworfen, darin die wesentlichen Konflikte jener Jahre (so auch Stalinismus und »Entstalinisierung«) ausgeblendet zu haben zugunsten literarischer Klischees im Dienste der Ideologie (*Über Sinn und Unsinn von Naivität*, 1974).

1959, im Rahmen des »Bitterfelder Weges«, als die Partei die Künstler auffordert, sich in Fabriken und landwirtschaftlichen Produktionsgenossenschaften Kenntnisse von der Wirklichkeit der Arbeitswelt zu verschaffen, hospitiert W. als Lektorin des Mitteldeutschen Verlags Halle in einer Waggonfabrik, und nimmt an »Zirkeln Schreibender Arbeiter« beratend teil. Die Erfahrungen, die sie im Betriebsalltag gewinnt, gehen in eine Geschichte ein, in der das Scheitern einer Liebe mit dem Mauerbau 1961 verknüpft wird: *Der geteilte Himmel* (1963) ist der erste Roman, der als spezifische DDR-Prosa weltweit Anerkennung findet. Wenngleich stilistisch dem bürgerlichen Realismus des 19. Jahrhunderts verpflichtet, ist der Text dennoch ein Novum, weil er die moralische Bewertung gesellschaftlicher Verhaltensweisen (z. B. der Republikflucht) mit einer psychologischen Differenzierung verbindet, die das bis dahin in der DDR-Literatur geläufige Schema von Gut und Böse durchbricht.

Es scheint eine Bilderbuchkarriere zu werden: die Autorin, – sie lebt jetzt mit ihrer Familie in Berlin, – ist als freie Schriftstellerin anerkannt, wird zwischen 1963 und 1967 (dem VI. und VII. Parteitag) Kandidatin des ZK der SED, ist Mitglied des PEN-Zentrums der DDR, erhält Auszeichnungen und Reiserlaubnis in die Bundesrepublik (u. a. 1964 zum Besuch des Auschwitz-Prozesses in Frankfurt a. M.). Aber schon im Dezember 1965 auf dem II. Plenum des ZK der SED stößt sie mit ihrem Diskussionsbeitrag, der mehr Erfahrung und Wirklichkeit, weniger »Typik« in der Literatur fordert, auf Kritik. Weniger spektakuläre Zurückweisung als kleinliche Bevormundung verringern zunehmend ihren Enthusiasmus. So kann man ihrem 1966 entstandenen (erst 1972 im Westen veröffentlichten) Porträt Ingeborg Bachmanns an vielen Stellen die Formulierung der eigenen Situation ablesen: »Kühnheit? Wo hätten wir sie zu suchen, bei eingestandenem Rückzug vor Übermächten, bei eingestandener Ohnmacht gegenüber dem Fremderwerden ihrer Welt? In den Eingeständnissen selbst? Gewiß, da sie nicht aus Routine, nicht freiwillig gegeben werden. Mehr aber noch im Widerstand. Nicht kampflos weicht sie zurück, nicht widerspruchslos verstummt sie, nicht resignierend räumt sie das Feld. Wahrhaben, was ist – wahrmachen, was sein soll. Mehr Dichtung sich nie zum Ziel setzen können« (*Die zumutbare Wahrheit. Prosa der Ingeborg Bachmann*).

Als 1968 ihr zweiter Roman *Nachdenken über Christa T.* erscheint, stößt er in der DDR weitgehend auf Ablehnung und Befremden. Dem Text, der das Leben einer verstorbenen Freundin zu rekonstruieren und im Erinnern aufzubewahren sucht, ist als Motto ein Satz Johannes R. Bechers vorangestellt: »Was ist das: Dieses Zu-sich-selber-Kommen des Menschen?«. Die Frage wird im Roman höchst ambivalent ›beantwortet‹: der frühe Tod der Hauptfigur wird angesichts der Unmöglichkeit, die eigenen Empfindungen mit den gesellschaftlichen Ansprüchen zu vereinbaren, zur Herausforderung von Fortschrittsoptimismus und normiertem Menschenbild. Christa T. – in vielem der Autorin verwandt – zeichnet sich durch eine leise, aber bestimmte Verweigerung aus gegenüber dem ›Mitmachen‹ – sei es im nationalsozialistischen Alltag, sei es beim Aufbau einer sozialistischen Gesellschaftsordnung. Die Ideale werden zunehmend von der Wirklichkeit im ›real existierenden Sozialismus‹ in Frage gestellt, wenn nicht zersetzt.

Auch mit dem nächsten Roman *Kindheitsmuster*, der nach eigenen Erzählungen 1976 erscheint, bewegt sich die Autorin außerhalb der gängigen Bahnen. Auf mehreren stilistisch unterschiedenen Erzählebenen rekonstruiert sie wie für eine kollektive Psychoanalyse ihre Kindheit im Nationalsozialismus und zeigt, wie die damals eingeübten und verinnerlichten Erziehungsmuster im Verhalten der jetzt Erwachsenen (der »Aufbaugeneration«) unwillkürlich weiterwirken. Die historisch-politische Zäsur zwischen Faschismus und Sozialismus ist von psychischen Kontinuitäten überlagert, die das Handeln und die Gefühle der Menschen oft stärker beeinflussen als der verordnete Neubeginn. »Das Vergangene ist nicht tot, es ist nicht einmal vergangen.« (W. Faulkner) beginnt der Roman, den die Autorin ihren beiden Töchtern gewidmet hat; Prosa als »authentische Sprache der Erinnerung«, übersetzte Erfahrung.

Durch die Ausbürgerung Wolf Biermanns wird das Jahr 1976 in der DDR zum kulturellen und kulturpolitischen Einschnitt. W. gehört zu den ersten Unterzeichnern einer Protestpetition (dem »Offenen Brief« vom 17. 11. 1976), welche die Partei bald zum Anlaß nimmt, mißliebige Künstler und Schriftsteller zu reglementieren, kaltzustellen oder ebenfalls auszuweisen. W. geht auf »innere Distanz«.

Sie befaßt sich (angeregt durch die gerade in Gang gekommene feministische Diskussion und durch das neu erwachte Interesse an der Romantik) mit dem Werk und Leben der Karoline von Günderrode, an der sie die gesellschaftliche Widerstandskraft und die persönliche Tragik herausstellt, die in dem Unvermögen und der Weigerung liegt, sich mit der Realität zu arrangieren. Unter dem Titel *Der Schatten eines Traumes* gibt sie 1979 Günderrodes Schriften heraus, begleitet von einem einfühlsam-identifikatorischen Essay. Die politische Brisanz ihrer Beschäftigung gerade mit dem Romantikerkreis ist unverkennbar; W. sieht in ihm den »Versuch eines gesellschaftlichen Experiments einer kleinen progressiven Gruppe, die dann, nachdem die Gesellschaft sich ihr gegenüber Totalität und ablehnend verhalten hat, restriktiv in jeder Hinsicht, unter diesem Druck auseinanderbricht und in verschiedene Richtungen hin sich zurückzieht«. Im Rahmen dieser Studien entsteht der Prosatext *Kein Ort. Nirgends* (1979). In einem statuarischen, den Fortschritt der Handlung mehr aufhaltenden als vorantreibenden Stil wird eine fiktive Begegnung zwischen der Günderrode und Heinrich von Kleist geschildert, die tiefe Vereinsamung der beiden Einzelgänger – jeder von ihnen wird Jahre später den Freitod wählen –, deren Gefühle wie abgeschnitten von der Außenwelt scheinen. Kraft einer geheimen Seelenverwandtschaft können sie einen Augenblick lang ein imaginatives Verständnis, eine freilich brüchige Solidarität füreinander formulieren. Neben diesem Ausbruch nach Innen, den die beiden Schriftsteller gegen die Gesellschaft betreiben, geht es der Autorin um die besonderen Bedingungen einer weiblichen Existenz als Künstlerin und Intellektuelle, die sie an der Günderrode, aber auch an Bettine von Arnim reflektiert (*Nun ja! Das nächste Leben geht aber heute an. Ein Brief über die Bettine,* 1980). Auch in ihrer Frankfurter Poetikvorlesung 1982 behandelt sie die Frage nach einem spezifisch weiblichen Weltbild und einer weiblichen Ästhetik, inspiriert von feministischen Theorien, die seit Mitte der 1970er Jahre im Gespräch sind.

Angeregt durch die Lektüre der *Orestie* von Aischylos, der Inszenierung von Peter Stein an der Westberliner Schaubühne und einer Griechenlandreise beginnt sie 1980, sich mit der Kassandrafigur auseinanderzusetzen. Die Antike dient in der Erzählung Kassandra als Folie: an der Seherin, deren Untergangsprophezeiung dazu verdammt ist, nicht gehört zu werden, entwickelt die Autorin die Rolle der Frau als Kontrastbild zur männlichen Rationalität, die auf kriegerische Vernichtung hinausläuft. Kassandra verkörpert aber auch die (vergebliche) Seherkraft der Kunst angesichts der totalen Bedrohung, in der der Leser die weltpolitischen und atomaren Gefahren von heute erkennt. Mit diesem Text hat sich W. in die aktuelle Diskussion um Frieden und Abrüstung eingemischt und diese Thematik mit der Situation einer von der patriarchalischen Gesellschaft unterdrückten Frau verknüpft. In den *Voraussetzungen einer Erzählung: Kassandra,* die sie 1982 an der Frankfurter Universität als Gastdozentin vorträgt, ist das ganze Spektrum ihrer Arbeit unter den Anspruch gestellt, »gegen das unheimliche Wirken von Entfremdungserscheinungen auch in der Ästhetik, auch in der Kunst« anzuschreiben. Bewußt knüpft sie damit an die früheren Ideale an. Ihr Schreiben hat sich indessen von einer eingeschränkten DDR-Problematik gelöst, ohne die eigene Geschichte zu verleugnen. Deutlich ist der persönliche Blick profiliert: fast immer hat sie die Perspektive einer Frau am Rand des Todes beschrieben, aus der heraus die Gesellschaft betrachtet wird: im *Geteilten Himmel* ebenso wie in *Nachdenken über Christa T.*, in *Kein Ort. Nirgends* oder der Erzählung *Kassandra*, die vor dem Haus Agamemnons ihren Erinnerungsmonolog beginnt: »Mit dieser Erzählung gehe ich in den Tod.«

Mit der ›Wende‹ in der DDR, dem Fall der Grenze zwischen Ost und West am 9. November 1989 und der Wiedervereinigung der beiden deutschen Staaten 1990 bricht neben der Hoffnung ›auf bessere Zeiten‹ gerade auch bei der Aufbaugeneration die Trauer über das große Misslingen des Experiments ›Sozialismus‹ durch. »Immer scheinen die unzumutbaren Forderungen sich auf Versäumnisse in ungelebten Lebenszonen zu beziehen, die nicht ohne weiteres durch nachgelebtes Leben auffüllbar sind« (*Störfall*). Moralität und Integrität, womit sich eine zurückhaltend und gleichzeitig präsente gesellschaftliche Rolle einnehmen ließ, werden nun hinterfragt. *Was bleibt* – ein 1979 geschriebener und 1990 veröffentlichter Text – entfacht unter den Literaturkritikern im Westen erneut eine Auseinandersetzung über die »Gesinnungsästhetik« der Autorin, ihre politische Glaubwürdigkeit und ästhetische Qualität.

Schon der Text von 1986, *Störfall – Nachrichten eines Tages*, der persönliche Gedanken und Gefühle anläßlich einer technologischen Katastrophe notiert: dem Unfall des Atomkraftwerks Tschernobyl in der damaligen Sowjetunion, begleitet von den telefonischen Nachrichten über das Gelingen einer Gehirnoperation des Bruders, wurde in Ost und West viel gelesen, dabei aber auch einer grundsätzlichen literarischen Kritik unterzogen. Im Jahrzehnt nach dem Zusammenbruch der DDR hat deren exponierteste Schriftstellerin einen einzigen längeren poetischen Text geschrieben: *Medea. Stimmen* (1996). Zuvor war unter dem Titel *Auf dem Weg nach Tabou* (1994) eine Sammlung mit kleinen Texten, Artikeln und Aufsätzen herausgekommen; die 1990 erschienene, heftig diskutierte Erzählung *Was bleibt* war schon Ende der 1970er Jahre entstanden und für die Publikation gründlich bearbeitet worden.

W. setzt gegen des Euripides' »Medea«, die ihre Kinder mordet, die mythische Medea ins Recht, die ihre Kinder rettet. In der mehrstimmigen Rollenprosa dieses Buchs konterkariert W. die vom Mann okkupierte Kultur, die »eine Angst vor dem Weiblichen, vor der Frau« entwickelt habe – so W. in der Rede »Von Kassandra zu Medea« anläßlich der Verleihung des Ehrendoktorats der Universität Turin, 1994 abgedruckt in *Hierzulande Andernorts*. Darin stehen auch drei Texte mit unterschiedlichen Erzählansätzen: »Begegnungen Third Street«, »Wüstenfahrt« und »Im Stein«. Die beiden ersten verarbeiten kalifornische Erfahrungen und Erlebnisse vom Anfang der 1990er Jahre, als W. Getty-Stipendiatin in Los Angeles war; die letzte, die eine Operation beschreibt, wirkt wie eine große Wörterkaskade, aber diese Kaskade ist erstarrt – der Titel *Im Stein* bezeichnet sie, möglicherweise absichtsvoll, sehr genau.

Die Erzählung *Leibhaftig* (2002) setzt sich noch einmal mit der Aporie einer sozialistisch geprägten gesellschaftlichen und einer selbstbestimmten individuellen Existenz gegen Ende der DDR auseinander. Mustergültig führt diese Spannung der umfangreiche Band *Ein Tag im Jahr. 1960–2000* (2003) vor: Vierzig Jahre lang hat W. darin jeweils am 27. September eines Jahres Tagebuch geführt – das disziplinierte und faszinierende Gesamtbild einer Schriftstellerin, der nichts wichtiger war, als sich und ihrem tief humanen Menschenbild treu zu bleiben. Das belegt eindrucksvoll auch der biographische Band *Eine Biographie in Bildern und Texten* (2004). Eine produktive Auseinandersetzung mit den Stärken und Schwächen des Gesamtwerks – das durchgehaltene Motiv der gemäßigten Klage und angepaßten Melancholie als Erzählhaltung – zeigt eine weiterwirkende Herausforderung, die das zumindest historische Interesse an der international bekanntesten zeitgenössischen deutschsprachigen Autorin wachhält.

Genia Schulz/Red.

Wolfram von Eschenbach
Um 1200

»Laien munt nie baz gesprach«, so wird W. um 1210 von Wirnt von Grafenberg, dem Verfasser eines Artusromans (*Wigalois*), gepriesen. Trotz seines unbestrittenen literarischen Ranges ist von W.s Leben wenig bekannt. Es gibt kein einziges urkundliches Zeugnis. Er bezeichnet sich selbst als »ritter«: »Schildes ambet ist mîn art« (»das Schildamt ist meine Bestimmung«). Aus seinem Beinamen und geographischen Angaben in seinen Werken läßt sich schließen, daß er aus Franken stammte. Heute wird allgemein Wolframs-Eschenbach (südwestl. Nürnberg, diese Namensform seit 1917) als W.s Herkunftsort angenommen. Nach Andeutungen im *Parzival* war er verheiratet und hatte (laut *Willehalm*) eine Tochter. Er nimmt in seinen Werken u. a. Bezug auf die Herren von Dürne, auf deren Burgsitz Wildenberg (bei Amorbach; der Name der Gralsburg, Munsalvaesche; »mont sauvage«, könnte darauf anspielen) er das 5. Buch seines *Parzival* vollendet haben dürfte, auf die Grafen von Wertheim und vor allem auf Landgraf Hermann I. von Thüringen.

Geschaffen hat W. drei epische Werke: den *Parzival*, einen Doppelroman in 16 nach den Hauptgestalten struktu-rierten Büchern mit zwei Helden: der Titelgestalt, welche eine Entwicklung vom außerhöfischen Dümmling über den vollendeten Artusritter zum Herrn des utopischen Gralsreiches durchläuft, und mit einer Kontrastfigur, Gawan, der sich von Anfang an als idealer Ritter behauptet, der sich nur im Bereich der Minne, in welchem Parzival rasch und traumwandlerisch zum Ziel gelangt, noch zu bewähren hat. Mit Parzivals Halbbruder Feirefiz, der gegen Ende des Romans Gawan als komplementäre Gestalt ablöst, kommt zum Okzident der Haupthandlung der damals zweite bekannte Weltkreis, der Orient, wieder ins Spiel, der schon in der Vorgeschichte für Parzivals Vater bestimmend war. So umfassend wie der geographische Horizont sind auch die ethischen Dimensionen des Werkes, das ein breites Spektrum menschlicher Schicksale, Irrungen und Bewährungen vorführt. W. kleidet die Fabel in einen metaphernreichen (sog. »geblümten«) Sprachstil, durchsetzt mit einem eigenwilligen, oft skurrilen Humor. Er verarbeitete eine Fülle zeitgenössischen Wissens, vor dem die Frage, ob W. ein »illiteratus« gewesen sei, verfehlt erscheint, auch wenn sie sich auf einen aus dem Zusammenhang gerissenen, doch wohl ironisch gemeinten Vers (»ich enkan deheinen buochstab«) stützt. W. bezieht sich außerdem z. T. kritisch, z. T. ironisch auf zeitgenössische Dichter wie Heinrich von Veldeke, Hartmann von Aue, Walther von der Vogelweide, Neidhart. Überlegungen, ob er auch gegen Gottfried von Straßburg polemisierte, bleiben spekulativ. – Der *Parzival* gibt der Forschung zahlreiche Probleme auf, u. a. das Verhältnis zum gleich angelegten, unvollendeten *Perceval* Chrestiens de Troyes, von welchem sich W. ausdrücklich distanziert, wogegen er sich auf einen sonst nirgends bezeugten Gewährsmann Kyot beruft, ferner die Schuld (oder die Sünden) des Haupthelden, das Gralsproblem.

Nach einer vom Landgrafen Hermann vermittelten Vorlage schuf W. das Epos *Willehalm*, unvollendet abgebrochen vielleicht nach dem Tode des Auftraggebers (1217). Im Mittelpunkt des in der Karolingerzeit spielenden Heidenkriegsromans stehen der Markgraf Willehalm und seine Frau Gyburg, eine getaufte Heidin. Dieses Werk setzt sich von früheren Heidenkampfgeschichten v. a. durch die Vertiefung und Problematisierung des christlich-heidnischen Gegensatzes ab, welcher in der berühmten Toleranzmahnung gipfelt, die nicht von ungefähr der getauften Heidin Gyburg in den Mund gelegt ist – evtl. eine Kritik an abendländischer Selbstüberhebung.

Bis ins Spätmittelalter wird W. als Hauptwerk ein dritter Roman (in Strophen), der *Titurel*, zugeschrieben, eine Geschichte des Gralsgeschlechtes, in dessen Zentrum die Kinder-Minnetragödie um Sigune und Tschionatulander steht. Hugo von Montfort preist ihn (um 1400) als »aller teutsch ein bluom«, Jakob Püterich von Reichertshausen nennt ihn in seinem *Ehrenbrief* (um 1460) das »haubt ab teutschen puechen«. Dieser bairische Landrichter und Literaturliebhaber berichtet überdies, er habe W.s Grab in Eschenbach gesehen. Im *Titurel* findet sich als weiterer Beiname W.s »von Blienfelden«: dies ein Ort (Pleinfeld), der wie Eschenbach zum Lehensbereich der Wertheimer Grafen gehörte. Da W. im *Titurel* als älterer Mann erscheint, könnte er im Alter an diesem Ort gewohnt haben. Seit Lachmann wird dieses Werk einem Albrecht (manche meinen »von Scharfenberg«) zugeschrieben, der sich in den letzten 400 Strophen (von insgesamt 6300) zu Wort meldet. W. werden nur zwei gesondert überlieferte Episoden, die sog. Titurelfragmente, belassen. Überliefert sind von W. auch einige Tagelieder; er gilt als Schöpfer des sog. Wächterliedes. W.s Epen übertreffen in der Zahl der Handschriften die seiner Zeitgenossen um ein vielfaches (z. B. 84 Parzival-Handschriften gegenüber 27 von Gottfrieds *Tristan*). Sein Ruhm überdauerte das Mittelalter. Schon 1477 erschienen *Parzival* und *Titurel* als erste mittelhochdeutsche Epen im Druck. Er war und ist die beherrschende Gestalt der mittelhochdeutschen Literaturgeschichte.

Günther Schweikle/Red.

Zuckmayer, Carl
Geb. 27. 12. 1896 in Nackenheim;
gest. 18. 1. 1977 in Visp (Schweiz)

Der Dramatiker, sonst kein Freund von Larmoyanz, war bewegt, als er die Veteranen des Ersten Weltkriegs an einem Frühlingstag, fünfzig Jahre nach dessen Ausbruch, über die Champs-Elysées marschieren sah, »freundliche Gestalten, wie man sie in jedem Bistro« traf, die ihm »furchtbar alt« vorkamen, wie er sich selbst, und denen er sich am liebsten angeschlossen hätte auf dem Weg zum »Grabmal des Unbekannten Soldaten«: »jenes zerrissenen, zermörserten, atomisierten Niemand, der das Symbol unserer Zeit geworden ist. Ich hatte das Gefühl, ich müßte hingehen und sie umarmen, diese Groß- und Kleinbürger, Pensionäre und Handwerker, ich müßte ihnen sagen: ›Hier bin ich! der auf euch geschossen hat, dem ihr nach dem Leben trachten mußtet‹. Ich hatte das Gefühl, ich gehörte zu ihnen, mehr als zu irgend jemand anderem auf der Welt. Denn sie waren die ›Feinde‹. Ich mußte weinen« (1966). Z.s intellektuelle und künstlerische Entwicklung ist durch das Erlebnis zweier Weltkriege, des ersten als Kriegsfreiwilliger, des zweiten als Emigrant in den USA, entscheidend geprägt, und seine pazifistischen Bemühungen um Völkerverständigung und linkshumanitäre, brüderliche Erneuerung der Werte ist nach beiden Kriegen erstaunlich ähnlich; von hier lassen sich Verbindungslinien zum

Verständnis des Gesamtwerks und der einzigen politischen Maxime seiner sonst eher »überzeitlichen«, verständlichen »Menschenkunst« mit ihrem pantheistisch-religiösen Ethos ziehen.

Am Vorabend des Ersten Weltkriegs hatte der Siebzehnjährige mit Erfolg pazifistische Lyrik an die *Frankfurter Zeitung* gesandt, wurde aber, wie die Zeitungsredakteure auch, von einer Welle patriotischer Kriegsbegeisterung überrollt, die, in der Hoffnung auf Befreiung von abgelebten Konventionen, ganz Europa erfaßt hatte. Während des Krieges verfaßte er expressionistische Verse und Prosa für Franz Pfempferts Wochenzeitschrift *Aktion* und gehörte dessen utopisch-anarchistischer »Antinationaler Sozialisten-Partei« an. Mit Ehrenmedaillen dekoriert, verwundet, vom Nervenlazarett mühsam genesen, von seiner Truppe zum revolutionären Soldatenrat ernannt, schreibt er nach dem Krieg als Philosophie- und Botanik-Student aus Frankfurt a. M. dem Soldatenfreund Kurt Grell die Bilanz seiner Schützengraben-Lektüre und -Erfahrung: »– – Bürgerstumpfsinn, – – Staatskirche –: der Verkalkung und Verlogenheit dieser Zeit. Resultat: der Krieg ... – – Schändung der Seele: Vaterland. Heilige Pflicht. Geldsack. Kriegsgewinn. Kameradschaft. E. K. I. = Schiebung und Beförderungsintrige, Verpflegungsoffiziere – –, viehische Ärzte, Etappe, Ehrgeizlinge die Bataillone opfern – oh Kulturmenschheit ... Und doch. Die Kameraden –: das sind – die Armen, die dumpf im Graben Hockenden, die in Fabriken Zermalmten, die Geschobenen, die Getretenen« (Sommer 1919). Nach dem Zweiten Weltkrieg im Exil findet der lebensfrohe Z., nach seiner zeitnahen und neusachlichen Phase des Volksstücks – *Der fröhliche Weinberg* (1925), *Schinderhannes* (1927), *Katharina Knie* (1928), *Der Hauptmann von Köpenick* (1931) – zum Problemstück in der Art Friedrich Schillers und seiner expressionistischen Anfänge zurück. *Des Teufels General* (1946) bildet ein genaues Übergangsstück: Es enthält den aktuellen Stoff des Widerstands im Krieg und einen naturalistischen ersten Akt gegenüber dem expressionistischen Pathos der Schicksals-»Hand« und »Verdammnis« des sich selbst richtenden Fliegergenerals. *Der Gesang im Feuerofen* (1950) stellt von Beginn an den metaphysisch-allegorischen Bezug des wiederum aktuellen Stoffes her: Ein französischer Kollaborateur wird in Lyon 1948 hingerichtet. Auf dessen Verrat an die Gestapo hin wird eine Gruppe junger Résistance-Mitglieder zusammen mit dem deutschen Funker, der sie warnen wollte, verbrannt. Am Ende des Stücks steht die pazifistische Botschaft, die Z. auch in der Champs-Elysées-Passage seiner Memoiren so deutlich heraushebt: »Sagt nicht: / Das waren ›andre‹. Das war ein ›andres Volk‹. / Sprecht nicht, / Das ist der ›Feind‹. / (Der erste Engel:) Sprecht immer: DAS BIN ICH!« Die Schlußzeilen betonen die Aufgabe des Künstlers, völkerverbindend zu wirken. Z. gibt darin eine pantheistische Variante der katholischen Erneuerungsbewegung (»renouveau catholique« à la Paul Claudel u. a.) und distanziert sich deutlich vom Existenzialismus: »Was zersprengt wird / Von den Kräften der Zeit, / Bindet ... neu / In Euren Werken.« In unermüdlichen Diskussionen mit jungen Deutschen über *Des Teufels General*, dessen politischer Inhalt recht fragwürdig gezeichnet war, sollte die Botschaft der Überwindung des Generationenkonflikts und der Ablehnung eines Kollektivschulddenkens an dem zu liebenswert geratenen General Harras und dem zu blaß wirkenden Oderbruch als Widerstandsfigur deutlich werden. Im Drama wird diese junge Generation auf Hartmann projiziert, als die Symbolfigur von Harras' besserem Ich. Z. erlitt durch diese Anstrengung in hunderten von Diskussionen 1948 seinen ersten Herzinfarkt.

Der großbürgerliche Sohn eines aufstrebenden Mainzer Fabrikanten und einer jüdisch-evangelischen Mutter aus musischem, theaterliebendem Verlegerhaus hatte nicht genug Geduld, um sein Studium durchzuhalten. Z. beschäftigte sich ziemlich systemlos mit Jura und Nationalökonomie, mit Literatur- und Kunstgeschichte, sogar mit Biologie und Zoologie. Er hatte Verbindungen zu dem linken sozialdemokratischen Darmstädter Kreis um Carlo Mierendorff. Schon im zweiten Jahr gab er im jugendbewegten Künstlerkreis von Heidelberg Aufführungen von Bellmann-Liedern zur Laute und verfaßte Stücke. Als das *Kreuzweg*-Drama 1920 in Berlin angenommen wurde, wechselte er endgültig zum Theaterberuf über und zog in die Großstadt. Danach war er Regieassistent in Berlin und Dramaturg in Kiel, später in München. Mit dem Antipoden und Freund Bertolt Brecht arbeitete er seit 1925 bei Max Reinhardt als Dramaturgie-Assistent. Über ihn äußerte Z. 1961, Brecht, dessen anarchischer *Baal*-Phase sich das Stück *Pankraz oder Die Hinterwäldler*, ein lehrreicher Mißerfolg, verdankt, bleibe für ihn »der genialste Dichter und Szeniker« seiner Generation: »Der Dialektiker, das ist mir nicht so bedeutsam.« So wie Z. als Student die Soziologie nur »als Ausdruck des Zeitgeistes, am Rande« fesselte (*Als wär's ein Stück von mir. Hören der Freundschaft*, 1966), blieb auch seine wirkungsstärkste zeitkritische Komödie, *Der Hauptmann von Köpenick* durch die eingearbeiteten Märchenmotive für eine ahistorisch-menschliche Deutung offen: Am Ende des in der Berliner Atmosphäre von 1931 geschriebenen Stücks, worin Z. den nationalsozialistischen Gefolgsleuten und Hindenburg-Deutschen zusetzt, indem er gegen Kadavergehorsam, übertriebene Uniformverehrung und Preußische Militärbürokratie polemisiert, findet auch der deutsche Kaiser noch Grund zum Lachen.

Z. befürwortete Erich Maria Remarques *Im Westen nichts Neues*, obwohl die Filmversion dieses Romans von der Zensur verboten wurde. Gleichzeitig attackierte Z. in seinen Reden Joseph Goebbels, so daß er 1933 Aufführungsverbot erhielt und daraufhin emigrierte: zunächst mit seiner Frau (seit 1925), der Schauspielerin und späteren Autorin Alice Herdan nach Henndorf bei Salzburg, dann über die Schweiz (1938) nach Hollywood und New York. Z.s Mut und die genaue Einschätzung der damaligen Mentalität deutscher Militärs retteten ihm das Leben, als er 1938 an der Schweizer Grenze »wie ein kommandierender General« von einer SS-Ehrenwache zum Schweizer Zug eskortiert wurde; der Autor kam sich vor wie sein eigener Köpenick. In New York war Z. Lehrer an der von Erwin Piscator geleiteten Theaterabteilung einer Exil-Hochschule. Schließlich zog er nach Vermont. Dort pachtete er ab 1941 eine Farm. Der faschistische Einbruch bewirkte, aufs Ganze gesehen, eine Qualitätsverschlechterung des Werks, das um 1930 seinen, auch zeitkritischen, Höhepunkt erreichte, wie wichtige Drehbücher unterstreichen (Sternbergs *Der blaue Engel* nach Heinrich Manns Roman *Professor Unrat*, 1928; Alexander Kordas *Rembrandt*, 1936), daneben erarbeitete er die Bühnenfassung (*Kat*, Berlin 1931) von Ernest Hemingways pazifistischem *A Farewell to Arms*. Der eigene Widerstand in Theodor Haubachs *Eiserner Front* erschien ihm später als »zu wenig, zu spät«; er bekannte sich zur »kollektiven Scham« (Theodor Heuß). Noch einmal geriet Z.s Gabe der Charakterzeichnung ins Rampenlicht, als 2002 sein 1943/44 entstandener *Geheimreport* für das Office of Strategic Services (OSS) über 150 Künstlerpersönlichkeiten Hiter-Deutschlands, aus dem Nachlaß herausgegeben, erschien. Die moralische Bipolarität der Menschen zeigte er ebenso treffend wie die Abwegigkeit des Kollektivschulddenkens. Unter den Autoren galt Z.s Vorliebe den Inneren Emigranten, unter den Verlegern vor allem Peter Suhrkamp und Henry Goverts. Z. erwies sich auch hier als Meister der Zwischentöne.

Z. wollte, obwohl vom Nachkriegsdeutschland dankbar geehrt, nicht mehr dort leben. Seit 1951 lebte er wechselweise in den USA, der Bundesrepublik und der Schweiz. Seit 1958 in Saas-Fee (Wallis) schrieb er an seinem größten Prosa-Erfolg *Als wär's ein Stück von mir*, der heute die sieben Nachkriegsdramen verblassen läßt. Der Titel des Ludwig-Uhland-Liedes weist auf die den Krieg überwindende Liebe, ein Wert, dem auch der späte Briefwechsel mit Karl Barth galt. Der herausragende Denker der Bekennenden Kirche hatte dem Büchnerpreisträger (1929) nach der Lektüre der Memoiren geschrieben.

Durch den Briefwechsel kam es 1967 zur letzten der vielen intensiven Freundschaften Z.s mit bedeutenden Zeitgenossen. Barth nannte ihn einen »spät, aber um so dankbarer entdeckten ... etwas jüngeren Bruder« und bescheinigte seinem Werk bei aller »menschlichen Dunkelheit, Verkehrtheit und Misere« eine »nirgends versagende Barmherzigkeit«, ein durch »›weltliche‹ Schriftstellerei« faktisch ausgeübtes »priesterliches Amt« (*In memoriam Karl Barth*, 1969). In den Dramen nach 1949, angefangen mit *Barbara Blomberg* (1949) ist, ungeachtet Z.s hoher Zielsetzung, der Zug ins episch Breite immer weniger zu übersehen. Das Viereinhalb-Stunden-Stück hatte Heinz Hilpert um ein Drittel kürzen müssen. Als Z. 1961 dem Freund (und Regisseur von neun Premieren seiner 21 Stücke) im Wiener Burgtheater zum Probenbeginn von *Die Uhr schlägt eins* (einem vielfältig verflochtenen Versuch, die Leere der Restauration von 1953 als deutsch-jüdisches Familiendrama unbewältigter Vergangenheit darzustellen) das Stück begeistert vorlas, um dann seine Reaktion zu hören, soll der trockene Berliner gesagt haben: »Ick habe nur Striche jehört, Carl!«

Volker Wehdeking

Zweig, Stefan
Geb. 28. 11. 1881 in Wien;
gest. 23. 2. 1942 in Petropolis bei Rio de Janeiro

»Jeder von uns, auch der Kleinste und Geringste, ist in seiner innersten Existenz aufgewühlt worden von den fast pausenlosen vulkanischen Erschütterungen unserer europäischen Erde; und ich weiß mir inmitten der Unzähligen keinen anderen Vorrang zuzusprechen als den einen: als Österreicher, als Jude, als Schriftsteller, als Humanist und Pazifist jeweils just dort gestanden zu sein, wo diese Erdstöße am heftigsten sich auswirkten. Sie haben mir dreimal Haus und Existenz umgeworfen, mich von jedem Einstigen und Vergangenen gelöst und mit ihrer dramatischen Vehemenz ins Leere geschleudert, in das mir schon wohlbekannte ›Ich weiß nicht wohin‹.«

Diese trotzig-resignativen Töne leiten Z.s Autobiographie *Die Welt von Gestern* (1942) ein; in ihnen scheint zugleich die Deutung für den Selbstmord eines Mannes auf, der ökonomisch gesichert, im Gastland Brasilien auch als Exilierter geschätzt und geehrt wurde und überall in der Welt mit seinen Werken Zuspruch fand. »Ob man nach Kairo kam oder nach Kapstadt, nach Lissabon oder nach Shanghai, nach Batavia oder Mexiko City, es gab keine Buchhandlung, in der die Bücher Z.s nicht in der vordersten Reihe prangten, und zwar fast ohne Unterbrechung. Man sollte denken, solch ein Erfolg sei eine Droge, begeisternder als Heroin, und solch ein Ruhm ein ewiger Champagnerrausch.« Franz Werfel, aus dessen Trauerrede in Los Angeles diese Worte stammen, wußte aber auch um die depressive Stimmung des wohl erfolgreichsten deutschen Autors in den 1920er und

30er Jahren: »Sein vom humanistischen Optimismus verwöhntes Herz erkannte urplötzlich die ganze eisige, unlösbare Tragik des Menschen auf der Erde, die eine metaphysische Tragik ist und daher jedes ausgeklügelten Heilsmittels spottet. Es war in ihm zuletzt nur mehr schwarze Hoffnungslosigkeit, das Gefühl der Schwäche und ein bißchen ohnmächtige Liebe.« Daß Werfel von »Tragik« sprach, war im Blick auf einen Autor berechtigt, der seine Biographien – z. B. *Fouché* (1930); *Marie Antoinette* (1932); *Maria Stuart* (1935); *Erasmus* (1935) – dramatisch gestaltete und auch sein Leben unter dramatischen Gesetzen ablaufen sah.

Der Start ins literarische Leben erfolgte noch während des Studiums der deutschen und französischen Literatur in Berlin und Wien, das er 1904 mit einer Dissertation über Hippolyte Taine abschloß. 1901 erschien die Lyriksammlung *Silberne Saiten*, hervorstechend in ihrer »aufdringlichen Süßlichkeit und wässrigen Geschwollenheit« (Erich Mühsam). In den nächsten Jahren debütierte Z. außerdem mit Prosa und Dramen. Später hat er diese »ästhetische Zeit« gern verleugnet, da er bald die Erweiterung seines »Horizonts vom Literarischen ins Zeitgeschichtliche« erreicht habe: Nun wollte Z. vor allem als Europäer und Pazifist gesehen werden. Ausgedehnte Reisen und intensive Kontakte ließen ihn zu einem sich kosmopolitisch fühlenden Intellektuellen reifen, der eine Allianz des Geistes gegen die Machtpolitik zu bilden hoffte. Während des Ersten Weltkriegs schloß er sich einer Gruppe von Intellektuellen an, die von Zürich aus für den Frieden stritten. Zu ihr gehörten u. a. Leonhard Frank, Hermann Hesse, James Joyce, Annette Kolb, Frans Masereel, Romain Rolland, Fritz von Unruh. Aus dieser neuen Stimmung heraus entstand das wohl beste Drama Z.s, *Jeremias* (1917), das wie fast alle seine Werke »das Problem der seelischen Superiorität des Be-

siegten« behandelt. Ein Titel wie *Castellio gegen Calvin oder ein Gewissen gegen die Gewalt* (1936) hebt im Untertitel programmatisch hervor, was auch für die großen Biographien und mehr noch für die meisten der zahlreichen biographischen Essays, z. B. über Sigmund Freud, Fjodor M. Dostojewski, Friedrich Hölderlin, Heinrich von Kleist, Friedrich Nietzsche, Leo Tolstoi gilt. Z.s Werke beeindrucken durch strenge Ethik, bewußt herausgestellte Humanität und hohen geistigen Anspruch. Nach dem Ersten Weltkrieg konnte Thomas Mann ihn »die bedeutendste dichterische Frucht dieses Krieges« nennen. Als Z. sich in den 1920er Jahren in Salzburg niederließ, besuchte ihn die geistige Elite Europas in seinem Haus. Ein Mann, der sich so zur Freundschaft berufen und sich besonders Romain Rolland und Emile Verhaeren verbunden fühlte, der sich als Europäer um die Erhaltung der alten geistigen Werte bemühte, mußte im fernen Brasilien verzweifeln. Aber diese Depression wurde noch genährt durch einen Pessimismus, der Z. seit den 1920er und 30er Jahren immer wieder befiel. Sein Optimismus, mit moralischen Appellen in die Politik eingreifen zu können, wich allmählich einem starken Ohnmachtsgefühl. Anders als z. B. Heinrich Mann, der Geist und Tat gern verbunden sah, gab sich Z. frühzeitig einer Resignation hin: »Die anderen mögen die praktischen Konsequenzen ziehen, ich selbst bin nur ein Mann der moralischen Aktion. Ich kann nur vereinigen und besänftigen, aber ich verstehe nicht zu kämpfen.« Z. wollte als »eine moralische Autorität« gelten, und dafür sollte sein Werk zeugen, das meist die »Welt von Gestern« beschwor, d. h. die Vergangenheit der Gegenwart als Beispiel vor Augen führen wollte. Aber es ist bezeichnend für sein Geschichtsverständnis, daß er die Vergangenheit allein unter personalem Gesichtspunkt sah und die psychologische Deutung suchte, dabei aber die wirkenden politischen, sozialen und ökonomischen Prozesse vernachlässigte. Entweder verdichtete sich für ihn die Geschichte zu herausragenden historischen Momenten, wie in seinem erfolgreichsten Buch *Sternstunden der Menschheit. Zwölf historische Miniaturen* (1927), oder zu tragischen Lebensläufen, in denen der einzelne einem übermächtigen Schicksal ausgeliefert ist. »Gleichgültig gegen den Willen des einzelnen, stößt oft der stärkere Wille der Geschichte Menschen und Mächte in ihr mörderisches Spiel« (*Maria Stuart*, 1935).

Mit solchen Schicksalsformeln war keine Erklärung der geschichtlichen Prozesse zu gewinnen; als Deutung wußte Z. allenfalls Naturmetaphorik (»vulkanische Erschütterungen«) oder eine personalisierte Geschichte als »Dichterin, als Dramatikerin« anzubieten. Aber wahrscheinlich gründet gerade in dieser Unbestimmtheit der große Erfolg: Z. spricht nicht als Geschichtslehrer, nicht als Aufklärer, sondern als ein an der Welt Leidender und Verunsicherter, der sich und den Lesern allenfalls Trost, aber keinen Mut zum Handeln vermitteln konnte. »Da saß man und harrte und starrte ins Leere wie ein Verurteilter in seiner Zelle, eingemauert, eingekettet in dieses sinnlose, kraftlose Warten und Warten, und die Mitgefangenen rechts und links fragten und rieten und schwätzten, als ob irgendeiner von uns wüßte oder wissen konnte, wie und was über uns verfügte« (*Die Welt von Gestern*). Während seine Leser in Europa eine bittere Geschichtslektion erlebten, erlitt Z. in Südamerika seinen persönlichen Zusammenbruch. Er hatte immer, wie Erasmus, ein »Mann der Mitte« sein wollen und deshalb nicht gelernt, daß man in solchen Zeiten nicht auf einem bildungsaristokratischen Standpunkt beharren durfte, sondern auch Partei ergreifen, ja sich einmischen mußte.

Sein Lebenstraum war bereits 1935 im *Erasmus*, der viele autobiographische Züge trägt, aufgegeben worden: »Niemals dagegen hat bisher der erasmische Gedanke Geschichte gestaltet und sichtbaren Einfluß genommen auf die Formung des europäischen Schicksals: der große humanistische Traum von der Auflösung der Gegensätze im Geiste der Gerechtigkeit, die ersehnte Vereinigung der Nationen im Zeichen gemeinsamer Kultur ist Utopie geblieben, unerfüllt und vielleicht nie erfüllbar innerhalb unserer Wirklichkeit.«

Helmut Scheuer

Printed in the United States
By Bookmasters